甘州區圖書館館藏古籍圖録

黄岳年　主編

國家圖書館出版社

圖書在版編目（CIP）數據

甘州區圖書館館藏古籍圖録 / 黄岳年主編.--北京：國家圖書館出版社，2016.8

ISBN 978-7-5013-5910-3

Ⅰ.①甘… Ⅱ.①黄… Ⅲ.①古籍—圖書館目録—張掖 Ⅳ.①Z838

中國版本圖書館CIP數據核字（2016）第195028號

書　　名　甘州區圖書館館藏古籍圖録
編　　者　黄岳年　主編
責任編輯　張珂卿
裝幀設計　九雅工作室

出　　版　國家圖書館出版社（100034　北京市西城區文津街7號）
　　　　　（原書目文獻出版社　北京圖書館出版社）
發　　行　010-66114536　66126153　66151313　66175620
　　　　　66121706（傳真）　66126156（門市部）
E-mail　nlcpress@nlc.cn（郵購）
Website　www.nlcpress.com→投稿中心
經　　銷　新華書店
印　　裝　北京信彩瑞禾印刷廠
版　　次　2016年8月第1版　2016年8月第1次印刷

開　　本　889×1194（毫米）　1/16
印　　張　15.75

書　　號　ISBN 978-7-5013-5910-3
定　　價　280.00圓

編纂委員會

序

一

張掖市甘州區圖書館館長黄岳年先生以《甘州區圖書館館藏古籍圖録》示我索序。張掖、甘州二名稱歷來交錯使用，不加説明，易於混淆，故先略述其本末：

西漢武帝元狩二年（前121），驃騎將軍霍去病出隴西，進軍河西，戰敗匈奴，渾邪王殺休屠王率衆歸漢。元鼎六年（前111），武帝取“張國臂掖，以通西域”之意，增置張掖郡，與武威、酒泉、敦煌并稱河西四郡。

南北朝西魏恭帝元年（554），恭帝元廓易西涼州之名爲甘州。隋大業三年（607），甘州再改爲張掖郡。唐武德元年（618），再改爲甘州。唐天寶元年（742），復改爲張掖郡。唐乾元元年（758），再改爲甘州。唐建中二年至大中二年（781—848），甘州爲吐蕃所據。唐大中十年（856）至北宋仁宗天聖六年（1028），甘州爲回鶻所據，設甘州回鶻牙帳。之後至南宋理宗寶慶元年（1225），甘州屬西夏國。元世祖至元元年（1264），甘州置甘肅路總管府，至元五年（1268），改甘州路總管府。至元十八年（1281），爲河西行中書省，旋改爲甘肅行中書省，至元二十二年（1285）撤。至元二十三年（1286），立甘肅行中書省，轄七路二直隸州，省會甘州。

明洪武五年（1372），征西將軍馮勝取甘州，置甘肅衛，二十五年（1392）撤銷。二十六年（1393），陝西行都司由莊浪（今永登）移置甘州。明成祖永樂年間，在甘州設置北方九邊重鎮之一之甘肅鎮。正統年間，在甘州設甘肅巡撫都御史。清康熙二年（1663），甘州置甘肅提督。康熙十三年（1674），甘肅提督移駐蘭州，十七年（1678）復移駐甘州。1911年，辛亥革命爆發，甘州府廢止。2002年，張掖撤銷地區建制，設地級市，將1985年成立之縣級張掖市改爲縣級甘州區。

綜上所述，史上張掖甘州，大致實同名异；而今之甘州，僅指轄一區五縣張掖市之治所所在地甘州區。爲便於闡發是地之歷史與當下，下面論述，言及歷史，以張掖；言及當下，以甘州。

二

漫長歷史長河，張掖文明以河西族群、摩崖石刻、石窟造像、張掖金經、河西寶卷、居延漢簡、五凉文化、西域與絲路文化、匈奴與羌戎、回紇與裕固族等爲特色，倍受學界重視。張掖屬《禹貢》古雍州之域。魯迅先生集屈原《離騷》句聯云："望崦嵫而勿迫，恐鵜鴂之先鳴。"其"崦嵫"，即今張掖之焉支山。上古神話中，其爲日落之地，太陽之家。古史之中，黄帝問道、大禹治水、穆王西巡、老子西游等中原與張掖交流之傳説衆多。

伴隨漢武帝派霍去病用兵河西，張騫"鑿穿西域"與河西四郡之建立，中原文漸河西。原係張掖屬國之漢代居延所存大量漢簡及可與李斯泰山石刻相媲美之帛書"張掖都尉棨信"，可以爲證。中原文化西漸，於張掖影響至大。《漢書·地理志》載："風雨時節，穀糴常賤，少盜賊，有和氣之應，賢於内郡。"至於漢季，竇融任張掖屬國督尉，注重發展農牧業生産，人民安居樂業。《後漢書》載："（竇融據河西時）天下擾亂，唯河西獨安""政亦寬和，上下相親，晏然富殖……安定、北地、上郡流人避凶飢者，歸之不絶。"

魏晋以降，中原板蕩。河西走廊雖五凉更迭，然較之中原，富庶安定。自前凉張軌始，崇尚文教，遠過中原。斯地高賢，有司之禮聘，莫不安車蒲輪。北方之河西、關隴、中原三大學術區域，關隴、中原之學者盡歸河西。《資治通鑑》胡三省注云："永嘉之亂，中州之人士避地河西，張氏禮而用之，子孫相承，衣冠不墜，故凉州號爲多士。"陳寅恪先生亦云："故托命河西之士，庶猶可以蘇喘息長子孫，而世族學者自得保身傳代以延其家業。"

前凉張氏與西凉李氏本係漢族，其推重儒學，自不待言；然建立南凉、北凉之禿髮烏孤、沮渠蒙遜，亦以統治之需而崇文禮賢，不遺餘力，誠爲不易。五凉興建學校，聘耆德碩儒教授胄子，民間私學與之呼應，不甘其左。河西主客籍學者同聲共氣，相與從容論道於乾撼坤岌之際，誠爲我中華文明之幸事。而其賡續文脉，化行河右，反哺中原，於我華夏民族文化之貢獻可謂大矣！陳寅恪先生言曰："西北一隅之地，其文化上續漢、魏、西晋之學風，下開魏、齊、隋、唐之制度，承前啓後，繼絶扶衰，五百年間延綿一脉，然後始知北朝文化系統之中，其由江左發展變遷輸入者之外，尚别有漢、魏、西晋之河西遺傳。"

論之張掖，五凉經學宗師郭荷隱於張掖東山講學，弟子衆多，賢者特出。如郭瑀，亦隱居張掖臨松薤谷，承其師業，弟子揚名者逾三千之衆。居其冠者劉昞，名動河西，學貫四部，北魏孝文帝下詔稱其"德冠前世，蔚爲儒宗"。河西文化成果之回輸中原，於中原南北政權，影響至大。北凉國主沮渠牧犍遺劉宋王朝河西學者著作十九部一百五十四卷，爲當時江左文化之盛事。

自隋至清，雖唐宋朝張掖長期爲吐蕃、回鶻、西夏所據，然是地學者文人，相與切磋，共襄文事，典翰之富贍，不遜於中原。

三

陳寅恪先生有言："敦煌者，吾國學術之傷心史也。"敦煌然，張掖亦然！

明季李自成部將賀錦血洗甘州。清初順治朝，米剌印、丁國棟起兵反清，"恣意焚殺，城中一空"（《甘州府志》卷三《國朝輯略》）。戰亂兵燹，使得康熙朝之前關乎張掖之文獻典籍大多毁於戰火。

所幸者，以明代《永樂北藏》、金銀經《大般若波羅蜜多經》、姑蘇坊刻本佛經、五大部金經爲代表之大批自唐至清國寶級經書，因張掖僧衆精心保護，得以傳世！

所幸者，歷經兵燹劫掠，甘州區圖書館竟存有清末民國是地書院講舍所藏之大量古籍善本。經統計，所藏明清古籍5105册，其中不乏收入《國家珍貴古籍名録》及《甘肅省珍貴古籍名録》之國家一級二級文物。

有鑒於此，我們發心編纂出版《甘州區圖書館館藏古籍圖録》（以下簡稱《圖録》），以饗讀者。

甘州區圖書館館藏古籍以明清居多；明清典籍，又以周達武捐贈之《通志堂經解》最爲完整。國内罕見者，有明代成化年間所刻之音韵學著作。

初見這批典籍，既驚於量大而質優，又感於保存之艱辛！甘州有如此之文化瑰寶，而長期待字深閨，不能饗於讀者，誠爲憾事！這批古籍，無論基於何種角度，都有研究之必要。版本學意義之外，即深究甘州區圖書館館藏古籍對地方文化之意義，亦裨益良多。

如周達武，其人湘軍名將，曾於張掖刻印刊行《武軍紀略》，出版《劍水詩鈔》。兩書後來幾近湮滅，後者所能見者，唯郭嵩燾收入其文集之序言與嘉峪關關城之上黄自元所書之石刻。周達武當年創辦之觻得書院，後爲張掖四中。其子朱劍凡，於長沙創辦周南中學，楊開慧、向警予、帥孟奇等大批優秀學子即出自該校。朱劍凡二女，分别嫁於革命家王稼祥與開國大將肖勁光。2012年，周達武後裔來張掖尋根問祖，亦未能幸睹先人於甘州之遺澤。

黄岳年先生與大洋彼岸朱佳石先生通話，談及其先祖捐贈之典籍完好無損存於甘州區圖書館，朱先生頗爲激切，言及尚存先祖周達武之書稿，必擇機以贈。

四

明清時期張掖之書院，除志書存有記述，建築均已蕩然無存。甘州區圖書館所藏古籍，多與書院關聯。前述周達武所捐古籍，均鈐“甘泉書院官書”“潙甯周渭臣捐”或“光緒十九年秋，甯鄉周渭臣捐”印。其他古籍，亦有“述古書院珍藏”“河西講舍”或“張掖縣民衆教育館”等印。甘泉書院爲清乾隆二十四年（1759）甘州知府馮祖悦、張掖知縣王廷贊所建，於張掖乃至西北影響至大。述古書院、河西講舍、張掖縣民衆教育館，於張掖文化教育，亦有大功。

《新修張掖縣志》手稿本，爲館藏珍籍之特殊品種。是志係民國時期地方志稿，由地方文士白册侯、余炳元等廣採博搜、歷經數載編纂而成。志稿歷叙張掖兩千多年之歷史大事、疆域形勝、地理物産、城郭建置、名勝古迹、人文風俗、交通水利、教育文化、傳聞逸事等，存有張掖古代至民國時期大量歷史文獻資料，特别是晚清至民國資料，猶爲稀缺珍貴。手稿經撰寫《甘寧青史略》與《甘肅通志稿》之名家穆壽祺等披覽，手澤清新，圖章燦爛。

明永樂内府刻本御製《諸佛世尊如來菩薩尊者名稱歌曲》不分卷、清同治四年（1865）金陵節署曾氏刻本《船山遺書》五十五種二百九十一卷、光緒十六年（1890）所刻《甘肅忠義録》十八卷等典籍，俱不多見。《圖録》薈萃書影，化身千百，手此一編，省却翻檢之勞，領略賢者意藴，不啻爲美妙之享受者也。

《圖録》之出版，乃國家公共文化服務體系示範區建設之重要成果，亦爲張掖文明發展歷程之重要收穫。《圖録》對張掖文化，尤其是張掖古籍之保護研究，意義巨大。作爲甘州區圖書館古籍收藏與保護工作之最新成果與張掖古籍普查工作之重要成果，有填補甘州與張掖古籍版本研究與出版缺漏之意義。

《圖録》之出版，亦爲讀者了解與利用館藏古籍文獻提供重要之檢索工具。《圖録》將多年深藏於書庫之古籍文獻，以書影配文字、圖文并茂之方式呈現於讀者面前，滿足着不同層次讀者欣賞閲讀古籍之需求。

文變染乎世情，興廢繫乎時序。先賢修書藏典，我輩繼往開來。《圖録》之刊行，傳承舊典，沾溉當世，流風其後，李卓吾藏書有續，司馬遷其人可傳，其幸也乎？其幸也哉！而《圖録》選題策劃至完稿待刊之始終，歷時匪短，參與者精心以之，誠可感佩！

乙未歲末，張玉林於望耕堂

凡例

一、收録範圍

本書收録甘州區圖書館所藏1912年以前古籍201種。《新修張掖縣志》一書雖爲民國時期稿本，但地方文獻，原已珍貴，復經名家批校，更稀有，故也收入本《圖録》中。

二、編排次序

本書分類，依經、史、子、集四部分類排比。四部之後，設叢書部。各類再依其版本年代先後排列，無具體年代者，排在該類最後。

三、選圖標準

1.每種古籍，一般選圖一至二幅不等，以正文卷端爲主，或其他能反映本書特徵的書影，如書名葉、序跋葉等。

2.本書書影均采用原件拍攝，不采用複印件。

四、著録原則

1.本書主要進行客觀著録，著録事項爲順序號、題名卷數、著者、版本、版式、存卷、館藏索書號等項，缺項則不録。

2.本書古籍的順序號，衹表示在本《圖録》的編排順序，不代表館藏順序號。

3.每種古籍加索書號，一是起到分類的作用，二是表示該書在本館所藏位置。

五、索引

爲检核方便，編製書名音序索引放於本《圖録》正文之後。書名音序索引所對應序號，爲本書的順序號。

目録

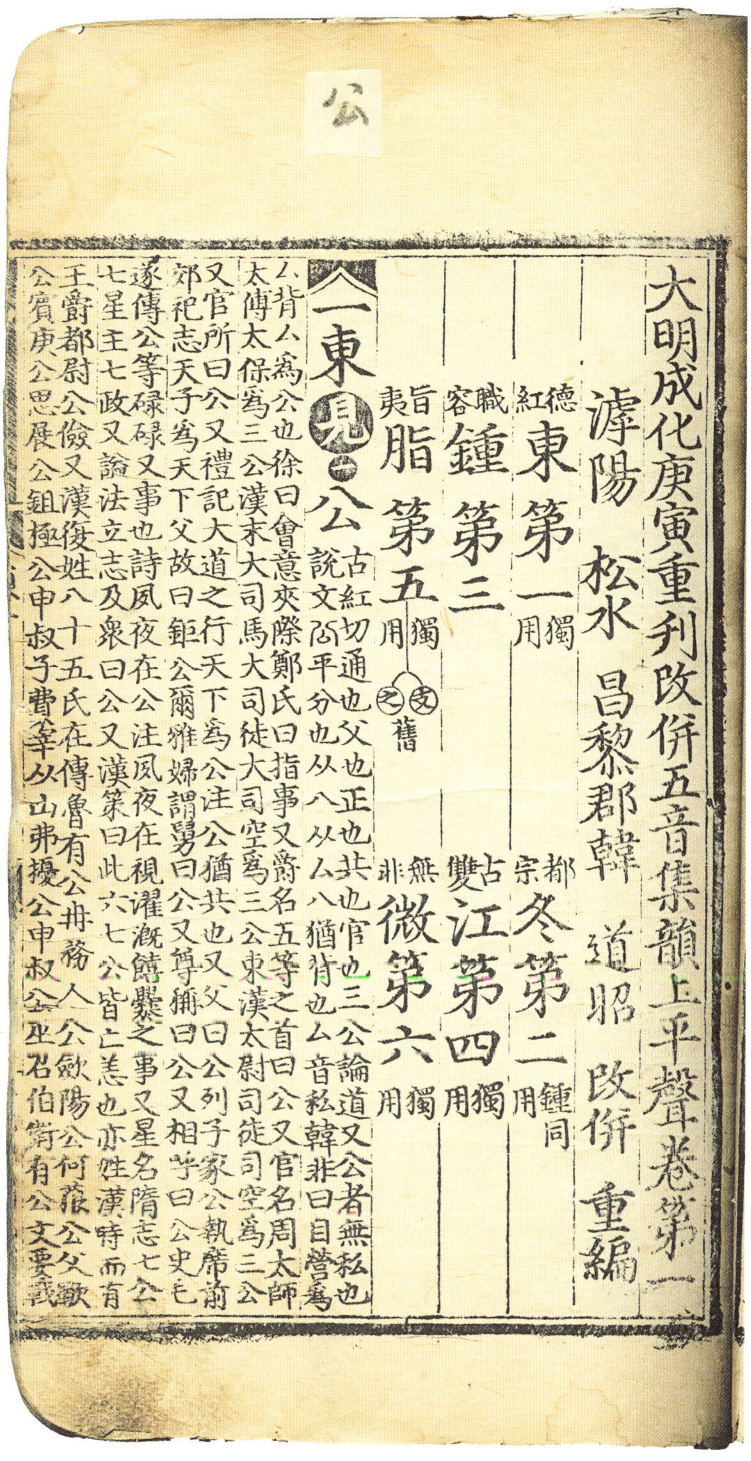
大明成化庚寅重刊改併五音集韻上平聲卷第一

滹陽 松水 昌黎郡韓 道昭 改併 重編

德紅東第一獨用　都宗冬第二鍾同用

職容鍾第三　古雙江第四獨用

旨夷脂第五獨用　無非微第六獨用

一東 見一 公

001　大明成化庚寅重刊改併五音集韻十五卷　（金）韓道昭撰　明成化六年（1470）刻本

框高23.2厘米，寬15.2厘米。半葉10行，行20字，小字雙行32字，上下黑口，四周雙邊。

存九卷（一至九）

至元庚寅重刊改併五音集韻序

聲韻之學其來尚矣書契既造文籍乃生然訓解之士猶多闕焉迄於隋唐斯有陸生長孫之徒詞學過人聞見甚博于是同劉臻輩探賾索隱鈎深致遠取古之所有今之所記者定爲切韻五卷析爲十策夫切韻者蓋以上切下韻合而飜之因爲號以爲名則字統字林韻集韻略不足比也議者猶謂注有差錯文復漏誤若無刊正何以討論則唐韻所以修焉採摭群言撮其樞要六經之文自爾燦然九流之學在所不

至元庚寅重刋改併五音集韻目録

論曰切韻者本乎四聲紐以雙聲疊韻欲使文章麗則韻調精明於古人耳或人不達文性便格於五音爲定夫五音者五行之響八音之和四聲間迭在其中矣必以五音爲定則參宮參羽半徵半商引字韻音各自有清濁若細分其條目則令韻部繁碎徒拘桎於文辞耳也

上平第一

德紅 東第一 獨用

都宗 冬第二 鍾同用

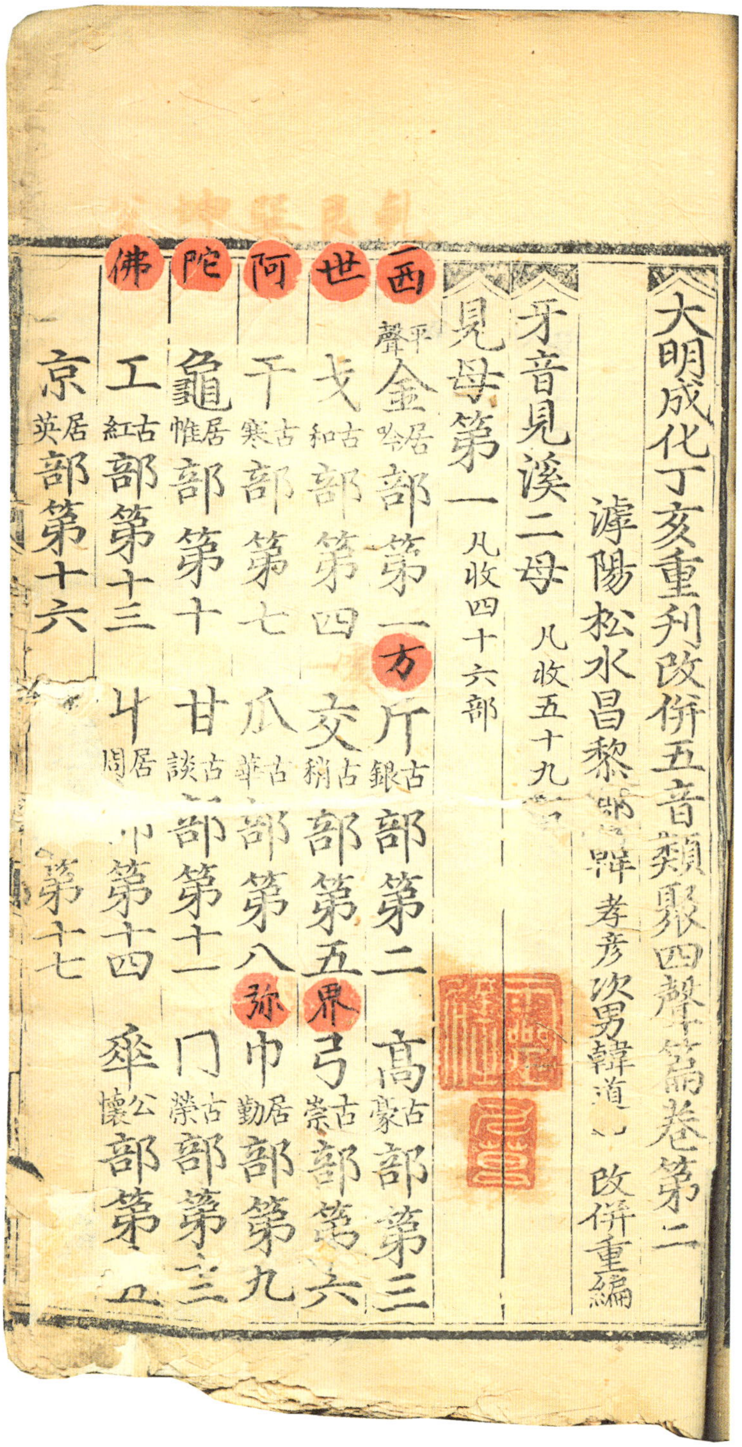
大明成化丁亥重刊改併五音類聚四聲篇卷第二
滹陽松水昌黎郡韓孝彥次男韓道昭　改併重編
牙音見溪二母　凡收五十九部
見母第一　凡收四十六部
平聲 金居吟部第一　斤古銀部第二　高古豪部第三
戈古和部第四　交古稍部第五　弓古崇部第六
干古寒部第七　瓜古華部第八　巾居勤部第九
龜居帷部第十　甘古談部第十一　冂古滎部第十二
工古紅部第十三　斗居周部第十四　桒公懷部第十五
京居英部第十六　部第十七

002　大明成化丁亥重刊改併五音類聚四聲篇十五卷　（金）韓道昭重編　明成化七年（1471）金臺大隆福寺刻本

框高23.5厘米，寬15.1厘米。半葉10行，行字不等，小字雙行32字，上下黑口，四周雙邊。

存十二卷（一至九、十三至十五）

館藏索書號：經/86/8353

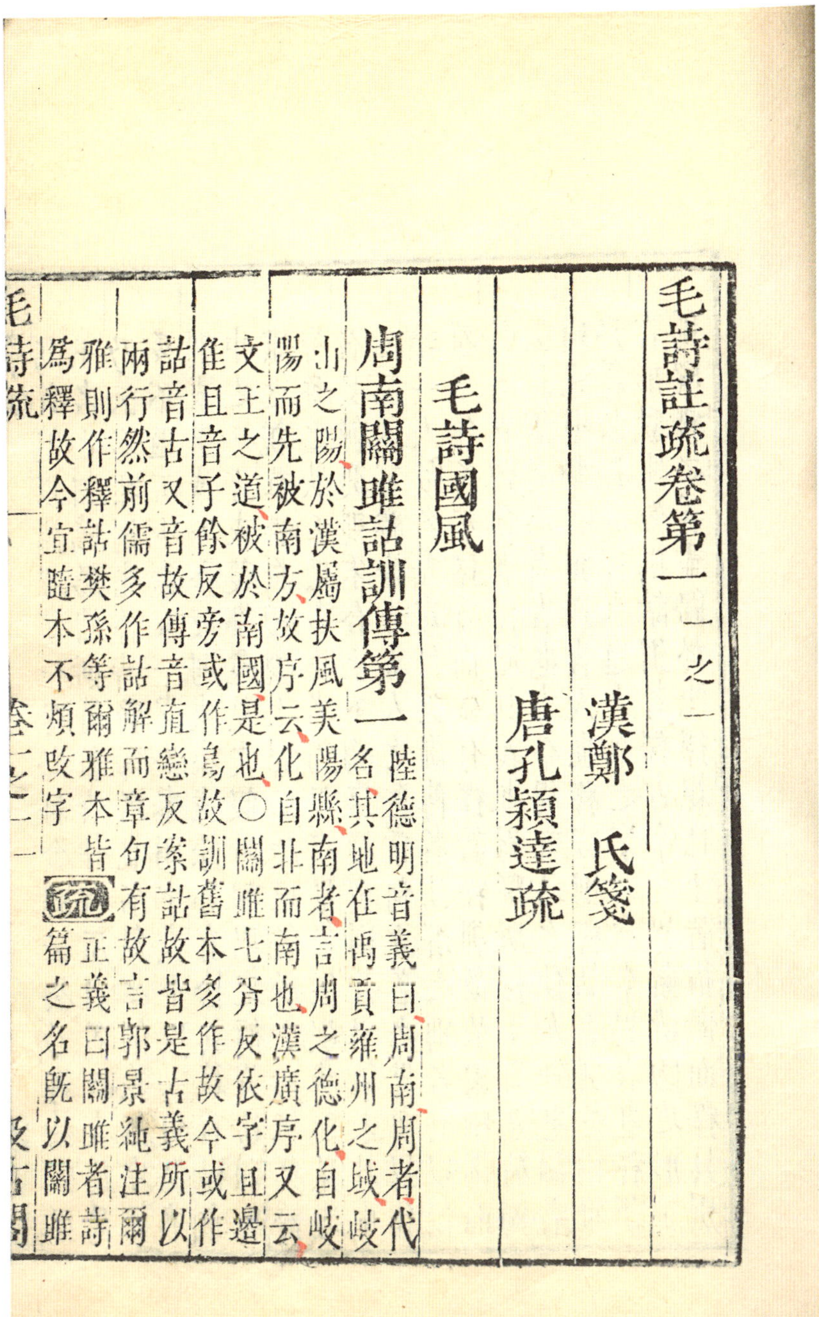
毛詩註疏卷第一　一之一
漢鄭氏箋
唐孔穎達疏
毛詩國風
周南關雎詁訓傳第一　陸德明音義曰周南周者代名其地在禹貢雍州之域岐山之陽於漢屬扶風美陽縣南者言周之德化自岐陽而先被南方故序云化自北而南也漢廣序又云文王之道被於南國是也○關雎七胥反依字且邊隹且音子餘反旁或作鳥故訓舊本多作故今或作詁音古又音故傳音直戀反案詁故皆是古義所以兩行然前儒多作詁解而章句有故言郭景純注爾雅則作釋詁樊孫等爾雅本皆爲釋故今宜隨本不煩改字　疏　正義曰關雎者詩篇之名既以關雎
毛詩疏　一　卷一之一　汲古閣

003　十三經註疏三百三十三卷　不著撰者輯　明崇禎元年至十二年（1628—1639）毛氏汲古閣刻本

框高18.0厘米，寬12.6厘米。半葉9行，行21字，小字雙行同，白口，左右雙邊。

存九種二百六十五卷（尚書十三至二十，毛詩一至八、十至二十，周禮一至四十二，儀禮一至十七，春秋左傳一至四十五、四十九至六十，禮記一至六十，春秋公羊一至二十八，春秋穀梁一至二十，孟子一至十四）

館藏索書號：經/1/1526

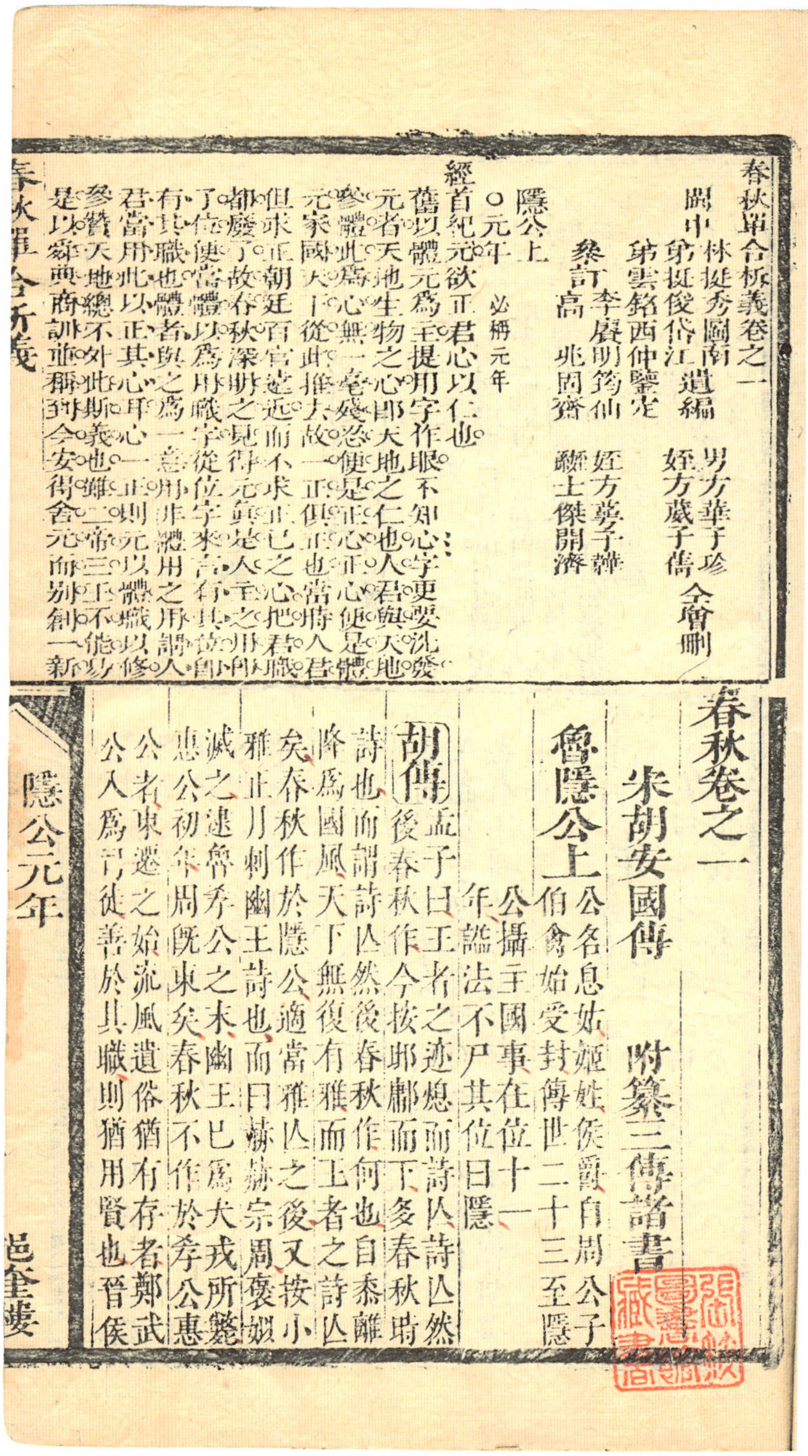

004　春秋單合析義二十九卷　（清）林挺秀、林挺俊遺編　（清）林方華等增刪　清康熙三十四年（1695）刻本

框高23.4厘米，寬14.4厘米。兩欄，半葉行不等，行字不等，白口，四周單邊雙邊兼有。

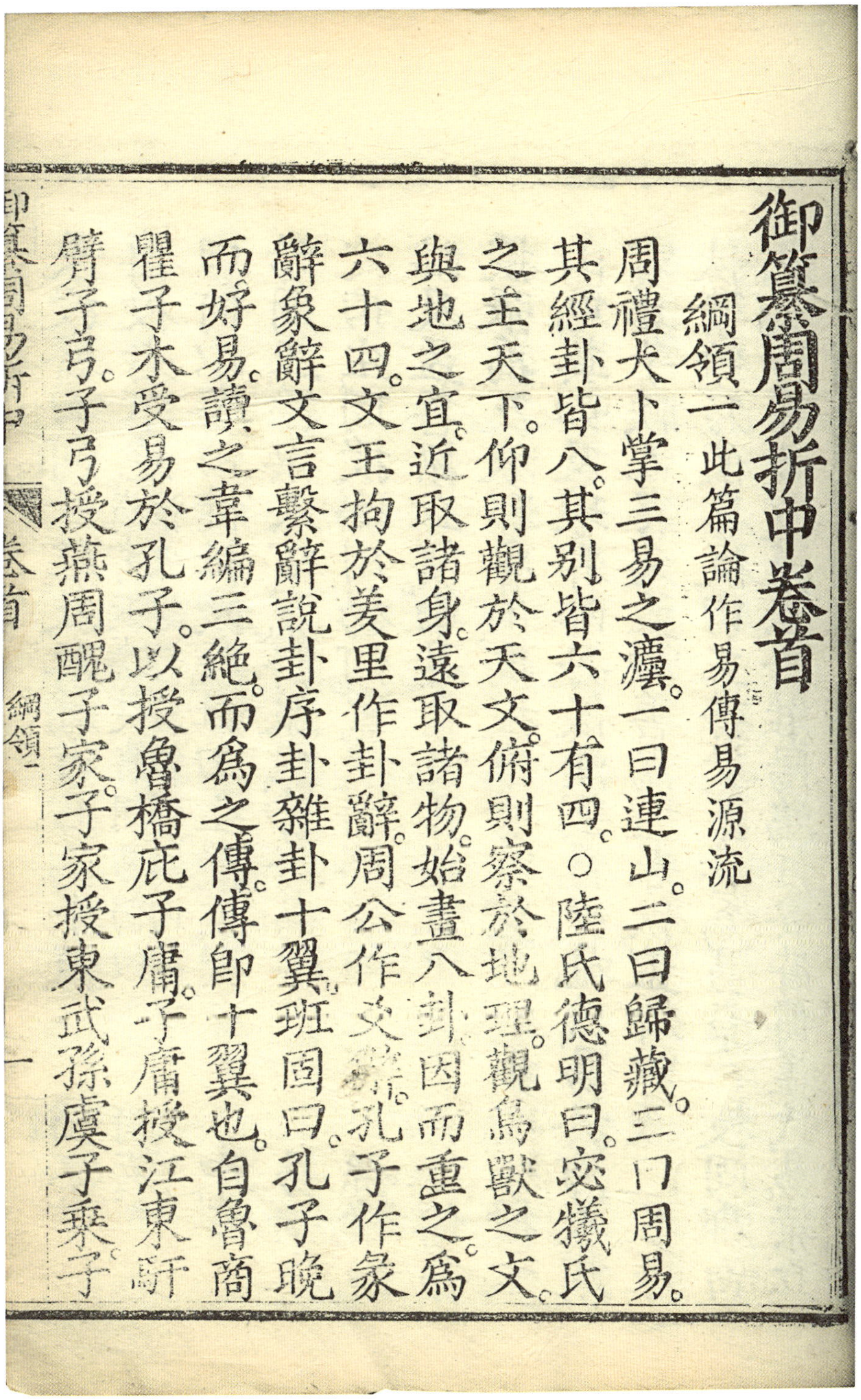

御纂周易折中卷首

綱領一 此篇論作易傳易源流

周禮大卜掌三易之灋。一曰連山。二曰歸藏。三曰周易。其經卦皆八。其別皆六十有四。○陸氏德明曰。宓犧氏之王天下。仰則觀於天文。俯則察於地理。觀鳥獸之文與地之宜。近取諸身。遠取諸物。始畫八卦。因而重之。爲六十四。文王拘於羑里作卦辭。周公作爻辭。孔子作彖辭象辭文言繫辭說卦序卦雜卦十翼。班固曰。孔子晚而好易。讀之韋編三絶。而爲之傳。傳卽十翼也。自魯商瞿子木受易於孔子。以授魯橋庛子庸。子庸授江東馯臂子弓。子弓授燕周醜子家。子家授東武孫虞子乘。子

御纂周易折中 卷首 綱領一 一

005　御纂周易折中二十二卷首一卷　（清）李光地等纂修　清康熙五十四年（1715）内府刻本

框高22.0厘米，寬16.3厘米。半葉8行，行18字，小字雙行21字，白口，四周雙邊。

館藏索書號：經/8/1425

006　康熙字典十二集十二卷總目一卷檢字一卷辨似一卷補遺一卷等韻二卷備考一卷　（清）張玉書、陳廷敬總閲　（清）凌紹雯等纂修　清康熙五十五年（1716）刻本

框高19.0厘米，寬14.0厘米。半葉8行，行16字，小字雙行24字，白口，四周雙邊。

館藏索書號：經/81/2018

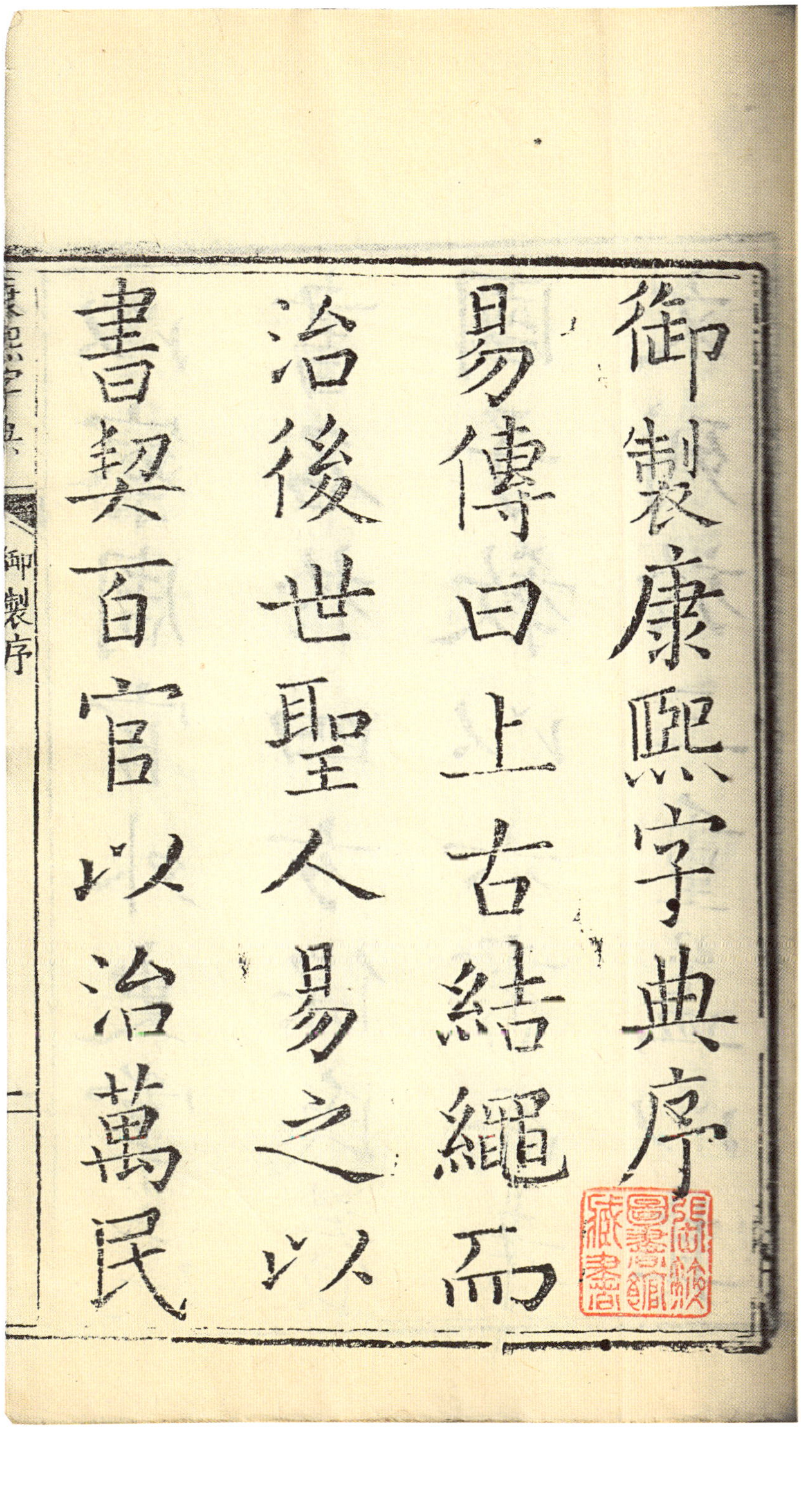
御製康熙字典序
易傳曰上古結繩而
治後世聖人易之以
書契百官以治萬民

康熙字典　御製序　一

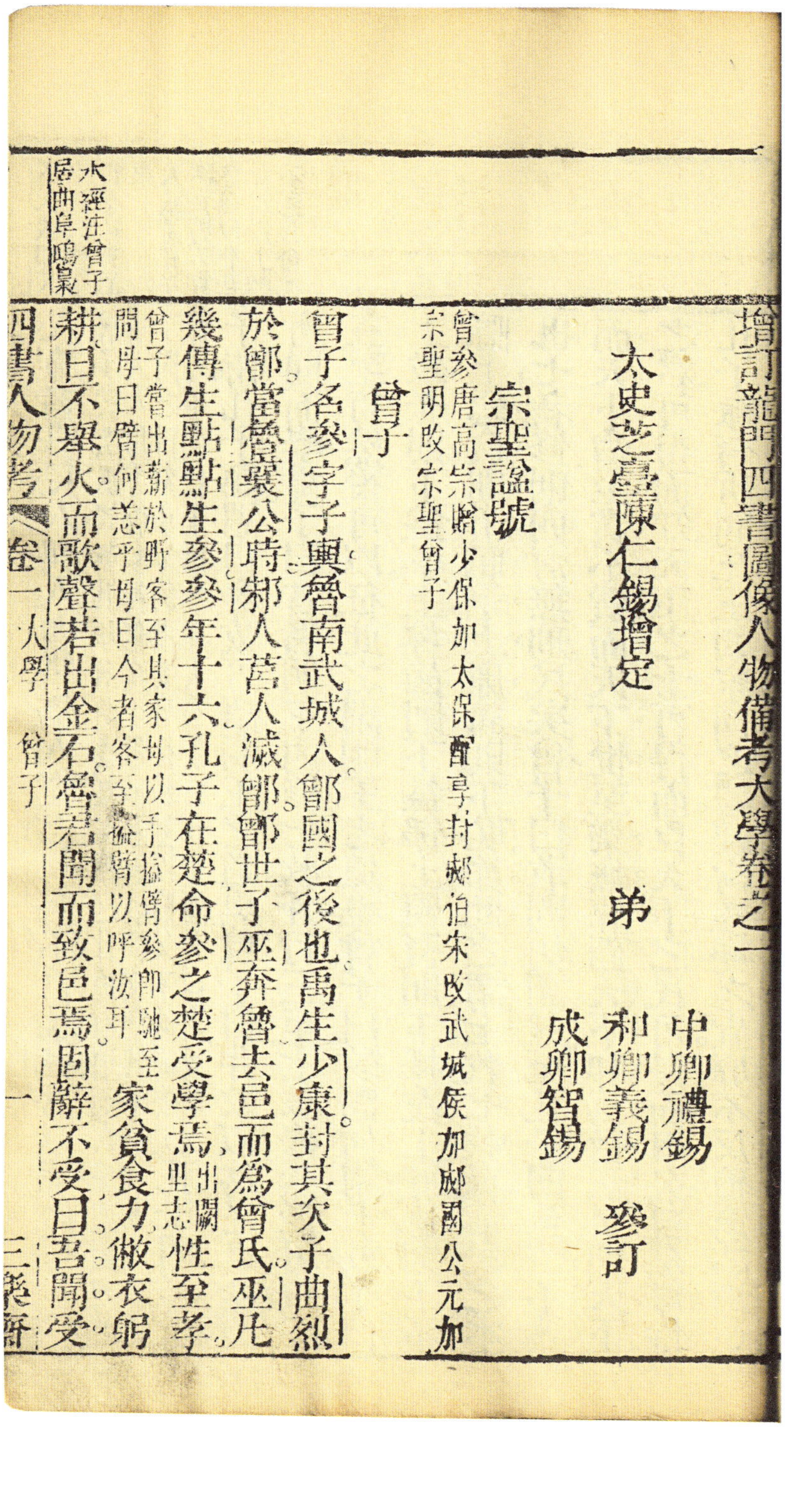

增訂龍門四書圖像人物備考大學卷之一

太史芝臺陳仁錫增定　弟　中卿禮錫　和卿義錫　成卿智錫　參訂

宗聖謚號

曾參唐高宗贈少保加太保配享封郕伯宋改武城侯加郕國公元加宗聖明改宗聖曾子

曾子

曾子名參字子輿曾南武城人鄫國之後也禹生少康封其次子曲烈於鄫當魯襄公時邾人莒人滅鄫鄫世子巫奔魯去邑而爲曾氏巫凡幾傳生點點生參參年十六孔子在楚命參之楚受學焉（出闕里志）性至孝（曾子嘗出薪於野客至其家母以手搤臂參即馳至問母曰臂何恙乎母曰今者客至搤臂以呼汝耳）家貧食力敝衣躬耕日不舉火而歌聲若出金石魯君聞而致邑焉固辭不受曰吾聞受

水經注曾子居曲阜鳴臯

四書人物考　卷一　大學　曾子　一　三樂齋

007　增訂龍門四書圖像人物備考十二卷　（清）陳仁錫增定　（清）陳中卿等參訂　清康熙五十六年（1717）三樂齋刻本

框高20.5厘米，寬13.3厘米。兩欄，半葉12行，行27字，小字雙行同，白口，四周單邊。

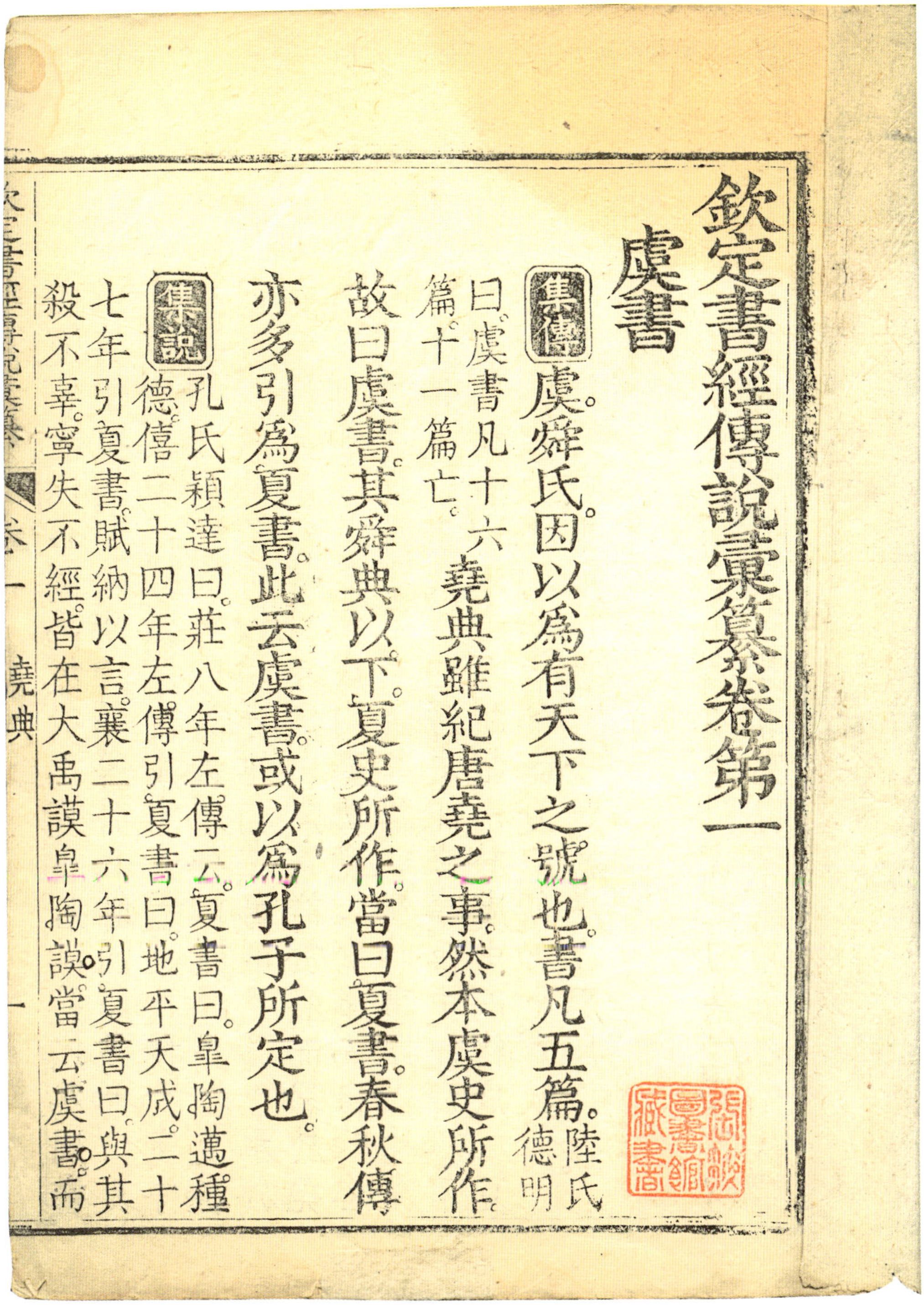

欽定書經傳說彙纂卷第一

虞書

集傳 虞舜氏因以爲有天下之號也書凡五篇。陸氏德明曰虞書凡十六篇十一篇亡 堯典雖紀唐堯之事然本虞史所作故曰虞書其舜典以下夏史所作當曰夏書春秋傳亦多引爲夏書此云虞書或以爲孔子所定也

集說 孔氏穎達曰莊八年左傳云夏書曰皋陶邁種德僖二十四年左傳引夏書曰地平天成二十七年引夏書賦納以言襄二十六年引夏書曰與其殺不辜寧失不經皆在大禹謨皋陶謨當云虞書而

欽定書經傳說彙纂 卷一 堯典 一

008　欽定書經傳說彙纂二十一卷首二卷書序一卷　（清）王頊齡等纂　清康熙至乾隆刻本

框高21.4厘米，寬16.1厘米。半葉8行，行18字，小字雙行21字，白口，四周雙邊。

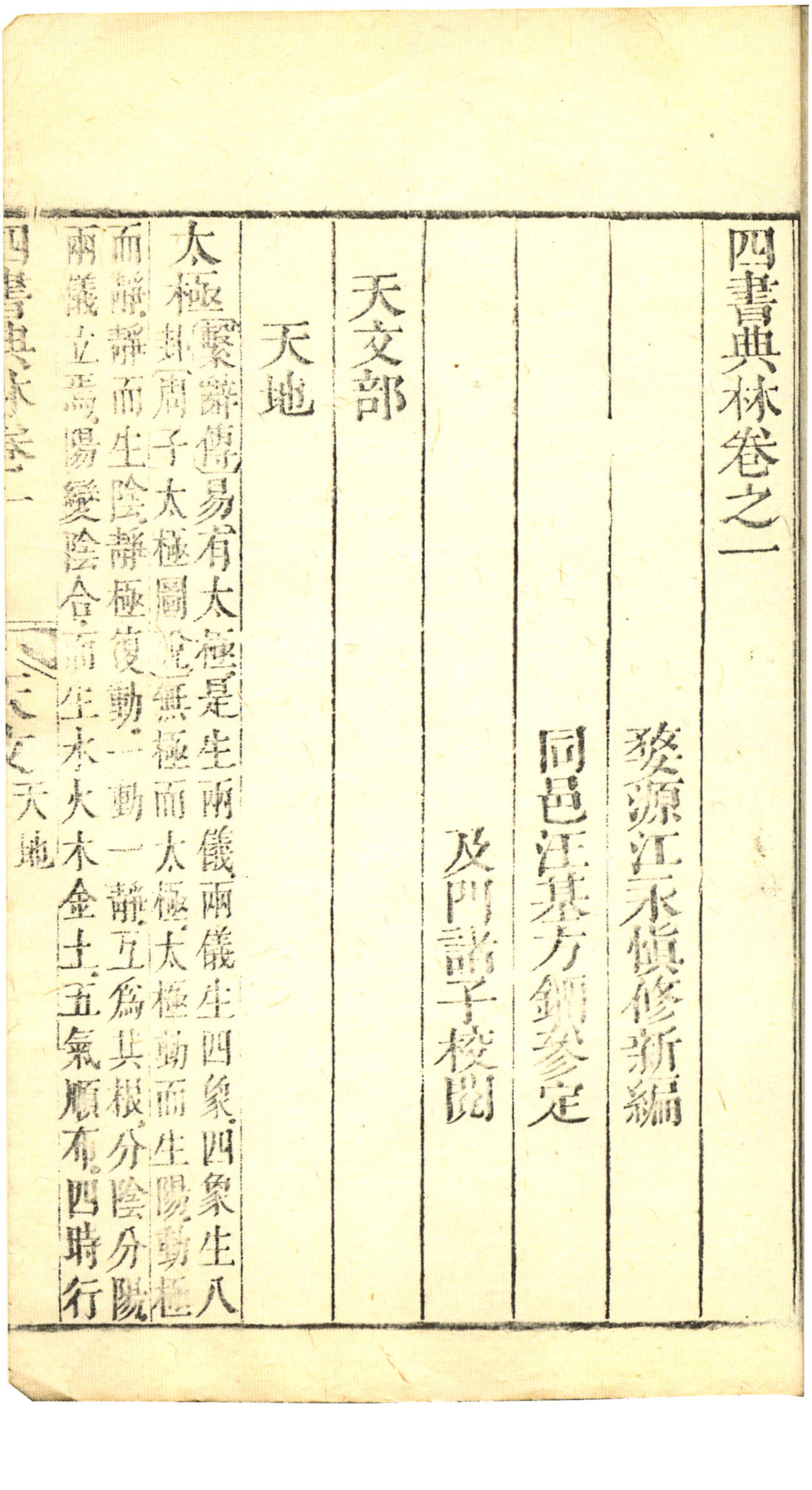
四書典林卷之一

婺源江永慎修新編

同邑汪基方鋼參定

及門諸子校閱

天文部

天地

太極〔繫辭傳〕易有太極是生兩儀兩儀生四象四象生八卦〔周子太極圖說〕無極而太極太極動而生陽動極而靜靜而生陰靜極復動一動一靜互為其根分陰分陽兩儀立焉陽變陰合而生水火木金土五氣順布四時行

四書典林卷之一 〔天文〕天地

009　四書典林三十卷　（清）江永新編　（清）汪基參定　清雍正十三年（1735）刻本

框高19.6厘米，寬13.8厘米。半葉8行，行22字，小字雙行同，白口，左右雙邊。

存二十八卷（一、四至三十）

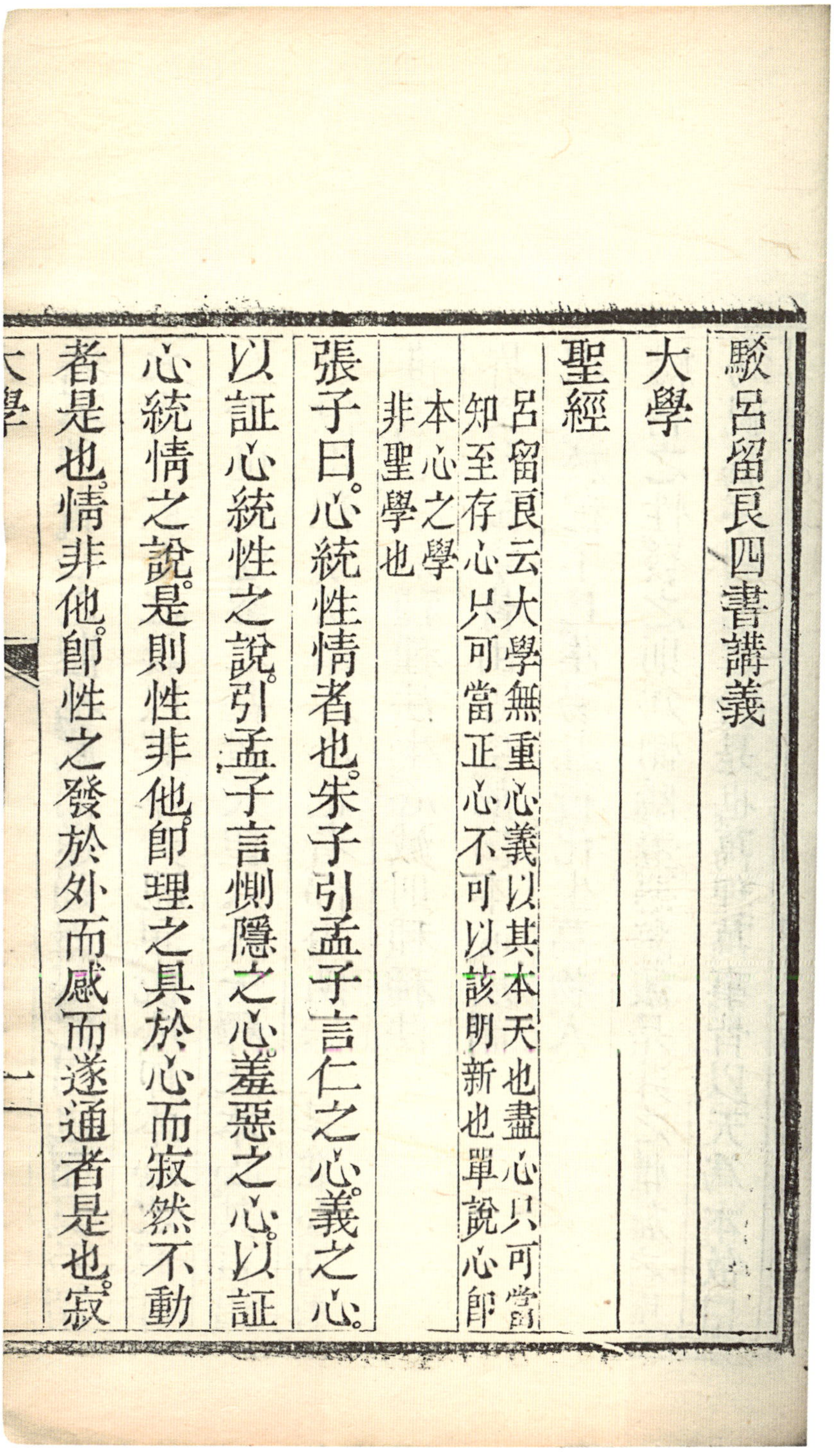

駁呂留良四書講義

大學

聖經

呂留良云大學無重心義以其本天也盡心只可當知至存心只可當正心不可以該明新也單說心即本心之學非聖學也

張子曰心統性情者也朱子引孟子言仁之心義之心以証心統性之說引孟子言惻隱之心羞惡之心以証心統情之說是則性非他即理之具於心而寂然不動者是也情非他即性之發於外而感而遂通者是也寂

大學　一

010　駁呂留良四書講義八卷　（清）朱軾等撰　清雍正刻本

框高17.8厘米，寬13.8厘米。半葉9行，行21字，小字雙行同，白口，四周雙邊。

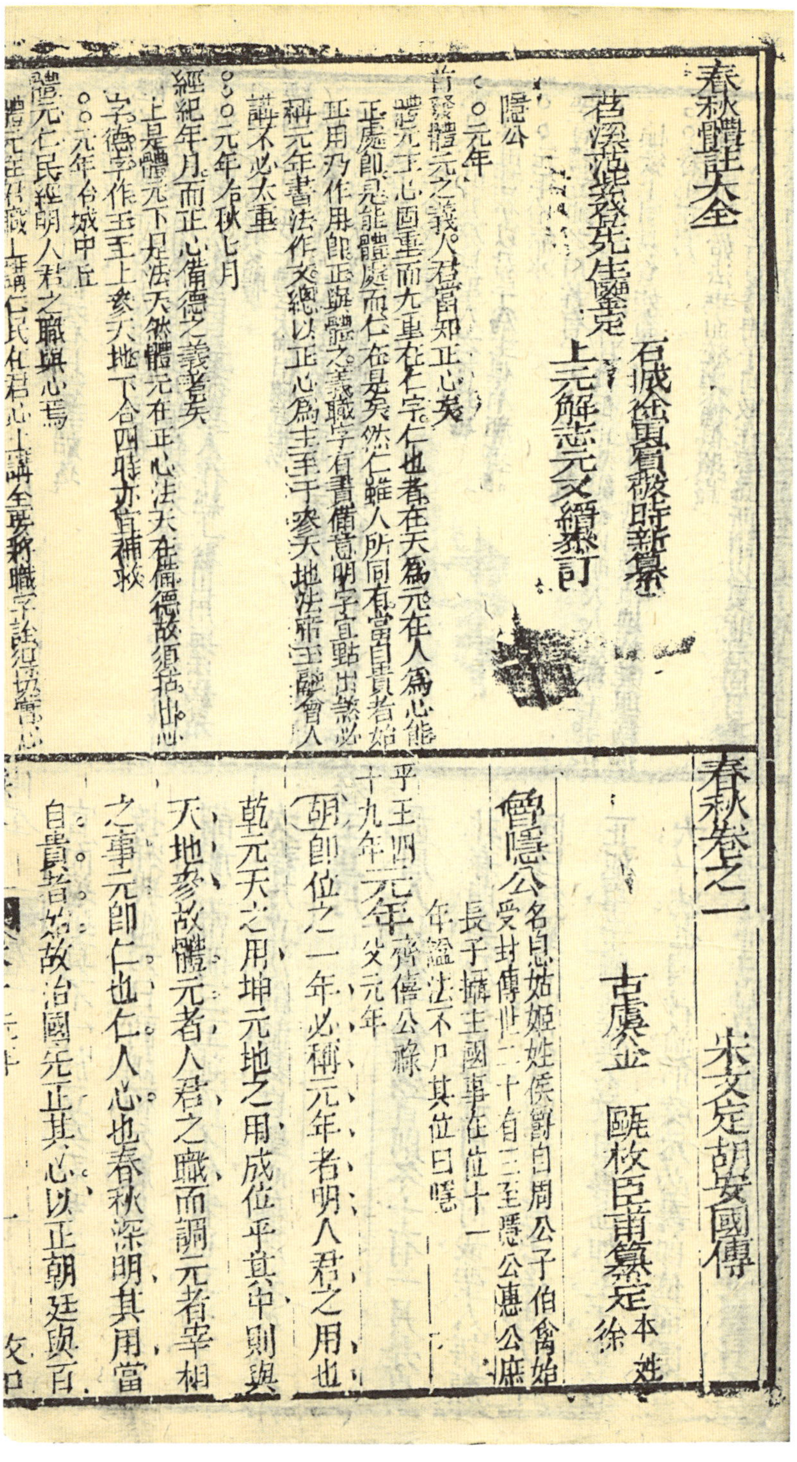
春秋體註大全

苕溪徐寅賓先生鑒定　石城周旦林時新纂輯

上元解志元文纘參訂

春秋卷之一　宋文定胡安國傳

011　春秋體註大全四卷　（清）徐寅賓纂　（清）解志元參訂　（清）周旦林輯　清乾隆五年（1740）致和堂刻本

框高23.4厘米，寬13.9厘米。兩欄，半葉11行，行17字，小字雙行24字，白口，左右雙邊。

館藏索書號：經/62/2450

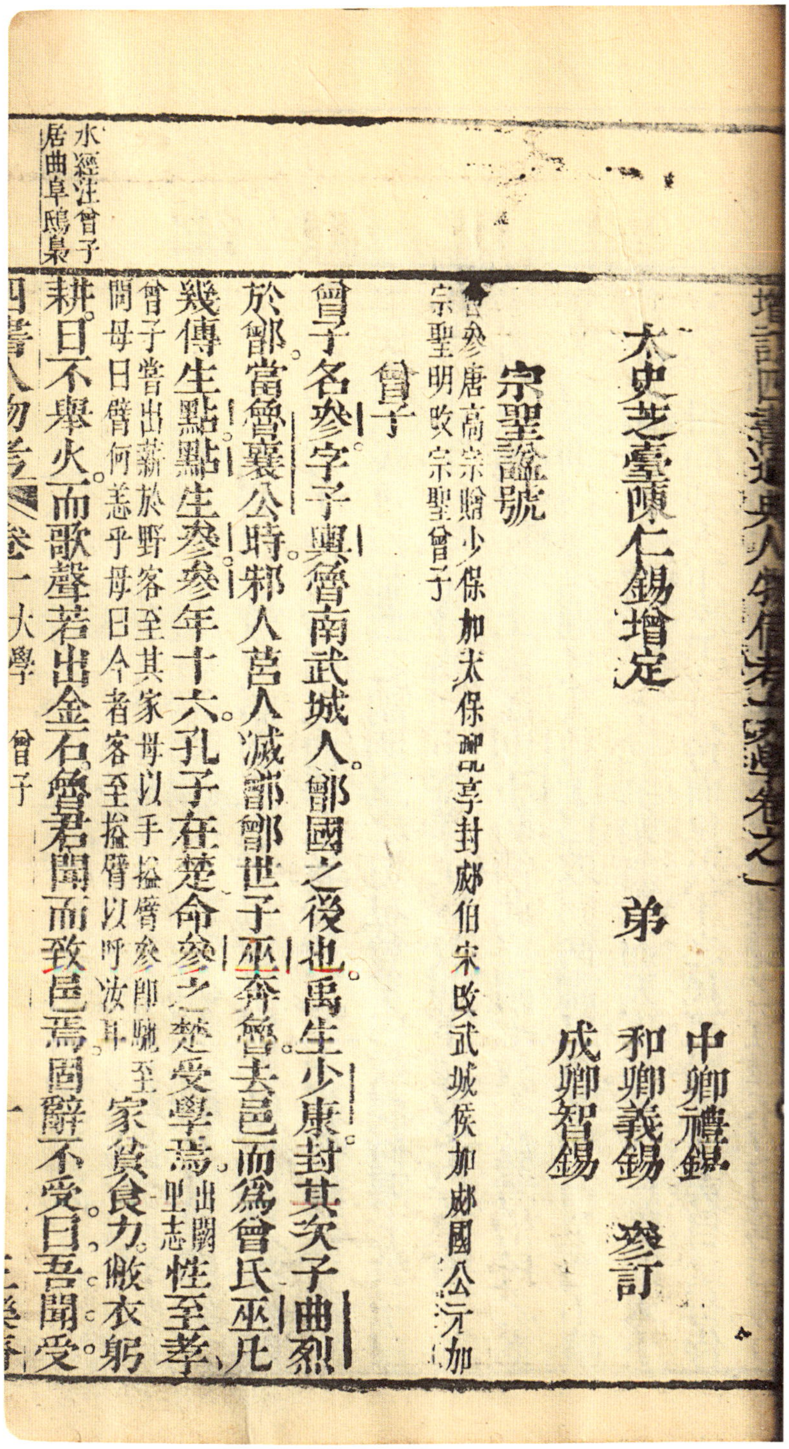
增訂四書通典人物備考卷之一

太史芝臺陳仁錫增定

弟 中卿禮錫 和卿義錫 成卿智錫 參訂

宗聖謚號

曾參唐高宗贈少保加太保配孔子廟封郕伯宋改武城侯加郕國公元加宗聖明改宗聖曾子

曾子

曾子名參字子輿曾南武城人鄫國之後也禹生少康封其次子曲烈於鄫當魯襄公時鄫人莒人滅鄫鄫世子巫奔魯去邑而爲曾氏巫凡幾傳生點點生參參年十六孔子在楚命參之楚受學焉闕里志性至孝曾子嘗出薪於野客至其家母以手搤臂參即馳至問母曰臂何恙乎母曰今者客至搤臂以呼汝耳家貧食力敝衣躬耕日不舉火而歌聲若出金石魯君聞而致邑焉固辭不受曰吾聞受

水經注曾子居曲阜鴟梟

四書人物考 卷一 大學 曾子 一 三樂齋

012　增訂四書通典人物備考十二卷　（清）陳仁錫增定　（清）陳中卿等參訂　清乾隆五年（1740）三樂齋刻本

框高20.5厘米，寬13.3厘米。兩欄，半葉12行，行27字，小字雙行同，白口，四周單邊。

館藏索書號：經/69/2247

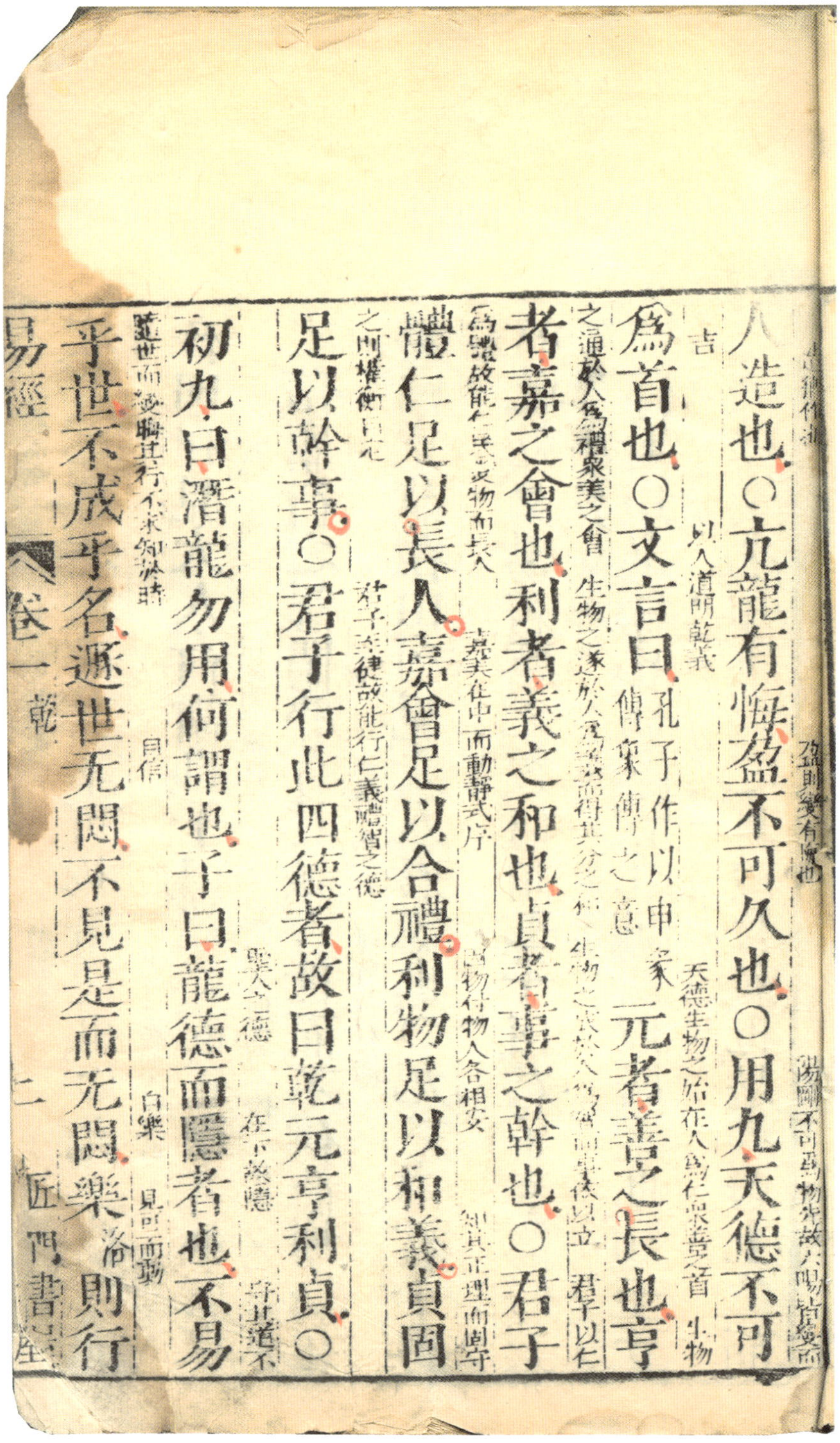
人造也○亢龍有悔盈不可久也○用九天德不可
爲首也○文言曰 元者善之長也亨
者嘉之會也利者義之和也貞者事之幹也○君子
體仁足以長人嘉會足以合禮利物足以和義貞固
足以幹事○君子行此四德者故曰乾元亨利貞○
初九曰潛龍勿用何謂也子曰龍德而隱者也不易
乎世不成乎名遯世无悶不見是而无悶樂則行

易經 卷一 乾 二 匠門書屋

013　易經增訂旁訓三卷　不著撰者撰　清乾隆二十一年（1756）刻本
框高19.9厘米，寬14.8厘米。半葉14行，行20字，白口，四周單邊。
館藏索書號：經/15/1905

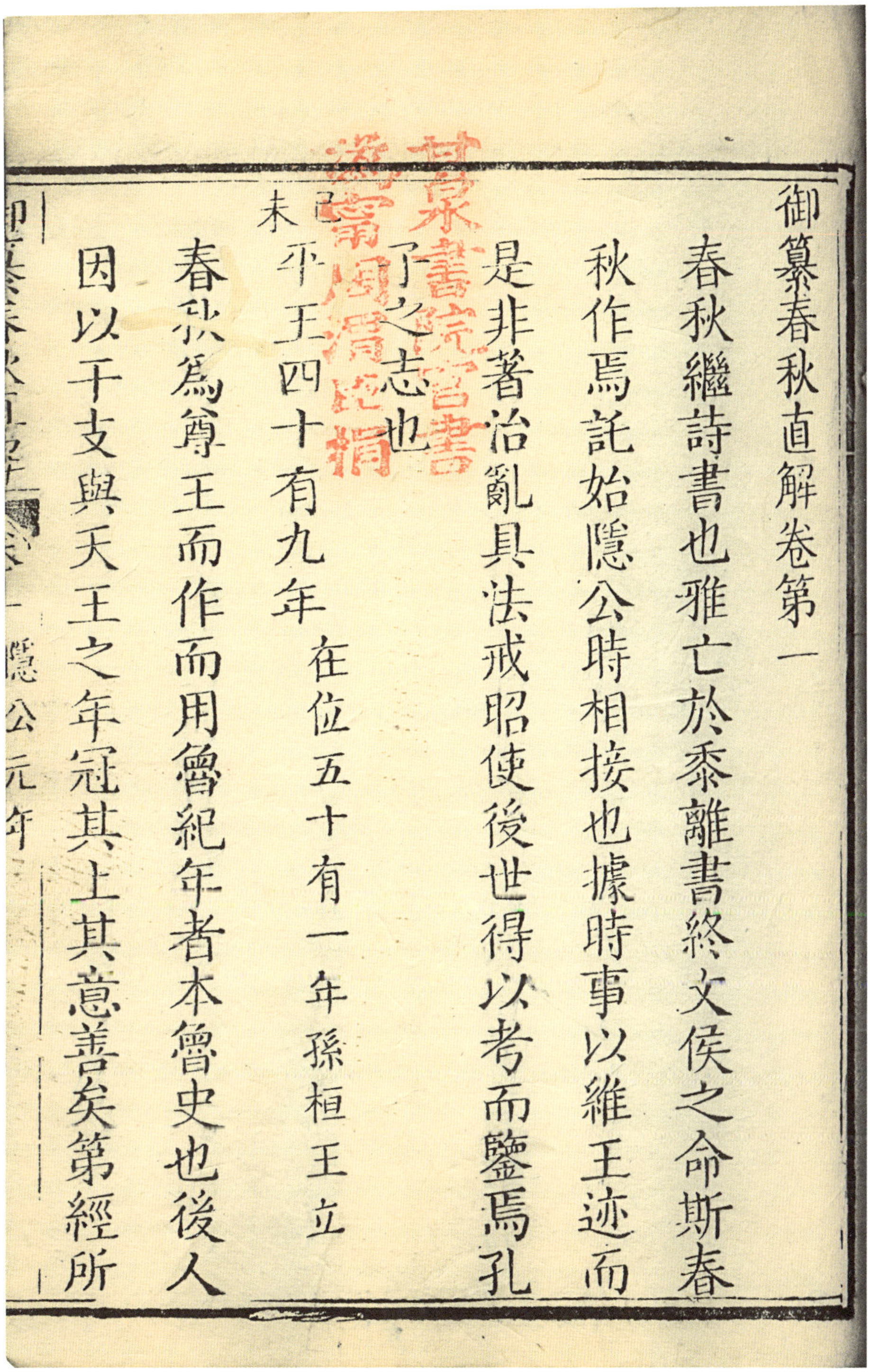

御纂春秋直解卷第一

春秋繼詩書也雅亡於黍離書終文侯之命斯春秋作焉託始隱公時相接也據時事以維王迹而是非著治亂具法戒昭使後世得以考而鑒焉孔子之志也

己未 平王四十有九年 在位五十有一年孫桓王立

春秋爲尊王而作而用魯紀年者本魯史也後人因以干支與天王之年冠其上其意善矣第經所

御纂春秋直解卷一 隱公元年

014　御纂春秋直解十二卷　（清）傅恒等纂修　清乾隆刻本

框高21.5厘米，寬16.0厘米。半葉8行，行19字，白口，四周雙邊。

館藏索書號：經/64/3219

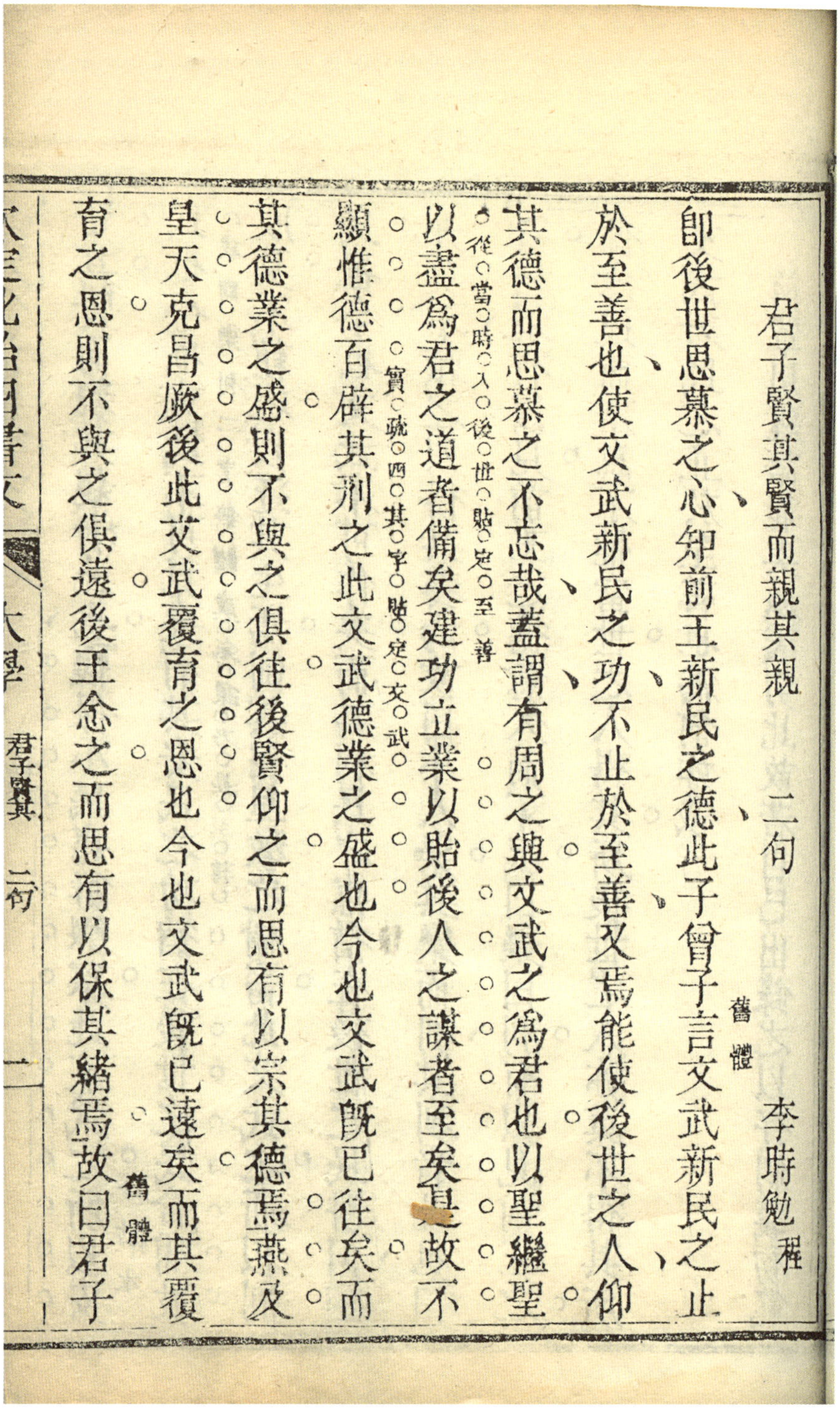
君子賢其賢而親其親　二句　李時勉程
卽後世思慕之心知前王新民之德此子曾子言文武新民之止
舊體
於至善也使文武新民之功不止於至善又焉能使後世之人仰
其德而思慕之不忘哉蓋謂有周之興文武之爲君也以聖繼聖
從當時入後世貼定至善
以盡爲君之道者備矣建功立業以貽後人之謀者至矣是故不
實號四其字貼定文武
顯惟德百辟其刑之此文武德業之盛也今也文武既已往矣而
其德業之盛則不與之俱往後賢仰之而思有以宗其德焉燕及
皇天克昌厥後此文武覆育之恩也今也文武既已遠矣而其覆
育之恩則不與之俱遠後王念之而思有以保其緒焉故曰君子
舊體
欽定化治四書文　大學　君子賢其　二句　一

015　欽定化治四書文不分卷　（清）方苞纂修　清乾隆刻本
框高22.0厘米，寬15.4厘米。半葉9行，行25字，白口，四周雙邊。

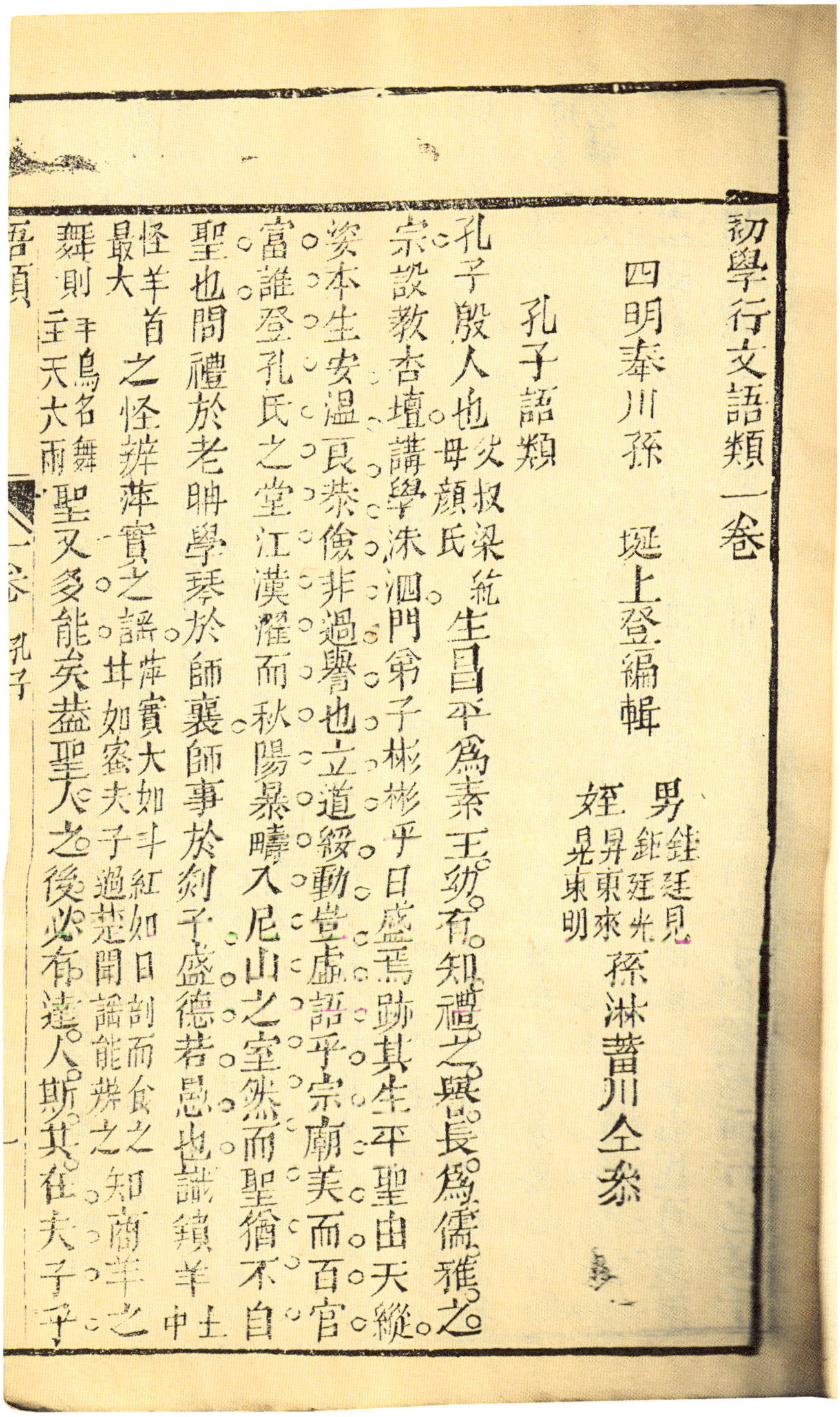

初學行文語類一卷
四明奉川孫　埏上登編輯
男　銈廷見　鉅廷先　昇東來　姪　晃東明　孫淋蕭川仝叅
孔子語類
孔子殷人也父叔梁紇生昌平爲素王。幼有知禮之興長爲儒雅之
宗設教杏壇講學洙泗門弟子彬彬乎日盛焉跡其生平聖由天縱
姿本生安温良恭儉非過譽也立道綏動豈虛語乎宗廟美而百官
富誰登孔氏之堂江漢濯而秋陽暴曠入尼山之室然而聖猶不自
聖也問禮於老聃學琴於師襄師事於剡子盛德若愚也識羵羊土中
怪羊首之怪辨萍實之謡萍實大如斗紅如日剖而食之甘如蜜夫子過楚聞謡能辨之知商羊之
最大舞則羊鳥名舞則主天大雨聖又多能矣蓋聖人之後必有達人斯其在夫子乎
語類　一卷　孔子　一

016　初學行文語類四卷　（清）孫埏編輯　（清）孫淋等叅　清嘉慶二年（1797）刻本
框高22.2厘米，寬13.2厘米。兩欄，半葉11行，行26字，白口，四周單邊。

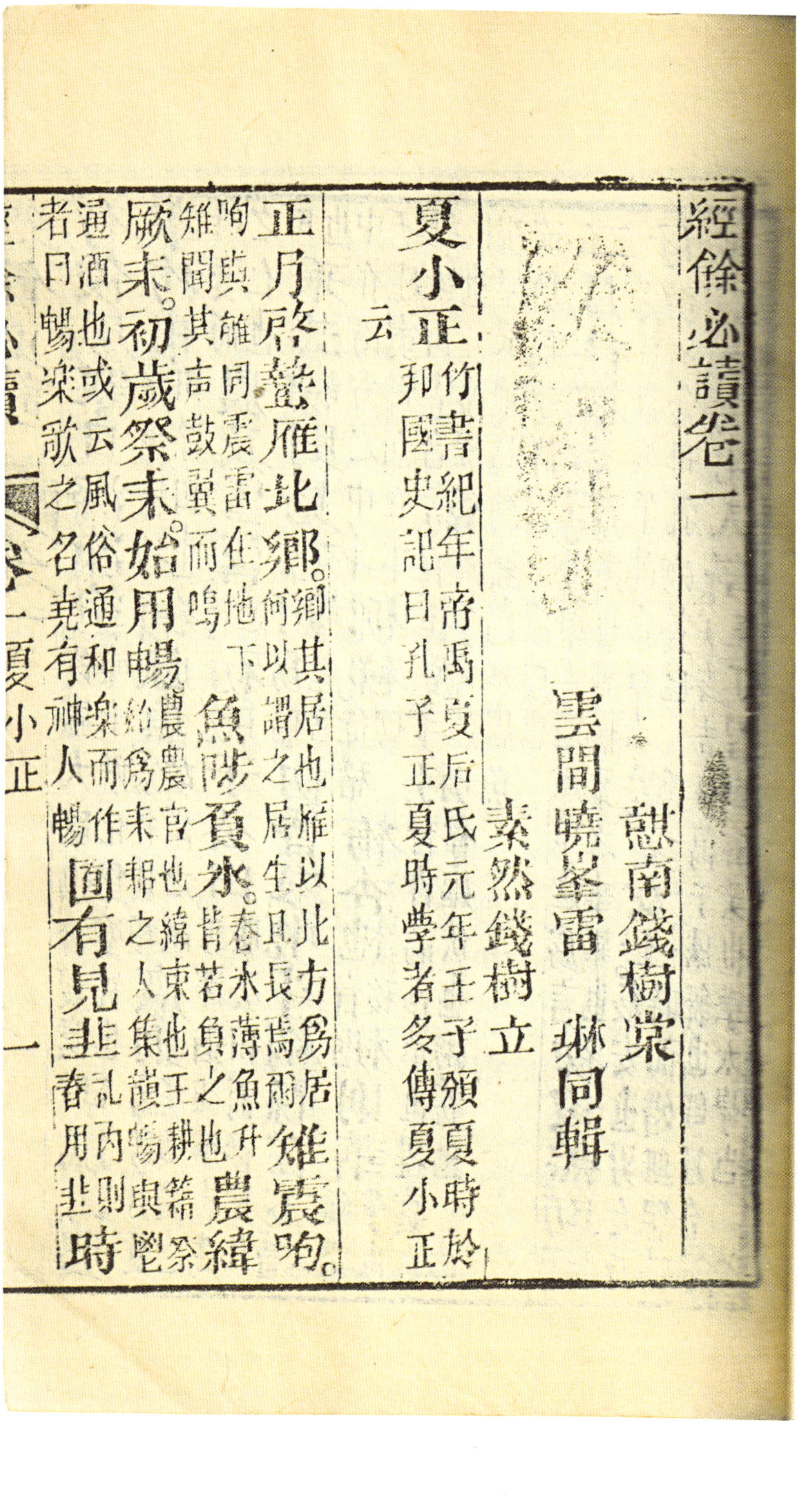

經餘必讀卷一

歙南錢樹棠 雲間曉峯雷琳同輯 素然錢樹立

夏小正 竹書紀年帝禹夏后氏元年王子頒夏時於邦國史記曰孔子正夏時學者多傳夏小正云

正月啓蟄雁北鄉。鄉其居也雁以北方爲居何以謂之居生且長焉爾雉震呴。呴與雊同震雷在地下雉聞其声鼓翼而鳴魚陟負冰。春冰薄魚升背若負之也農緯厥耒。初歲祭耒始用暢。農農官也緯束也王耕籍祭始爲耒耜之人集蕑暢與鬯暢酒也或云風俗通和樂而作者曰暢樂歌之名堯有神人暢囿有見韭禮內則春用韭時

經餘必讀 卷一 夏小正 一

017　經餘必讀八卷續編八卷三編四卷　（清）錢樹棠等輯　清嘉慶十一年（1806）刻本

框高13.9厘米，寬9.6厘米。半葉10行，行20字，小字雙行同，白口，四周雙邊。

存十九卷（經餘必讀八卷，續編八卷，三編一、三至四）

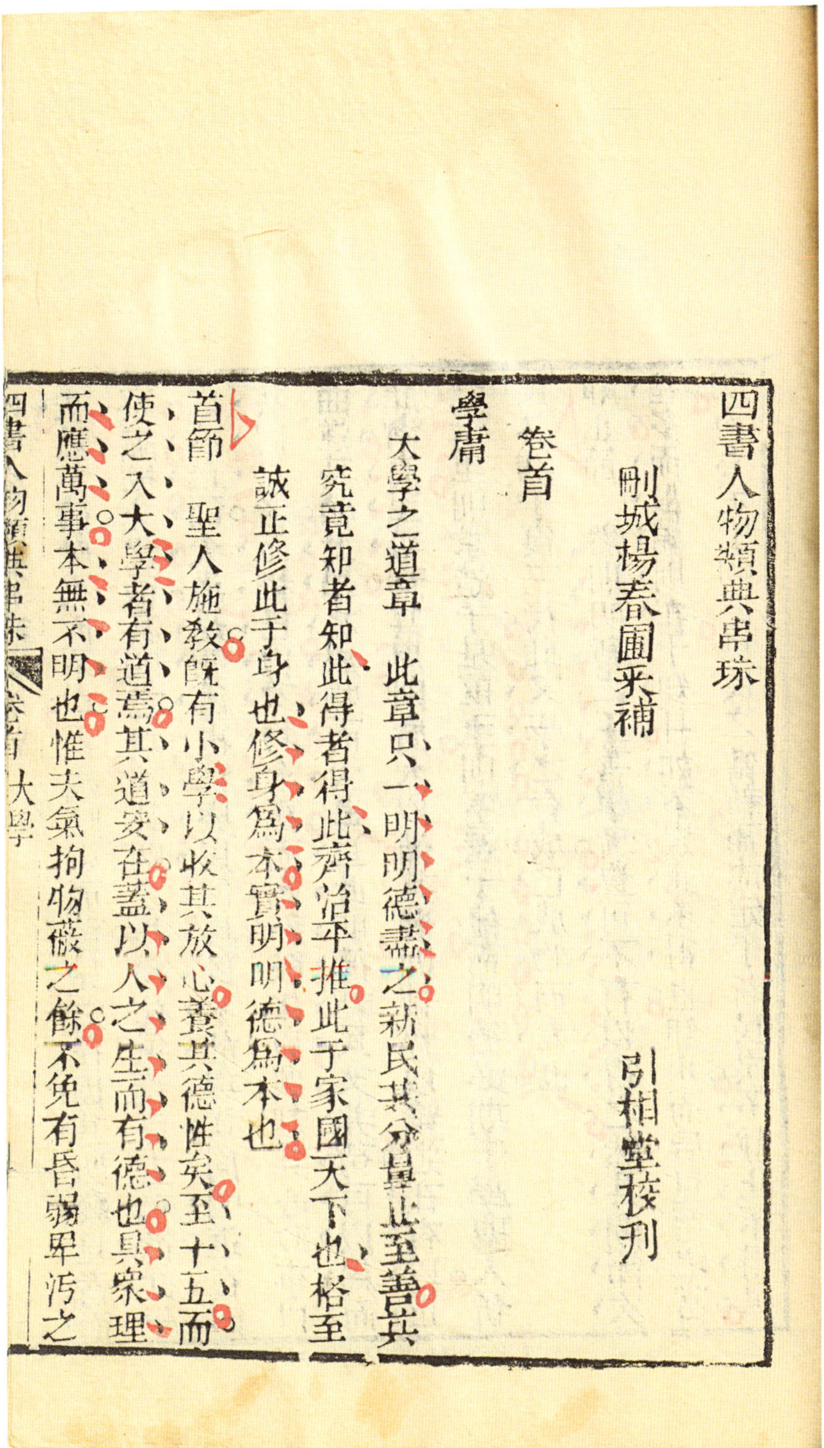

四書人物類典串珠

剛城楊春圃采補　　　　引相堂校刊

卷首

學庸

大學之道章　此章只一明明德盡之新民其分量止至善其

究竟知者知此得者得此齊治平推此于家國天下也格至

誠正修此于身也修身爲本實明明德爲本也

首節　聖人施教既有小學以收其放心養其德性矣至十五而

使之入大學者有道焉其道安在蓋以人之生而有德也具衆理

而應萬事本無不明也惟夫氣拘物蔽之餘不免有昏弱卑污之

四書人物類典串珠　卷首　大學

018　四書人物類典串珠四十卷首一卷　（清）臧志仁編輯　（清）楊春圃采補　清嘉慶十八年（1813）引相堂刻本

框高16.8厘米，寬13.2厘米。半葉11行，行25字，小字雙行同，白口，四周單邊。

存十七卷（一至十六、首一卷）

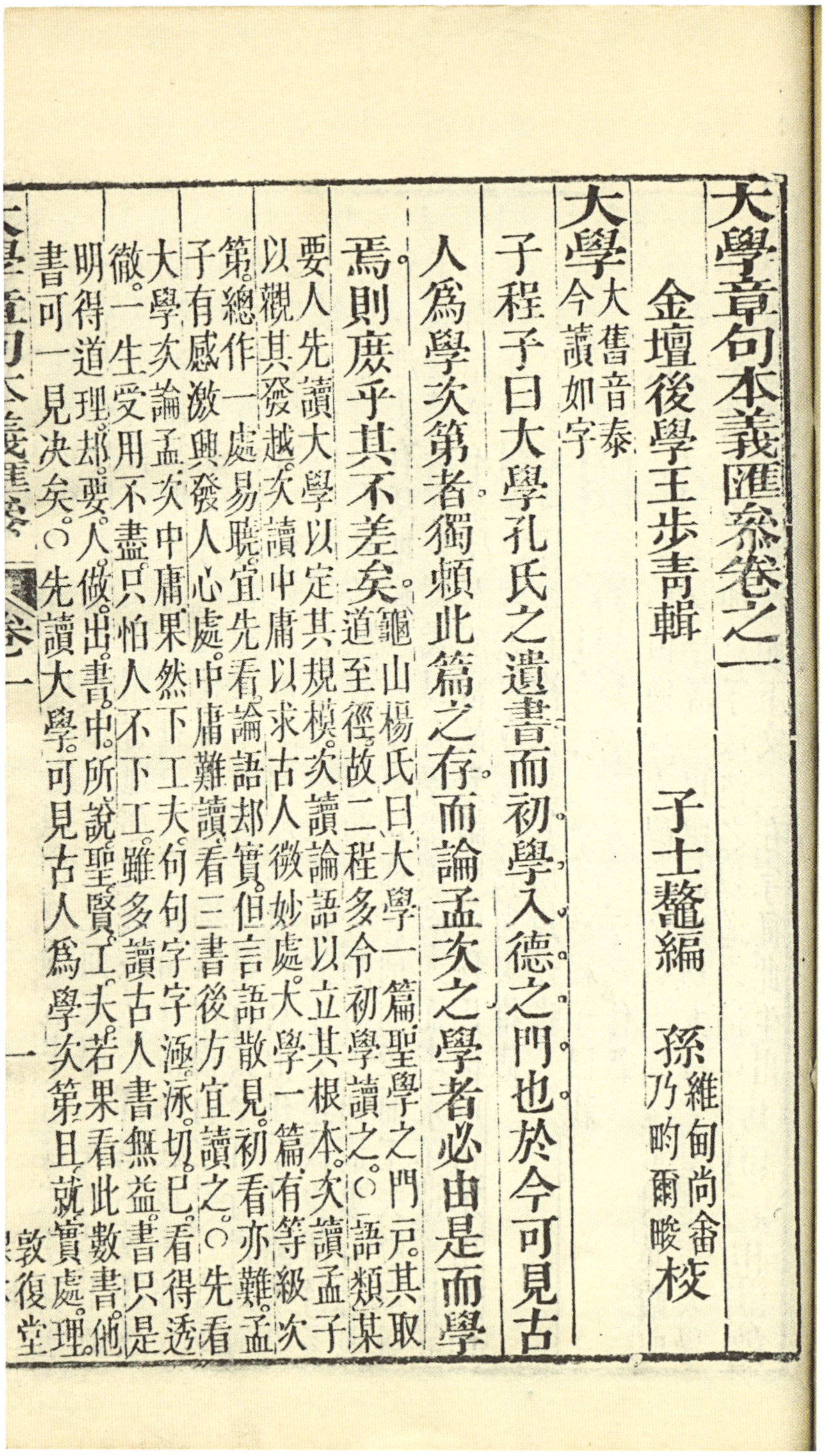
大學章句本義匯纂卷之一
金壇後學王步青輯　子士鼇編　孫維甸尚畬 乃昀爾晙 校
大學（大舊音泰 今讀如字）
子程子曰大學孔氏之遺書而初學入德之門也於今可見古人爲學次第者獨賴此篇之存而論孟次之學者必由是而學焉則庶乎其不差矣○龜山楊氏曰大學一篇聖學之門戶其取道至徑故二程多令初學讀之○語類某要人先讀大學以定其規模次讀論語以立其根本次讀孟子以觀其發越次讀中庸以求古人微妙處大學一篇有等級次第總作一處易曉宜先看論語却實但言語散見初看亦難孟子有感激興發人心處中庸難讀看三書後方宜讀之○先看大學次論孟次中庸果然下工夫句句字字涵泳切己看得透徹一生受用不盡只怕人不下工雖多讀古人書無益書只是明得道理却要人做出書中所說聖賢工夫若果看此數書他書可一見決矣○先讀大學可見古人爲學次第且就實處理
大學章句本義匯纂　卷一　一　敦復堂

019　四書朱子本義匯纂四十七卷　（清）王步青輯　（清）王士鼇編　清嘉慶十八年（1813）刻本

框高20.8厘米，寬14.5厘米。半葉10行，行24字，小字雙行同，白口，四周單邊。

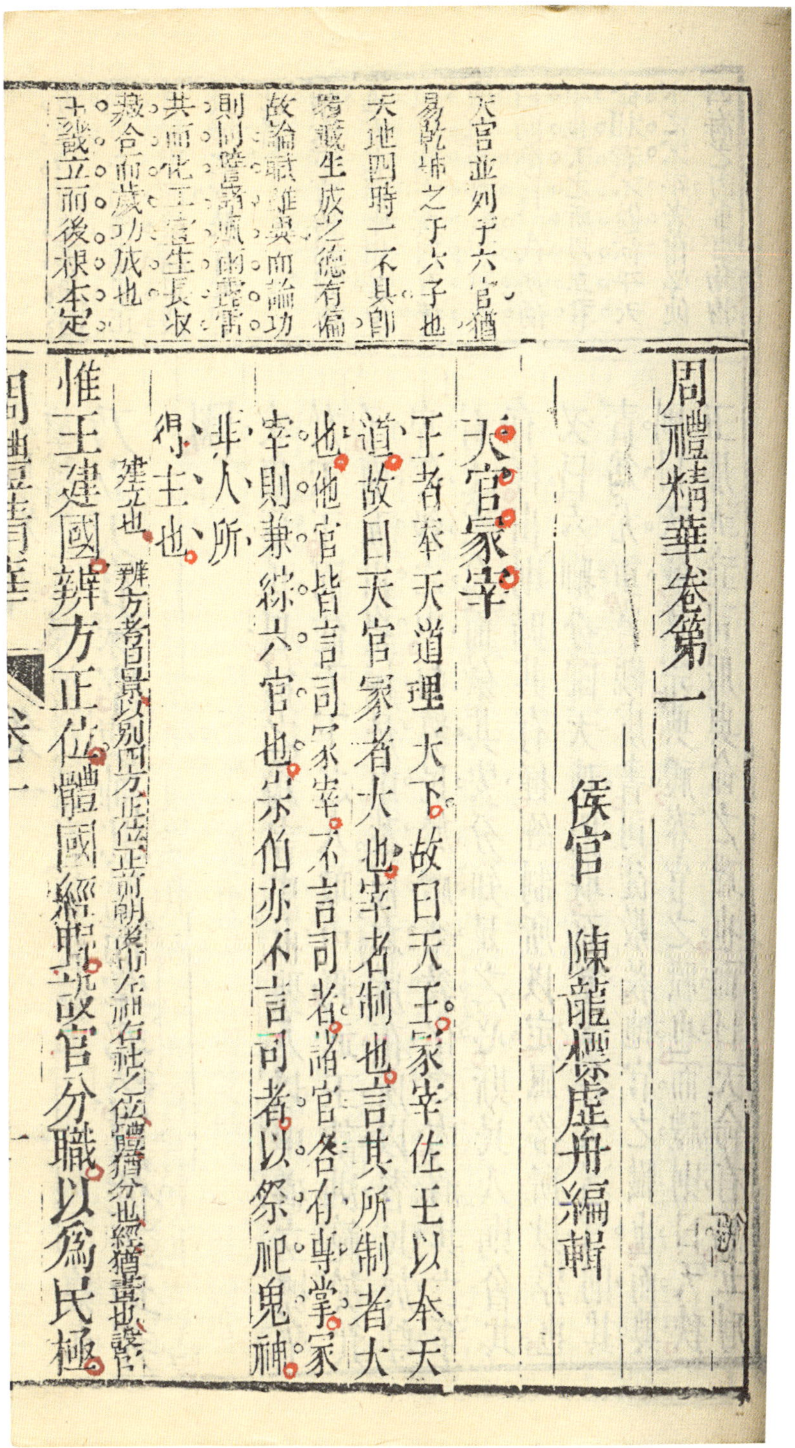
天官並列于六官猶易乾坤之于六子也天地四時一不具即藏生成之德有偏故論職雖異而論功則同譬易風雨露雷共而化工言生長收藏合而歲功成也十職立而後根本定

周禮精華卷第一

侯官　陳龍標虛舟編輯

天官冢宰

王者本天道理天下故曰天王冢宰佐王以本天道故曰天官冢宰者大也宰者制也言其所制者大也他官皆言司冢宰不言司者諸官各有專掌冢宰則兼綜六官也宗伯亦不言司者以祭祀鬼神非人所得主也

惟王建國辨方正位體國經野設官分職以爲民極

建立也辨方者日景以別四方正位者正君臣朝廷市廛左祖右社之位體猶分也經猶畫也設官

周禮精華　卷一　一

020　周禮精華六卷　（清）陳龍標編輯　清嘉慶二十一年（1816）刻本

框高22.5厘米，寬12.8厘米。兩欄，半葉7行，行20字，小字雙行19字，白口，左右雙邊。

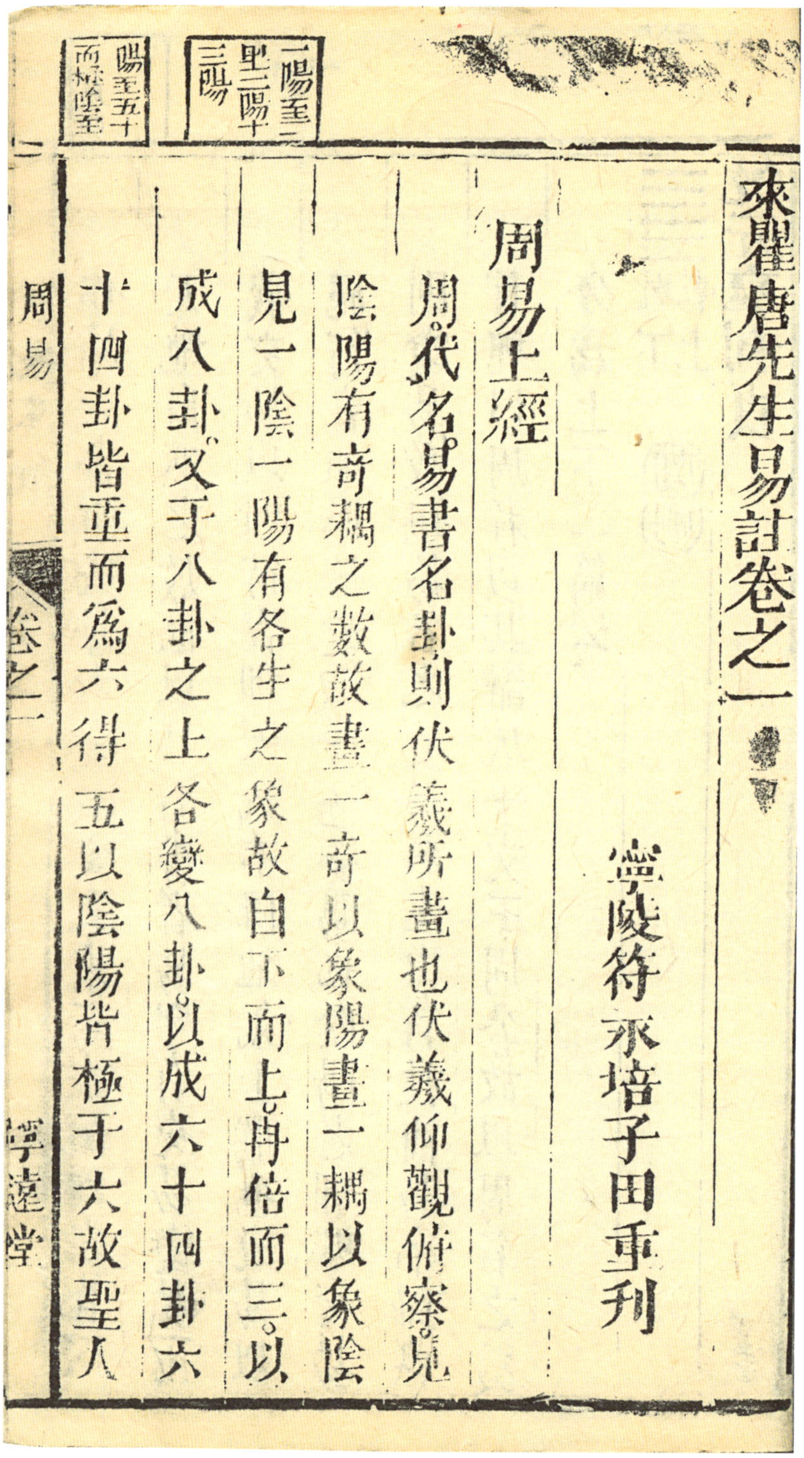
來瞿唐先生易註卷之一
寧陵符永培子田重刊
周易上經
周代名易書名卦則伏羲所畫也伏羲仰觀俯察見
陰陽有奇耦之數故畫一奇以象陽畫一耦以象陰
見一陰一陽有各生之象故自下而上再倍而三以
成八卦又于八卦之上各變八卦以成六十四卦六
十四卦皆重而為六得五以陰陽皆極于六故聖人
周易　卷之一　寧遠堂

021　來瞿唐先生易註十五卷首一卷末一卷圖像一卷　（明）來知德撰　（清）符永培重刊　清嘉慶寧遠堂刻本

框高21.4厘米，寬13.0厘米。半葉9行，行22字，白口，四周雙邊。

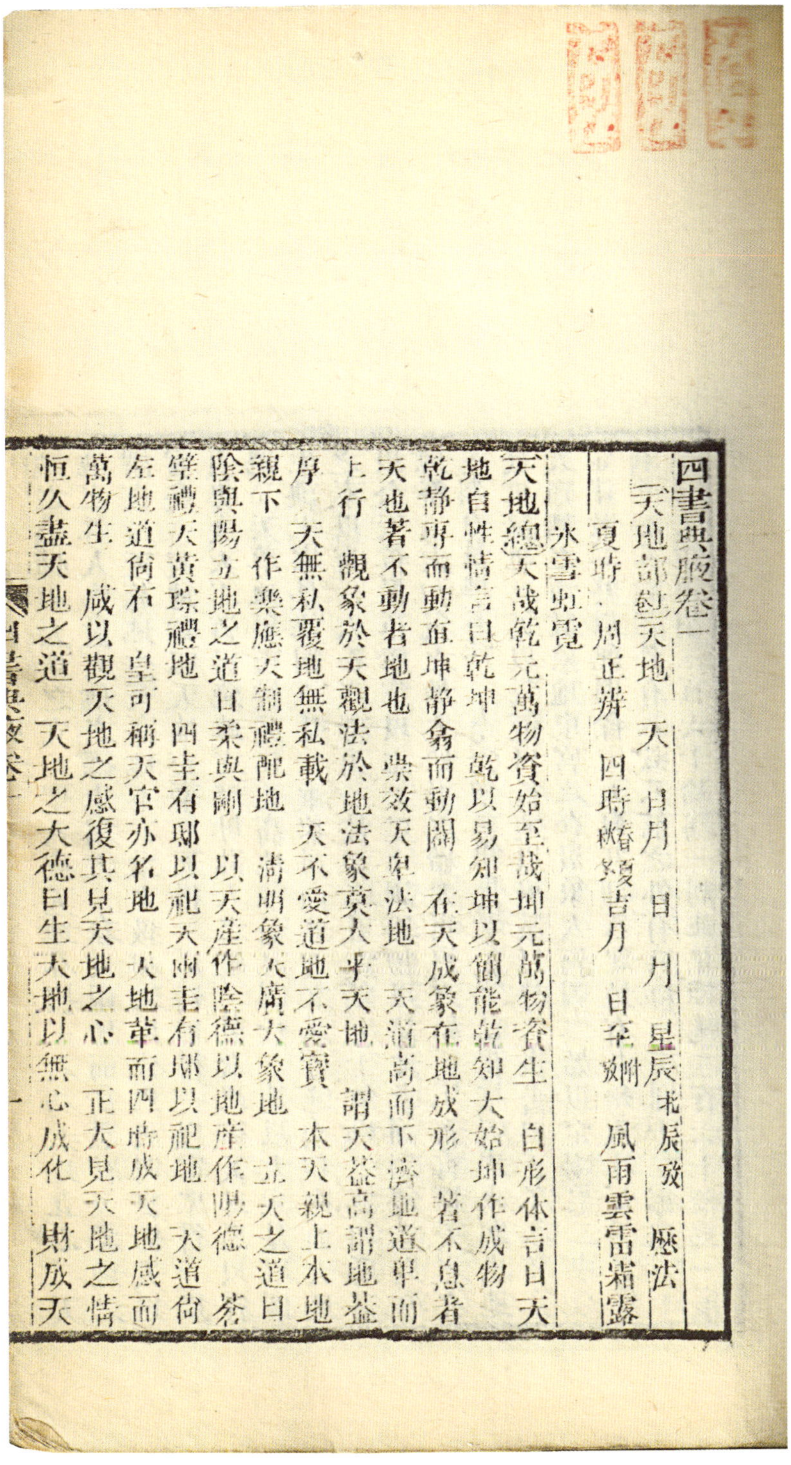
四書典腋卷一
天地部 天地　天　日月　日　月　星辰　辰　歷法
夏時　周正　辨　四時 春秋冬夏　吉月　日至　附　風雨雲雷霜露
冰雪虹霓
天地總 大哉乾元萬物資始至哉坤元萬物資生　自形体言曰天
地自性情言曰乾坤　乾以易知坤以簡能乾知大始坤作成物
乾靜專而動直坤靜翕而動闢　在天成象在地成形　著不息者
天也著不動者地也　崇效天卑法地　天道高而下濟地道卑而
上行　觀象於天觀法於地法象莫大乎天地　謂天蓋高謂地蓋
厚　天無私覆地無私載　天不愛道地不愛寶　本天親上本地
親下　作樂應天制禮配地　清明象天廣大象地　立天之道曰
陰與陽立地之道曰柔與剛　以天産作陰德以地産作陽德　蒼
璧禮天黃琮禮地　四圭有邸以祀天兩圭有邸以祀地　天道尙
左地道尙右　皇可稱天官亦名地　天地革而四時成天地感而
萬物生　咸以觀天地之感復其見天地之心　正大見天地之情
恒久盡天地之道　天地之大德曰生　天地以無心成化　財成天
四書典腋卷一　一

022 四書典腋十八卷　（清）松軒主人撰　清道光二年（1822）刻本

框高11.8厘米，寬9.2厘米。半葉16行，行26字，白口，四周單邊。

存十卷（一至十）

館藏索書號：經/72/2691

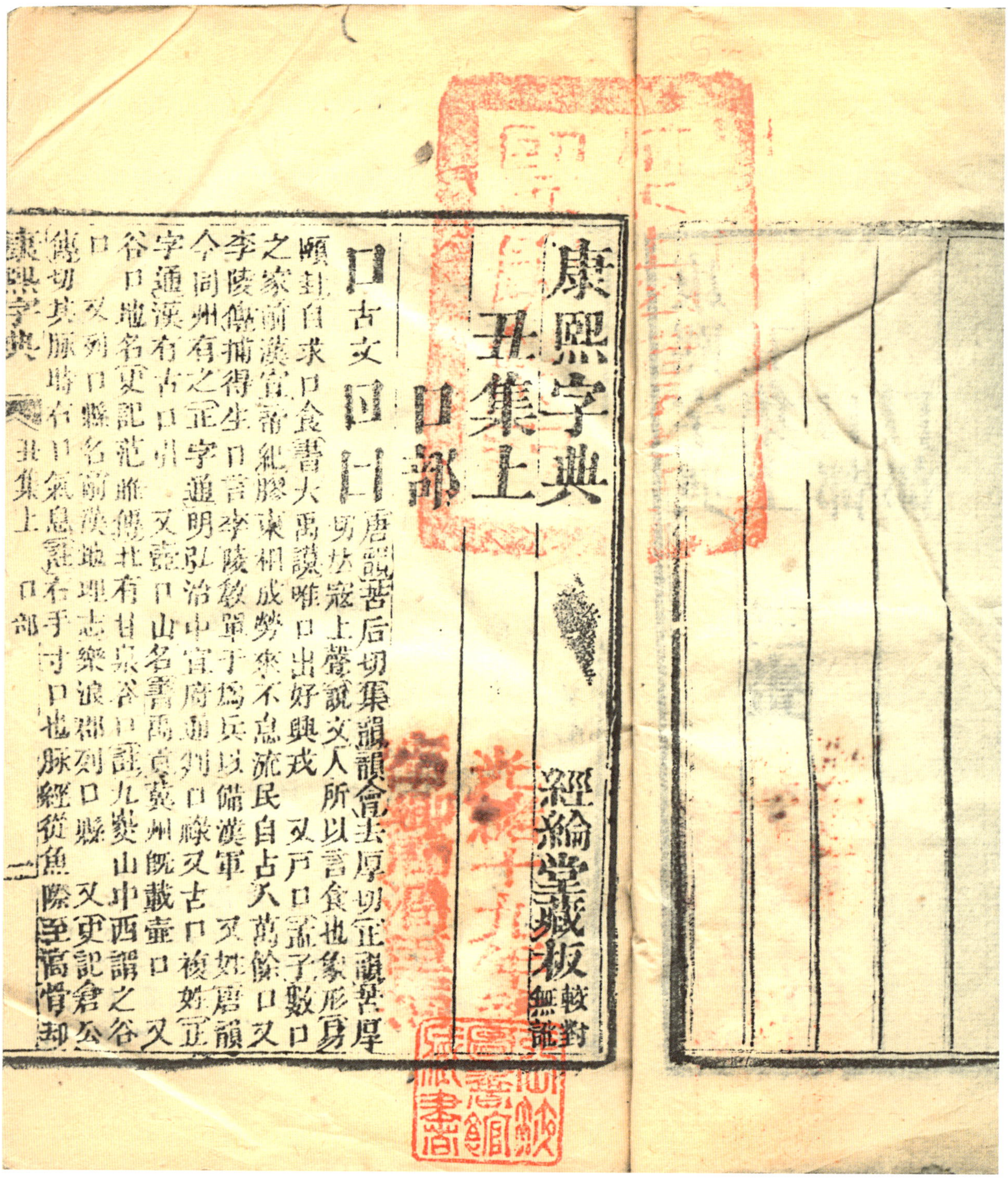

023　康熙字典十二集十二卷等韻二卷　（清）凌紹雯等纂修　清道光七年（1827）經綸堂刻本

框高13.3厘米，寬9.5厘米。半葉8行，行字不等，小字雙行24字，白口，四周雙邊。

存十九卷（丑一至三，寅一至三，卯一至二，辰一，巳二至三，午二至三，未一、三，申一至二；等韻二卷）

館藏索書號：經/82/2075

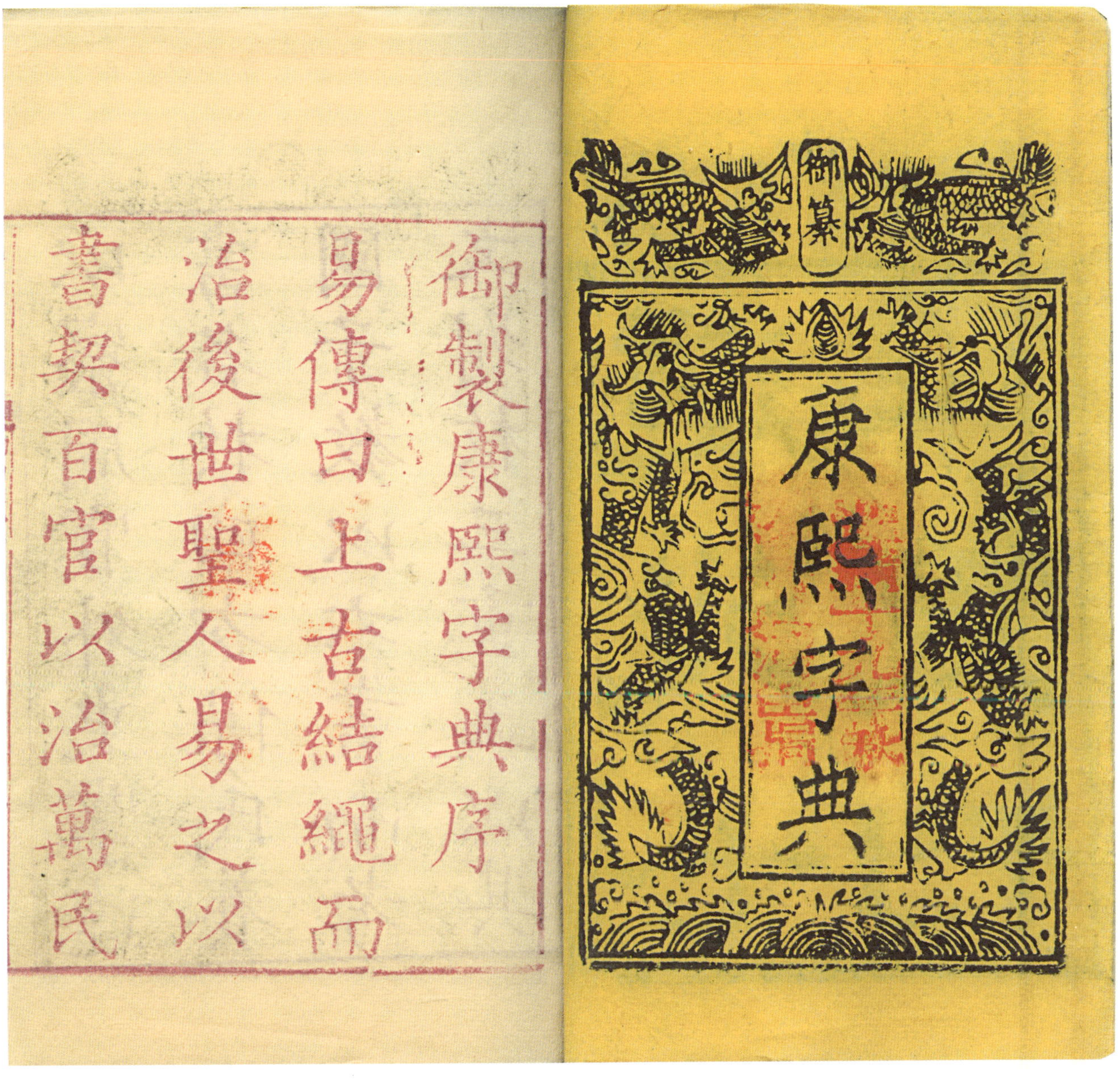
御纂
康熙字典
御製康熙字典序
易傳曰上古結繩而
治後世聖人易之以
書契百官以治萬民

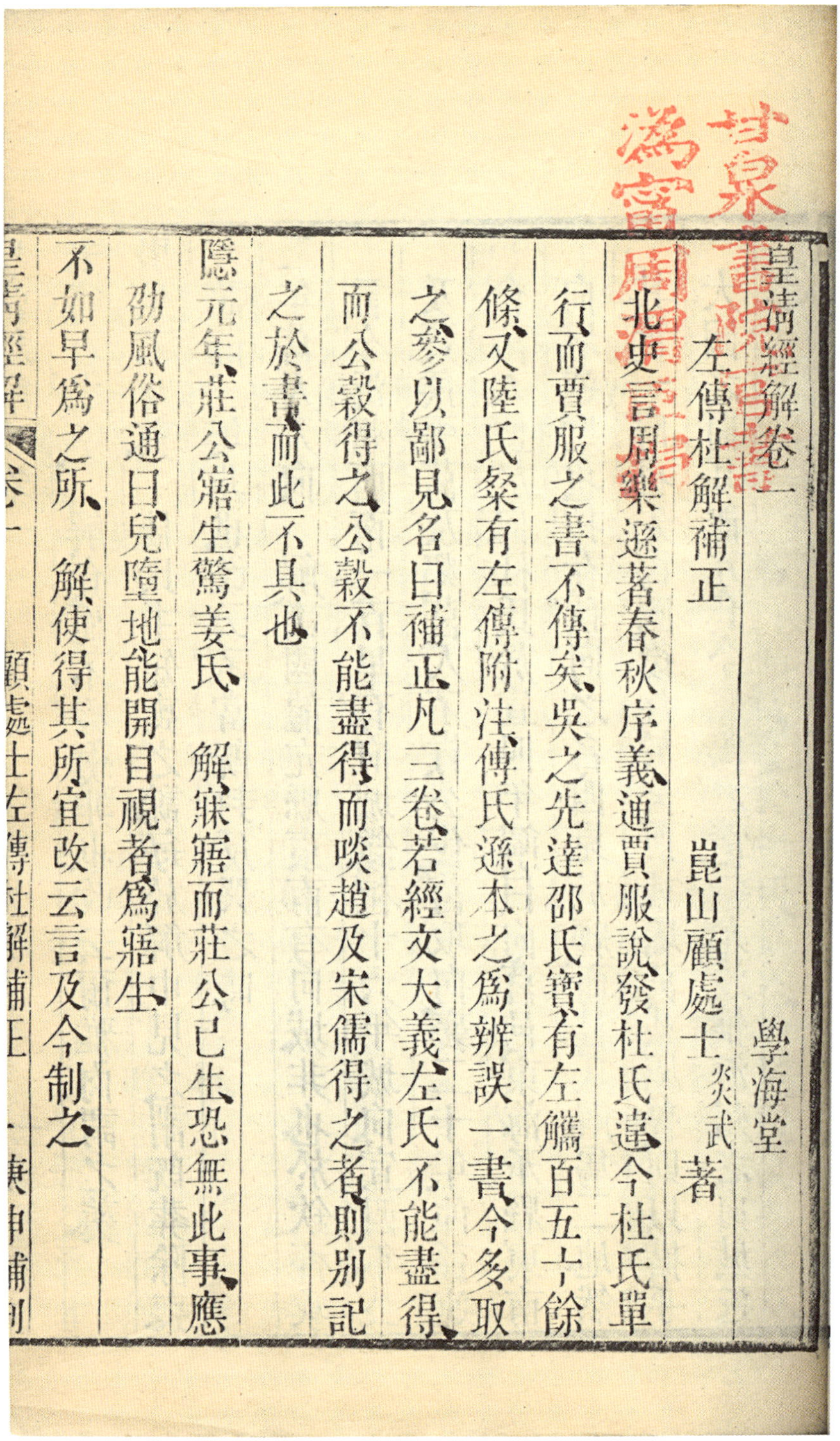
皇清經解卷一　學海堂

左傳杜解補正　崑山顧處士炎武著

北史言周樂遜著春秋序義通賈服說發杜氏違今杜氏單行而賈服之書不傳矣吳之先達邵氏寶有左觿百五十餘條又陸氏粲有左傳附注傅氏遜本之爲辨誤一書今多取之參以鄙見名曰補正凡三卷若經文大義左氏不能盡得而公穀得之公穀不能盡得而啖趙及宋儒得之者則别記之於書而此不具也

隱元年莊公寤生驚姜氏　解寐寤而莊公已生恐無此事應劭風俗通曰兒墮地能開目視者爲寤生

不如早爲之所　解使得其所宜改云言及今制之

皇清經解卷一　顧處士左傳杜解補正　庚申補刊

024　皇清經解一千四百八卷　（清）阮元輯　（清）嚴杰補編　清道光九年（1829）廣州學海堂刻咸豐十一年（1861）補刻本

框高18.0厘米，寬14.0厘米。半葉11行，行24字，小字雙行同，白口，左右雙邊。

存一千三百六十二卷（一至一千一百八、一千一百十九至一千二百二十五、一千二百三十二至一千二百六十九、一千三百至一千四百八）

館藏索書號：經/4/4791

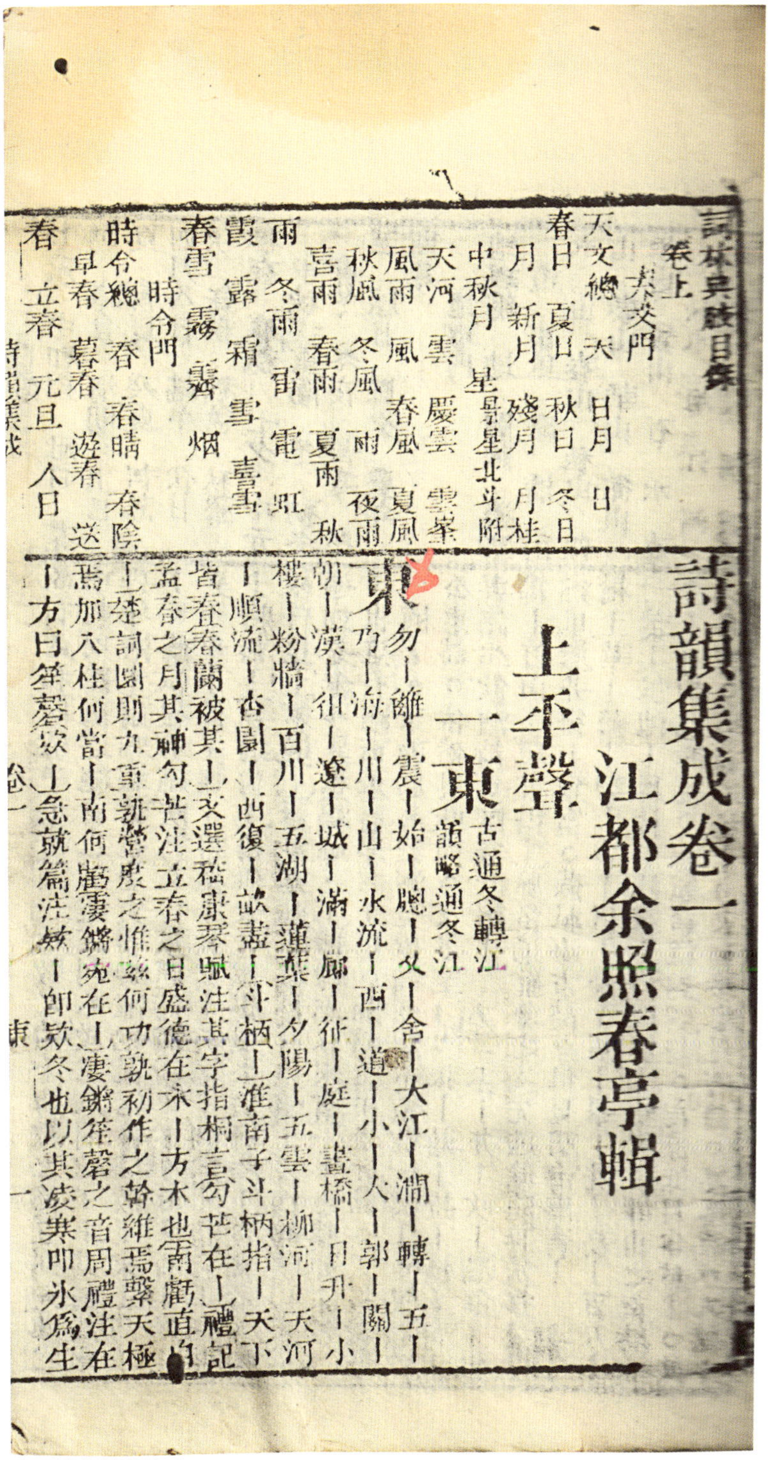

詞林典腋目錄

卷上 天文門

天文總 天 日月 日
春日 夏日 秋日 冬日
月 新月 殘月 月桂
中秋月 星 景星北斗附
天河 雲 慶雲 雲峯
風雨 風 春風 夏風
秋風 冬風 雨 夜雨
喜雨 春雨 夏雨 秋
雨 冬雨 雷 電 虹
霞 露 霜 雪 喜雪
春雪 霧 靄 烟

時令門

時令總 春 春晴 春陰
早春 暮春 遊春 送
春 立春 元旦 人日

詩韻集成

詩韻集成卷一 江都余照春亭輯

上平聲

一東 古通冬轉江 韻略通冬江

東 匆丨 離丨 震丨 始丨 總丨 又丨 含丨 大江丨 淵丨 轉丨 五丨 乃丨 海丨 川丨 山丨 水流丨 西丨 道丨 小丨 大丨 郭丨 關丨 朝丨 漢丨 徂丨 遼丨 城丨 滿丨 廊丨 征丨 庭丨 畫橋丨 日升丨 小樓丨 粉牆丨 百川丨 五湖丨 蓮葉丨 夕陽丨 五雲丨 柳河丨 天河丨 順流丨 杏園丨 西復丨 歌畫丨 斗柄丨 淮南子斗柄指丨 天下皆春 春蘭被其丨 文選嵇康琴賦注其字指桐言 句芒在丨 禮記孟春之月其神句芒注立春之日盛德在木丨方木也 爾雅直自丨 楚詞圖則九重孰營度之惟茲何功孰初作之斡維焉繫天極焉加八柱何當丨南何虧 凄鏘 宛在丨 凄鏘笙磬之音 周禮注在丨方曰笙 磬欲丨 急就篇注款丨 即欵冬也以其凌寒叩冰爲生

卷一 東 一

025　詩韻集成十卷　（清）余照輯　清道光十八年（1838）刻本

框高15.1厘米，寬10.0厘米。兩欄，半葉9行，行字不等，小字雙行25字，白口，四周單邊。

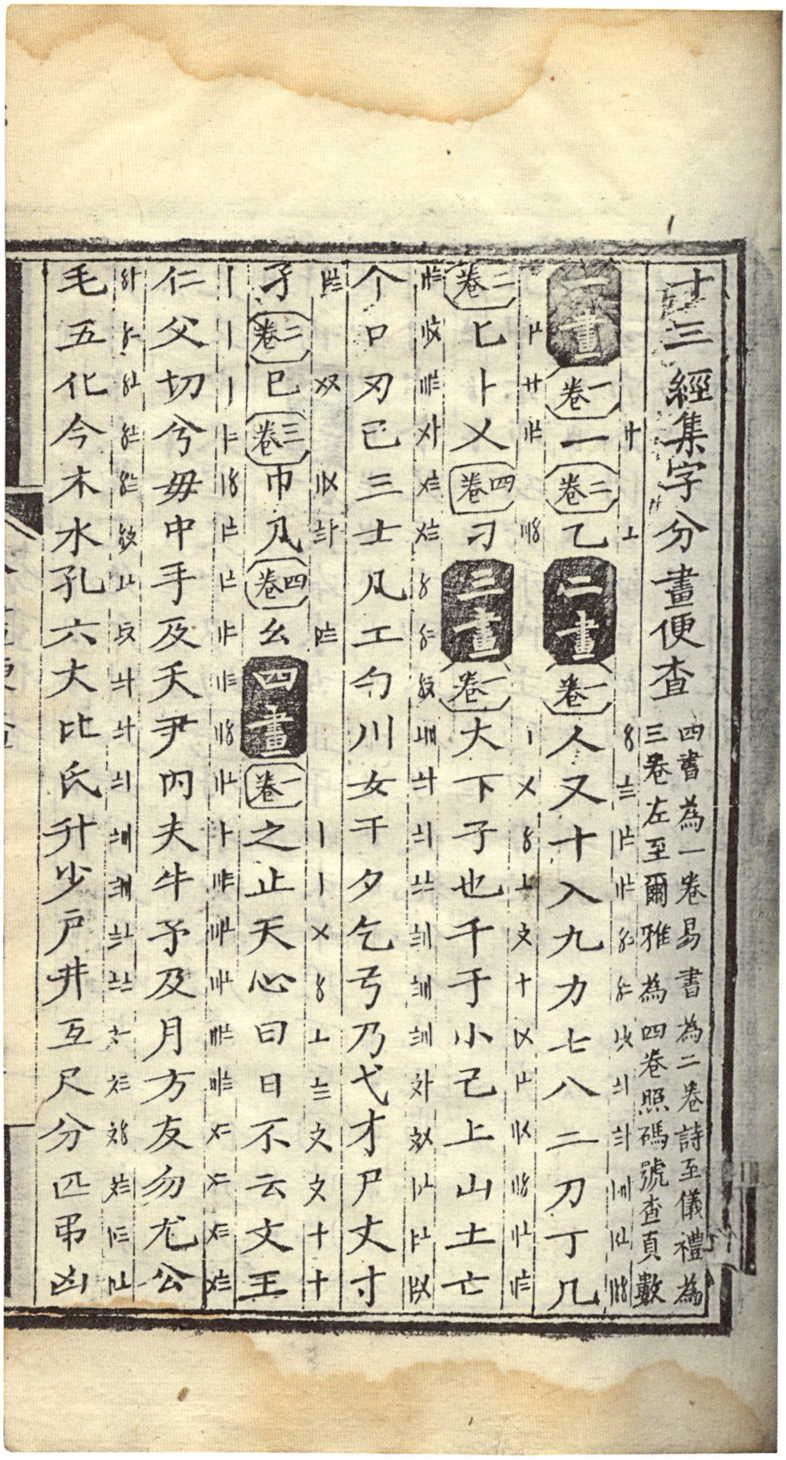
十三經集字分畫便查

四書為一卷 易書為二卷 詩至儀禮為三卷 左至爾雅為四卷 照碼號查頁數

一畫 卷一 一 卷二 乙 二畫 卷一 人又十入九力七八二刀丁几

卷二 匕卜乂 卷四 刁 三畫 卷一 大下子也千于小己上山土亡

个口刃已三士凡工勺川女干夕乞弓乃弋才尸丈寸

子 卷二 巳 卷三 巾凡 卷四 幺 四畫 卷一 之止天心曰日不云文王

仁父切兮毋中手及夭尹内夫牛予及月方友勿尤公

毛五化今木水孔六大比氏升少戶井互尺分匹弔凶

026　十三經集字摹本不分卷　（清）彭玉雯纂刊　清道光二十九年（1849）江右彭氏刻本

框高19.1厘米，寬13.0厘米。半葉7行，行17字，小字雙行同，上下黑口，四周雙邊。

館藏索書號：經/3/2070

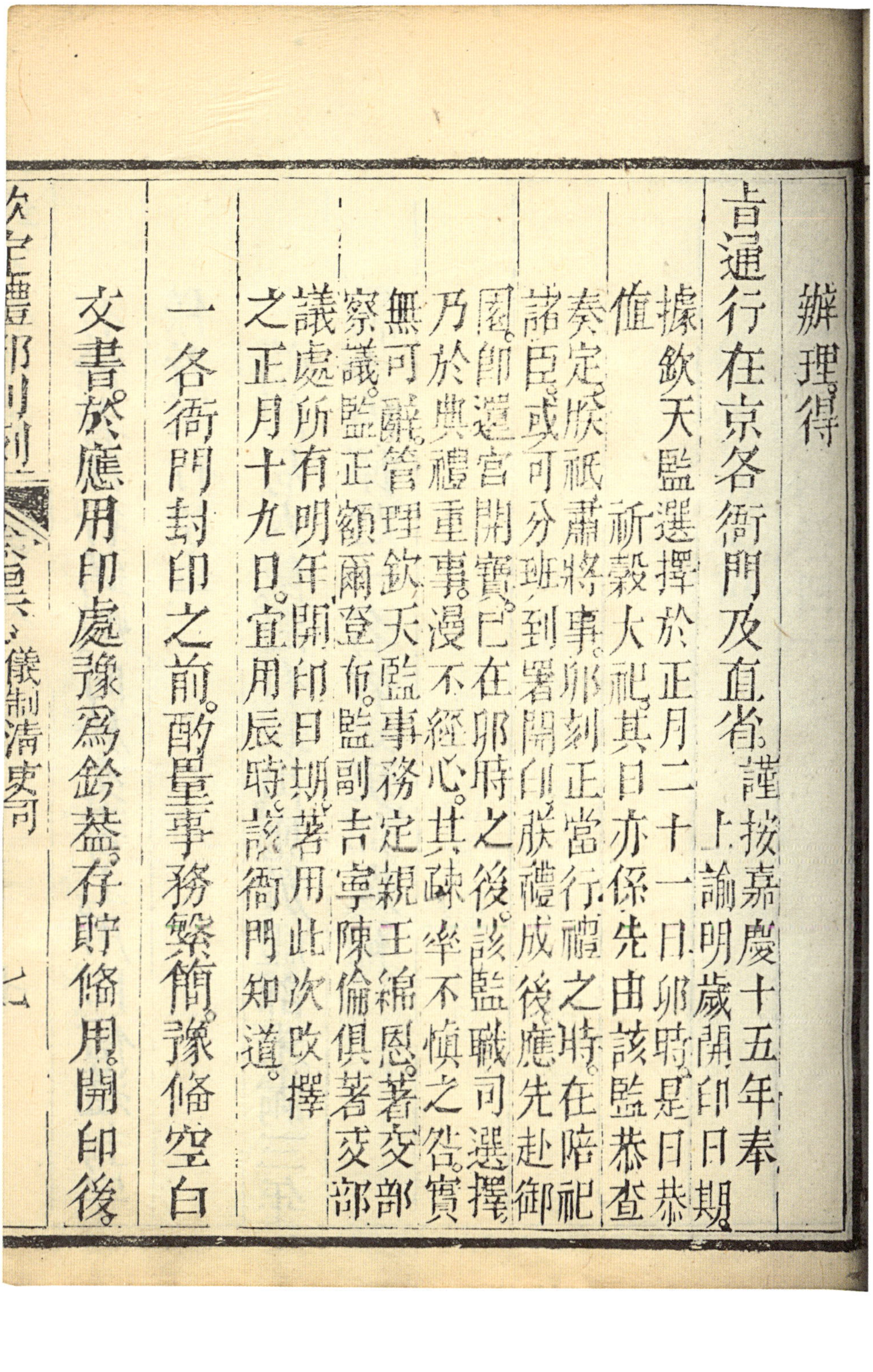

辦理。得
旨通行在京各衙門及直省。謹按嘉慶十五年奉
上諭明歲開印日期
據欽天監選擇於正月二十一日卯時是日恭
值　祈穀大祀其日亦係先由該監恭查
奏定朕祇肅將事卯刻正當行禮之時在陪祀
諸臣或可分班到署開印朕禮成後應先赴御
園。即還宮開寶已在卯時之後。該監職司選擇
乃於典禮重事漫不經心。其疎率不慎之咎實
無可辭。管理欽天監事務定親王綿恩著交部
察議。監正額爾登佈監副吉寧陳倫俱著交部
議處。所有明年開印日期著用此次改擇
之正月十九日。宜用辰時。該衙門知道。
一各衙門封印之前。酌量事務繁簡。豫備空白
文書。於應用印處豫爲鈐蓋。存貯備用。開印後

儀制清吏司

027　欽定禮部則例二百二卷　（清）特登額等修　（清）長秀等纂　清道光刻本

框高20.6厘米，寬16.0厘米。半葉9行，行20字，小字雙行18字，白口，四周雙邊。

存一百八十七卷（一至二十九、四十五至二百二）

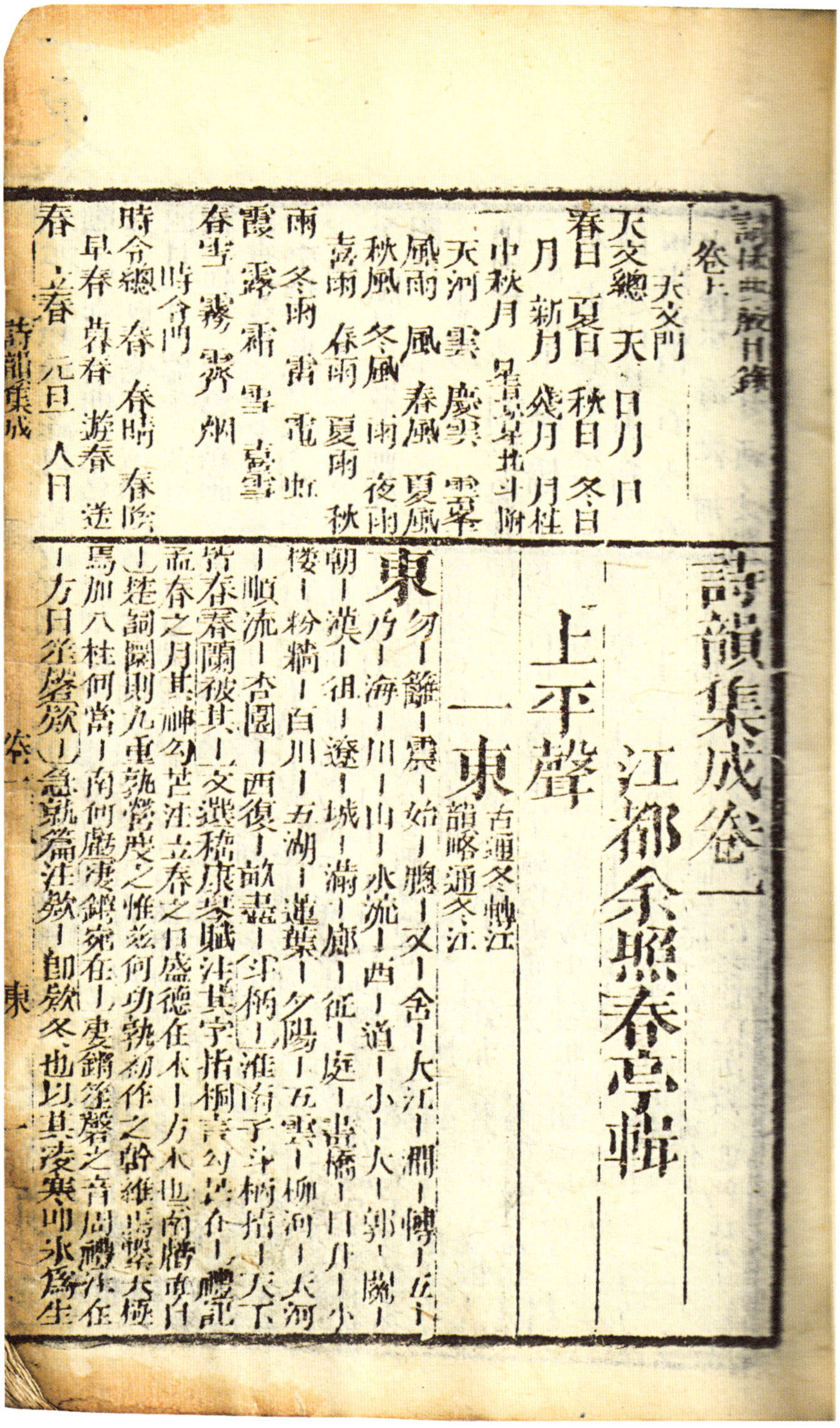
詩韻集成目錄　卷上

天文門

天文總　天　日月　日

春日　夏日　秋日　冬日

月　新月　殘月　月桂

中秋月

天河　雲　慶雲

風雨　風　春風　夏風

秋風　冬風　雨　夜雨　秋

喜雨　春雨　夏雨

雨　冬雨　雷　電　虹

霞　露　霜　雪　喜雪

春雪　霧　霽　烟

時令門

時令總　春　春晴　春陰

早春　芳春　遊春　送

春　立春　元旦　人日

詩韻集成卷一

江都余照春亭輯

上平聲

一東

028　詩韻集成十卷　（清）余照輯　清咸豐十年（1860）奎光堂刻本

框高14.9厘米，寬10.1厘米。兩欄，白口，四周單邊。

館藏索書號：經/88/1470

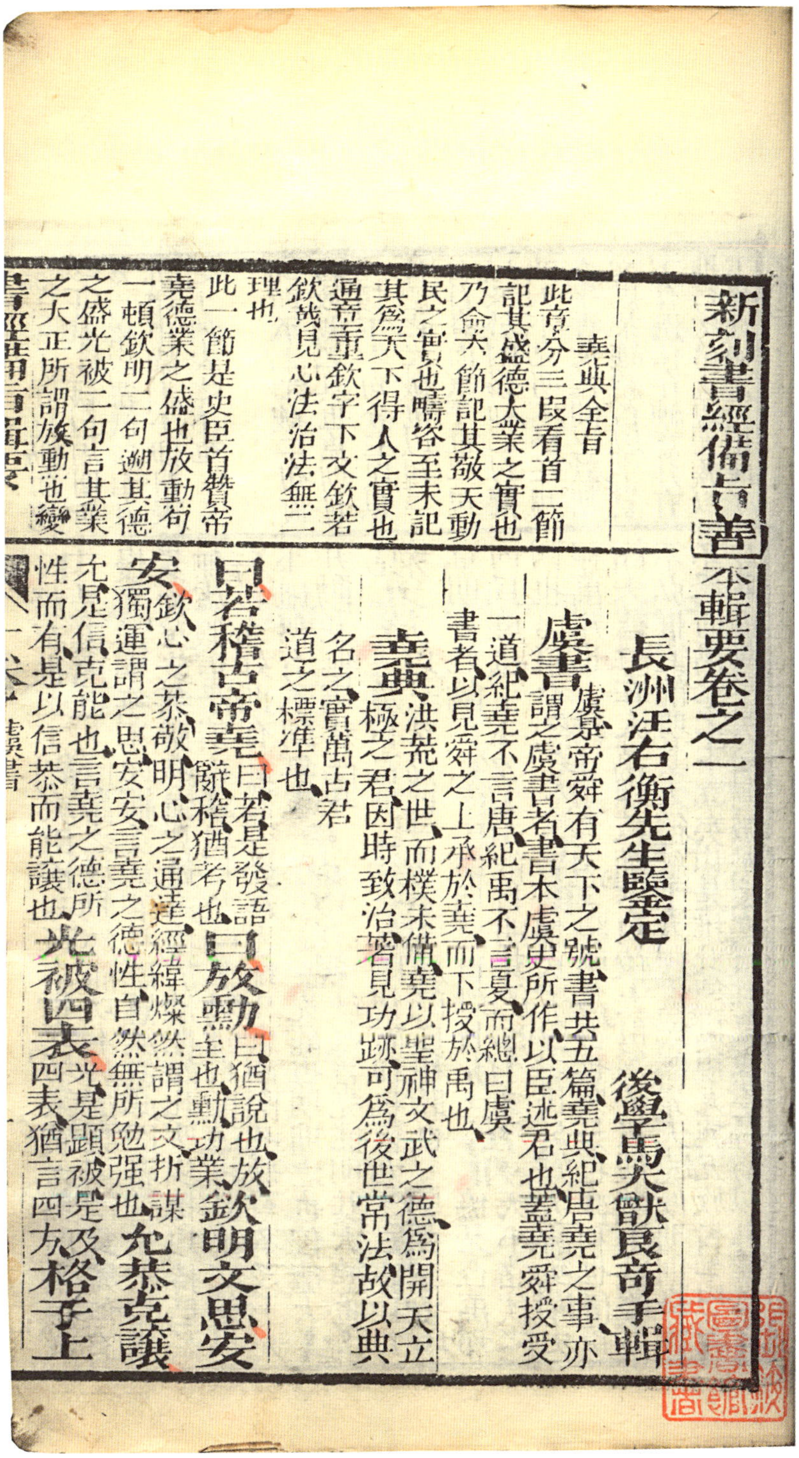
新刻書經備旨善本輯要卷之一
長洲汪右衡先生鑒定
後學馬大猷良哥手輯
虞書 虞舜帝舜有天下之號書共五篇堯典紀唐堯之事亦謂之虞書者書本虞史所作以臣述君也蓋堯舜授受一道紀堯不言唐紀禹不言夏而總曰虞書者以見舜之上承於堯而下授於禹也
堯典 洪荒之世而樸未備堯以聖神文武之德為開天立極之君因時致治著見功跡可為後世常法故以典名之實萬古君道之標準也
曰若稽古帝堯 曰若是發語辭稽猶考也 曰放勳 曰猶說也放至也勳功業 欽明文思安 欽心之恭敬明心之通達經緯燦然謂之文折謀獨運謂之思安安言堯之德性自然無所勉強也 允恭克讓 允是信克能也言堯之德所性而有是以信恭而能讓也 光被四表 光是顯被是及四表猶言四方 格于上
堯典全旨 此章分三段看首二節記其盛德大業之實也乃命六節記其敬天勤民之實也疇咨至末記其為天下得人之實也通章重欽字下文欽若欽哉見心法治法無二理也
此一節是史臣首贊帝堯德業之盛也放勳句一頓欽明二句遡其德之盛光被二句言其業之大正所謂放勳也
書經備旨輯要 卷一 虞書

029　新刻書經備旨善本輯要六卷　（清）汪右衡鑒定　（清）馬大猷輯　清同治五年（1866）刻本

框高20.3厘米，寬13.5厘米。兩欄，半葉9行，行字不等，白口，四周單邊。

館藏索書號：經/24/1998

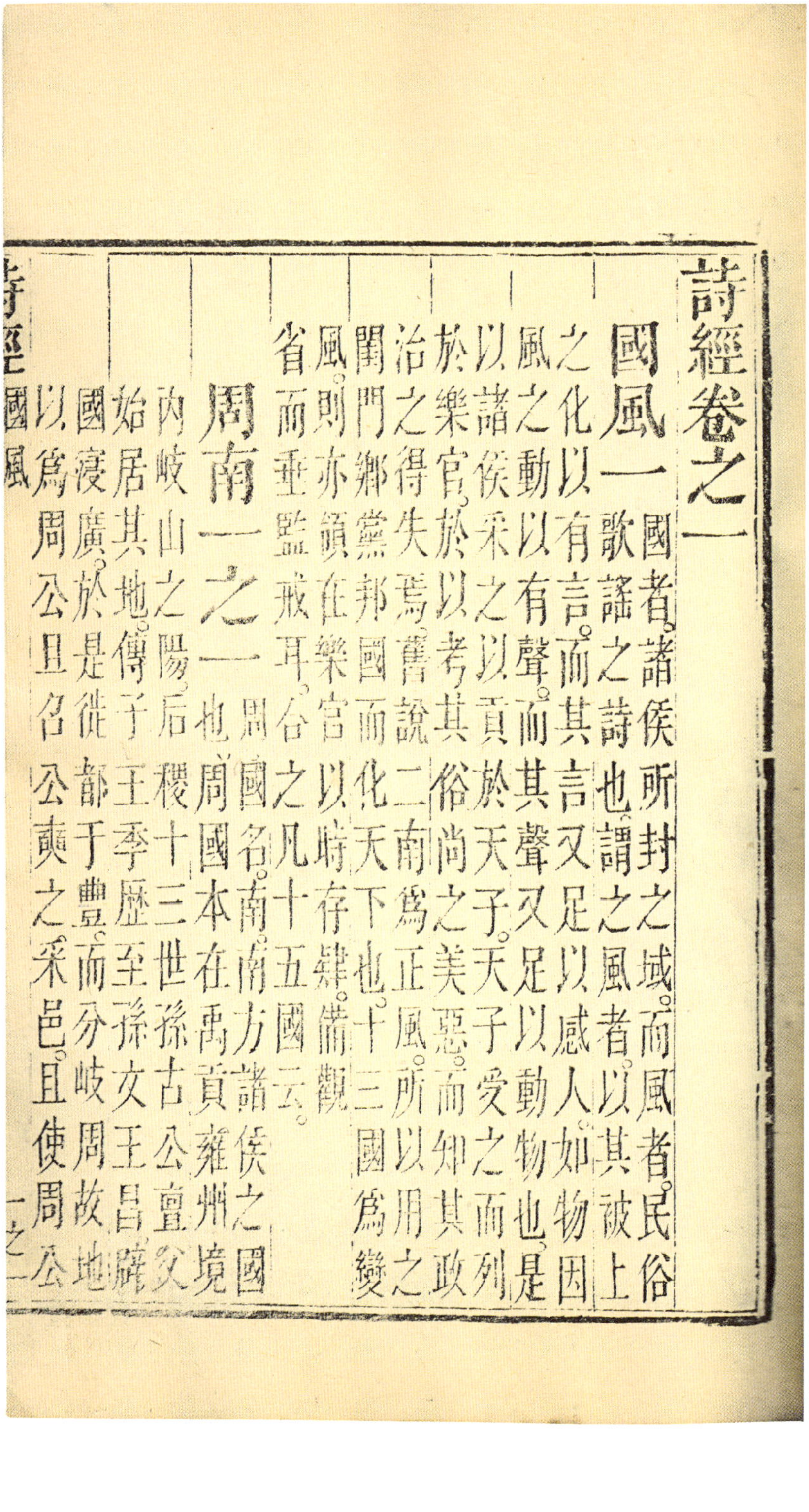

詩經卷之一

國風一 國者。諸侯所封之域。而風者。民俗歌謠之詩也。謂之風者。以其被上之化以有言。而其言又足以感人。如物因風之動以有聲。而其聲又足以動物也。是以諸侯采之以貢於天子。天子受之而列於樂官。於以考其俗尚之美惡。而知其政治之得失焉。舊說二南為正風。所以用之閨門鄉黨邦國而化天下也。十三國為變風。則亦領在樂官。以時存肄。備觀省而垂監戒耳。合之凡十五國云。

周南一之一 周國名。南。南方諸侯之國也。周國本在禹貢雍州境內岐山之陽。后稷十三世孫古公亶父始居其地。傳子王季歷至孫文王昌。辟國寖廣。於是徙都于豐。而分岐周故地以為周公旦召公奭之采邑。且使周公

詩經 國風 一之一

030　詩經八卷　（宋）朱熹集傳　清同治十年（1871）刻本

框高20.9厘米，寬14.9厘米。半葉9行，行17字，小字雙行同，白口，四周雙邊。

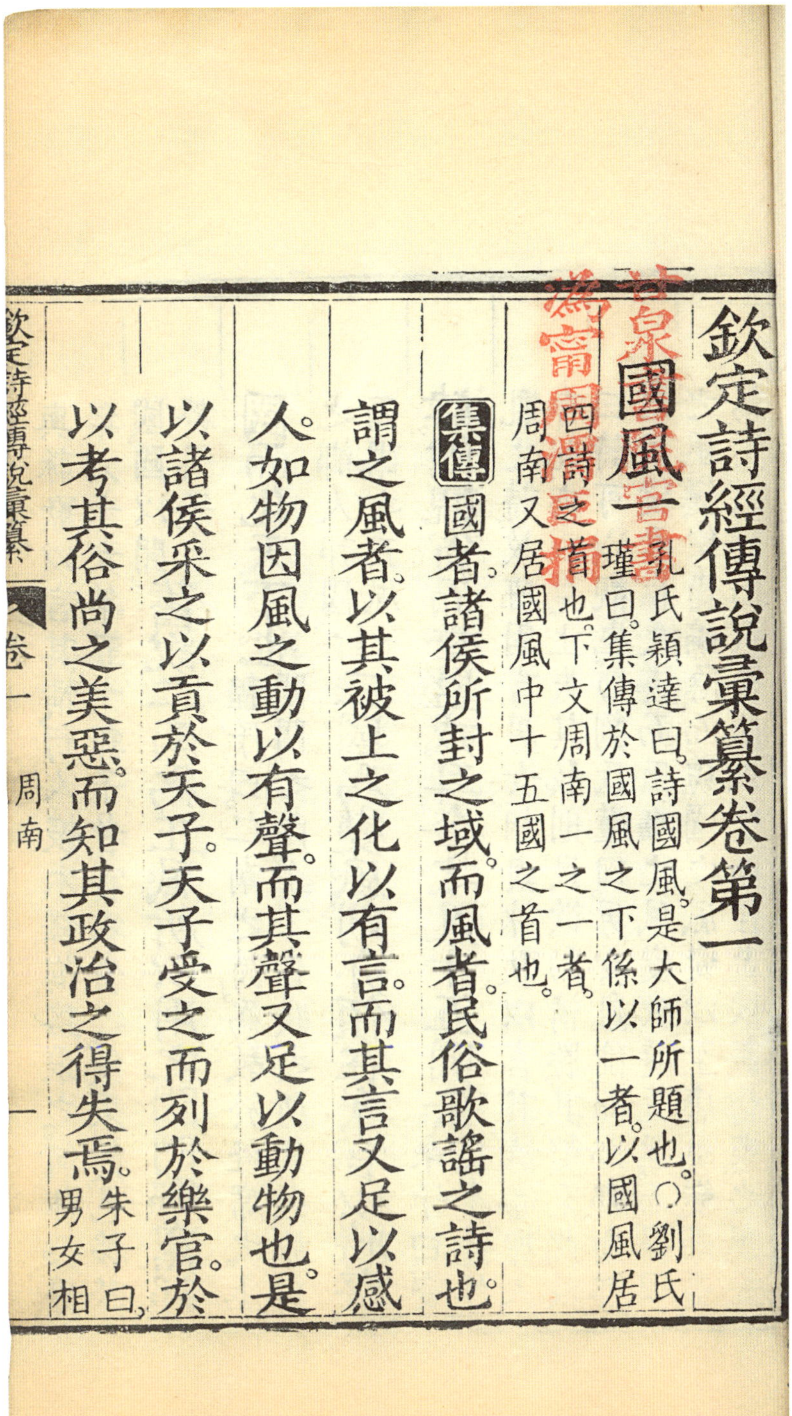

欽定詩經傳說彙纂卷第一

國風一 孔氏穎達曰詩國風是大師所題也○劉氏瑾曰集傳於國風之下係以一者以國風居四詩之首也下文周南一之一者周南又居國風中十五國之首也

集傳 國者諸侯所封之域而風者民俗歌謠之詩也謂之風者以其被上之化以有言而其言又足以感人如物因風之動以有聲而其聲又足以動物也是以諸侯采之以貢於天子天子受之而列於樂官於以考其俗尚之美惡而知其政治之得失焉 朱子曰男女相

欽定詩經傳說彙纂 卷一 周南 一

031　欽定詩經傳說彙纂二十一卷首二卷詩序二卷　（清）王鴻緒等纂　清同治十年（1871）湖北崇文書局刻本

框高21.6厘米，寬16.0厘米。半葉8行，行21字，小字雙行同，白口，四周雙邊。

館藏索書號：經/33/3144

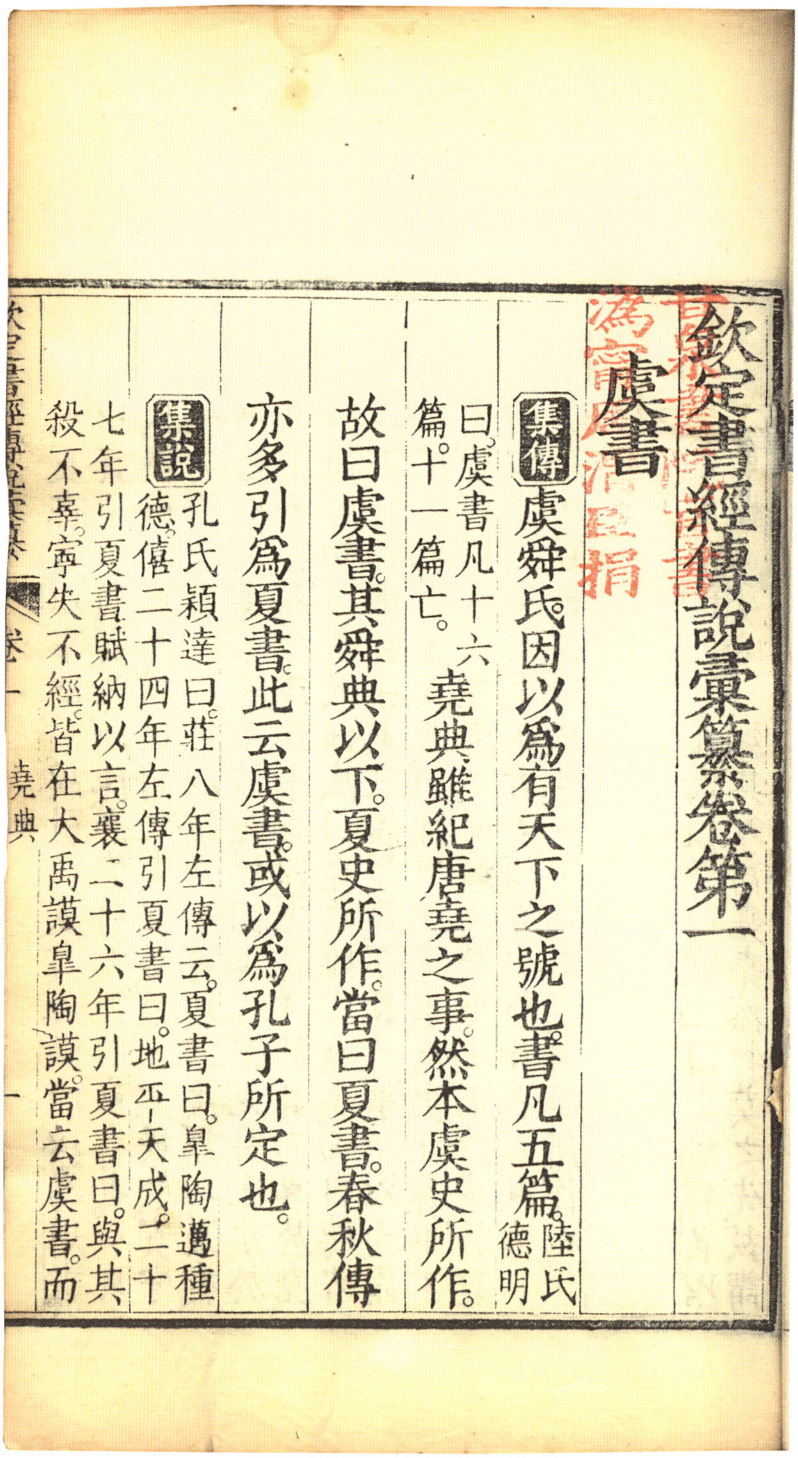

欽定書經傳說彙纂卷第一

虞書

【集傳】虞舜氏因以爲有天下之號也。書凡五篇。陸氏德明曰。虞書凡十六篇。十一篇亡。堯典雖紀唐堯之事。然本虞史所作。故曰虞書。其舜典以下。夏史所作。當曰夏書。春秋傳亦多引爲夏書。此云虞書。或以爲孔子所定也。

【集說】孔氏穎達曰。莊八年左傳云。夏書曰。皐陶邁種德。僖二十四年左傳引夏書曰。地平天成。二十七年引夏書賦納以言。襄二十六年引夏書曰。與其殺不辜。寧失不經。皆在大禹謨皐陶謨。當云虞書。而

欽定書經傳說彙纂　卷一　堯典　一

032　欽定書經傳說彙纂二十一卷首二卷　（清）王項齡等纂修　清同治十年（1871）湖北崇文書局刻本

框高21.6厘米，寬16.0厘米。半葉8行，行21字，白口，四周雙邊。

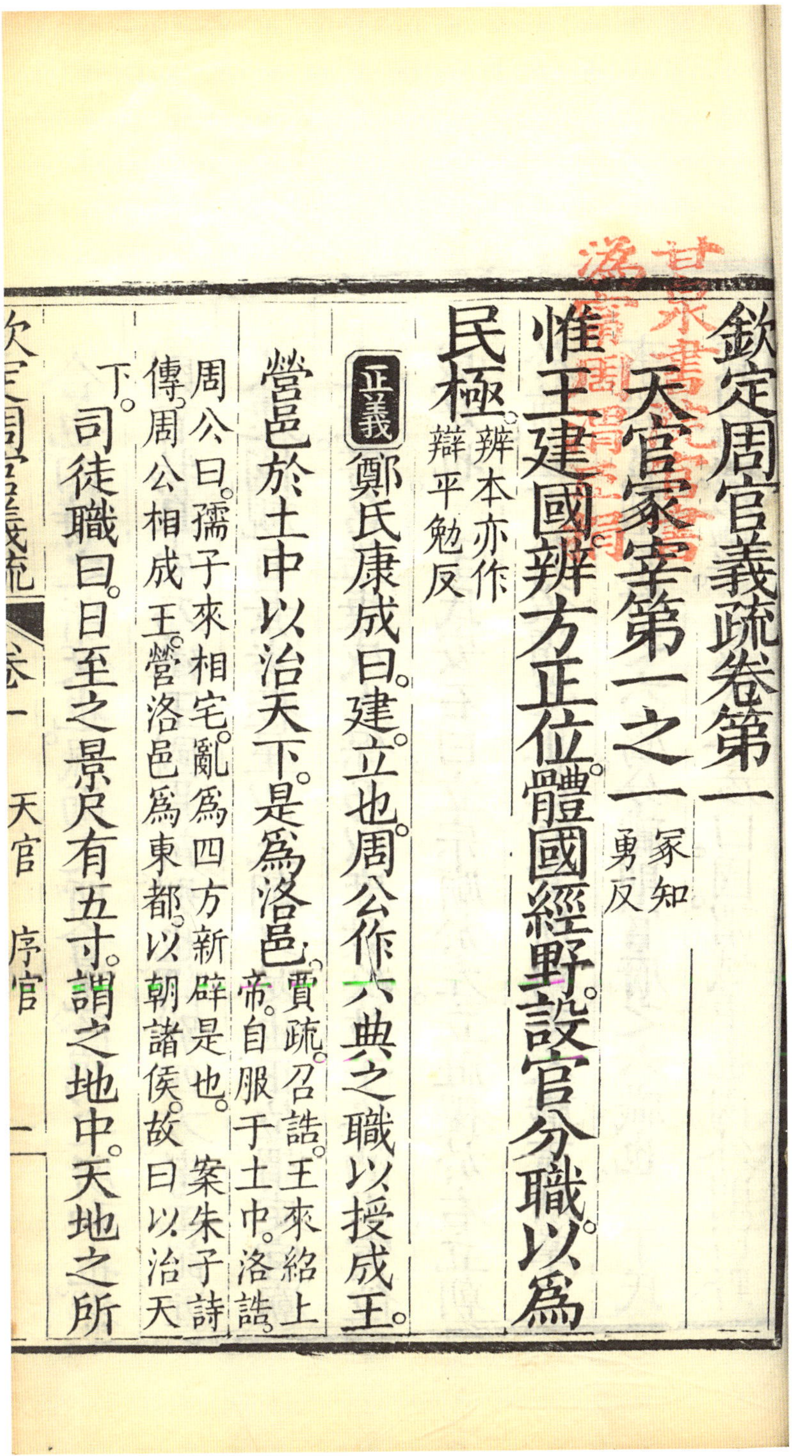

欽定周官義疏卷第一

天官冢宰第一之一 冢知勇反

惟王建國辨方正位體國經野設官分職以爲民極 辨本亦作辯平勉反

正義 鄭氏康成曰建立也周公作六典之職以授成王營邑於土中以治天下是爲洛邑 賈疏召誥王來紹上帝自服于土中洛誥周公曰孺子來相宅亂爲四方新辟是也 案朱子詩傳周公相成王營洛邑爲東都以朝諸侯故曰以治天下 司徒職曰日至之景尺有五寸謂之地中天地之所

欽定周官義疏 卷一 天官 序官 一

033　欽定周官義疏四十八卷首一卷　（清）允祿等纂修　清同治十年（1871）湖北崇文書局刻本

框高21.2厘米，寬13.8厘米。半葉8行，行18字，小字雙行21字，白口，四周雙邊。

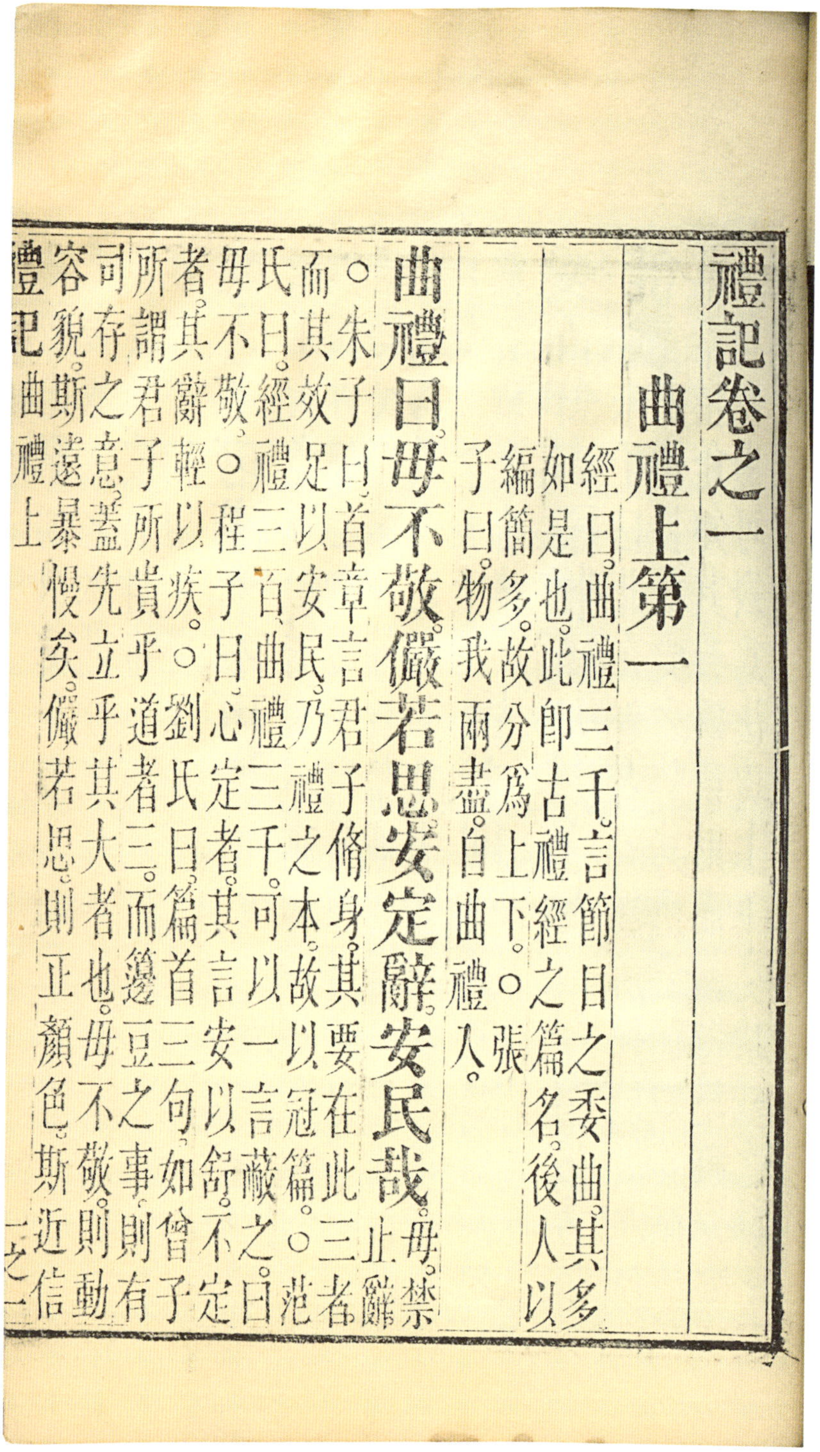

禮記卷之一

曲禮上第一

經曰曲禮三千言節目之委曲其多如是也此卽古禮經之篇名後人以編簡多故分爲上下○張子曰物我兩盡自曲禮入

曲禮曰毋不敬儼若思安定辭安民哉毋禁止辭○朱子曰首章言君子脩身其要在此三者而其效足以安民乃禮之本故以冠篇○范氏曰經禮三百曲禮三千可以一言蔽之曰毋不敬○程子曰心定者其言安以舒不定者其辭輕以疾○劉氏曰篇首三句如曾子所謂君子所貴乎道者三而籩豆之事則有司存之意蓋先立乎其大者也毋不敬則動容貌斯遠暴慢矣儼若思則正顏色斯近信

禮記　曲禮上　一之一

034　禮記十卷　（元）陳澔集說　清同治十年（1871）刻本

框高20.8厘米，寬14.3厘米。半葉9行，行17字，小字雙行同，白口，四周雙邊。

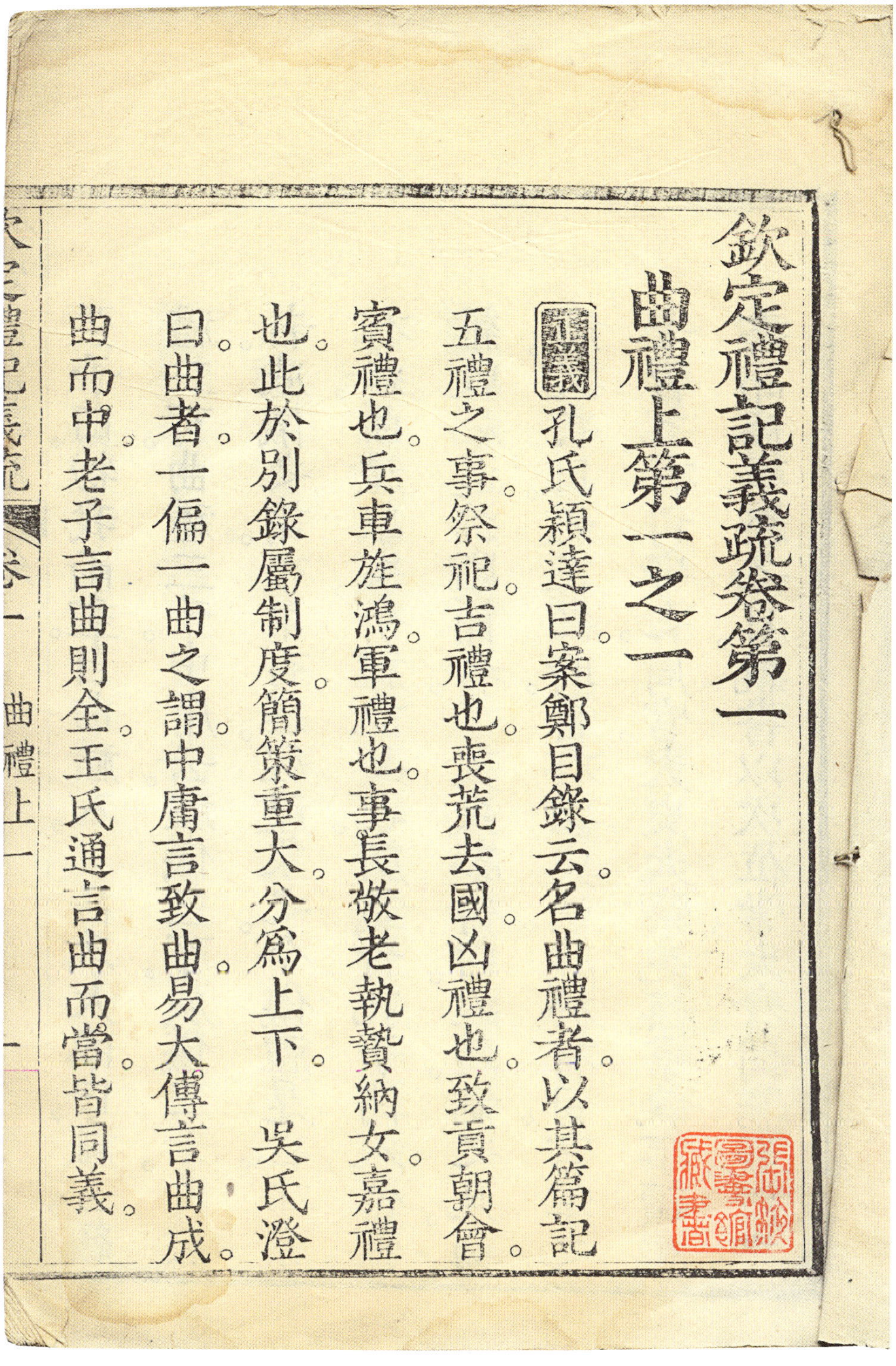

欽定禮記義疏卷第一

曲禮上第一之一

正義　孔氏穎達曰。案鄭目錄云。名曲禮者。以其篇記五禮之事。祭祀。吉禮也。喪荒去國。凶禮也。致貢朝會。賓禮也。兵車旌鴻。軍禮也。事長敬老執贄納女。嘉禮也。此於別錄屬制度。簡策重大。分爲上下。　吳氏澄曰。曲者。一偏一曲之謂。中庸言致曲。易大傳言曲成。曲而中。老子言曲則全。王氏通言曲而當。皆同義。

欽定禮記義疏　卷一　曲禮上　一

035　欽定禮記義疏八十二卷首一卷　（清）允祿纂　清同治十年（1871）湖北崇文書局刻本

框高21.0厘米，寬16.0厘米。半葉8行，行21字，小字雙行同，白口，四周雙邊。

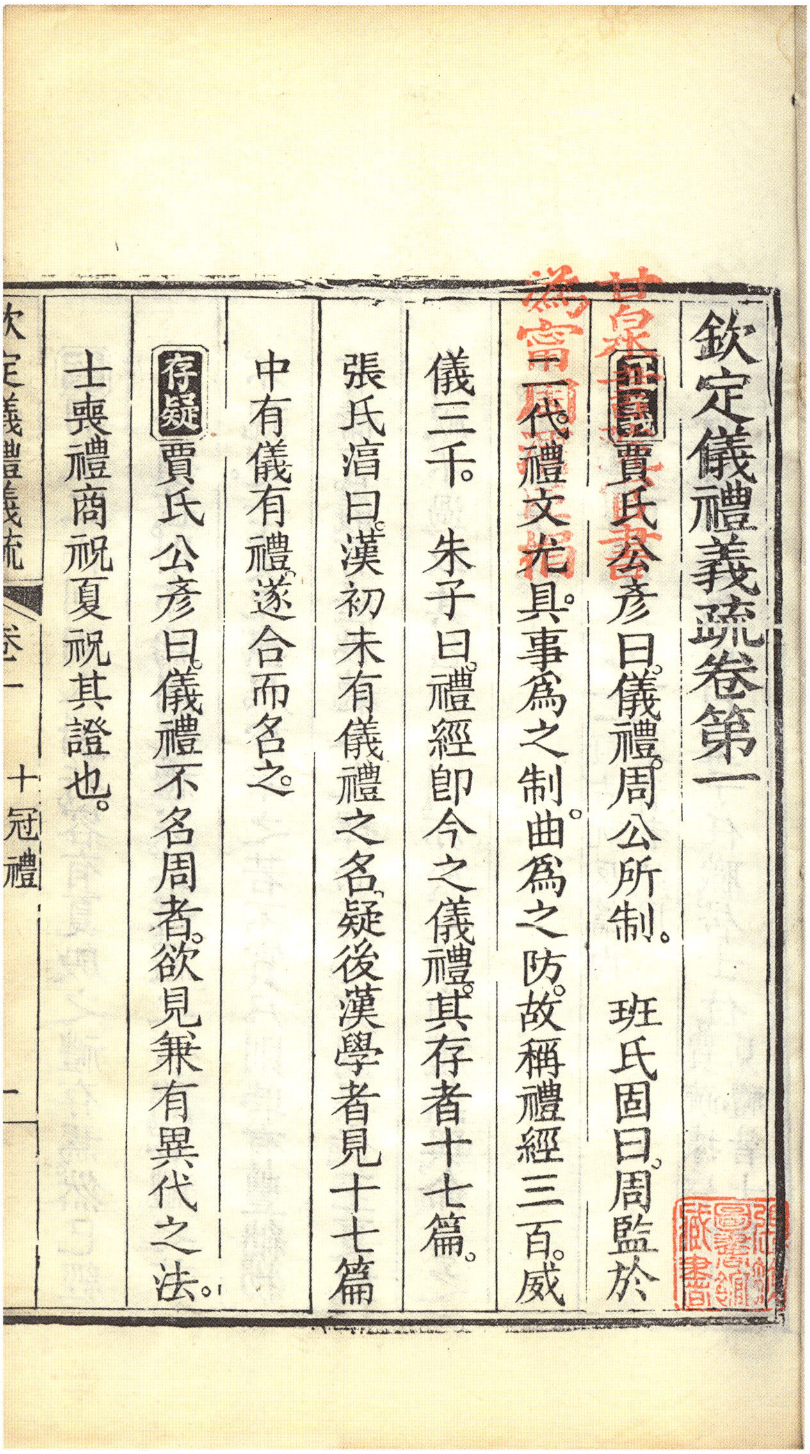

欽定儀禮義疏卷第一

正義 賈氏公彥曰儀禮周公所制 班氏固曰周監於二代禮文尤具事爲之制曲爲之防故稱禮經三百威儀三千 朱子曰禮經卽今之儀禮其存者十七篇 張氏淳曰漢初未有儀禮之名疑後漢學者見十七篇中有儀禮遂合而名之

存疑 賈氏公彥曰儀禮不名周者欲見兼有異代之法士喪禮商祝夏祝其證也

欽定儀禮義疏 卷一 士冠禮 一

036 欽定儀禮義疏四十八卷首二卷 （宋）朱熹撰 清同治十年（1871）湖北崇文書局刻本

框高21.2厘米，寬16.2厘米。半葉8行，行21字，小字雙行同，白口，左右雙邊。

館藏索書號：經/47/4711

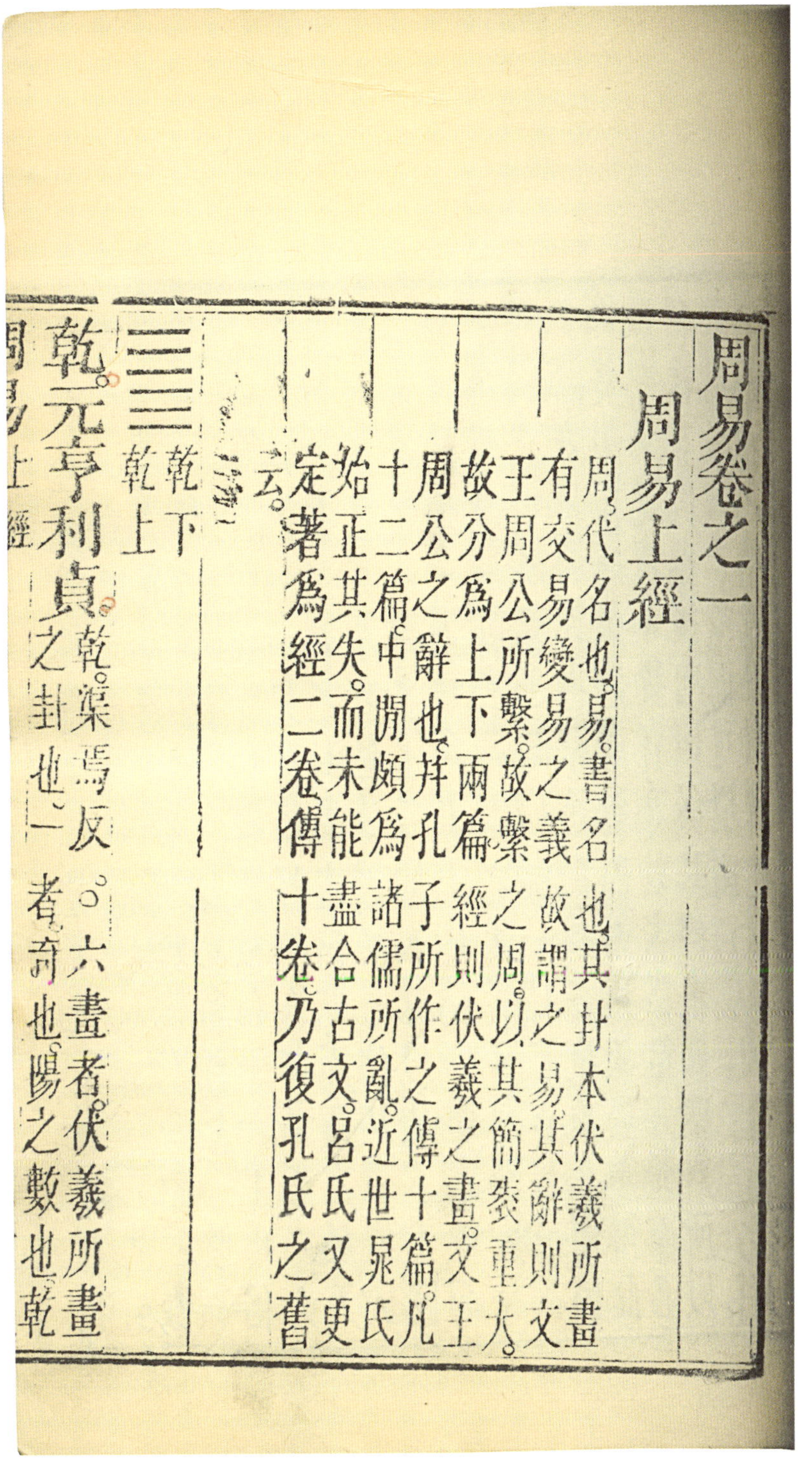

周易卷之一

周易上經

周代名也易書名也其卦本伏羲所畫有交易變易之義故謂之易其辭則文王周公所繫故繫之周以其簡袠重大故分爲上下兩篇經則伏羲之畫文王周公之辭也并孔子所作之傳十篇凡十二篇中閒頗爲諸儒所亂近世晁氏始正其失而未能盡合古文呂氏又更定著爲經二卷傳十卷乃復孔氏之舊云

☰ 乾下乾上

乾元亨利貞 乾渠焉反 六畫者伏羲所畫之卦也一者奇也陽之數也乾

周易上經

037　周易四卷　（宋）朱熹注　清同治十年（1871）刻本

框高20.2厘米，寬14.7厘米。半葉9行，行17字，白口，四周雙邊。

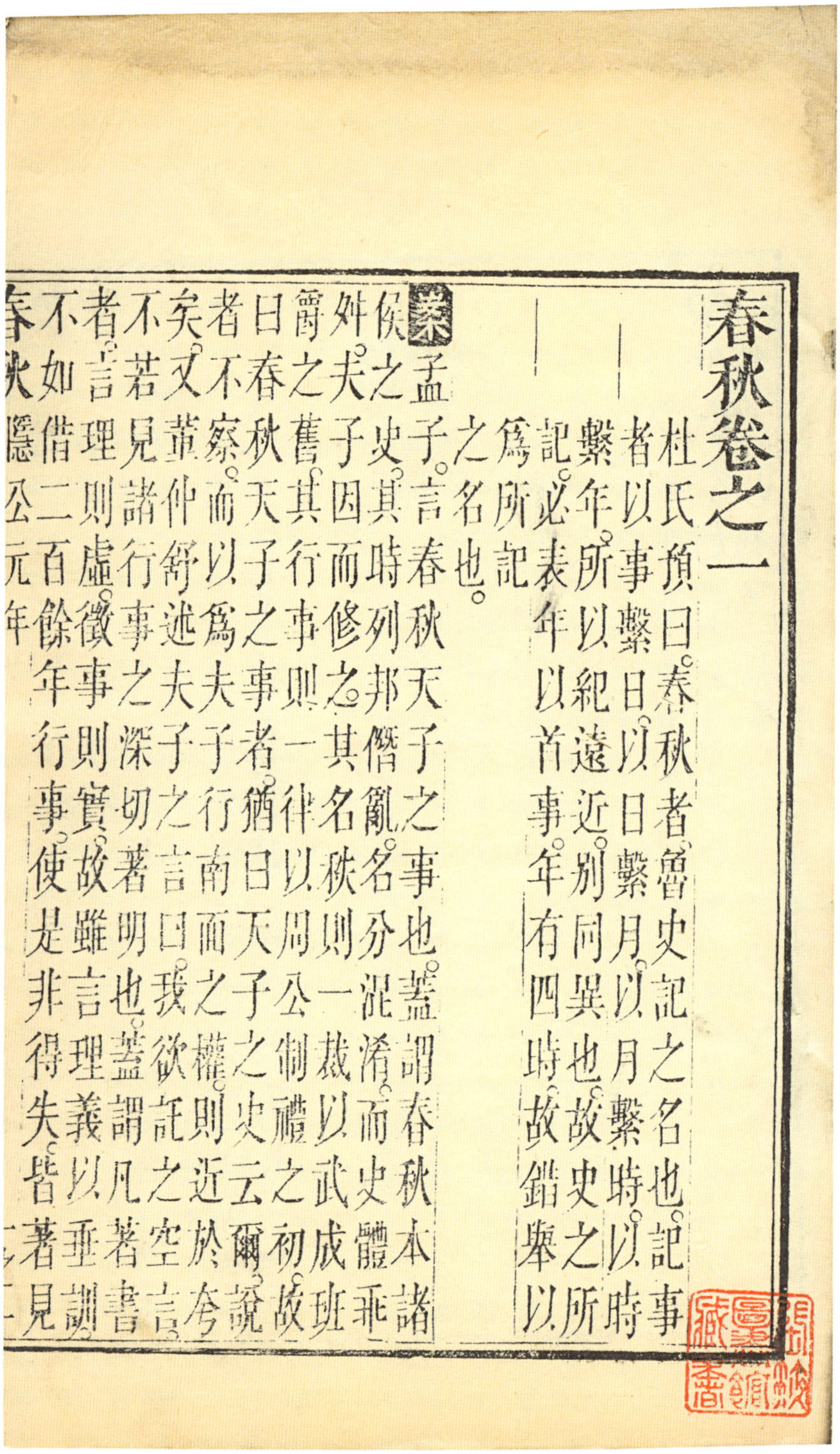

春秋卷之一

杜氏預曰春秋者魯史記之名也記事者以事繫日以日繫月以月繫時以時繫年所以紀遠近別同異也故史之所記必表年以首事年有四時故錯舉以爲所記之名也

朱 孟子言春秋天子之事也蓋謂春秋本諸侯之史其時列邦僭亂名分混淆而史體乖舛夫子因而修之其名秩則一裁以武成班爵之舊其行事則一律以周公制禮之初故曰春秋天子之事者猶曰天子之史云爾說者不察而以爲夫子行南面之權則近於夸矣又董仲舒述夫子之言曰我欲託之空言不若見諸行事之深切著明也蓋謂凡著書者言理則虛徵事則實故雖言理義以垂訓不如借二百餘年行事使是非得失皆著見

春秋隱公元年

038　春秋十六卷首一卷　不著撰者輯　清同治十年（1871）刻本

框高21.3厘米，寬15.0厘米。半葉11行，行17字，小字雙行同，白口，四周雙邊。

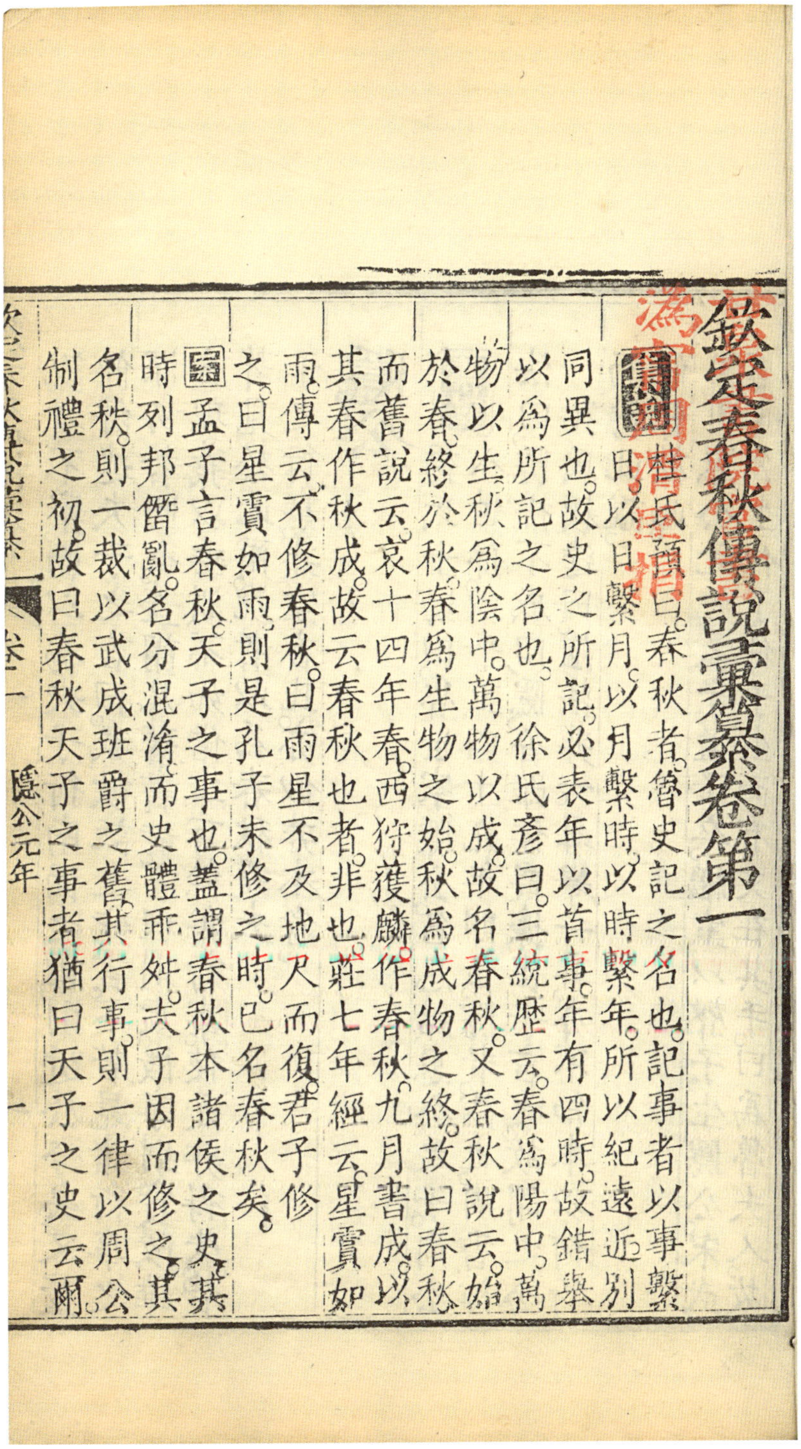

欽定春秋傳說彙纂卷第一

集說 趙氏匡曰春秋者魯史記之名也記事者以事繫日以日繫月以月繫時以時繫年所以紀遠近別同異也故史之所記必表年以首事年有四時故錯舉以爲所記之名也徐氏彥曰三統歷云春爲陽中萬物以生秋爲陰中萬物以成故名春秋又春秋說云始於春終於秋春爲生物之始秋爲成物之終故曰春秋而舊說云哀十四年春西狩獲麟作春秋九月書成以其春作秋成故云春秋也者非也莊七年經云星實如雨傳云不修春秋曰雨星不及地尺而復君子修之曰星實如雨則是孔子未修之時已名春秋矣

孟子言春秋天子之事也蓋謂春秋本諸侯之史其時列邦僭亂名分混淆而史體乖舛夫子因而修之其名秩則一裁以武成班爵之舊其行事則一律以周公制禮之初故曰春秋天子之事者猶曰天子之史云爾

欽定春秋傳說彙纂 卷一 隱公元年 一

039 欽定春秋傳說彙纂三十八卷首二卷 （清）王掞等纂修 清同治十年（1871）湖北崇文書局刻本

框高22.0厘米，寬16.2厘米。半葉11行，行21字，小字雙行同，白口，四周雙邊。

館藏索書號：經/60/3112

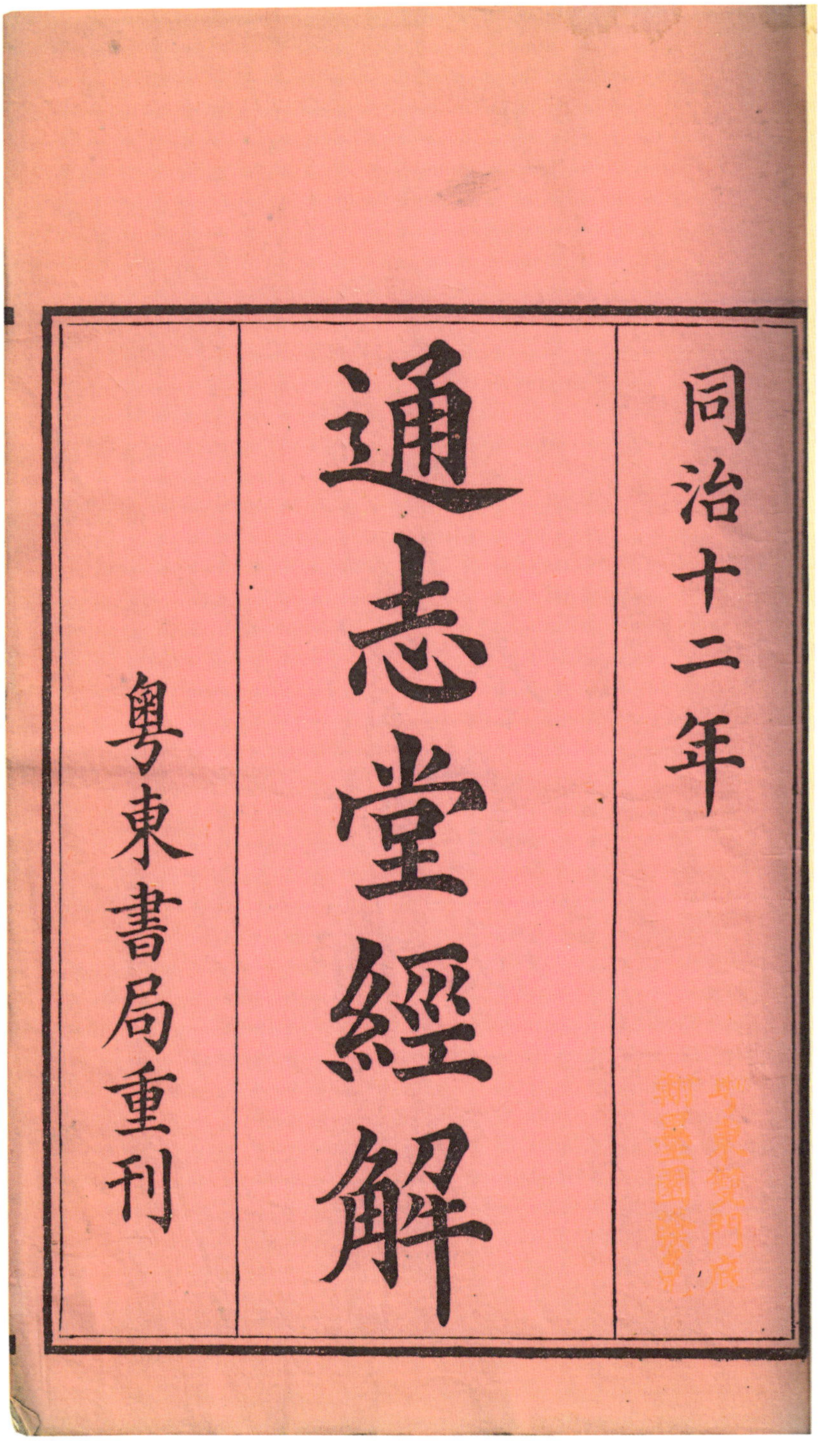

040　通志堂經解一百三十九種一千八百四十五卷　（清）納蘭成德輯　清同治十二年（1873）粵東書局刻本

框高19.7厘米，寬15.0厘米。半葉11行，行20字，白口，左右雙邊。

缺四種六十三卷（儀禮逸經傳一、經禮補逸一至十、禮記陳氏集說補正三十八卷、儀禮集說四至十七）

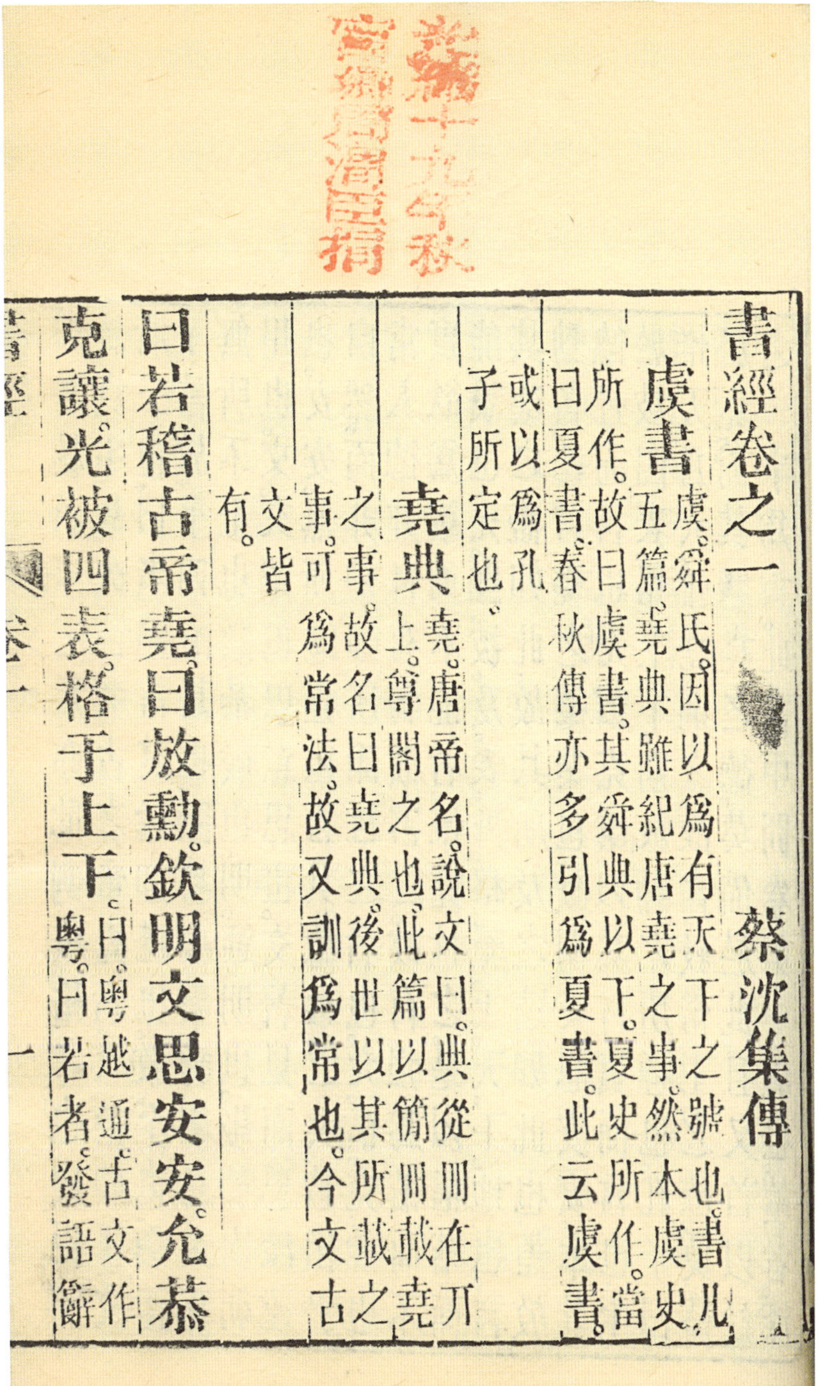
書經卷之一　蔡沈集傳

虞書 虞，舜氏，因以爲有天下之號也。書凡五篇，堯典雖紀唐堯之事，然本虞史所作，故曰虞書。其舜典以下，夏史所作，當曰夏書。春秋傳亦多引爲夏書，此云虞書，或以爲孔子所定也。

堯典 堯，唐帝名。說文曰：典從冊在丌上，尊閣之也。此篇以簡冊載堯之事，故名曰堯典。後世以其所載之事可爲常法，故又訓爲常也。今文古文皆有。

曰若稽古帝堯，曰放勳，欽明文思安安，允恭克讓，光被四表，格于上下。曰，粵、越通，古文作粵。曰若者，發語辭。

書經　卷一　一

041　書經六卷首一卷末一卷　（宋）蔡沈集傳　清同治十三年（1874）湖南書局刻本

框高18.2厘米，寬13.8厘米。半葉9行，行16字，小字雙行16字，白口，左右雙邊。

館藏索書號：經/26/1943

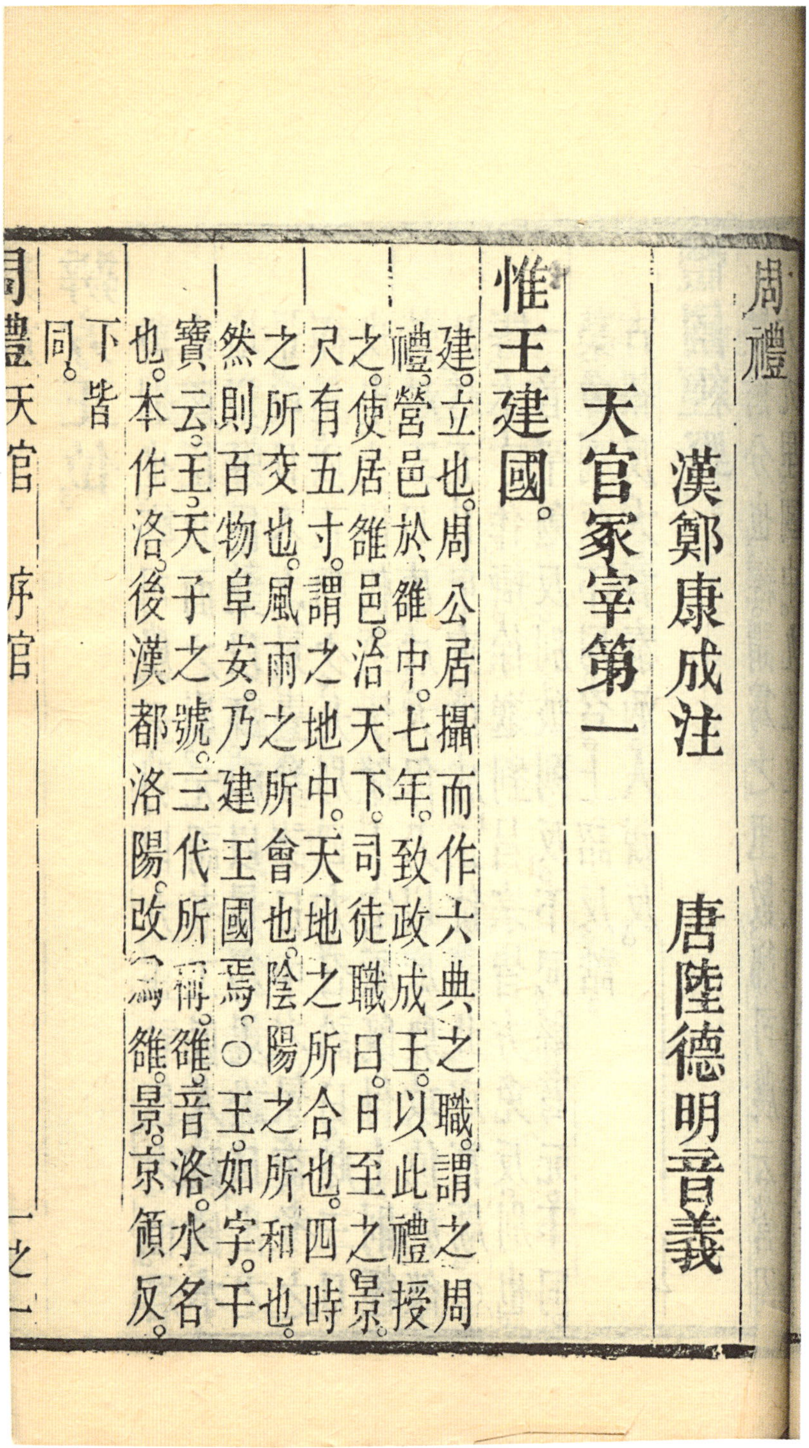

周禮

漢鄭康成注　唐陸德明音義

天官冢宰第一

惟王建國。

建。立也。周公居攝而作六典之職。謂之周
禮。營邑於雒。雒中。七年。致政成王。以此禮授
之。使居雒邑。治天下。司徒職曰。日至之景。
尺有五寸。謂之地中。天地之所合也。四時
之所交也。風雨之所會也。陰陽之所和也。
然則百物阜安。乃建王國焉。○王。如字。干
寶云。王。天子之號。三代所稱。雒。音洛。水名
也。本作洛。後漢都洛陽。改爲雒。景。京領反。
下皆
同。

周禮天官　序官　一之一

042　周禮六卷　（漢）鄭玄注　（唐）陸德明音義　清同治十三年（1874）湖南書局刻本
框高22.0厘米，寬14.7厘米。半葉9行，行17字，小字雙行16字，白口，四周單邊。

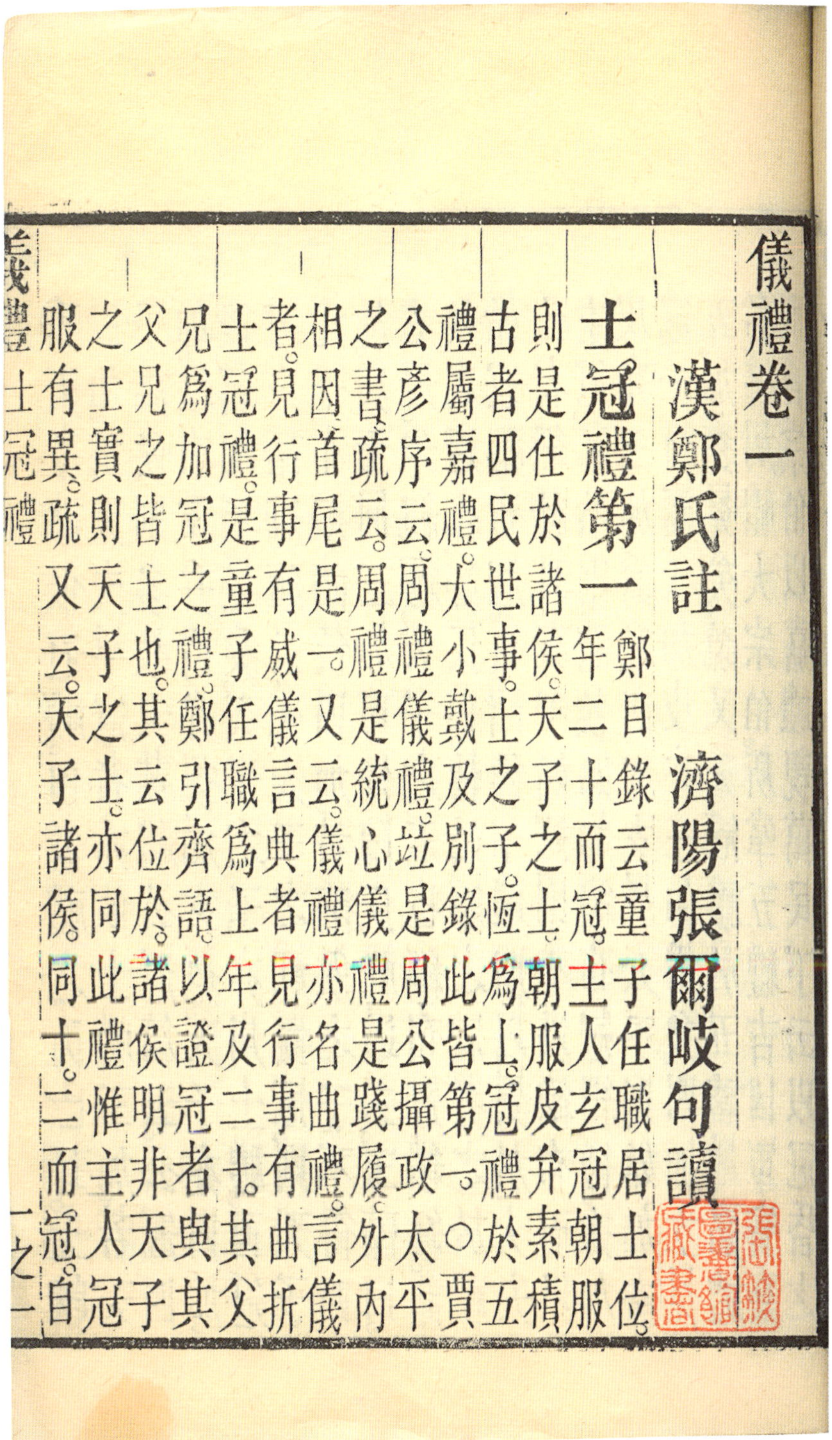
儀禮卷一
漢鄭氏註　濟陽張爾岐句讀
士冠禮第一鄭目錄云童子任職居士位年二十而冠主人玄冠朝服則是仕於諸侯天子之士朝服皮弁素積古者四民世事士之子恆爲士冠禮於五禮屬嘉禮大小戴及別錄此皆第一○賈公彥序云周禮儀禮竝是周公攝政太平之書疏云周禮是統心儀禮是踐履外內相因首尾是一又云儀禮亦名曲禮言儀者見行事有威儀言典者見行事有曲折士冠禮是童子任職爲上年及二十其父兄爲加冠之禮鄭引齊語以證冠者與其父兄之皆士士也其云位於諸侯明非天子之士賓則天子之士亦同此禮惟主人冠服有異疏又云天子諸侯同十二而冠自
儀禮士冠禮　一之一

043　儀禮十七卷　（漢）鄭玄註　（清）張爾岐句讀　清同治十三年（1874）湖南書局刻本

框高20.4厘米，寬14.7厘米。半葉9行，行17字，小字雙行同，白口，四周單邊。

館藏索書號：經/45/1917

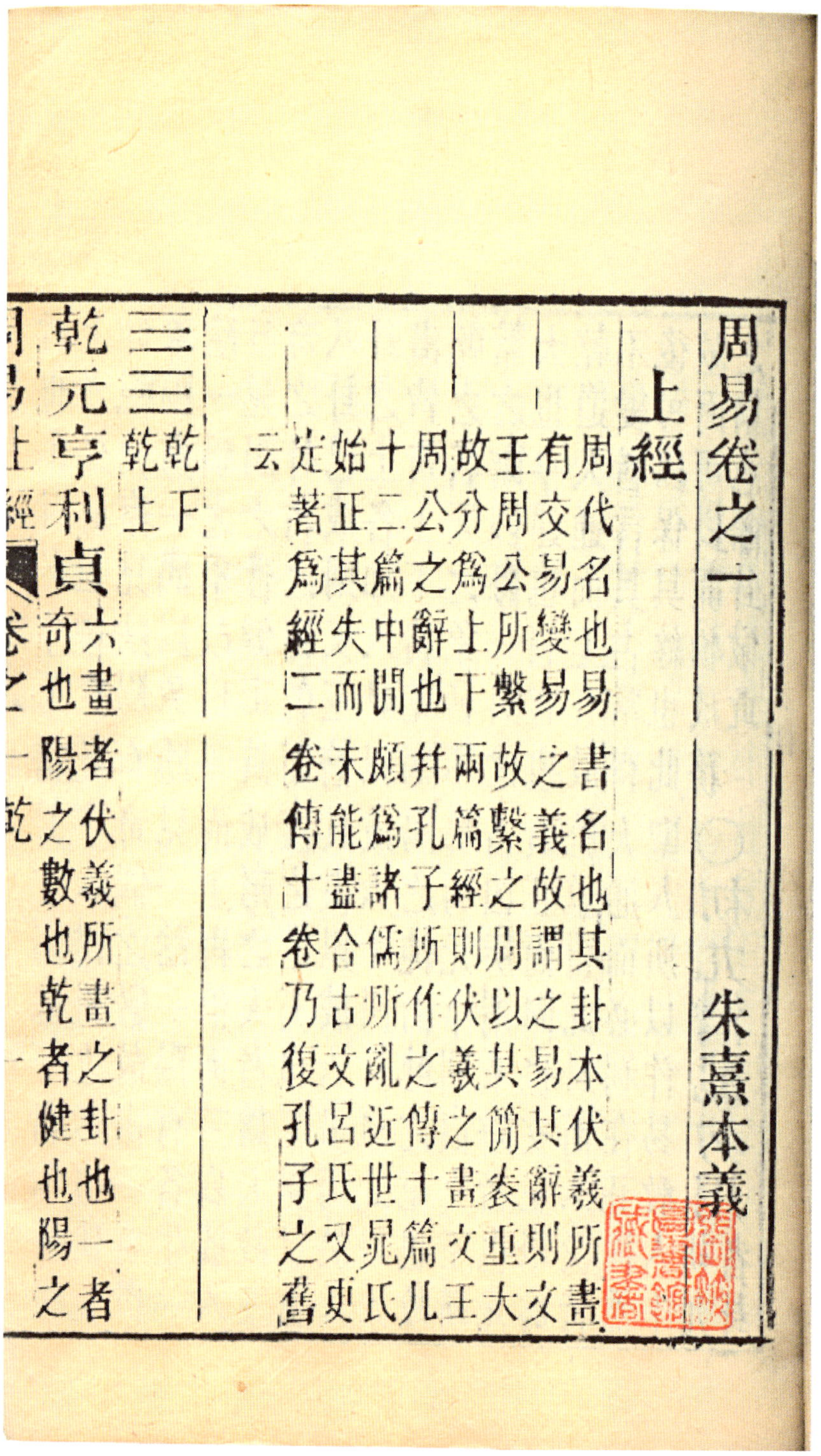

周易卷之一　　朱熹本義

上經

周代名也易書名也其卦本伏羲所畫有交易變易之義故謂之易其辭則文王周公所繫故繫之周以其簡袠重大故分爲上下兩篇經則伏羲之畫文王周公之辭也并孔子所作之傳十篇凡十二篇中閒頗爲諸儒所亂近世晁氏始正其失而未能盡合古文呂氏又更定著爲經二卷傳十卷乃復孔子之舊云

䷀ 乾下乾上

乾元亨利貞六畫者伏羲所畫之卦也一者奇也陽之數也乾者健也陽之

周易上經　卷之一　一　乾

044　周易四卷　（宋）朱熹本義　清同治十三年（1874）湖南書局刻本

框高18.6厘米，寬13.7厘米。半葉9行，行17字，小字雙行同，白口，左右雙邊。

館藏索書號：經/18/1939

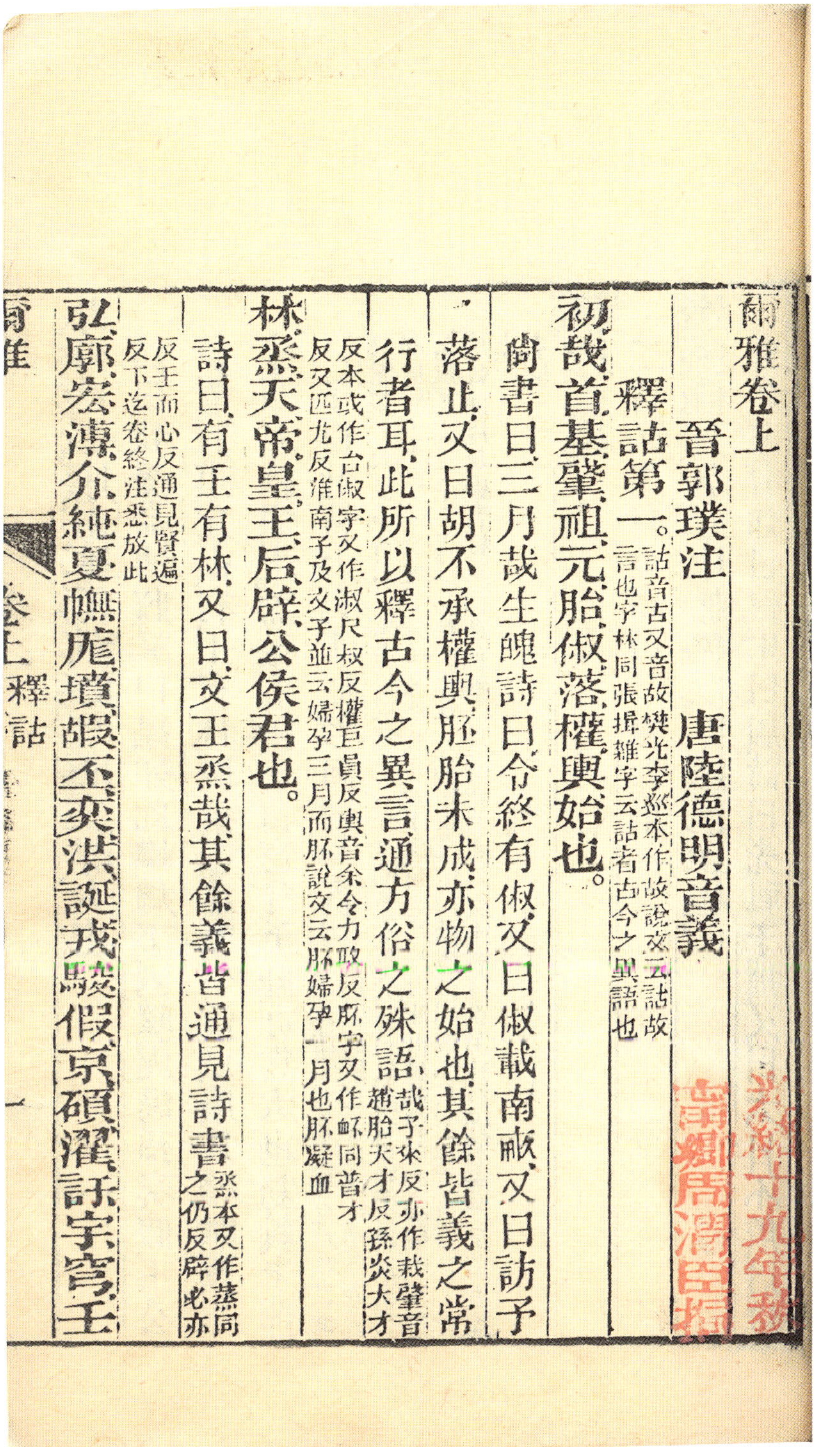

爾雅卷上

晉郭璞注　唐陸德明音義

釋詁第一。詁音古又音故樊光李巡本作故說文云詁故言也字林同張揖雜字云詁者古今之異語也

初哉首基肇祖元胎俶落權輿始也。

尚書曰三月哉生魄詩曰令終有俶又曰俶載南畝又曰訪予落止又曰胡不承權輿胚胎未成亦物之始也其餘皆義之常行者耳此所以釋古今之異言通方俗之殊語。哉子來反亦作栽聲音趙胎天才反孫炎大才反本或作台俶字又作淑尺叔反權巨員反輿音余令力政反胚字又作衃同普才反又匹九反淮南子及文子並云婦孕三月而胚說文云胚婦孕一月也胚凝血

林烝天帝皇王后辟公侯君也。

詩曰有壬有林又曰文王烝哉其餘義皆通見詩書烝本又作蒸同之仍反辟必亦反壬而心反通見賢遍反下迄卷終注悉放此

弘廓宏溥介純夏幠厖墳嘏丕奕洪誕戎駿假京碩濯訏宇穹壬

爾雅　卷上　釋詁　一

045　爾雅三卷　（晉）郭璞注　（唐）陸德明音義　清同治十三年（1874）湖南書局刻本

框高18.8厘米，寬14.4厘米。半葉12行，行25字，小字雙行36字，白口，左右雙邊。

館藏索書號：經/80/2803

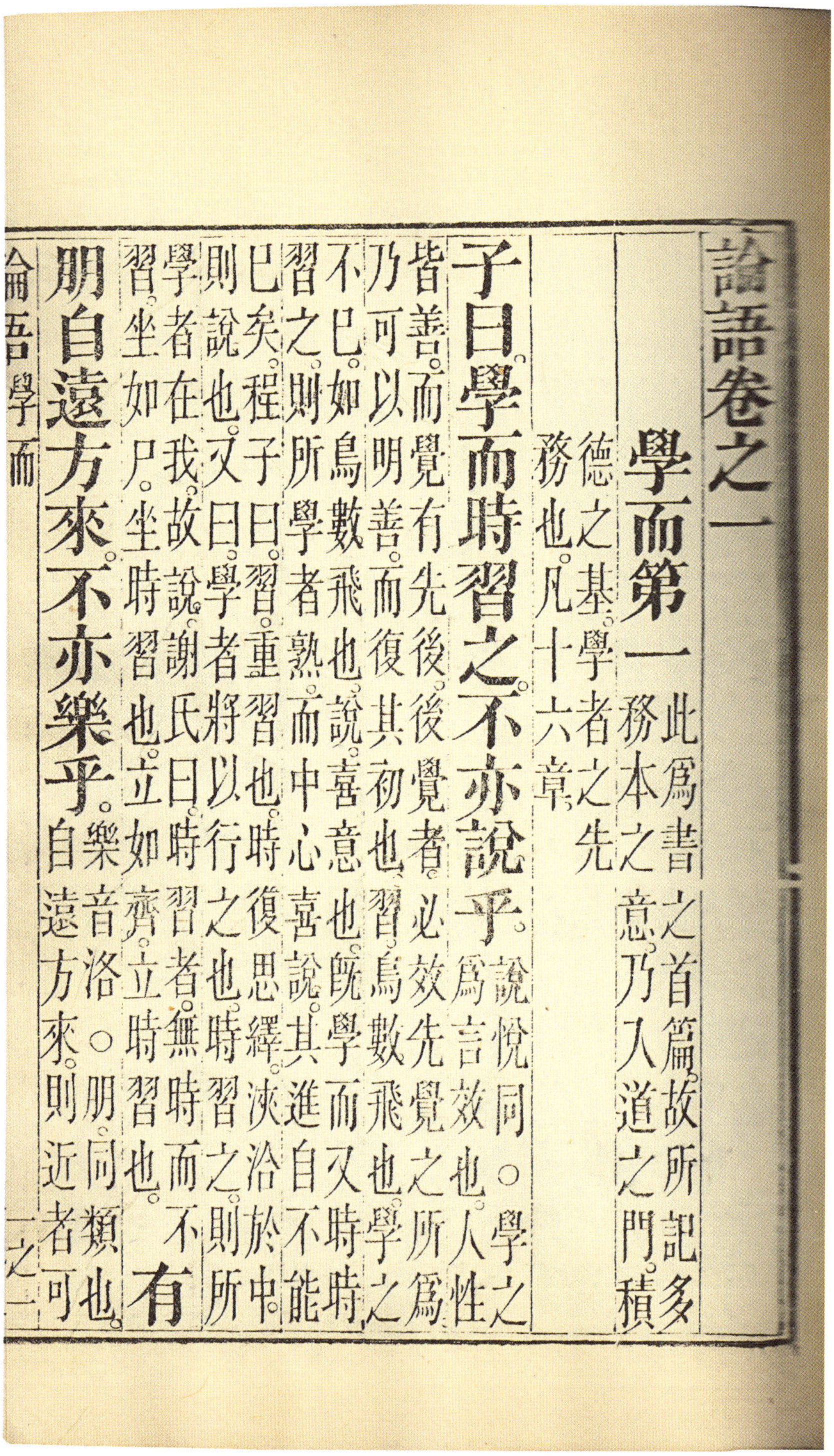

論語卷之一

學而第一 此爲書之首篇故所記多務本之意乃入道之門積德之基學者之先務也凡十六章

子曰學而時習之不亦說乎 說悅同○學之爲言效也人性皆善而覺有先後後覺者必效先覺之所爲乃可以明善而復其初也習鳥數飛也學之不已如鳥數飛也說喜意也既學而又時時習之則所學者熟而中心喜說其進自不能已矣程子曰習重習也時復思繹浹洽於中則說也又曰學者將以行之也時習之則所學者在我故說謝氏曰時習者無時而不習坐如尸坐時習也立如齊立時習也

有朋自遠方來不亦樂乎 樂音洛○朋同類也自遠方來則近者可

論語 學而 一之一

046　論語十卷　（宋）朱熹集註　清同治刻本

框高21.2厘米，寬15.1厘米。半葉9行，行17字，小字雙行同，白口，四周雙邊。

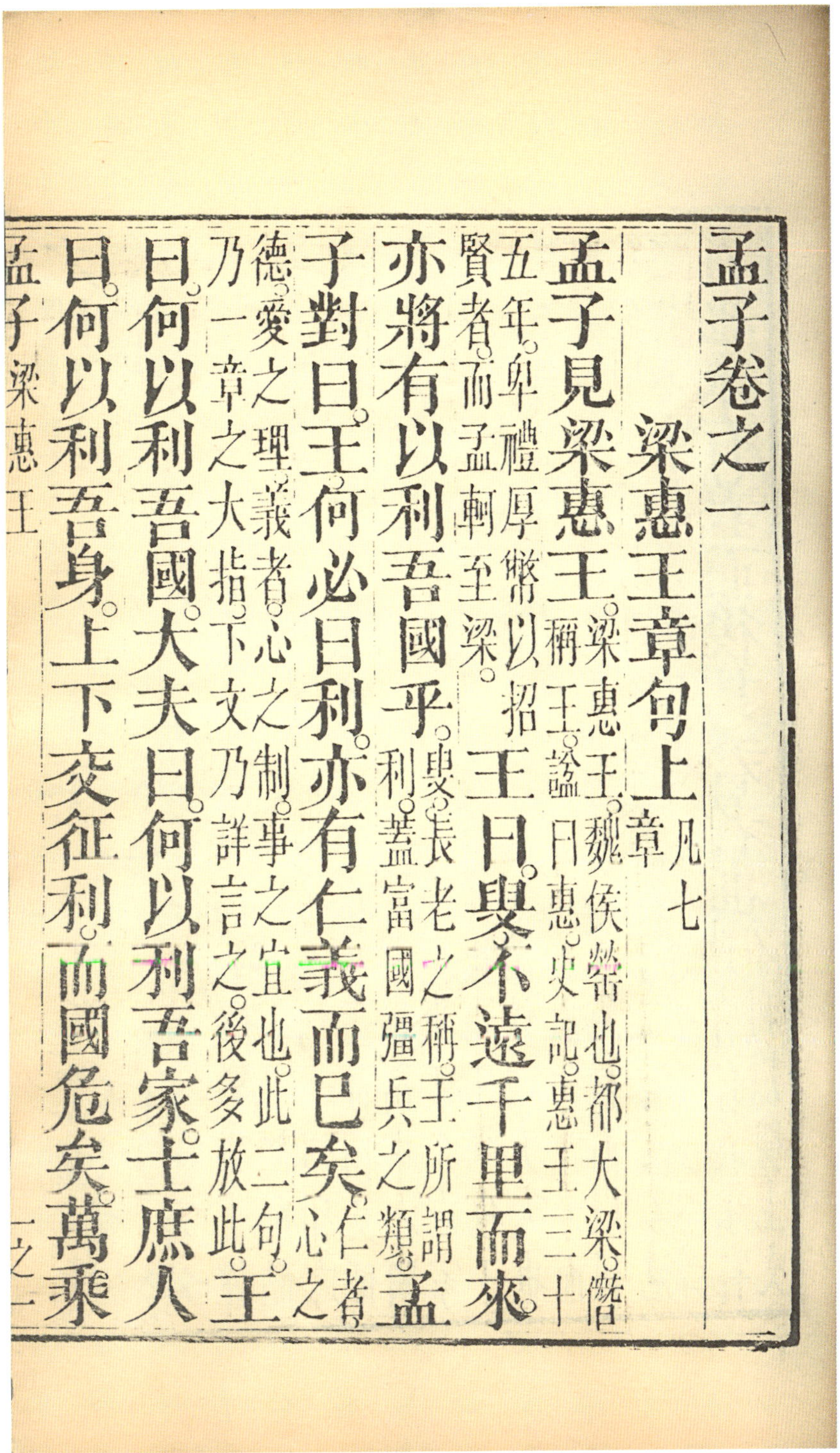
孟子卷之一

梁惠王章句上 凡七章

孟子見梁惠王。梁惠王魏侯罃也都大梁僭稱王謚曰惠史記惠王三十五年卑禮厚幣以招賢者而孟軻至梁王曰。叟不遠千里而來亦將有以利吾國乎。叟長老之稱王所謂利蓋富國彊兵之類孟子對曰。王何必曰利。亦有仁義而已矣。仁者心之德愛之理義者心之制事之宜也此二句乃一章之大指下文乃詳言之後多放此王曰。何以利吾國。大夫曰。何以利吾家。士庶人曰。何以利吾身。上下交征利。而國危矣。萬乘

孟子 梁惠王　一之一

047　孟子七卷　（宋）朱熹集註　清同治刻本

框高21.2厘米，寬15.1厘米。半葉9行，行17字，小字雙行同，白口，四周雙邊。

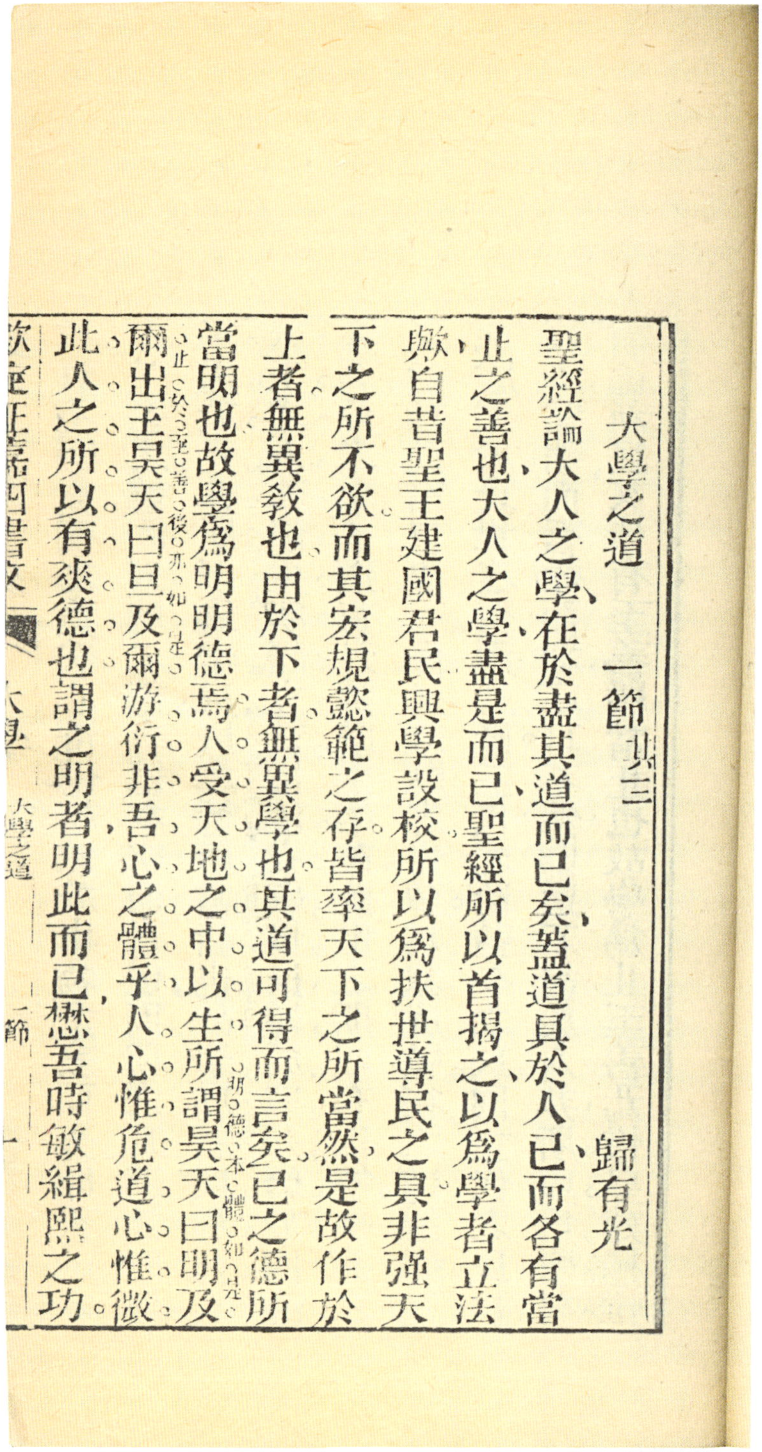

大學之道　一節　歸有光

聖經論大人之學在於盡其道而已矣蓋道具於人已而各有當止之善也大人之學盡是而已聖經所以首揭之以爲學者立法歟自昔聖王建國君民興學設校所以爲扶世導民之具非强天下之所不欲而其宏規懿範之存皆率天下之所當然是故作於上者無異教也由於下者無異學也其道可得而言矣已之德所明德本體如日光當明也止於至善後亦如日在故學爲明明德焉人受天地之中以生所謂昊天曰明及爾出王昊天曰旦及爾游衍非吾心之體乎人心惟危道心惟微此人之所以有爽德也謂之明者明此而已懋吾時敏緝熙之功

欽定正嘉四書文　大學　大學之道　一節　一

048　欽定正嘉四書文不分卷　（清）方苞纂修　清光緒二年（1876）崇文書局刻本

框高19.2厘米，寬12.3厘米。半葉9行，行25字，白口，四周雙邊。

館藏索書號：經/92/3062

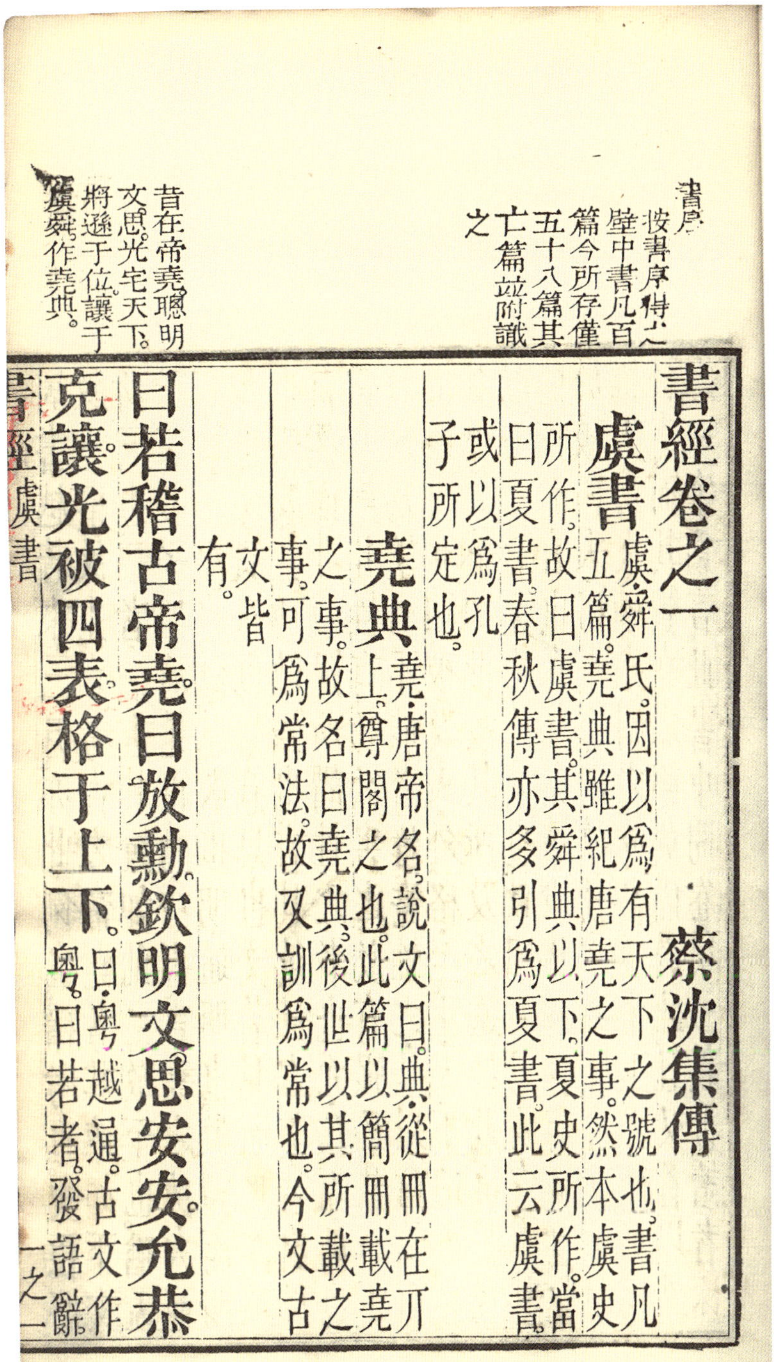

書序 按書序得亾壁中書凡百篇今所存僅五十八篇其亡篇並附識之

昔在帝堯聰明文思光宅天下將遜于位讓于虞舜作堯典。

書經卷之一　　蔡沈集傳

虞書 虞舜氏因以爲有天下之號也書凡五篇堯典雖紀唐堯之事然本虞史所作故曰虞書其舜典以下夏史所作當曰夏書春秋傳亦多引爲夏書此云虞書或以爲孔子所定也

堯典 堯唐帝名說文曰典從冊在丌上尊閣之也此篇以簡冊載堯之事故名曰堯典後世以其所載之事可爲常法故又訓爲常也今文古文皆有

曰若稽古帝堯曰放勳欽明文思安安允恭克讓光被四表格于上下 曰粵越通古文作粵曰若者發語辭

書經　虞書　一之一

049　書經六卷　（宋）蔡沈集傳　清光緒三年（1877）永康胡氏退補齋刻本

框高20.2厘米，寬14.7厘米。半葉9行，行17字，小字雙行同，白口，四周雙邊。

館藏索書號：經/28/3172

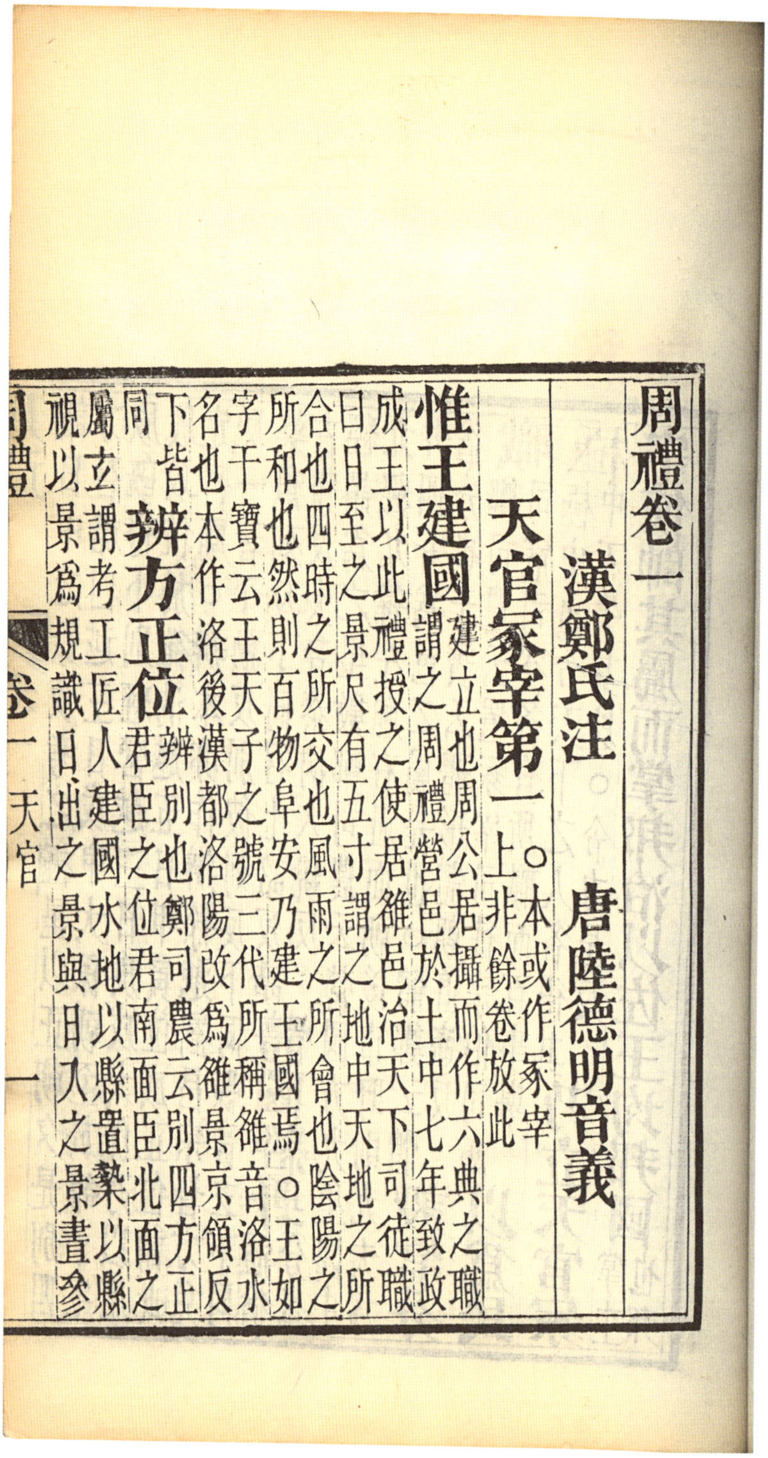
周禮卷一

漢鄭氏注　唐陸德明音義

天官冢宰第一○本或作冢宰上非餘卷放此

惟王建國建立也周公居攝而作六典之職謂之周禮營邑於土中七年致政成王以此禮授之使居雒邑治天下司徒職曰日至之景尺有五寸謂之地中天地之所合也四時之所交也風雨之所會也陰陽之所和也然則百物阜安乃建王國焉○王如字干寶云王天子之號三代所稱雒音洛水名也本作洛後漢都洛陽改爲雒景京領反下皆同辨方正位辨別也鄭司農云別四方正君臣之位君南面臣北面之屬玄謂考工匠人建國水地以縣置槷以縣視以景爲規識日出之景與日入之景晝參

周禮　卷一　天官　一

050　周禮十二卷　（漢）鄭玄注　（唐）陸德明音義　清光緒三年（1877）永康胡氏退補齋刻本

框高20.0厘米，寬14.4厘米。半葉9行，行17字，小字雙行同，白口，四周雙邊。

館藏索書號：經/43/3166

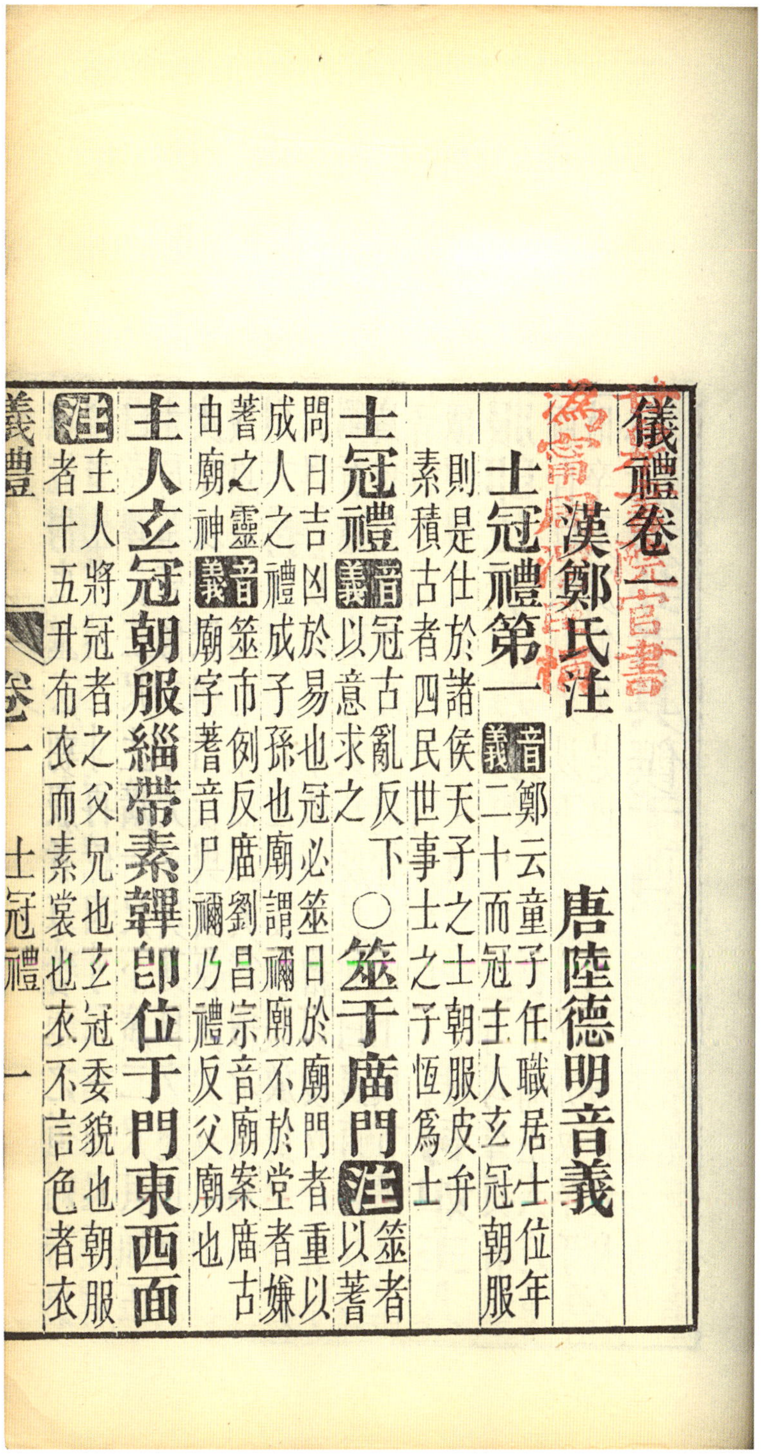

儀禮卷一　漢鄭氏注　唐陸德明音義

士冠禮第一音義鄭云童子任職居士位年二十而冠主人玄冠朝服則是仕於諸侯天子之士朝服皮弁素積古者四民世事士之子恆爲士

士冠禮音義冠古亂反下以意求之○筮于庿門注筮者以蓍問日吉凶於易也冠必筮日於廟門者重以成人之禮成子孫也廟謂禰廟不於堂者嫌蓍之靈由廟神音義筮市例反庿劉昌宗音廟案庿古廟字蓍音尸禰乃禮反父廟也

主人玄冠朝服緇帶素韠即位于門東西面注主人將冠者之父兄也玄冠委貌也朝服者十五升布衣而素裳也衣不言色者衣

儀禮　卷一　士冠禮　一

051　儀禮十七卷　（漢）鄭玄注　（唐）陸德明音義　清光緒三年（1877）永康胡氏退補齋刻本
框高19.8厘米，寬13.4厘米。半葉9行，行17字，小字雙行同，白口，左右雙邊。
館藏索書號：經/46/3162

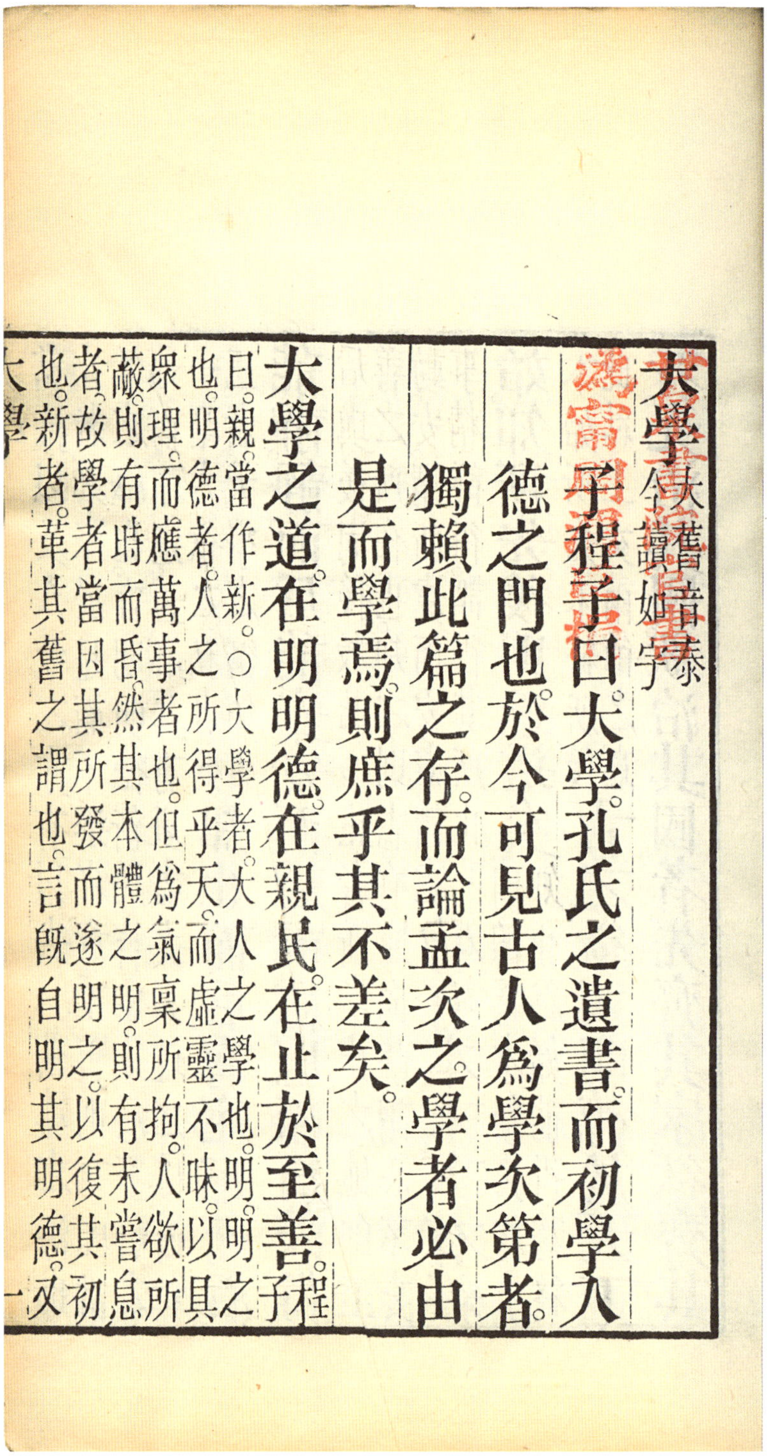

大學（大舊音泰今讀如字）

子程子曰。大學。孔氏之遺書。而初學入德之門也。於今可見古人爲學次第者。獨賴此篇之存。而論孟次之。學者必由是而學焉。則庶乎其不差矣。

大學之道。在明明德。在親民。在止於至善。（程子曰。親。當作新。○大學者。大人之學也。明。明之也。明德者。人之所得乎天。而虛靈不昧。以具衆理。而應萬事者也。但爲氣稟所拘。人欲所蔽。則有時而昏。然其本體之明。則有未嘗息者。故學者當因其所發而遂明之。以復其初也。新者。革其舊之謂也。言既自明其明德。又）

大學　一

052　四書十九卷　（宋）朱熹章句　清光緒三年（1877）永康胡氏退補齋刻本

框高25.0厘米，寬14.8厘米。半葉9行，行17字，小字雙行同，白口，四周單邊。

館藏索書號：經/74/6195

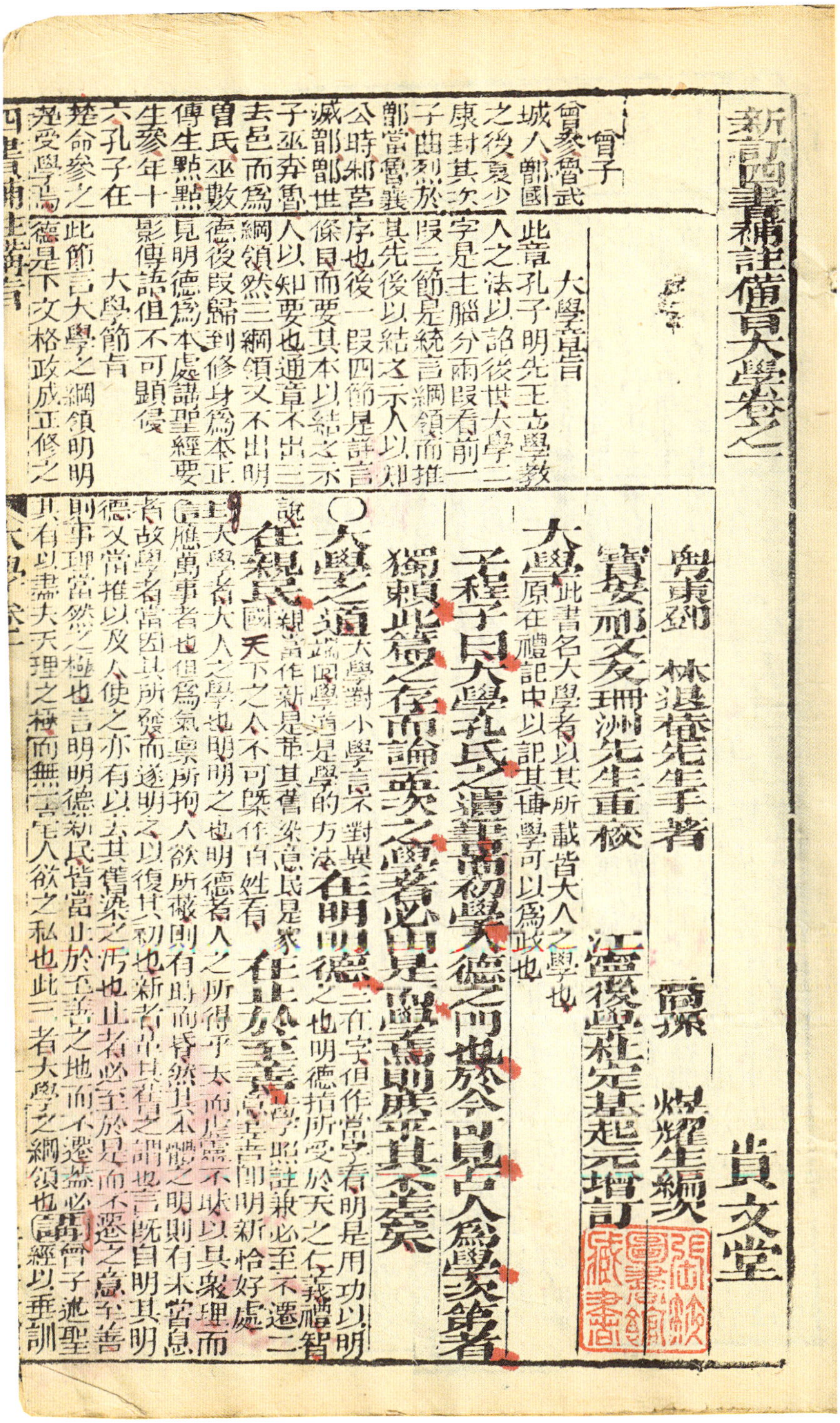

053　新訂四書補註備旨十卷　（清）鄧林著　（清）杜定基增訂　（清）仇滄柱衆補　清光緒三年（1877）貴文堂刻本

框高23.3厘米，寬14.6厘米。三欄，半葉行不等，行字不等，小字雙行不等，白口，四周單邊。

存七卷（大學一，中庸一，下孟三，上論一至二、下論三至四）

館藏索書號：經/78/2482

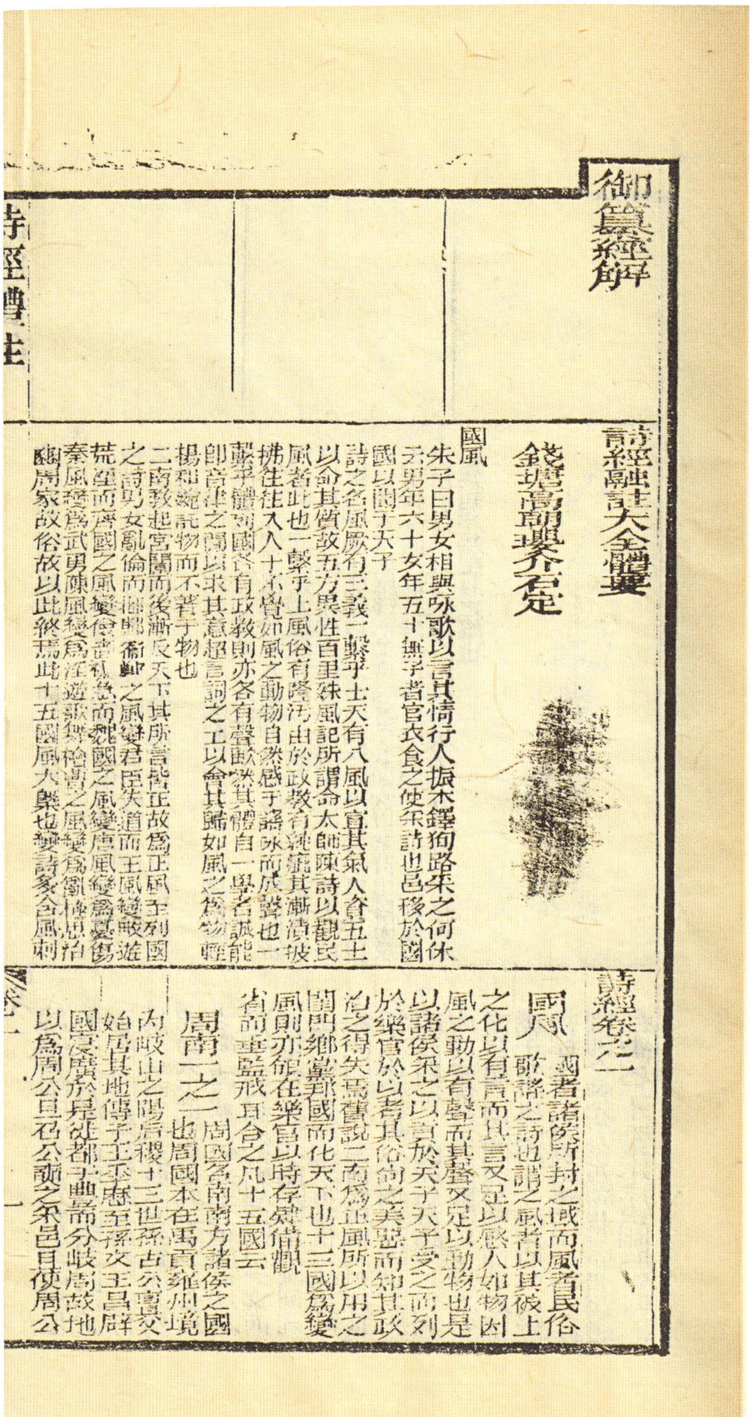

御纂經解

詩經體注

詩經融注大全體要

錢塘高朝瓔芥定

國風

朱子曰男女相與咏歌以言其情行人振木鐸徇路采之何休云男年六十女年五十無子者官衣食之使采詩也邑移於國國以聞于天子

詩之名風厥有三義一繫乎土天有八風以宣其氣人稟五土以命其質故五方異性百里殊風記所謂命太師陳詩以觀民風者此也一繫乎上風俗有隆汚由於政教有純疵其漸漬披拂往往入人于不覺如風之動物自然感于謳咏而成聲也一繫乎體詩國各有政教則亦各有聲歌然其體自一學者誠能即音律之間以求其意超言詞之工以會其歸如風之於物輕揚和婉託物而不著于物也

二南教起宮闈而後漸反天下其所言皆正故為正風至列國之詩男女亂倫而邶鄘衛之風變君臣失道而王風變敗遊荒淫而齊國之風變俗奢亂怠而魏國之風變唐風變為憂傷秦風變為武勇陳風變為淫遊歌舞檜曹之風變為亂極思治豳周家故俗故以此終焉此十五國風大槩也變詩多含風刺

詩經卷之一

國風 國者諸侯所封之域而風者民俗歌謡之詩也謂之風者以其被上之化以有言而其言又足以感人如物因風之動以有聲而其聲又足以動物也是以諸侯采之以貢於天子天子受之而列於樂官於以考其俗尚之美惡而知其政治之得失焉舊說二南為正風所以用之閨門鄉黨邦國而化天下也十三國為變風則亦領在樂官以時存肄備觀省而垂監戒耳合之凡十五國云

周南一之一 周國名南南方諸侯之國也周國本在禹貢雍州境內岐山之陽后稷十三世孫古公亶父始居其地傳子王季歷至孫文王昌辟國寖廣於是徙都于豐而分岐周故地以為周公旦召公奭之采邑且使周公

卷之一　一

054　詩經融注大全體要八卷　（清）高朝瓔定　清光緒七年（1881）刻本

框高15.8厘米，寬9.3厘米。三欄，半葉行不等，行字不等，小字雙行不等，白口，左右雙邊。

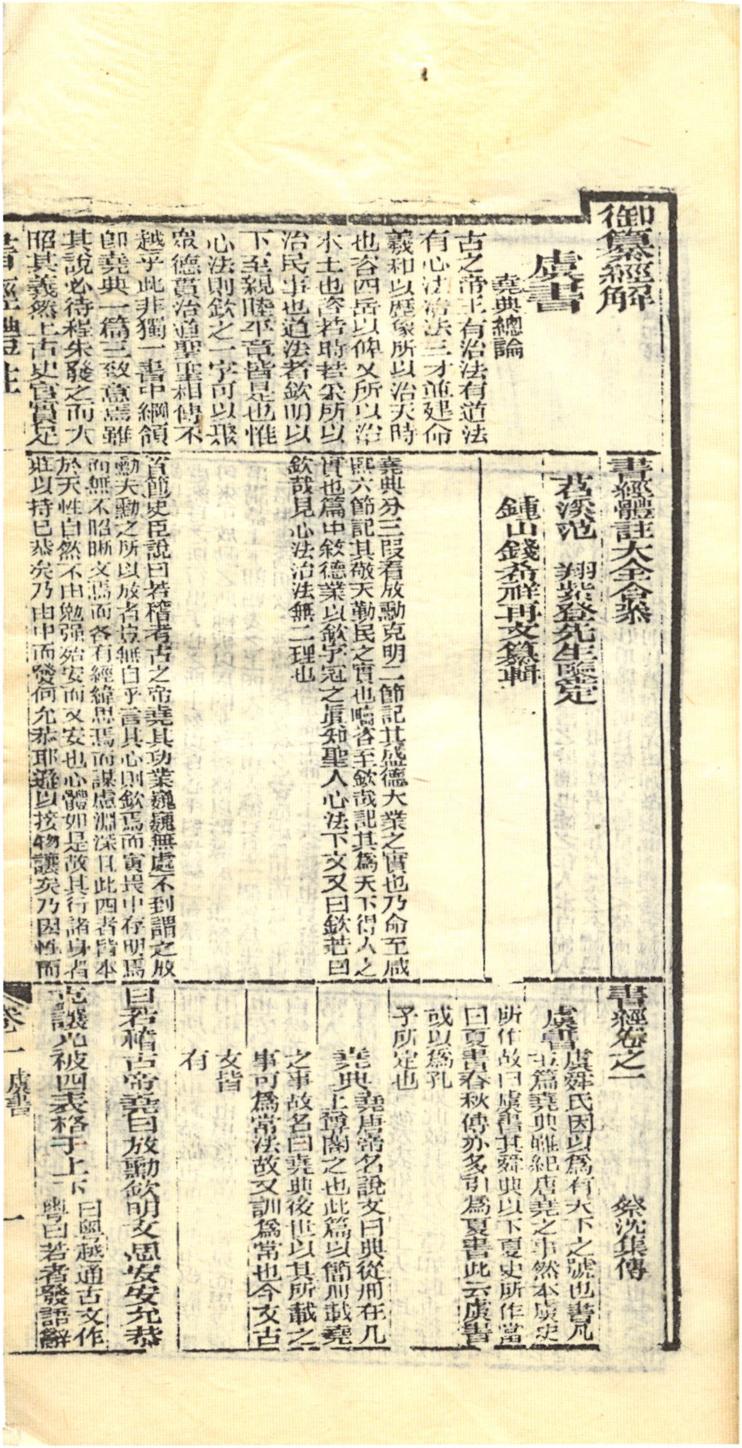
御纂經解
虞書　堯典總論
古之帝王有治法有道法有心法治法三才並建命義和以歷象所以治天時也咨四岳以俾乂所以治水土也咨若時若采所以治民事也道法者欽明以下至親睦平章皆是也惟心法則欽之一字可以琢欽德首治道聖聖相傳不越乎此非獨一書中綱領即堯典一篇三致意焉雖其說必待程朱發之而大昭其義然上古史官實足

書經體註

書經體註大全合參
君溪范　翔紫登先生鑒定
鍾山錢希祥再文纂輯

堯典分三段看放勳克明一節記其盛德大業之實也乃命至咸熙六節記其敬天勤民之實也疇咨至欽哉記其爲天下得人之實也篇中敘德業以欽字冠之眞知聖人心法下文又曰欽若曰欽哉見心法治法無二理也

首節史臣說曰若稽者古之帝堯其功業巍巍無處不到謂之放勳大勳之所以放者豈無自乎言其心則欽焉而實提中存明焉而無不昭晰文焉而各有經緯思焉而謀慮淵深且此四者皆本於天性自然不由勉强始安而又安也心體如是故其行諸身者能以持己恭矣乃由中而發何允恭耶遜以接物讓矣乃因性而

書經卷之一　蔡沈集傳
虞書 虞舜氏因以爲有天下之號也書凡五篇堯典雖紀唐堯之事然本虞史所作故曰虞書其舜典以下夏史所作當曰夏書春秋傳亦多引爲夏書此云虞書或以爲孔子所定也
堯典 堯唐帝名說文曰典從册在丌上尊閣之也此篇以簡册載堯之事故名曰堯典後世以其所載之事可爲常法故又訓爲常也今文古文皆有
曰若稽古帝堯曰放勳欽明文思安安允恭克讓光被四表格于上下 曰粤越通古文作粤曰若者發語辭

卷一　虞書　一

055　書經體註大全合參六卷　（清）錢希祥纂輯　清光緒七年（1881）守墨齋刻本

框高15.5厘米，寬9.4厘米。三欄，半葉9行，行字不等，小字雙行不等，白口，左右雙邊。

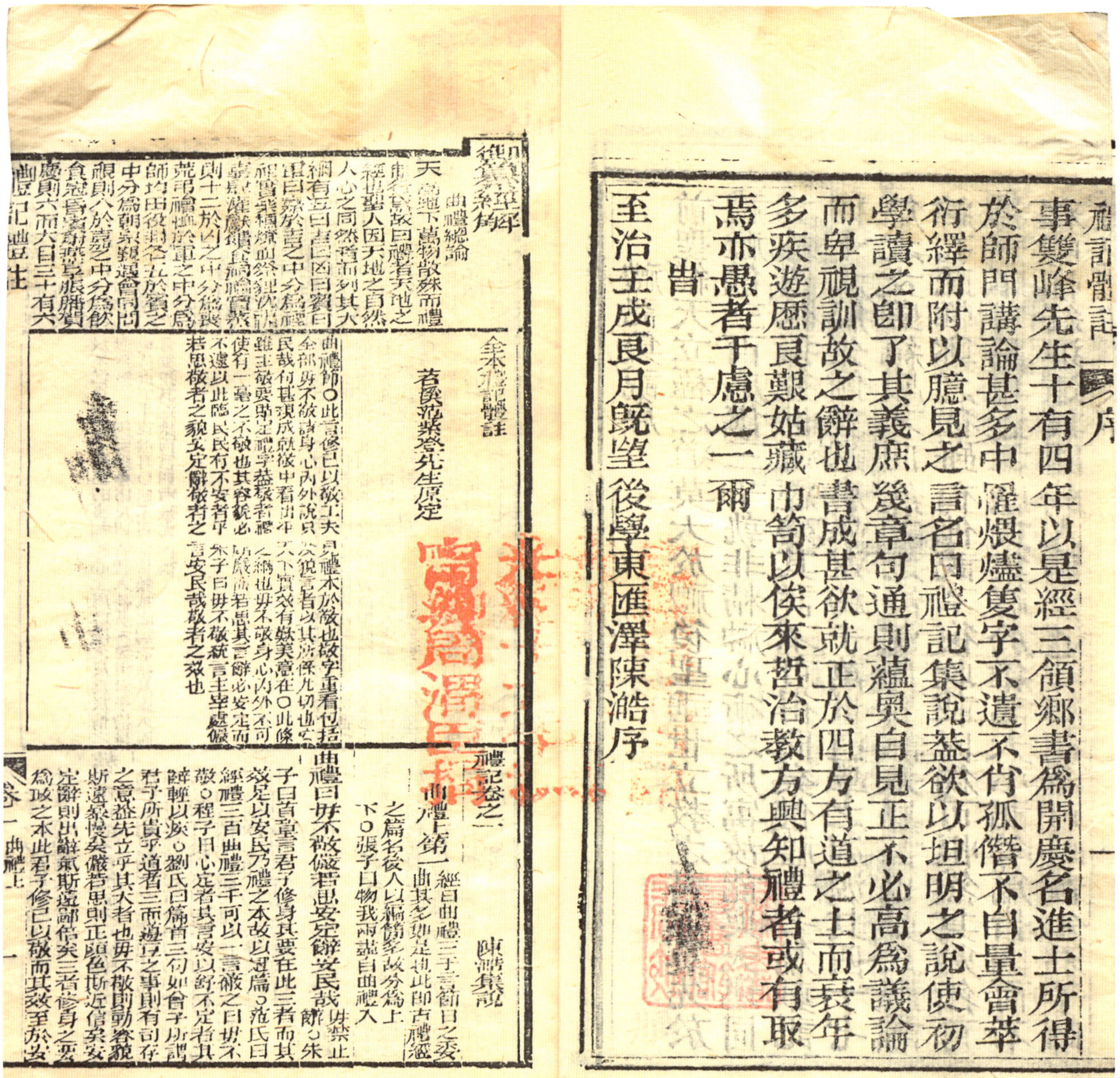
禮記體註　序

事雙峰先生十有四年以是經三領鄉書爲開慶名進士所得於師門講論甚多中罹煨燼隻字不遺不肖孤僭不自量會萃衍繹而附以臆見之言名曰禮記集說蓋欲以坦明之說使初學讀之卽了其義庶幾章句通則蘊奧自見正不必高爲議論而卑視訓故之辭也書成甚欲就正於四方有道之士而衰年多疾遊歷良艱姑藏巾笥以俟來哲治教方興知禮者或有取焉亦愚者千慮之一爾

旹

至治壬戌良月既望後學東匯澤陳澔序

056　全本禮記體註十卷　（清）范紫登原定　清光緒七年（1881）刻本

框高15.8厘米，寬9.2厘米。三欄，半葉行不等，行字不等，四周單邊雙邊兼有。

存四卷（一至二、七至八）

館藏索書號：經/50/1314

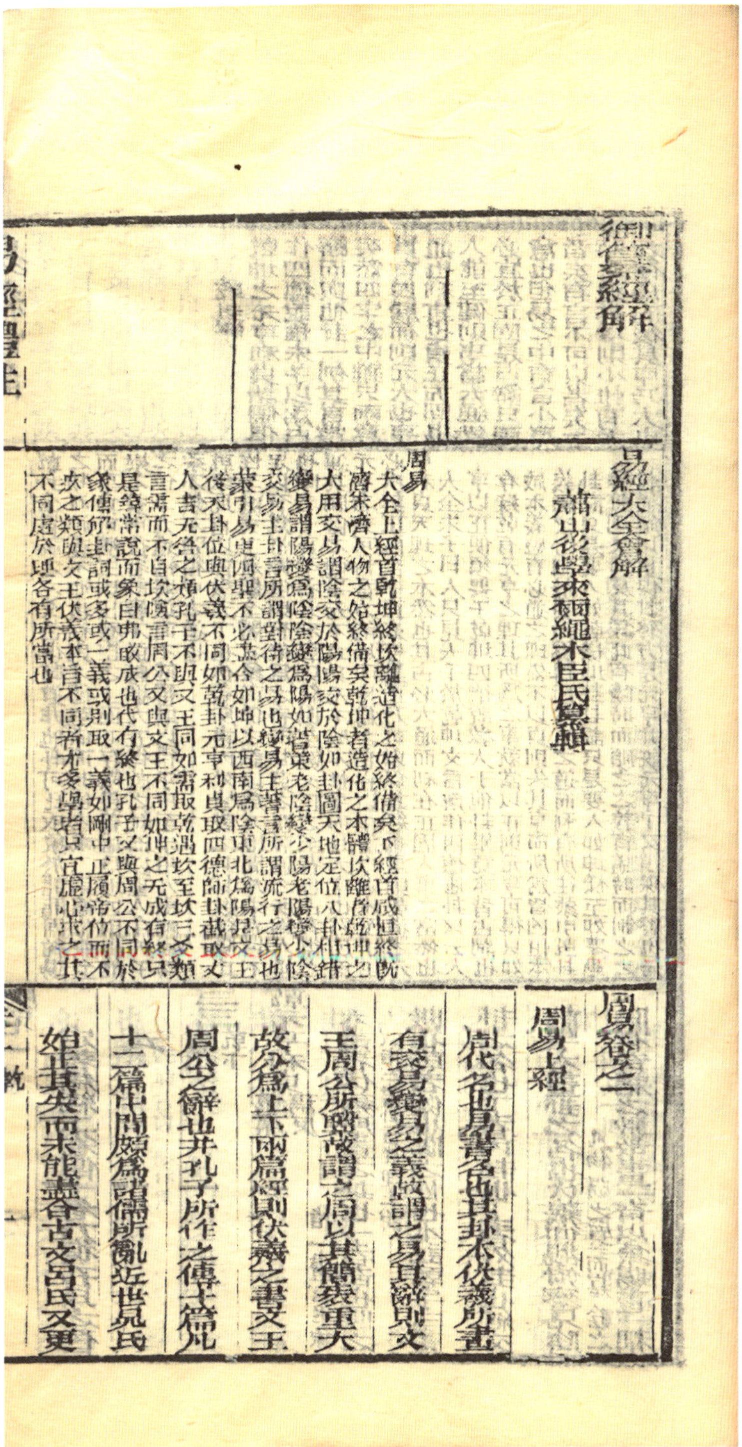
易經大全會解

梁山後學來爾繩木臣氏纂輯

周易卷之一

周易上經

周代名也易書名也其卦本伏羲所畫有交易變易之義故謂之易其辭則文王周公所繫故謂之周以其簡袠重大故分為上下兩篇經則伏羲之畫文王周公之辭也并孔子所作之傳十篇凡十二篇中間頗為諸儒所亂近世晁氏始正其失而未能盡合古文呂氏又更

057　易經體注四卷　（清）來爾繩纂輯　清光緒七年（1881）守墨齋刻本

框高16.9厘米，寬9.3厘米。三欄，半葉行不等，行字不等，白口，左右雙邊。

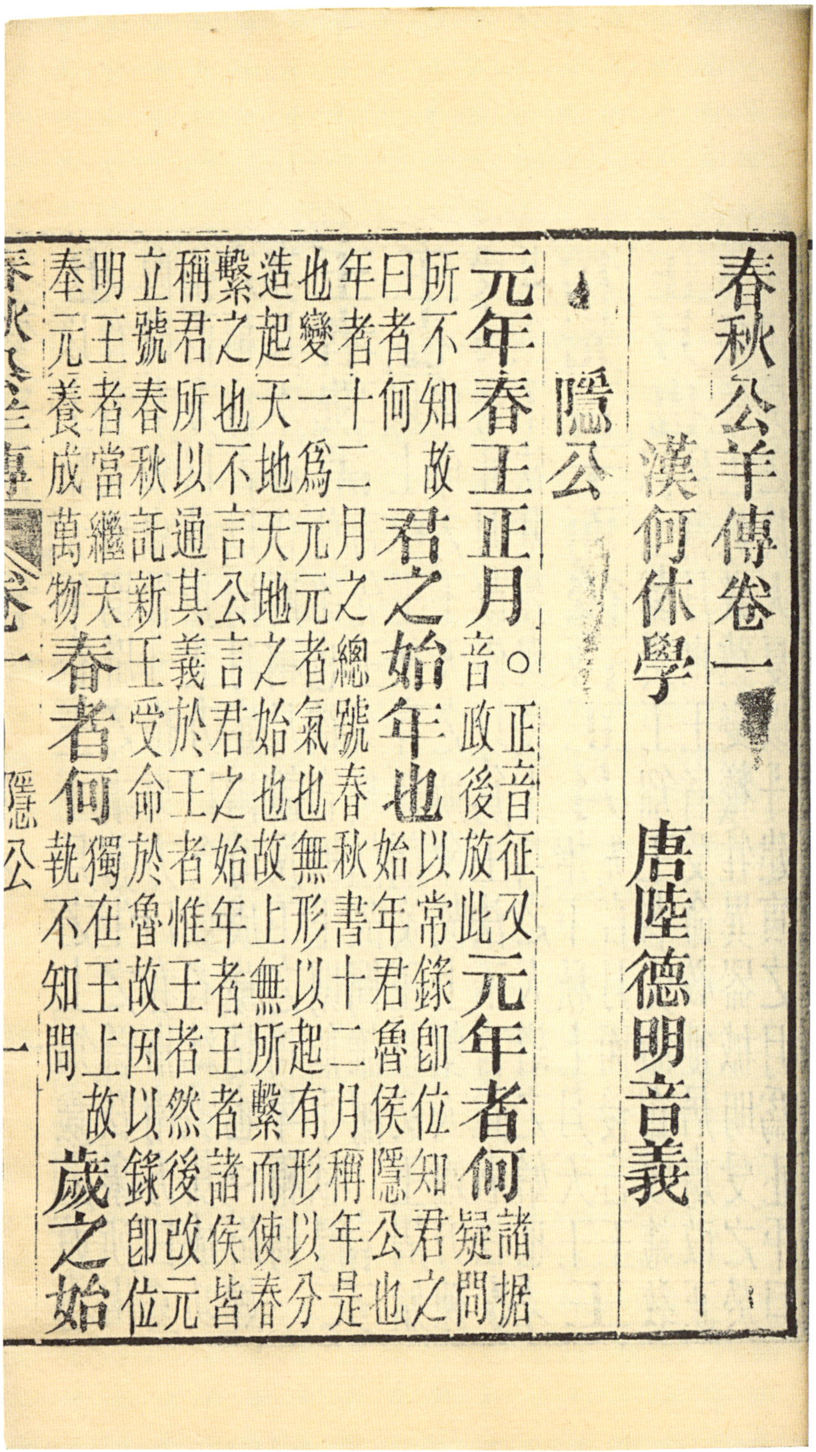

春秋公羊傳卷一

漢何休學　唐陸德明音義

隱公

元年春王正月。正音征又音政後放此元年者何諸據疑問所不知故曰者何君之始年也以常錄即位知君之始年君魯侯隱公也年者十二月之總號春秋書十二月稱年是也變一爲元元者氣也無形以起有形以分造起天地天地之始也故上無所繫而使春繫之也不言公言君之始年者王者諸侯皆稱君所以通其義於王者惟王者然後改元立號春秋託新王受命於魯故因以錄即位明王者當繼天奉元養成萬物春者何獨在王上故執不知問歲之始

春秋公羊傳　卷一　隱公　一

058　春秋公羊傳十一卷　（漢）何休學　（唐）陸德明音義　清光緒十二年（1886）星沙文昌書局刻本

框高19.5厘米，寬14.0厘米。半葉9行，行17字，小字雙行同，白口，四周單邊。

存五卷（一至五）

館藏索書號：經/57/1298

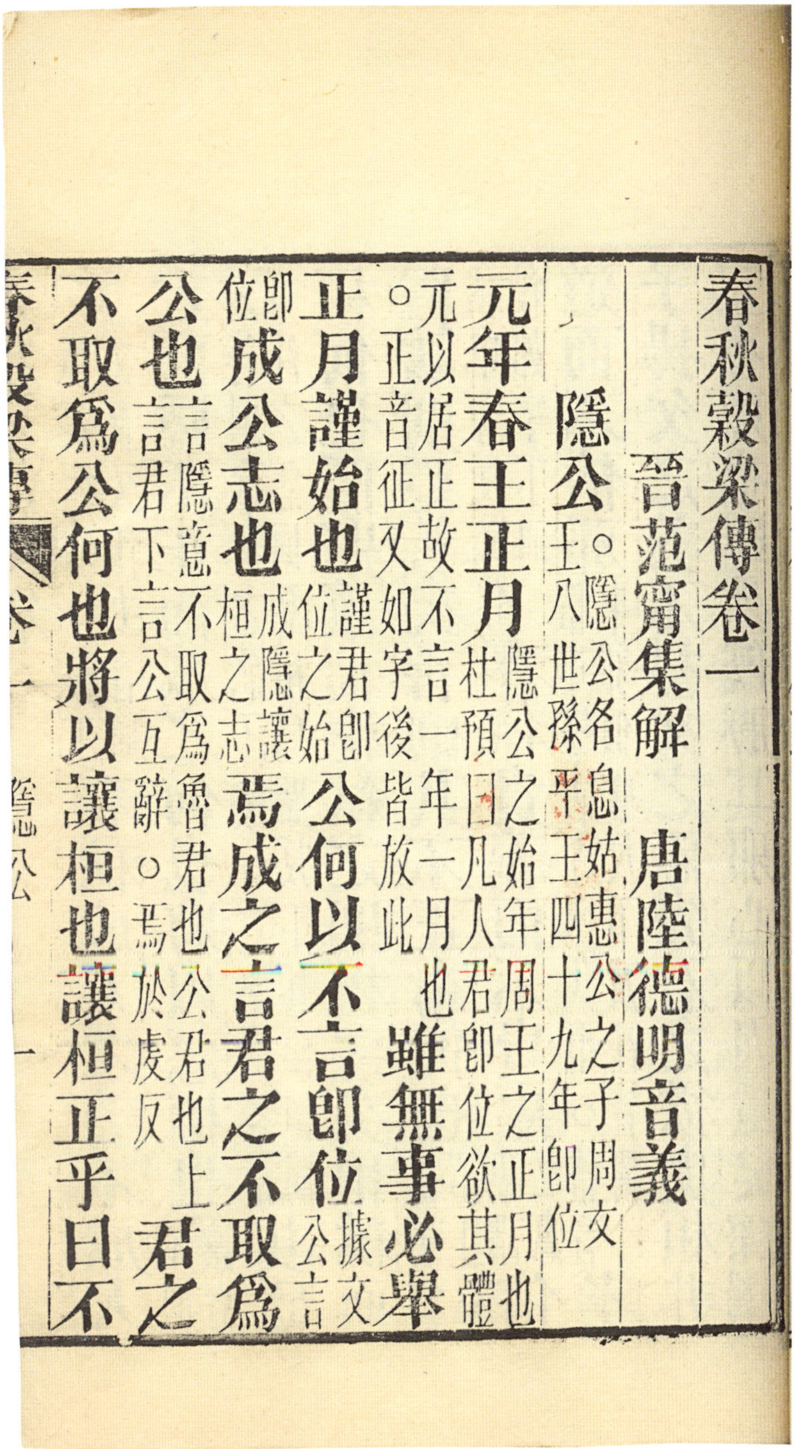

春秋穀梁傳卷一

晉范甯集解　唐陸德明音義

隱公○隱公名息姑惠公之子周文王八世孫平王四十九年卽位

元年春王正月隱公之始年周王之正月也杜預曰凡人君卽位欲其體元以居正故不言一年一月也○正音征又如字後皆放此雖無事必舉正月謹始也謹君卽位之始公何以不言卽位據文公言卽位成公志也成隱讓桓之志焉成之言君之不取爲公也言隱意不取爲魯君也公君也上言君下言公互辭○焉於虔反君之不取爲公何也將以讓桓也讓桓正乎曰不

春秋穀梁傳　卷一　隱公　一

059　春秋穀梁傳十二卷　（晉）范甯集解　（唐）陸德明音義　清光緒十二年（1886）星沙文昌書局刻本

框高19.8厘米，寬13.8厘米。半葉9行，行17字，小字雙行同，白口，四周雙邊。

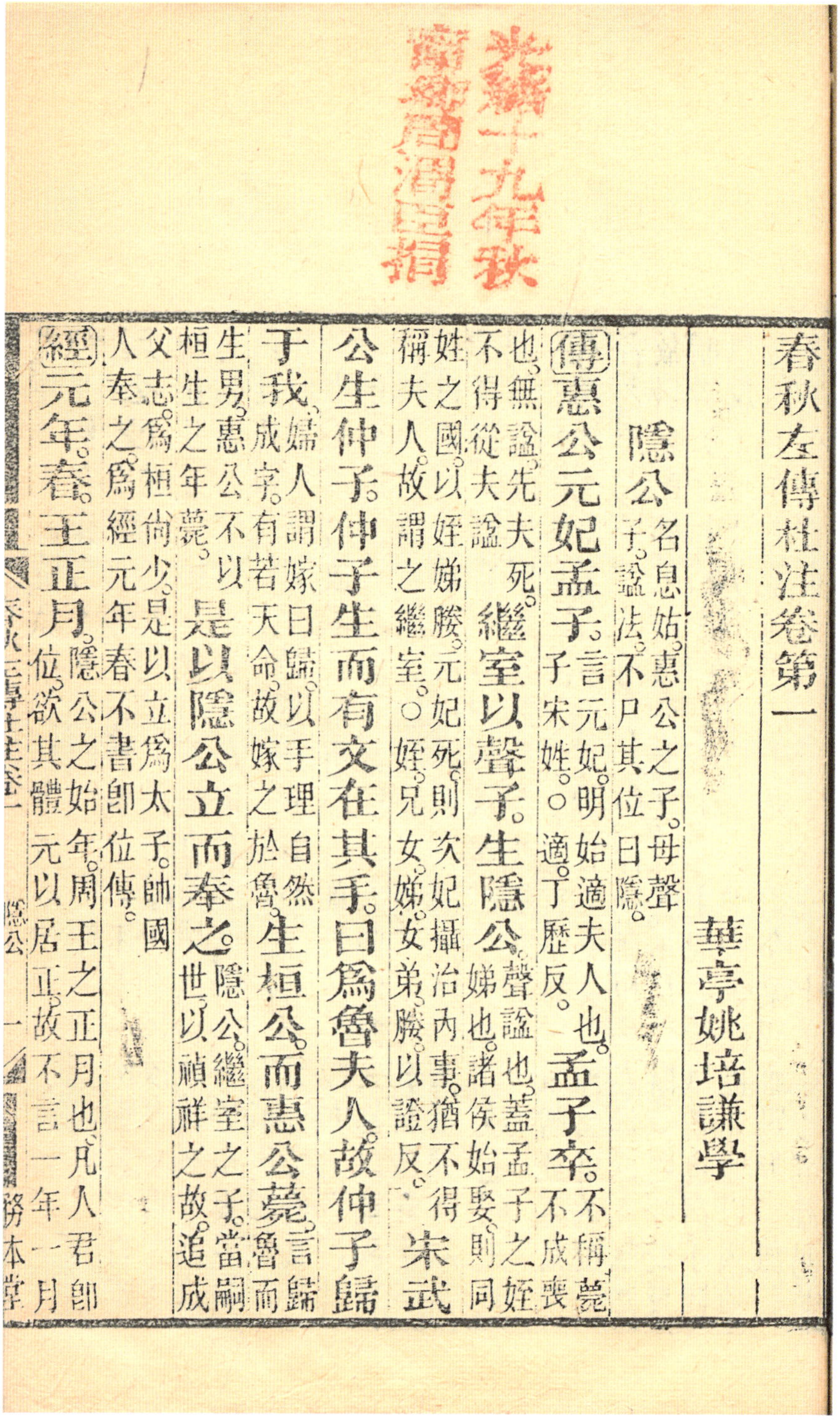

春秋左傳杜注卷第一

華亭姚培謙學

隱公 名息姑。惠公之子。母聲子。諡法。不尸其位曰隱。

傳惠公元妃孟子。言元妃。明始適夫人也。子宋姓。○適。丁歷反。孟子卒。不稱薨。不成喪也。無諡。先夫死。不得從夫諡。繼室以聲子。生隱公。聲諡也。蓋孟子之姪娣也。諸侯始娶。則同姓之國。以姪娣媵。元妃死。則次妃攝治內事。猶不得稱夫人。故謂之繼室。○姪。兄女。娣。女弟。媵。以證反。宋武公生仲子。仲子生而有文在其手。曰爲魯夫人。故仲子歸于我。婦人謂嫁曰歸。以手理自然成字。有若天命。故嫁之於魯。生桓公而惠公薨。言歸魯而生男。惠公不以桓生之年薨。是以隱公立而奉之。隱公。繼室之子。當嗣世。以禎祥之故。追成父志。爲桓尚少。是以立爲太子。帥國人奉之。爲經元年春不書卽位傳。

經元年。春。王正月。隱公之始年。周王之正月也。凡人君卽位。欲其體元以居正。故不言一年一月

春秋左傳杜注卷一　隱公　一　務本堂

060　春秋左傳杜注三十卷首一卷　（晉）杜預注　清光緒十六年（1890）務本書局刻本

框高18.8厘米，寬14.8厘米。半葉11行，行22字，小字雙行同，上下黑口，左右雙邊。

館藏索書號：經/56/2390

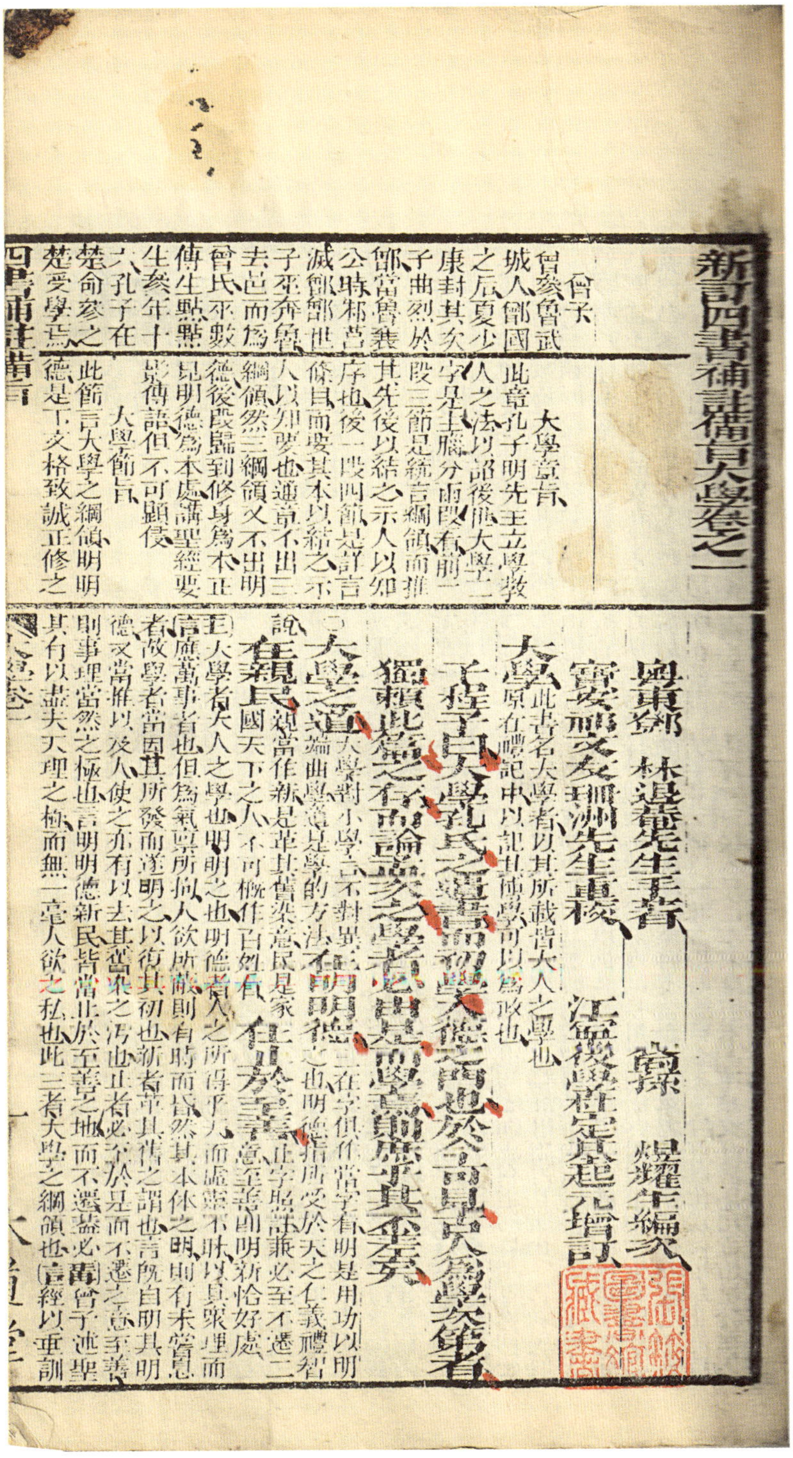

061　新訂四書補註備旨十卷　（清）鄧林著　（清）杜定基增訂　（清）仇滄柱彖補　清光緒十七年（1891）大道堂刻本

框高23.3厘米，寬14.6厘米。三欄，半葉行不等，行字不等，小字雙行不等，白口，四周單邊。

存九卷（大學一，中庸一，上孟二、下孟三至四，上論一至二、下論三至四）

館藏索書號：經/77/2477

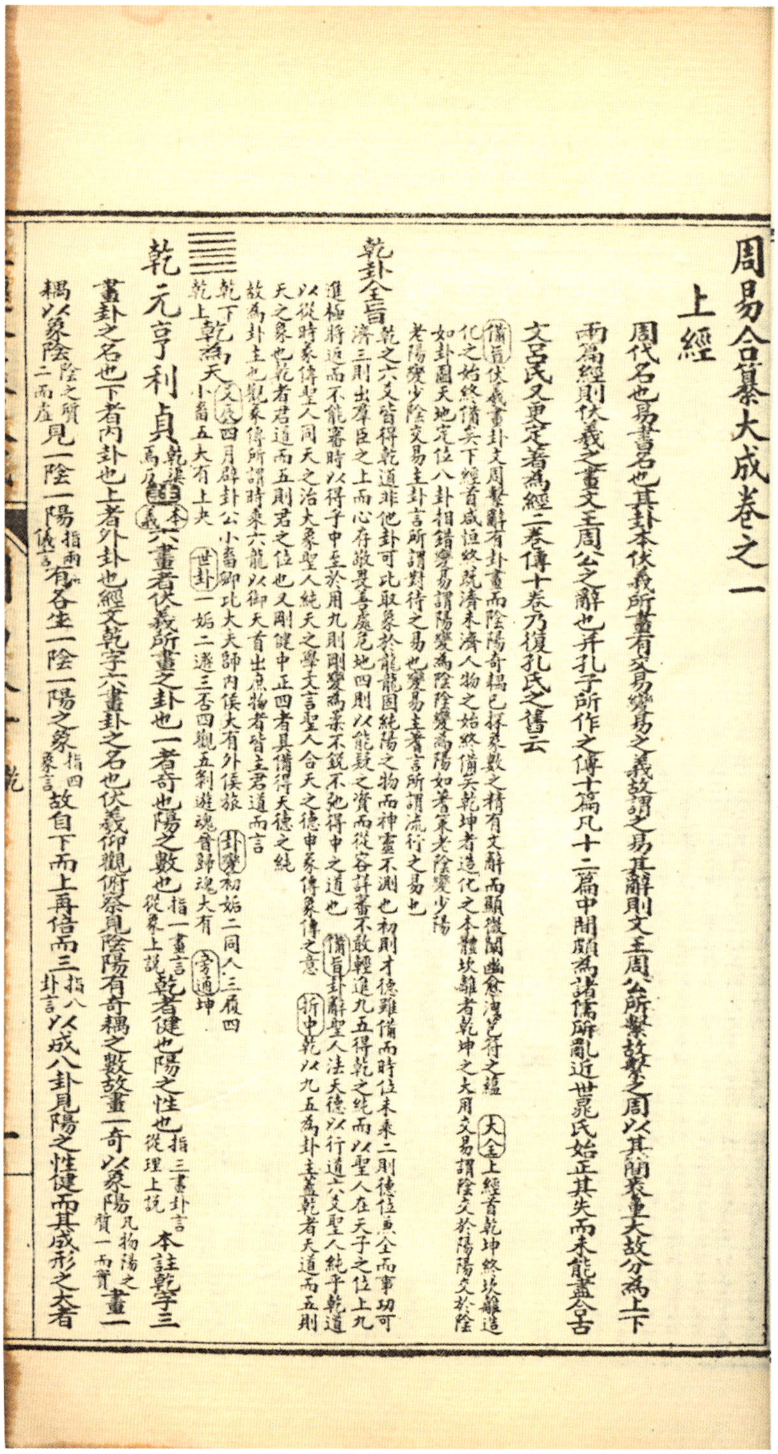
周易合纂大成卷之一

上經

周代名也易書名也其卦本伏羲所畫有交易變易之義故謂之易其辭則文王周公所繫故繫之周以其簡袠重大故分為上下兩篇經則伏羲之畫文王周公之辭也并孔子所作之傳十篇凡十二篇中閒頗為諸儒所亂近世晁氏始正其失而未能盡合古文呂氏又更定著為經二卷傳十卷乃復孔氏之舊云

（備旨）伏羲畫卦文周繫辭有卦畫而陰陽奇耦已具象數之精有文辭而顯微闡幽愈洩其蘊之蘊（大全）上經首乾坤終坎離造化之始終備矣下經首咸恆終既濟未濟人物之始終備矣乾坤者造化之本體坎離者乾坤之大用交易謂陰交於陽陽交於陰如卦圖天地定位八卦相錯變易謂陽變為陰陰變為陽如著策老陰變少陽老陽變少陰交易主卦言所謂對待之易也變易主著言所謂流行之易也

乾卦全旨

乾之六爻皆得乾道非他卦可比取象於龍龍固純陽之物而神靈不測也初則才德雖備而時位未乘二則德位兼全而事功可濟三則出羣臣之上而心存敬畏善處危地四則以能疑之資而從容詳審不敢輕進九五得乾之純而以聖人在天子之位上九進極將退而不能審時以得乎中至於用九則剛變為柔不銳不弛得中之道也（備旨）卦辭聖人法天德以行道六爻聖人純乎乾道以從時彖傳聖人同天之治大象聖人純天之學文言聖人合天之德申彖傳象傳之意（折中）乾以九五為卦主蓋乾者天道而五則天之象也乾者君道而五則君之位也又剛健中正四者具備得天德之純故為卦主也觀彖傳所謂時乘六龍以御天首出庶物者皆主君道而言

☰☰ 乾下乾上 乾為天（交彙）四月辟卦公小畜卿比大夫師內侯大有外侯旅（世卦）一姤二遯三否四觀五剝遊魂晉歸魂大有（卦變）初姤二同人三履四小畜五大有上夬（旁通）坤

乾元亨利貞（乾渠焉反）（本義）六畫者伏羲所畫之卦也一者奇也陽之數也（指一畫言從象上說）乾者健也陽之性也（指三畫卦言從理上說）本註乾字三畫卦之名也下者內卦也上者外卦也經文乾字六畫卦之名也伏羲仰觀俯察見陰陽有奇耦之數故畫一奇以象陽（凡物陽之質一而實）畫一耦以象陰（陰之質二而虛）見一陰一陽（指兩儀言）有各生一陰一陽之象（指四象言）故自下而上再倍而三（指八卦言）以成八卦見陽之性健而其成形之大者

062　五經合纂大成四十四卷　（清）慎記書莊纂　清光緒二十年（1894）上海蜚英書局石印本

框高16.7厘米，寬12.0厘米。半葉行不等，行字不等，小字雙行不等，白口，四周雙邊。

存十卷（周易一、三，詩經三至八，書經三至四）

館藏索書號：經/6/1319

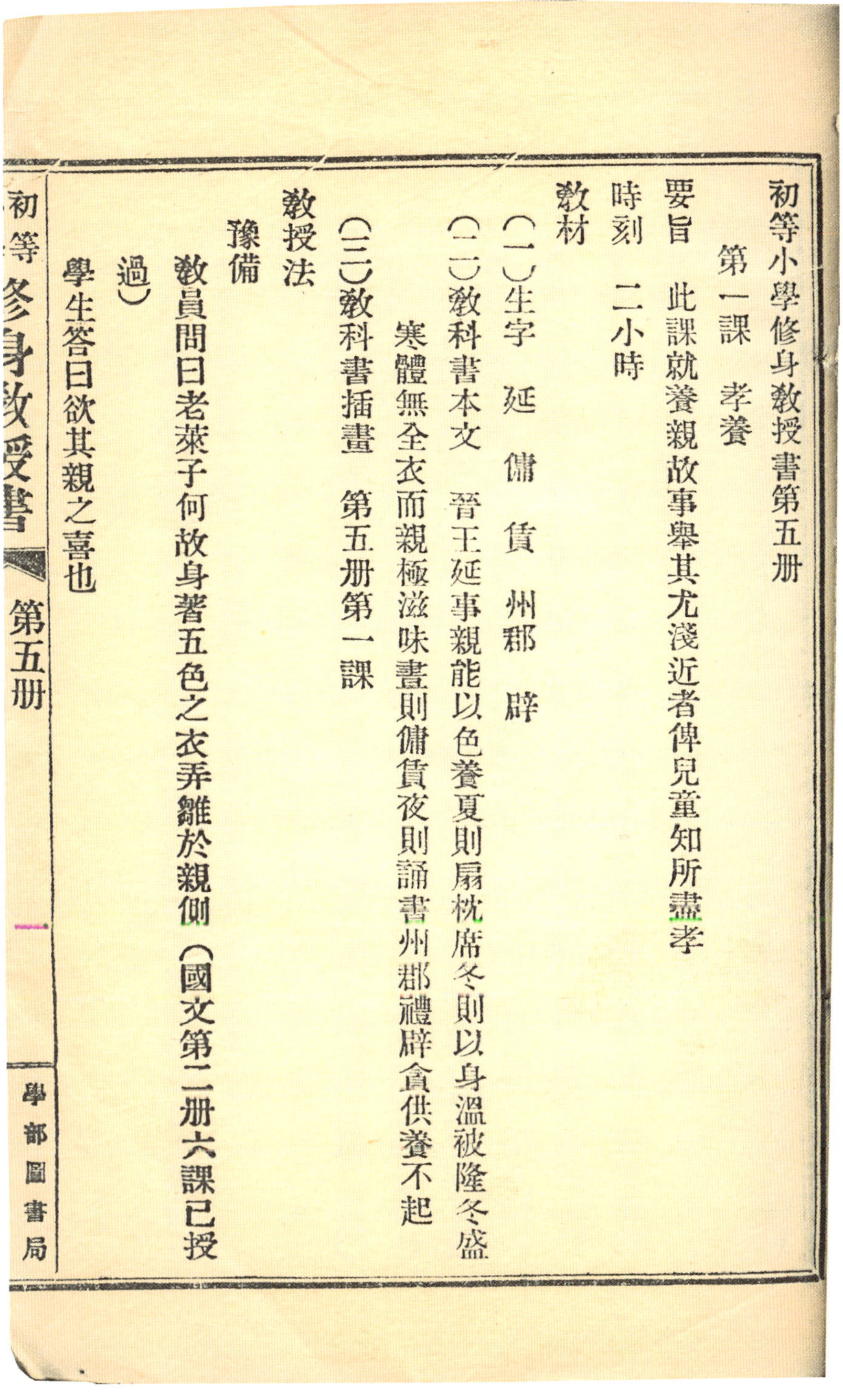

初等小學修身教授書第五冊

第一課　孝養

要旨　此課就養親故事舉其尤淺近者俾兒童知所盡孝

時刻　二小時

教材

(一)生字　延　傭　賃　州　郡　辟

(二)教科書本文　晉王延事親能以色養夏則扇枕席冬則以身溫被隆冬盛寒體無全衣而親極滋味晝則傭賃夜則誦書州郡禮辟貪供養不起

(三)教科書插畫　第五冊第一課

教授法

豫備

教員問曰老萊子何故身著五色之衣弄雛於親側（國文第二冊六課已授過）

學生答曰欲其親之喜也

初等修身教授書　第五冊　學部圖書局

063　初等小學修身教授書第五冊不分卷　（清）學部編譯圖書局編纂　清宣統元年（1909）學部圖書局鉛印本

框高16.2厘米，寬11.7厘米。半葉14行，行30字，白口，四周雙邊。

館藏索書號：經/90/2495

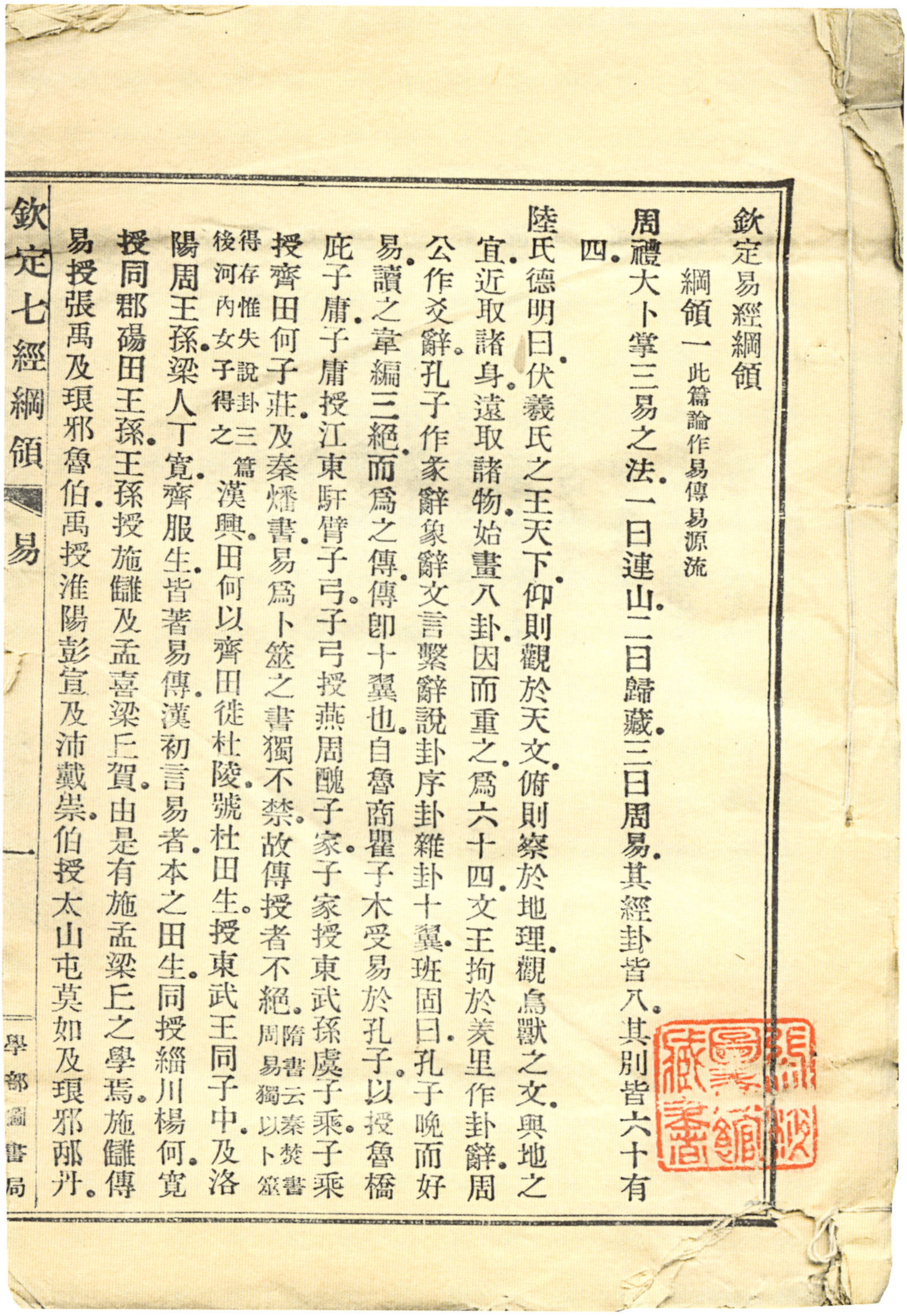

欽定易經綱領

綱領一 此篇論作易傳易源流

周禮大卜掌三易之法。一曰連山。二曰歸藏。三曰周易。其經卦皆八。其別皆六十有四。

陸氏德明曰。伏羲氏之王天下。仰則觀於天文。俯則察於地理。觀鳥獸之文。與地之宜。近取諸身。遠取諸物。始畫八卦。因而重之。爲六十四。文王拘於羑里作卦辭。周公作爻辭。孔子作彖辭象辭文言繫辭說卦序卦雜卦十翼。班固曰。孔子晚而好易。讀之韋編三絕。而爲之傳。傳卽十翼也。自魯商瞿子木受易於孔子。以授魯橋庇子庸。子庸授江東馯臂子弓。子弓授燕周醜子家。子家授東武孫虞子乘。子乘授齊田何子莊。及秦燔書。易爲卜筮之書。獨不禁。故傳授者不絕。隋書云秦焚書周易獨以卜筮得存惟失說卦三篇後河內女子得之 漢興。田何以齊田徙杜陵。號杜田生。授東武王同子中。及洛陽周王孫。梁人丁寬。齊服生。皆著易傳。漢初言易者本之田生。同授緇川楊何。寬授同郡碭田王孫。王孫授施讎及孟喜梁丘賀。由是有施孟梁丘之學焉。施讎傳易授張禹及琅邪魯伯。禹授淮陽彭宣及沛戴崇。伯授太山屯莫如及琅邪邴丹。

欽定七經綱領 易 一 學部圖書局

064　欽定七經綱領不分卷　（清）學部圖書局輯　清宣統元年（1909）學部圖書局鉛印本

框高16.0厘米，寬11.8厘米。半葉14行，行32字，白口，四周雙邊。

館藏索書號：經/7/2496

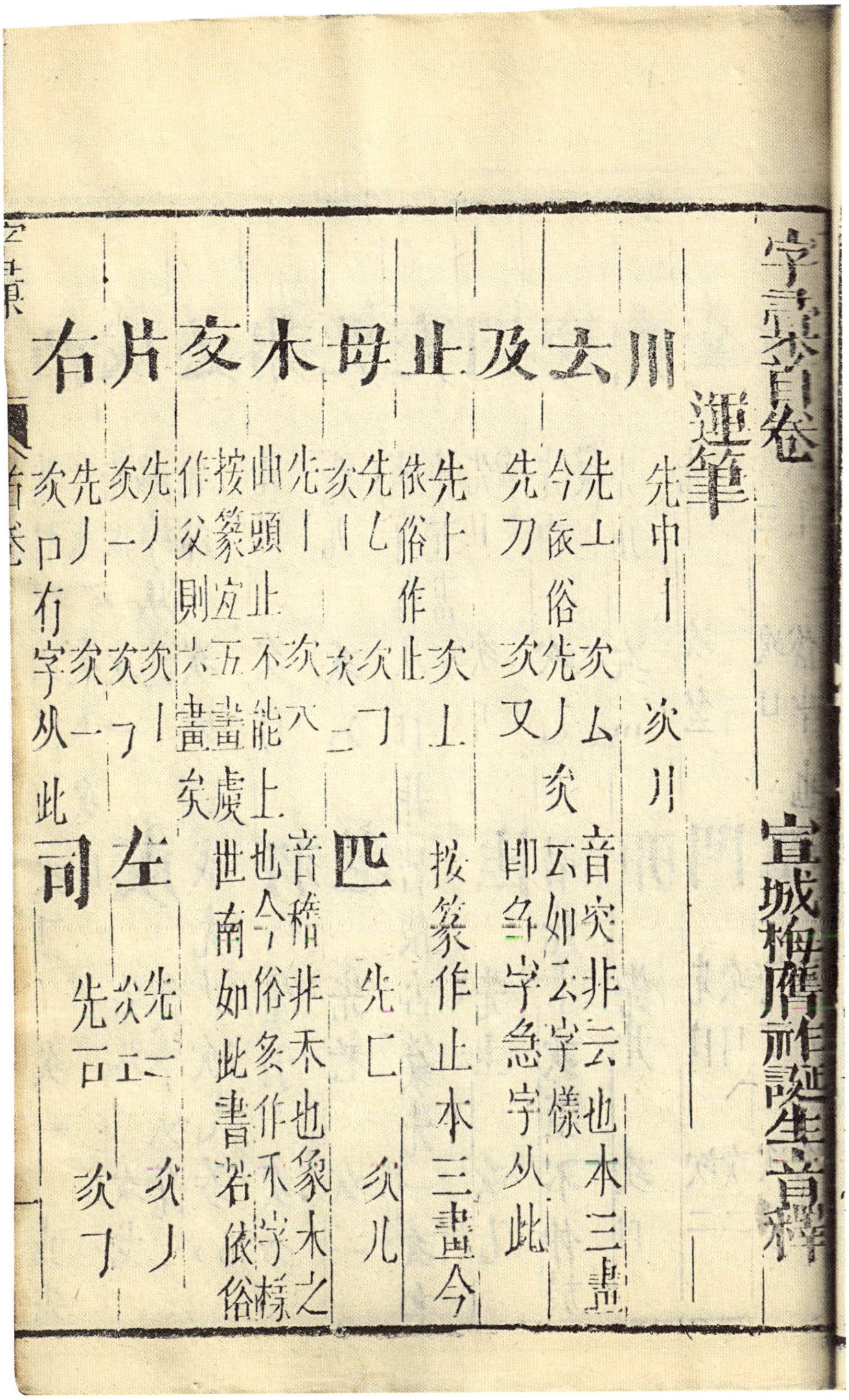

065　字彙十二卷首一卷末二卷　（清）梅膺祚音釋　清宣統刻本
框高20.3厘米，寬14.3厘米。半葉10行，行字不等，小字雙行32字，白口，四周單邊。
館藏索書號：經/84/2458

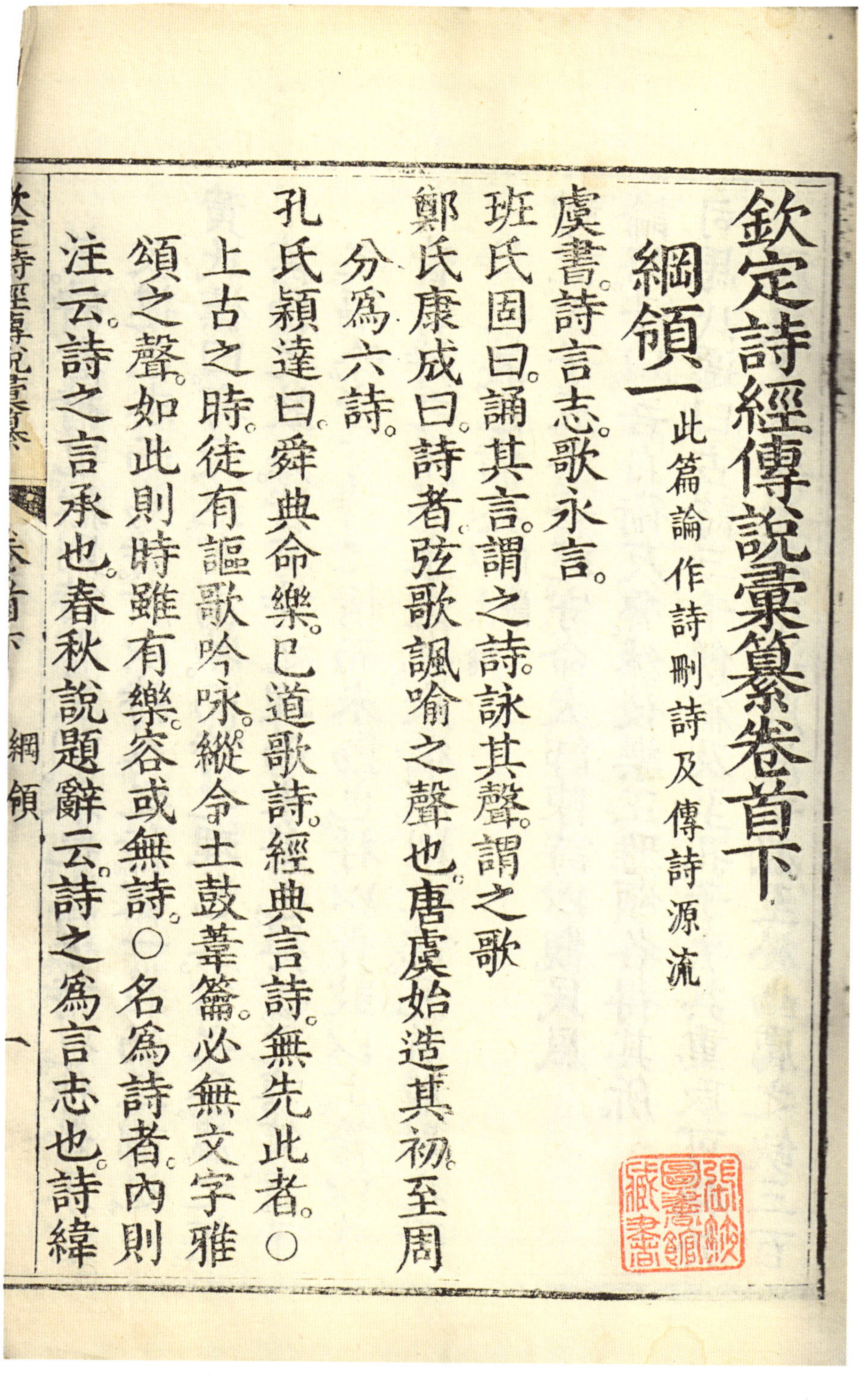

欽定詩經傳說彙纂卷首下

綱領一 此篇論作詩刪詩及傳詩源流

虞書。詩言志。歌永言。

班氏固曰。誦其言。謂之詩。詠其聲。謂之歌

鄭氏康成曰。詩者弦歌諷喻之聲也。唐虞始造其初。至周分爲六詩。

孔氏穎達曰。舜典命樂。已道歌詩。經典言詩。無先此者。○上古之時。徒有謳歌吟咏。縱令土鼓葦籥。必無文字雅頌之聲。如此則時雖有樂。容或無詩。○名爲詩者。内則注云。詩之言承也。春秋說題辭云。詩之爲言志也。詩緯

欽定詩經傳說彙纂卷首下　綱領　一

066　欽定詩經傳說彙纂二十一卷首二卷詩序二卷　（清）王鴻緒等纂修　清晚期刻本

框高31.8厘米，寬16.0厘米。半葉8行，行18至20字，小字雙行21字，白口，四周雙邊。

缺一卷（首二）

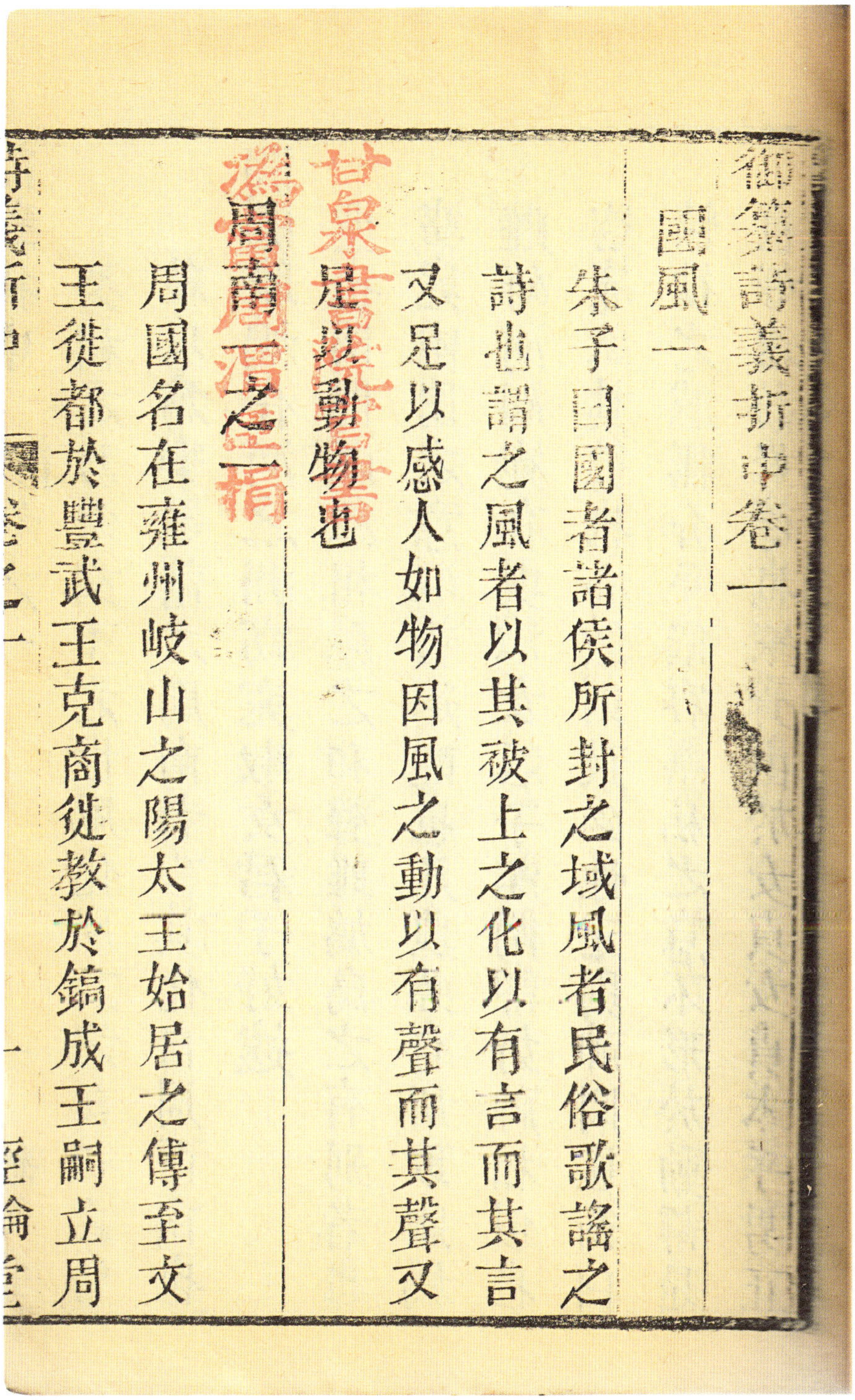

御纂詩義折中卷一

國風一

朱子曰國者諸侯所封之域風者民俗歌謡之詩也謂之風者以其被上之化以有言而其言又足以感人如物因風之動以有聲而其聲又足以動物也

周南周之一

周國名在雍州岐山之陽太王始居之傳至文王徙都於豐武王克商徙教於鎬成王嗣立周

詩義折中　卷之一　一　經綸堂

067　御纂詩義折中二十卷　（清）傅恒等纂修　清晚期經綸堂刻本

框高20.5厘米，寬14.0厘米。半葉9行，行20字，白口，四周單邊。

館藏索書號：經/34/3181

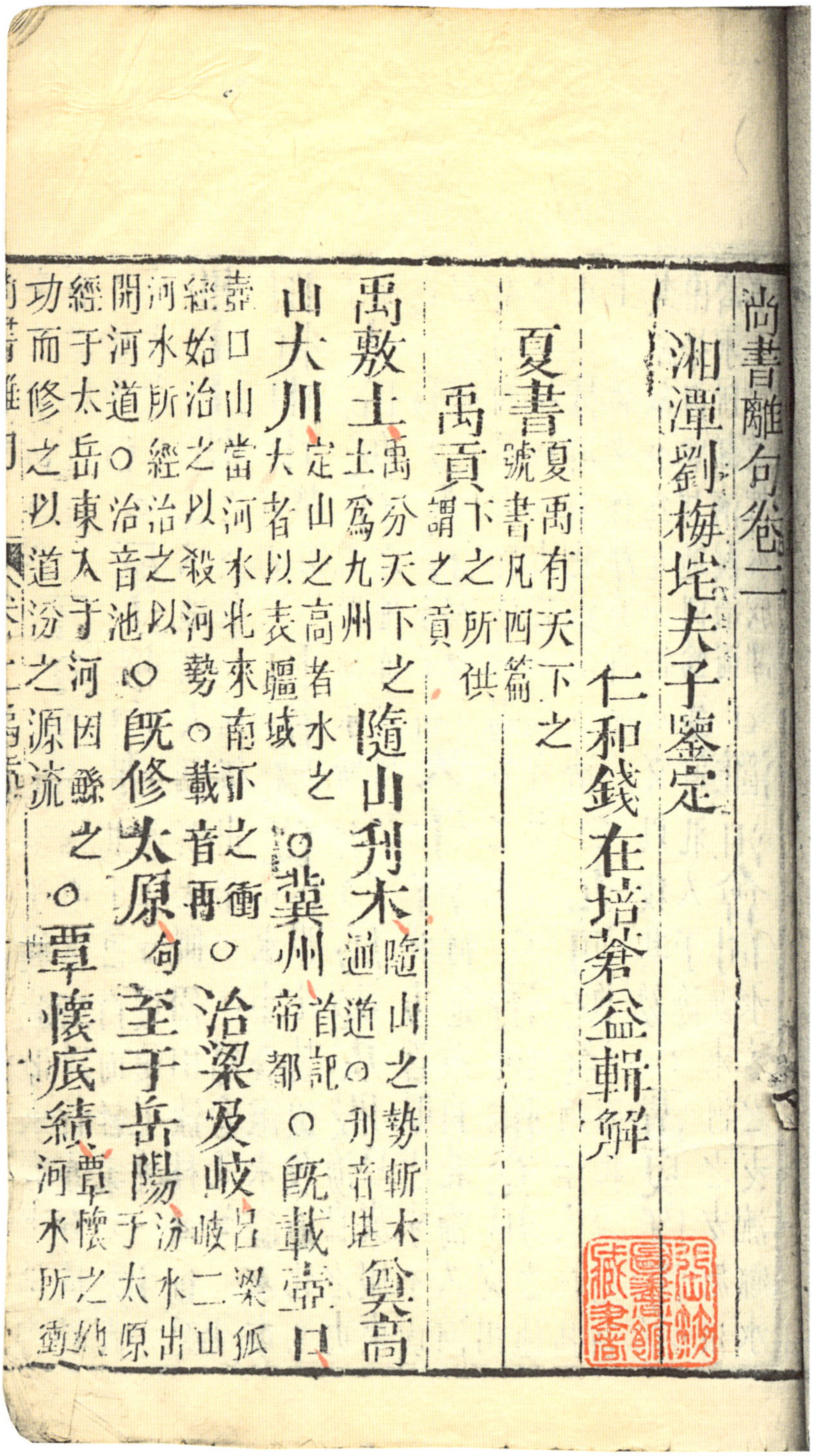
尚書離句卷二

湘潭劉梅垞夫子鑒定

仁和錢在培蒼岙輯解

夏書 夏禹有天下之號書凡四篇

禹貢 禹下之所供謂之貢

禹敷土 禹分天下之土爲九州 隨山刊木 隨山之勢斬木通道○刊音堪 奠高山大川 定山之高者水之大者以表疆域 ○冀州 首記帝都 ○既載壺口 壺口山當河水北來南下之衝經始治之以殺河勢○載音再 ○治梁及岐 呂梁狐岐二山 河水所經治之以開河道○治音池 ○既修太原 句 至于岳陽 汾水出于太原 經于太岳東入于河因鯀之功而修之以道汾之源流 ○覃懷底績 覃懷之地河水所衝

068　尚書離句六卷　（清）錢在培輯解　清晚期刻本

框高19.8厘米，寬14.4厘米。半葉10行，行20字，白口，四周單邊。

存三卷（二至四）

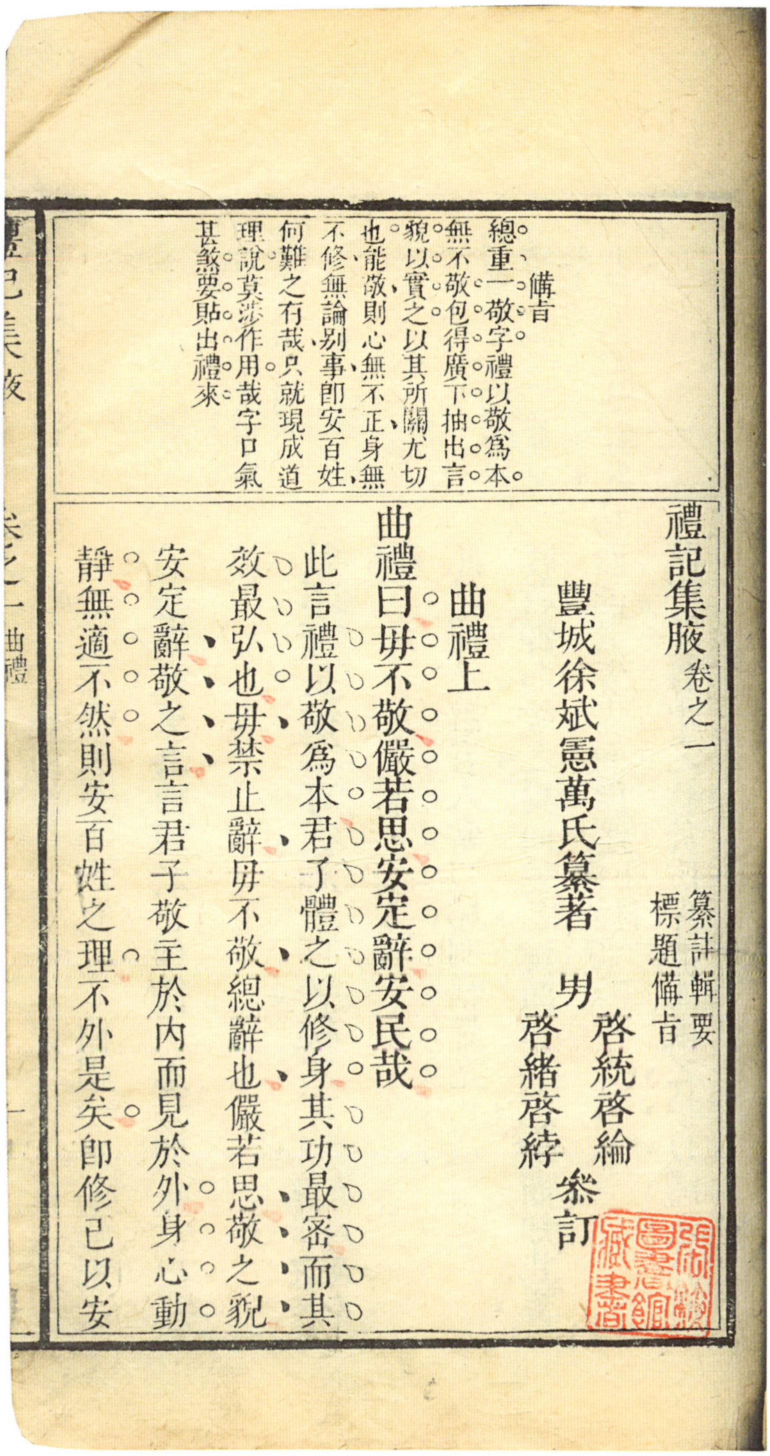

備旨
總重一敬字禮以敬爲本無不敬包得廣下抽出言貌以實之以其所關尤切也能敬則心無不正身無不修無論別事即安百姓何難之有哉只就現成道理說莫涉作用哉字口氣甚緊要貼出禮來

禮記集腋卷之一　纂註輯要 標題備旨

豐城徐斌憲萬氏纂著　男 啓統 啓綸 啓緒 啓綍 叅訂

曲禮上

曲禮曰毋不敬儼若思安定辭安民哉

此言禮以敬爲本君子了體之以修身其功最密而其效最弘也毋禁止辭毋不敬總辭也儼若思敬之貌安定辭敬之言君子敬主於內而見於外身心動靜無適不然則安百姓之理不外是矣即修己以安

禮記集腋　卷之一　曲禮

069　禮記集腋八卷　（清）徐斌纂　（清）徐啓統等叅訂　清晚期刻本

框高21.7厘米，寬13.7厘米。兩欄，半葉9行，行21字，小字雙行不等，白口，四周雙邊。

館藏索書號：經/51/1898

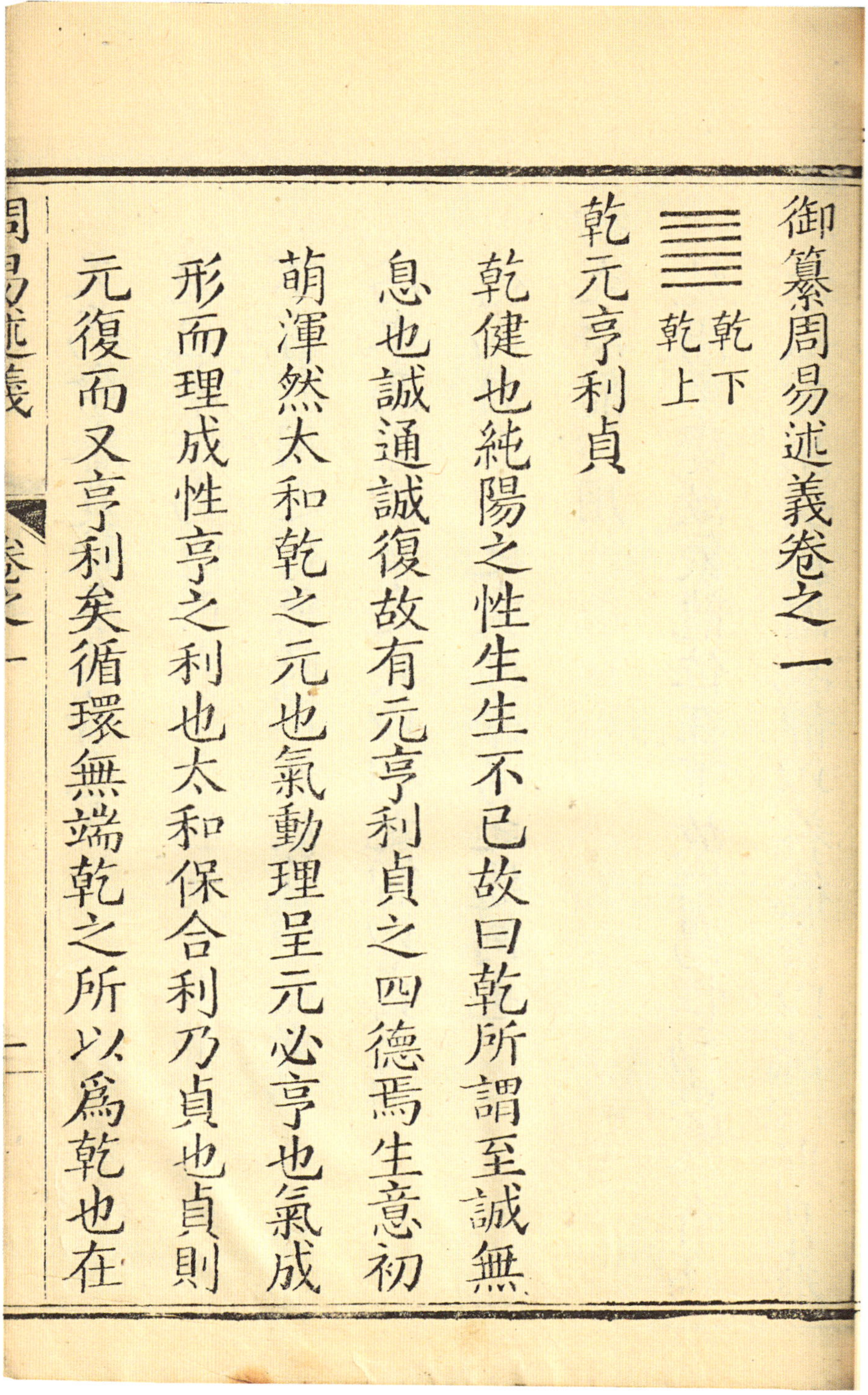
御纂周易述義卷之一

☰ 乾下 乾上

乾元亨利貞

乾健也純陽之性生生不已故曰乾所謂至誠無息也誠通誠復故有元亨利貞之四德焉生意初萌渾然太和乾之元也氣動理呈元必亨也氣成形而理成性亨之利也太和保合利乃貞也貞則元復而又亨利矣循環無端乾之所以爲乾也在

周易述義　卷之一　一

070　御纂周易述義十卷　（清）傅恒等纂修　清晚期刻本

框高21.4厘米，寬16.0厘米。半葉8行，行19字，白口，四周雙邊。

正總裁官

經筵講官太保保和殿大學士議政大臣領侍衛內大臣兼管吏部戶部事務總管內務府大臣管理三庫事務

御前大臣兼管理藩院事務一等忠勇公加二級軍功加一級 臣 傅恒

經筵講官太子太傅議政大臣武英殿大學士內務府總管兼管兵部事務紀錄六次 臣 來保

原任吏部尚書 臣 孫嘉淦

副總裁官

經筵講官太子太傅工部尚書暫行兼管刑部事務 臣 汪由敦

太子少保議政大臣理藩院尚書鑲藍旗蒙古都統兼管上駟院事務加二級紀錄一次軍功加二級 臣 納延泰

周易述義

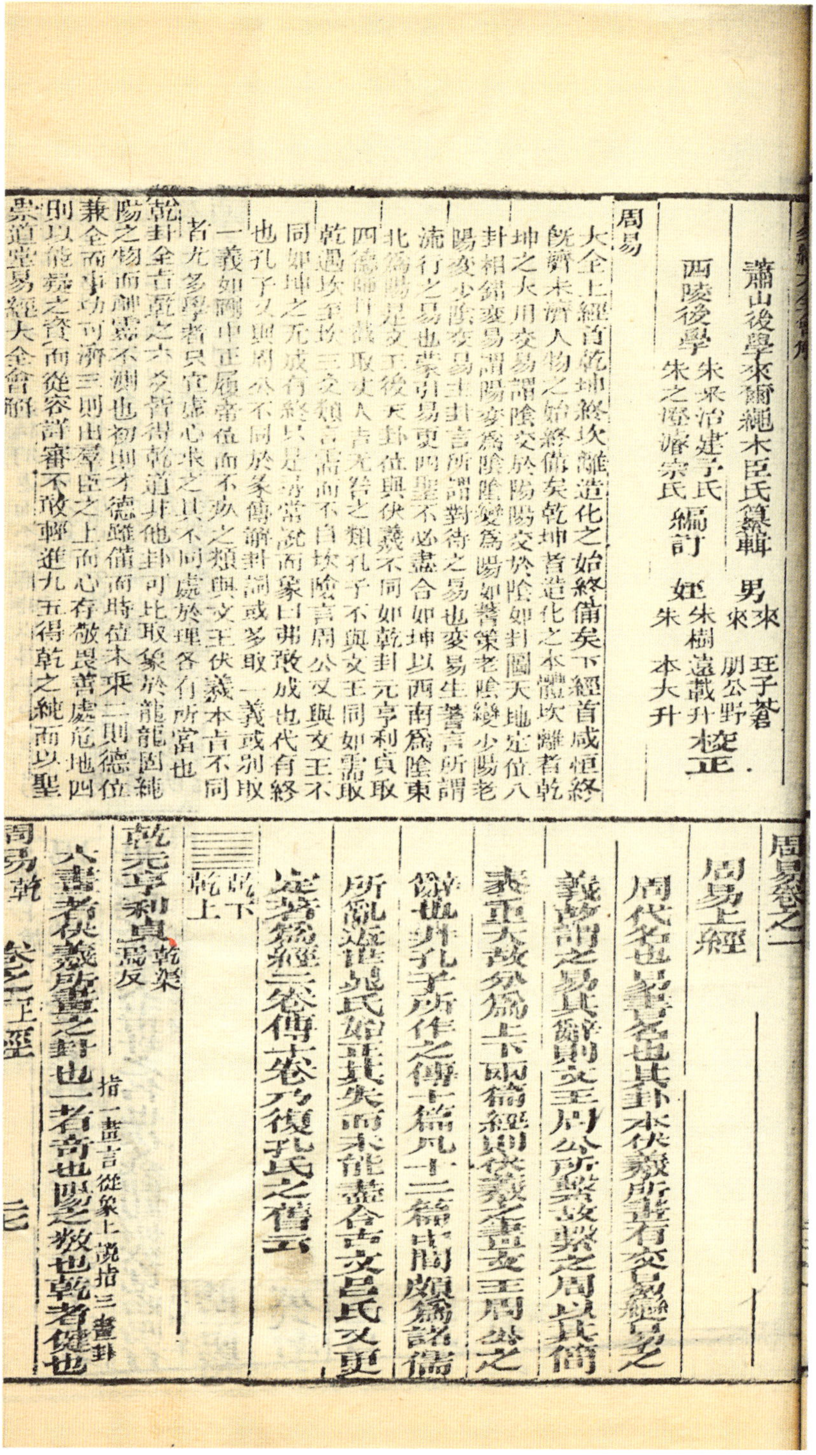
蕭山後學來爾繩木臣氏纂輯　男來珏子蒼　來朋公野
西陵後學朱采治建子氏　朱之垣濂宗氏　編訂　姪朱樹遠戴升　朱本大升　校正

周易

大全上經首乾坤終坎離造化之始終備矣下經首咸恒終既濟未濟人物之始終備矣乾坤首造化之本體坎離者乾坤之大用交易謂陰交於陽陽交於陰如卦圖天地定位八卦相錯變易謂陽變爲陰陰變爲陽如蓍策老陰變少陽老陽變少陰交易主卦言所謂對待之易也變易主蓍言所謂流行之易也蒙引易更四聖不必盡合如坤以西南爲陰東北爲陽是文王後天卦位與伏羲不同如乾卦元亨利貞取四德歸于乾取丈人吉无咎之類孔子不與文王同如需取乾遇坎至於三爻類言需而不自坎險言周公又與文王不同如坤之无成有終只是籌當說而象曰弗敢成也代有終也孔子又與周公不同於彖傳辭卦詞或多取一義或別取一義如剛中正履帝位而不疚之類與文王伏羲本旨不同者尤多學者只宜虛心求之其不同處於理各有所當也

乾卦全吉蓋之六爻皆得乾道非他卦可比取象於龍龍固純陽之物而神靈不測也初則才德雖備而時位未乘二則德位兼全而事功可濟三則由臣之上而心存敬畏善處危地四則以能躍之資而從容詳審不敢輕進九五得乾之純而以聖

崇道堂易經大全會解

周易卷之一

周易上經

周代名也易書名也其卦本伏羲所畫有交易變易之義故謂之易其辭則文王周公所繫故繫之周以其簡袠重大故分爲上下兩篇經則伏羲之畫文王周公之辭也并孔子所作之傳十篇凡十二篇中間頗爲諸儒所亂近世晁氏始正其失而未能盡合古文呂氏又更定著爲經二卷傳十卷乃復孔氏之舊云

☰ 乾下 乾上

乾元亨利貞 乾渠焉反

指一畫言從象上說指三畫卦

六畫者伏羲所畫之卦也一者奇也陽之數也乾者健也

周易乾　卷之一上經　三

071　文光堂易經體注會解四卷　（清）來爾繩纂輯　清晚期翻刻崇道堂本

框高21.2厘米，寬14.7厘米。兩欄，半葉行不等，行字不等，白口，四周單邊雙邊兼有。

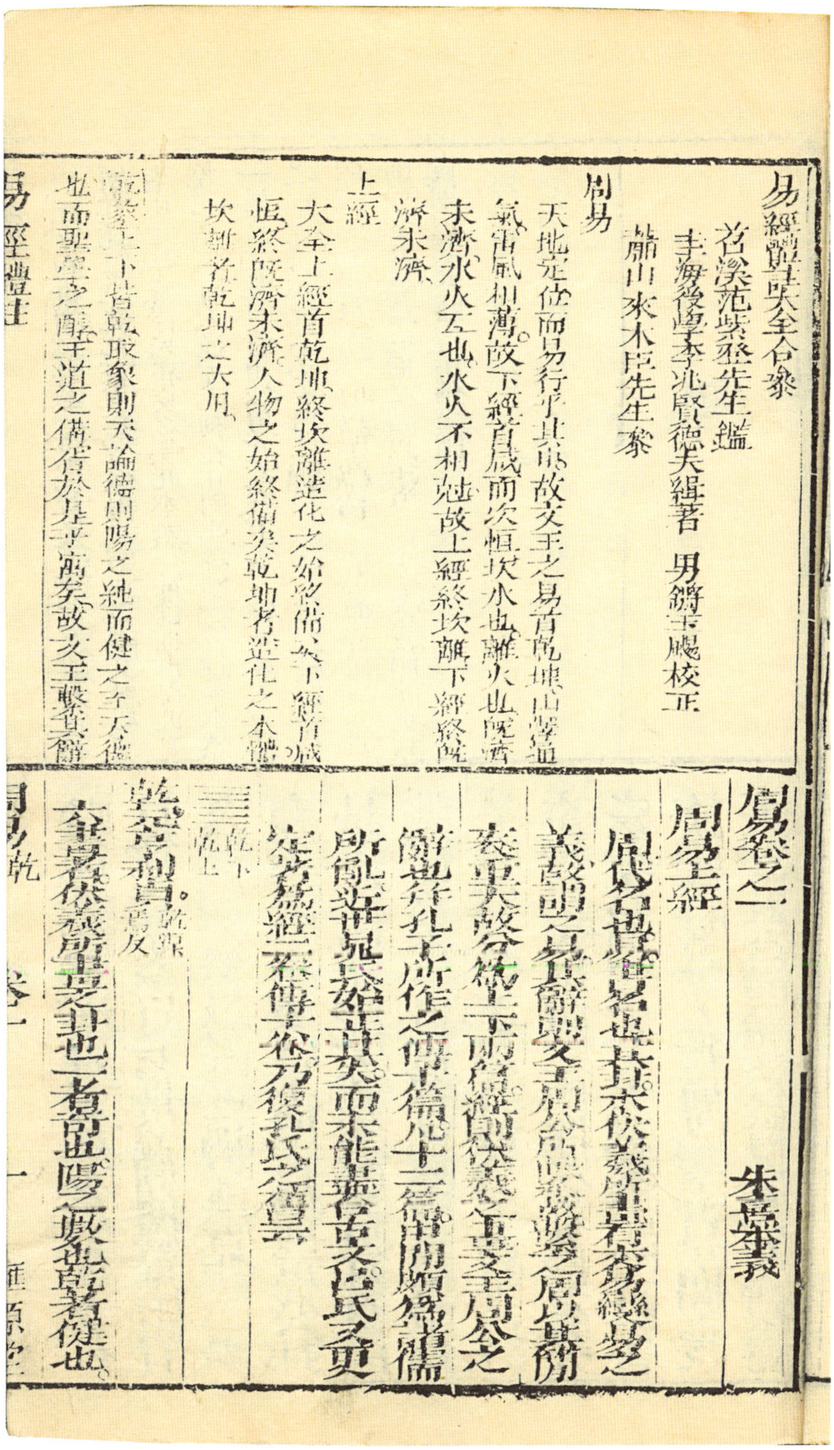

072　易經體註大全合參四卷　（清）來爾繩纂訂　清晚期翻刻崇道堂刻本

框高23.0厘米，寬15.0厘米。兩欄，半葉行不等，行字不等，白口，四周單邊雙邊兼有。

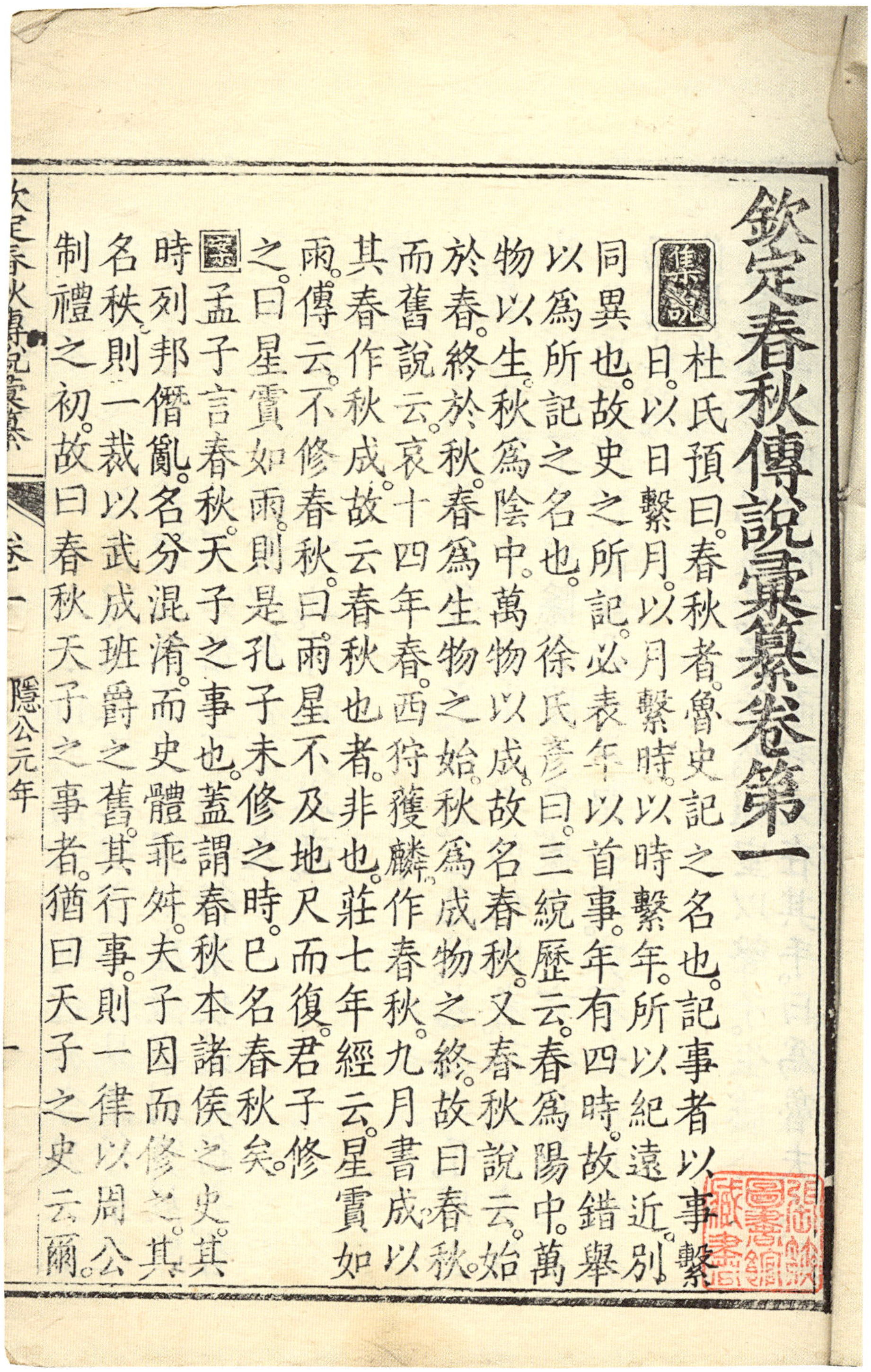

欽定春秋傳說彙纂卷第一

集說 杜氏預曰。春秋者。魯史記之名也。記事者以事繫日。以日繫月。以月繫時。以時繫年。所以紀遠近。別同異也。故史之所記。必表年以首事。年有四時。故錯舉以爲所記之名也。徐氏彥曰。三統歷云。春爲陽中。萬物以生。秋爲陰中。萬物以成。故名春秋。又春秋說云。始於春。終於秋。春爲生物之始。秋爲成物之終。故曰春秋而舊說云。哀十四年春。西狩獲麟。作春秋。九月書成。以其春作秋成。故云春秋也者。非也。莊七年經云。星霣如雨。傳云。不修春秋。曰雨星不及地尺而復。君子修之。曰星霣如雨。則是孔子未修之時。已名春秋矣。

案 孟子言春秋。天子之事也。蓋謂春秋本諸侯之史。其時列邦僭亂。名分混淆。而史體乖舛。夫子因而修之。其名秩。則一裁以武成班爵之舊。其行事。則一律以周公制禮之初。故曰春秋天子之事者。猶曰天子之史云爾。

欽定春秋傳說彙纂 卷一 隱公元年 一

073　欽定春秋傳說彙纂三十八卷首二卷　（清）王掞等編修　清晚期刻本

框高21.6厘米，寬16.0厘米。半葉8行，行17字，小字雙行22字，白口，四周雙邊。

館藏索書號：經/59/1084

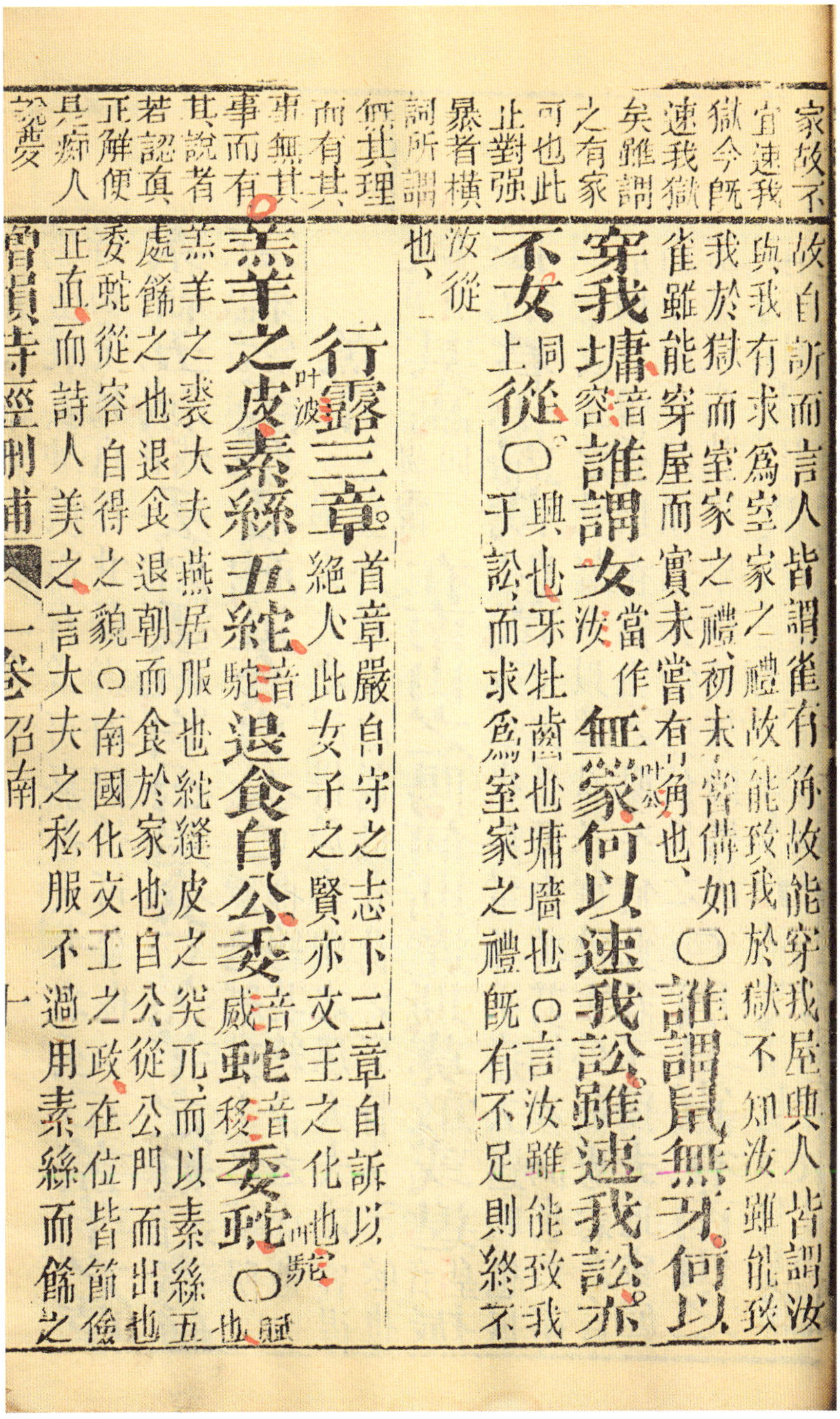
家故不宜速我獄今既速我獄矣雖謂之有家可也此止對强暴者横詞所謂無其理而有其事無其事而有其說者若認眞正解便是痴人說夢

故自訴而言人皆謂雀有角故能穿我屋與人皆謂汝與我有求爲室家之禮故能致我於獄不知汝雖能致我於獄而室家之禮初未嘗備如雀雖能穿屋而實未嘗有角也、〇誰謂鼠無牙何以穿我墉音容誰謂女汝當作無家叶公何以速我訟雖速我訟亦不女上同從〇興也牙牡齒也墉牆也〇言汝雖能致我于訟而求爲室家之禮既有不足則終不汝從也、

行露三章〇首章嚴自守之志下二章自訴以絕人此女子之賢亦文王之化也

羔羊之皮叶波素絲五紽音駝退食自公委音威蛇音移委蛇叶駝〇賦也羔羊之裘大夫燕居服也紽縫皮之界兀而以素絲五處飾之也退食退朝而食於家也自公從公門而出也委蛇從容自得之貌〇南國化文王之政在位皆節儉正直而詩人美之言大夫之私服不過用素絲而飾之

曾貞詩經刪補　一卷　召南　十一

074　採輯名家批評詩經刪補四卷　（明）徐奮鵬著　清刻本

框高20.5厘米，寬14.2厘米。兩欄，半葉9行，行21字，小字雙行同，白口，四周單邊。

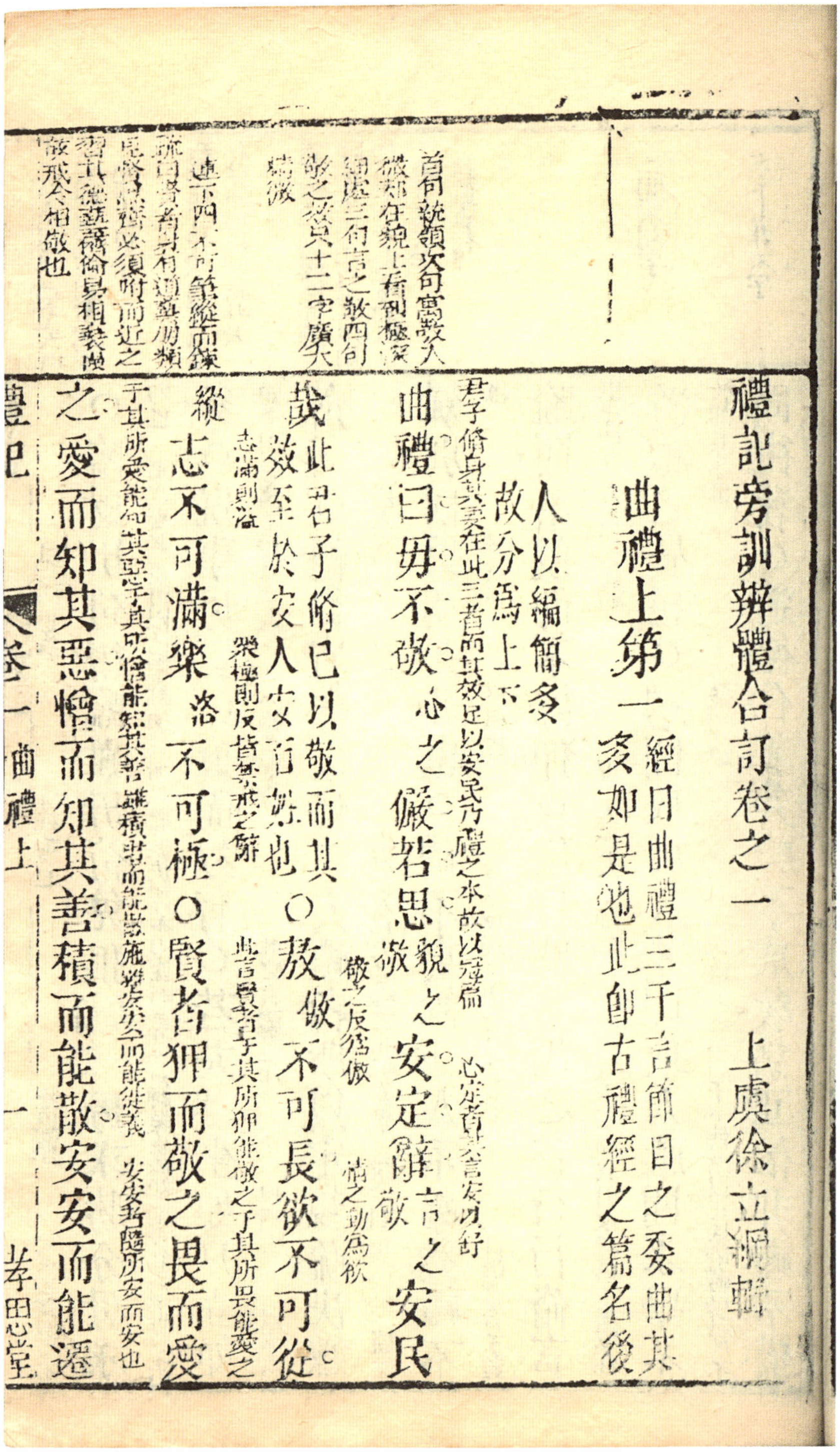

禮記旁訓辨體合訂卷之一　上虞徐立綱輯

曲禮上第一　經曰曲禮三千言節目之委曲其多如是也此即古禮經之篇名後人以編簡多故分爲上下

曲禮曰毋不敬心之儼若思貌之安定辭言之安民哉此君子脩已以敬而其效至於安人安百姓也○敖傲不可長欲不可從志不可滿樂洛不可極○賢者狎而敬之畏而愛之愛而知其惡憎而知其善積而能散安安而能遷

禮記　卷一　曲禮上　一　孝思堂

075　禮記旁訓辨體合訂六卷　（清）徐立綱輯　清孝思堂刻本

框高22.1厘米，寬14.6厘米。兩欄，半葉7行，行20字，小字雙行40字，白口，四周單邊。

館藏索書號：經/2/2775

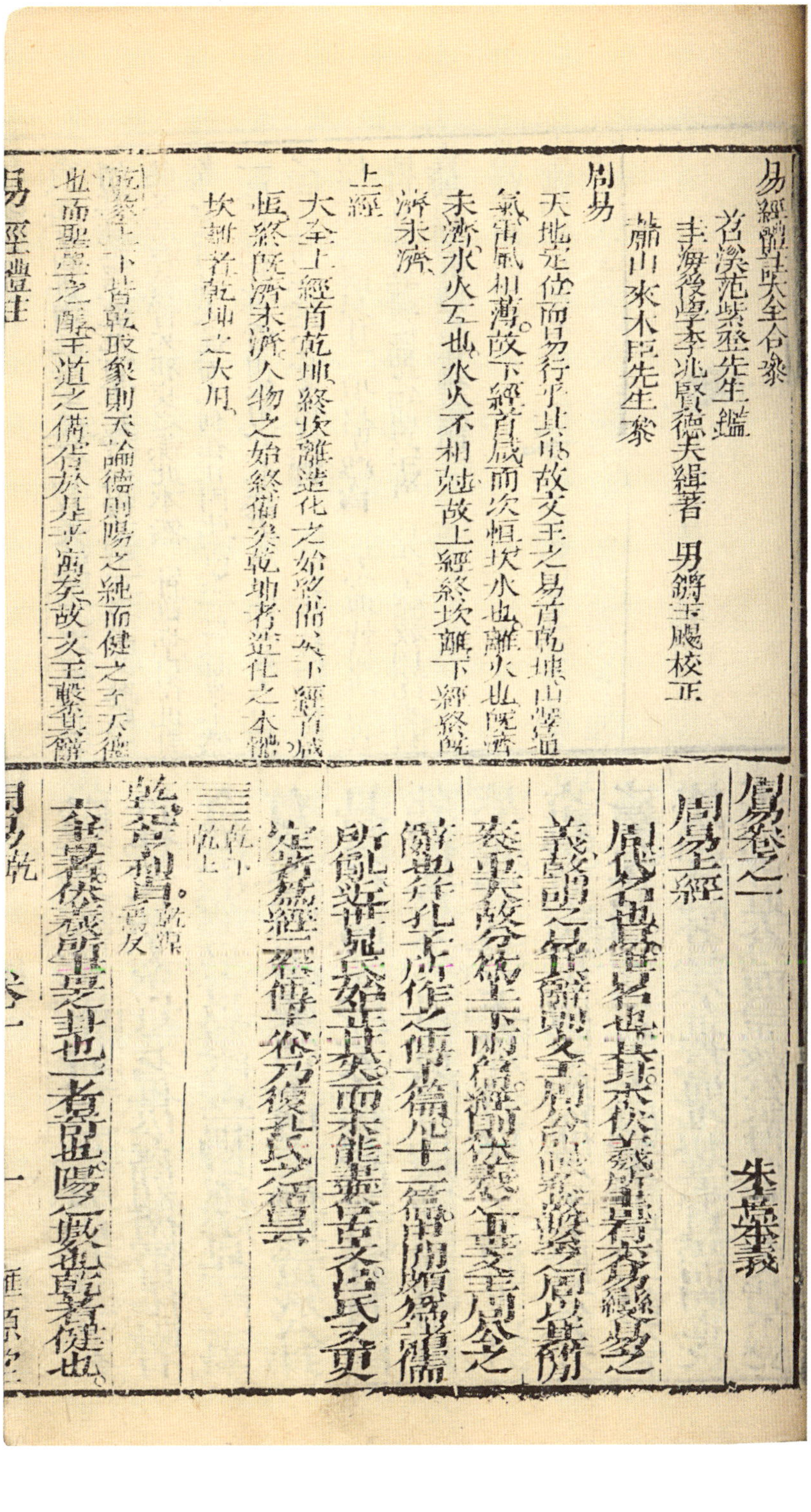

076　易經體註大全合參四卷　（清）李兆賢輯著　（清）來木臣叅訂　清匯源堂刻本

框高22.7厘米，寬14.7厘米。兩欄，半葉行不等，行字不等，白口，左右雙邊。

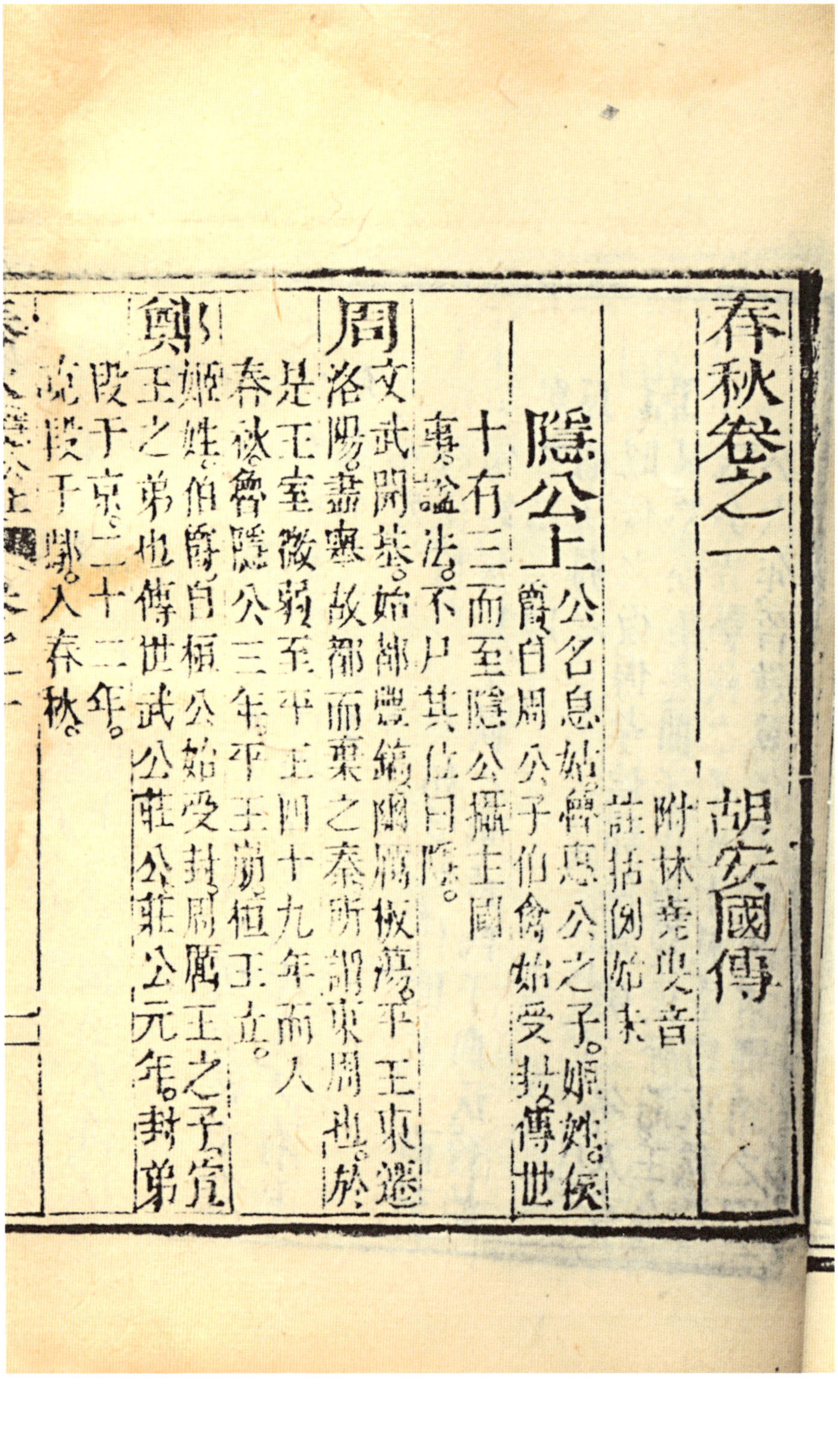

春秋卷之一　　胡安國傳

附林堯叟音
註括例始末

隱公上　公名息姑惠公之子。姬姓。侯爵。自周公子伯禽始受封傳世十有三而至隱公攝主國專謚法。不尸其位曰隱。

周　文武開基。始都豐鎬。幽厲板蕩。平王東遷洛陽。棄故都而棄之秦。所謂東周也。於是王室微弱至平王四十九年而入春秋魯隱公三年平王崩桓王立。

鄭　姬姓伯爵自桓公始受封周厲王之子宣王之弟也傳世武公莊公莊公元年封弟段于京。二十二年克段于鄢。入春秋。

春秋隱公上　卷之一　　二

077　春秋三十卷　（宋）胡安國傳　清刻本

框高10.1厘米，寬7.90厘米。半葉8行，行17字，小字雙行同，白口，四周雙邊。

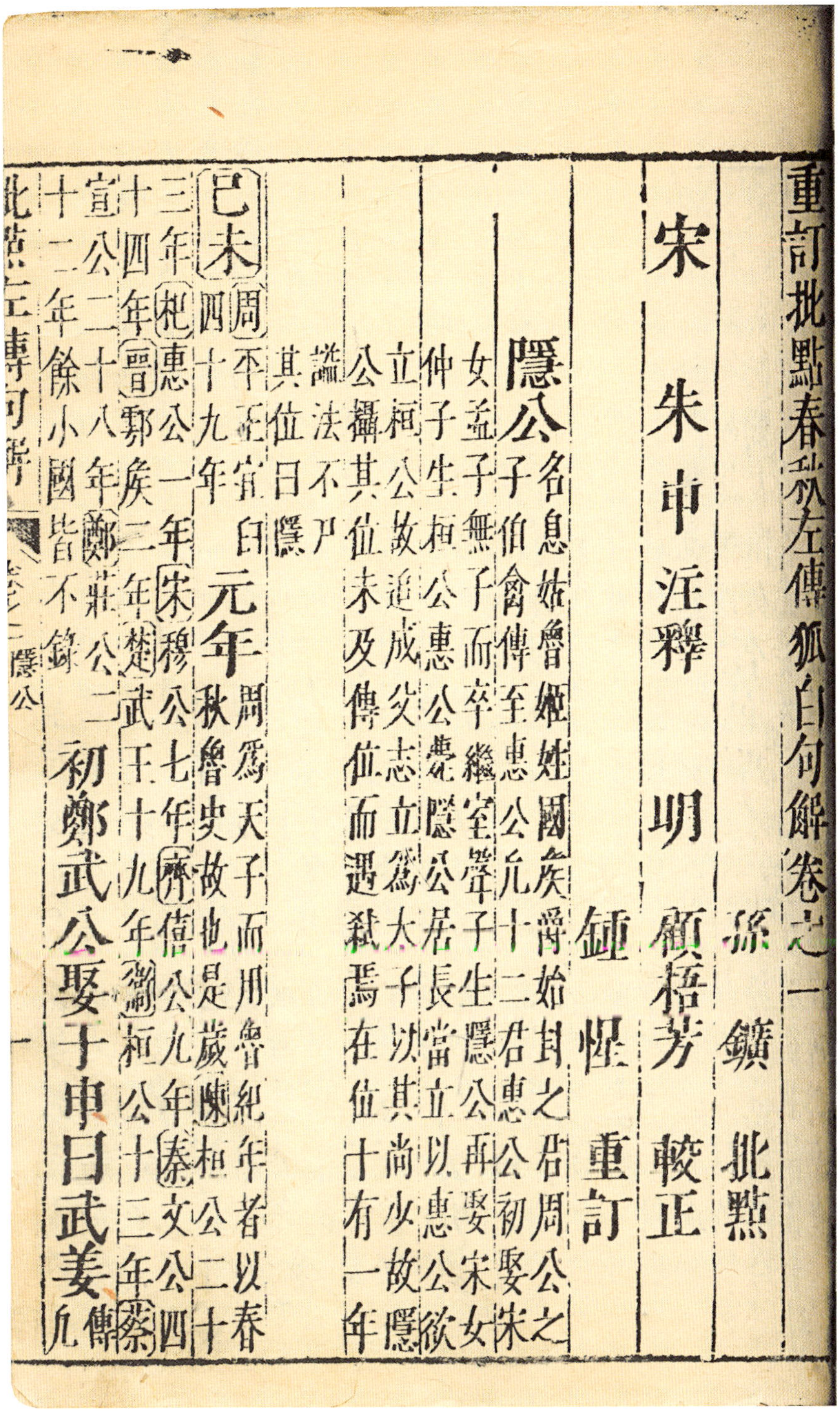

重訂批點春秋左傳狐白句解卷之一

孫鑛　批點

宋　朱申　注釋　明　顧梧芳　較正

鍾惺　重訂

隱公　名息姑魯姬姓國侯爵始封之君周公之子伯禽傳至惠公凡十二君惠公初娶宋女孟子無子而卒繼室聲子生隱公再娶宋女仲子生桓公惠公薨隱公居長當立以惠公欲立桓公故追成父志立爲大子以其尚少故隱公攝其位未及傳位而遇弒焉在位十有一年諡法不尸其位曰隱

己未　周平王宜臼四十九年　元年　周爲天子而用魯紀年者以春秋魯史故也是歲陳桓公二十三年杞惠公一年宋穆公七年齊僖公九年秦文公四十四年晉鄂侯二年楚武王十九年衛桓公十三年蔡宣公二十八年鄭莊公二十二年餘小國皆不錄

初鄭武公娶于申曰武姜　傳　凡

批點左傳句解　卷之一　隱公　一

078　重訂批點春秋左傳狐白句解三十五卷　（宋）朱申注釋　（明）鍾惺重訂　清刻本

框高21.0厘米，寬14.3厘米。半葉11行，行21字，小字雙行同，白口，四周單邊。

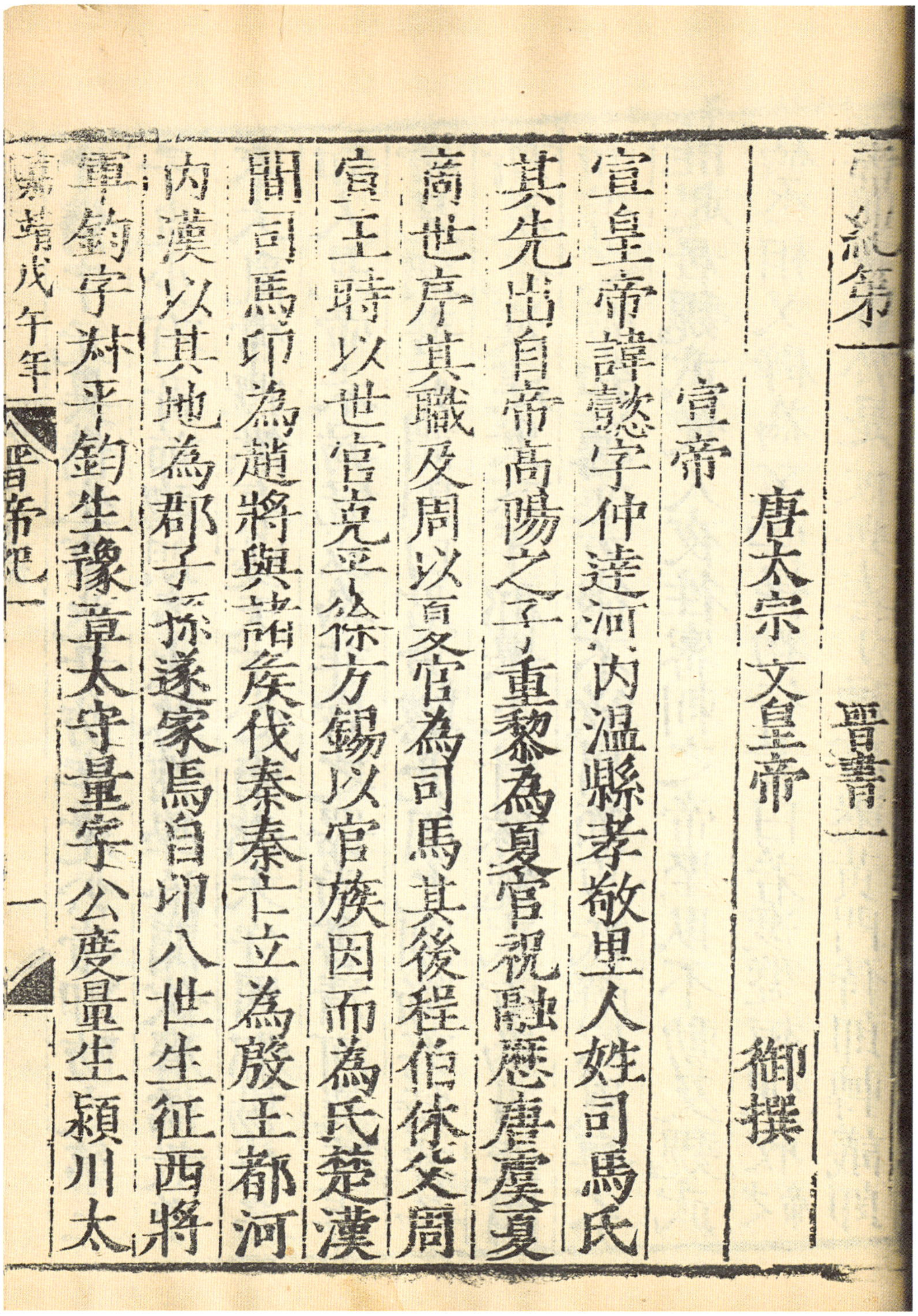

帝紀第一　晉書一

唐太宗文皇帝　御撰

宣帝

宣皇帝諱懿字仲達河內溫縣孝敬里人姓司馬氏其先出自帝高陽之子重黎為夏官祝融歷虞夏商世序其職及周以夏官為司馬其後程伯休父周宣王時以世官克平徐方錫以官族因而為氏楚漢間司馬卬為趙將與諸侯伐秦秦亡立為殷王都河內漢以其地為郡子孫遂家焉自卬八世生征西將軍鈞字叔平鈞生豫章太守量字公度量生潁川太

嘉靖戊午年　晉帝紀一　一

079　晉書一百三十卷附晉書音義三卷　（唐）太宗李世民御撰　（唐）何超纂　元刻明正德十年（1515）司禮監、嘉靖、萬曆清順治、康熙遞修本

框高21.7厘米，寬17.7厘米。半葉10行，行20字，白口，左右雙邊。

存一百九卷（一至二、七至十、三十一至一百三十，音義三卷）

館藏索書號：史/4/353

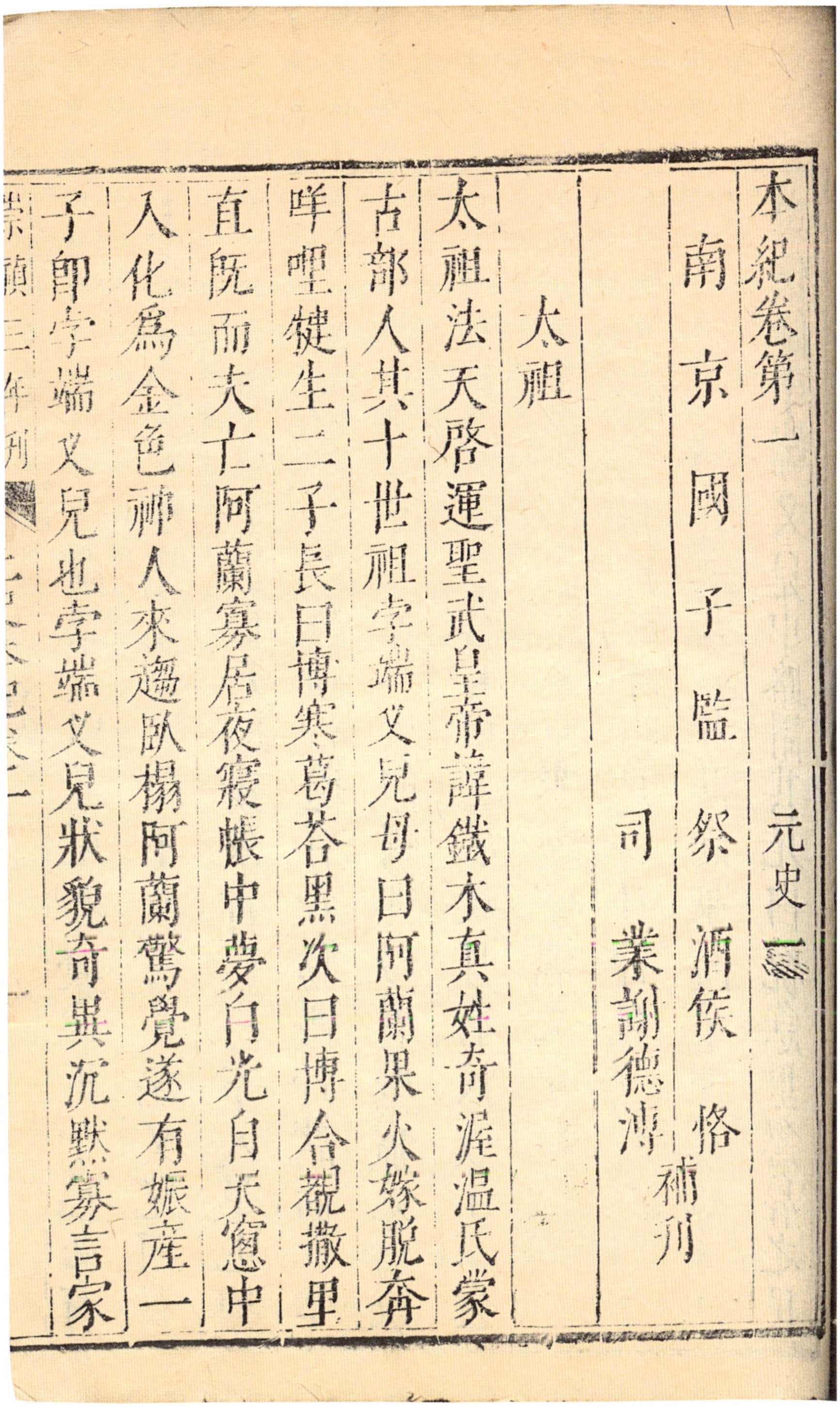

本紀卷第一　　元史一

南京國子監祭酒侯恪

司業謝德溥　補刊

太祖

太祖法天啓運聖武皇帝諱鐵木真姓奇渥溫氏蒙古部人其十世祖孛端叉兒母曰阿蘭果火嫁脫奔咩哩犍生二子長曰博寒葛荅黑次曰博合覩撒里直既而夫亡阿蘭寡居夜寢帳中夢白光自天窗中入化爲金色神人來趨臥榻阿蘭驚覺遂有娠產一子卽孛端叉兒也孛端叉兒狀貌奇異沉默寡言家

崇禎三年刊

080　元史二百十卷目錄二卷　（明）宋濂修　明洪武內府刻明清遞修本

框高22.7厘米，寬15.8厘米。半葉10行，行20字，白口，四周雙邊。

存二百八卷（一至二百、二百五至二百十，目錄二卷）

館藏索書號：史/19/719

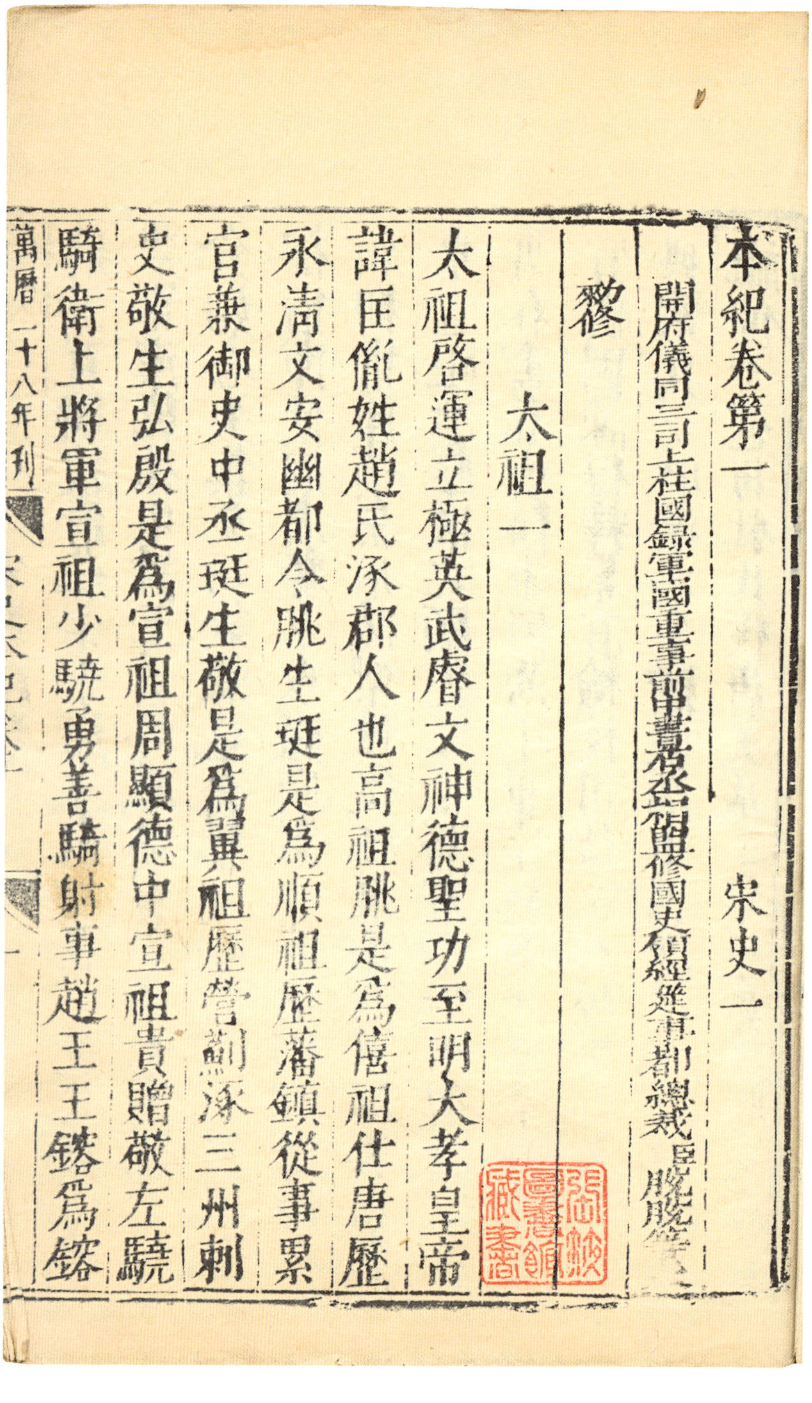

081　宋史四百九十六卷　（元）脱脱修　明成化七年（1471）製十六年（1480）朱英刻明清遞修本

框高20.1厘米，寬15.0厘米。半葉10行，行20字，白口，四周雙邊。

存二百二十九卷（一至四十七、五十二至六十七、九十五至一百十五、二百四十七至二百七十、二百七十七至二百九十一、二百九十八至三百十七、三百二十八至三百五十四、三百六十至三百九十四、四百二十一至四百二十四、四百三十至四百三十三、四百三十九至四百四十二、四百五十六至四百六十一、四百八十至四百八十五）

館藏索書號：史/16/657

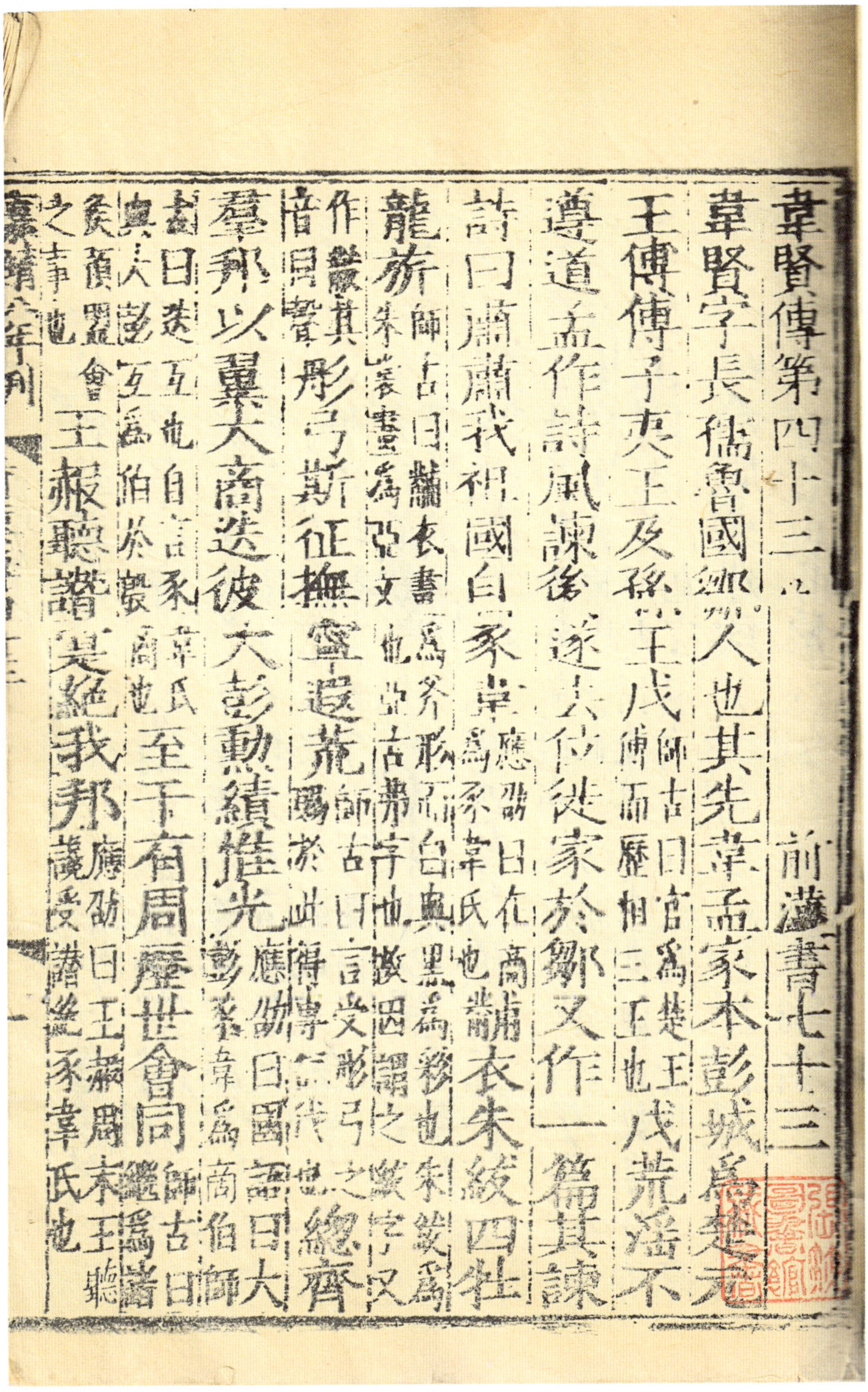
韋賢傳第四十三　前漢書七十三

韋賢字長孺魯國鄒人也其先韋孟家本彭城爲楚元王傅傅子夷王及孫王戊師古曰官爲楚王傅而歷相三王也戊荒淫不遵道孟作詩風諫後遂去位徙家於鄒又作一篇其諫詩曰肅肅我祖國自豕韋應劭曰在商爲豕韋氏也黼衣朱紱四牡龍旂師古曰黼衣畫爲斧形而白與黑爲彩也朱紱朱裳畫爲亞文也亞古弗字也故因謂之紱字又作黻其音同彤弓斯征撫寧遐荒師古曰言受彤弓之賜專征伐也總齊羣邦以翼大商迭彼大彭勳績惟光應劭曰國語曰大彭豕韋爲商伯師古曰迭互也自言豕韋氏與大彭互爲伯於殷商也至于有周歷世會同師古曰繼爲諸侯預盟會王赧聽譖寔絕我邦應劭曰王赧周末王聽讒受譖絕豕韋氏之事也

嘉靖八年刊

082　前漢書一百卷　（漢）班固撰　（唐）顔師古注　（明）張邦奇、江汝璧校刊　明嘉靖八年（1529）南京國子監刻明清遞修本

框高21.2厘米，寬15.6厘米。半葉10行，行21字，小字雙行同，白口，四周雙邊。

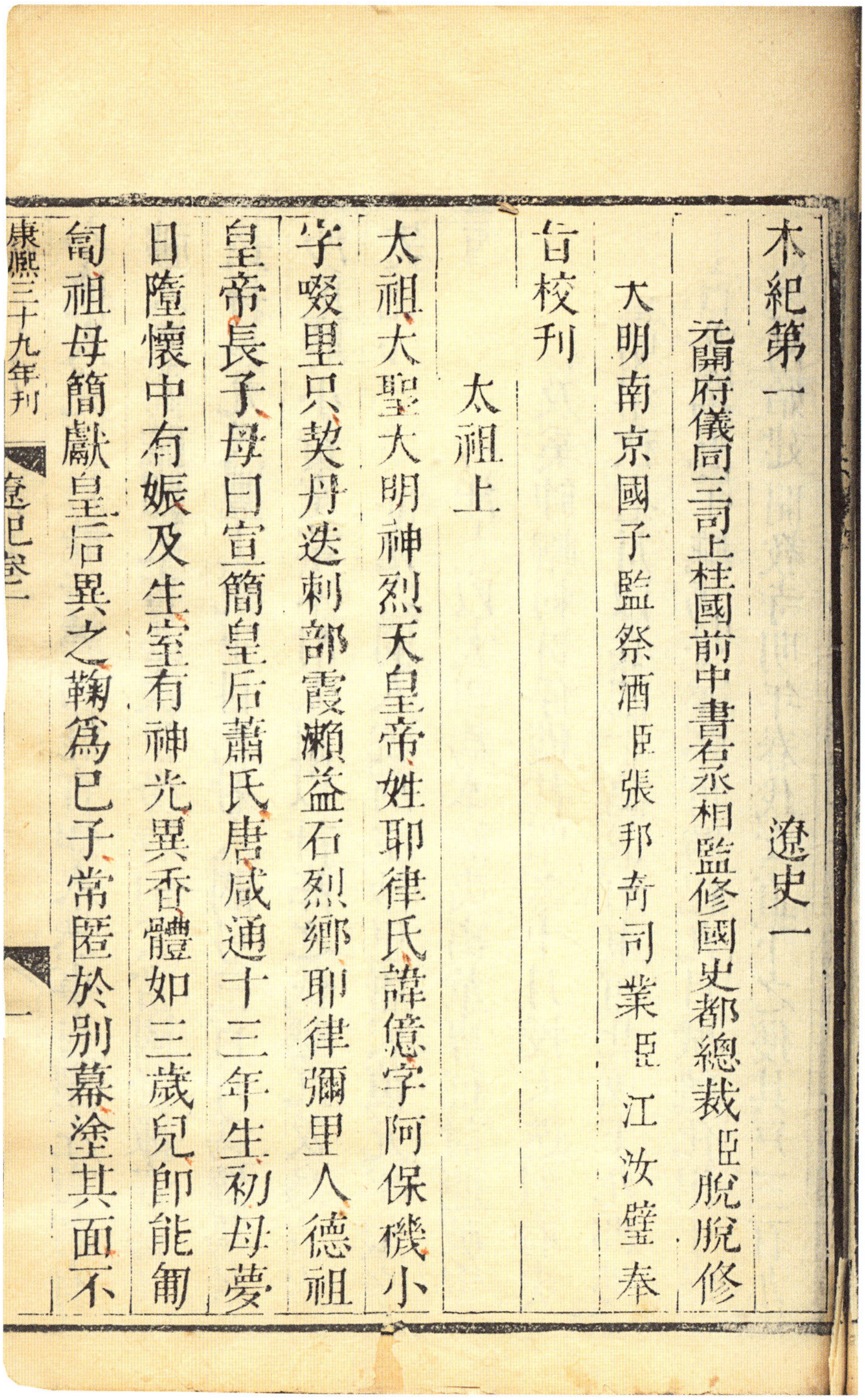
本紀第一　遼史一

元開府儀同三司上柱國前中書右丞相監修國史都總裁臣脫脫修

大明南京國子監祭酒臣張邦奇司業臣江汝璧奉

旨校刊

太祖上

太祖大聖大明神烈天皇帝姓耶律氏諱億字阿保機小字啜里只契丹迭剌部霞瀨益石烈鄉耶律彌里人德祖皇帝長子母曰宣簡皇后蕭氏唐咸通十三年生初母夢日墮懷中有娠及生室有神光異香體如三歲兒卽能匍匐祖母簡獻皇后異之鞠爲己子常匿於別幕塗其面不

康熙三十九年刊　遼史卷一　一

083　遼史一百十六卷　（元）脫脫等修　（明）張邦奇、江汝璧校刊　明嘉靖八年（1529）南京國子監刻明清遞修本

框高21.0厘米，寬16.0厘米。半葉10行，行22字，白口，左右雙邊。

館藏索書號：史/17/702

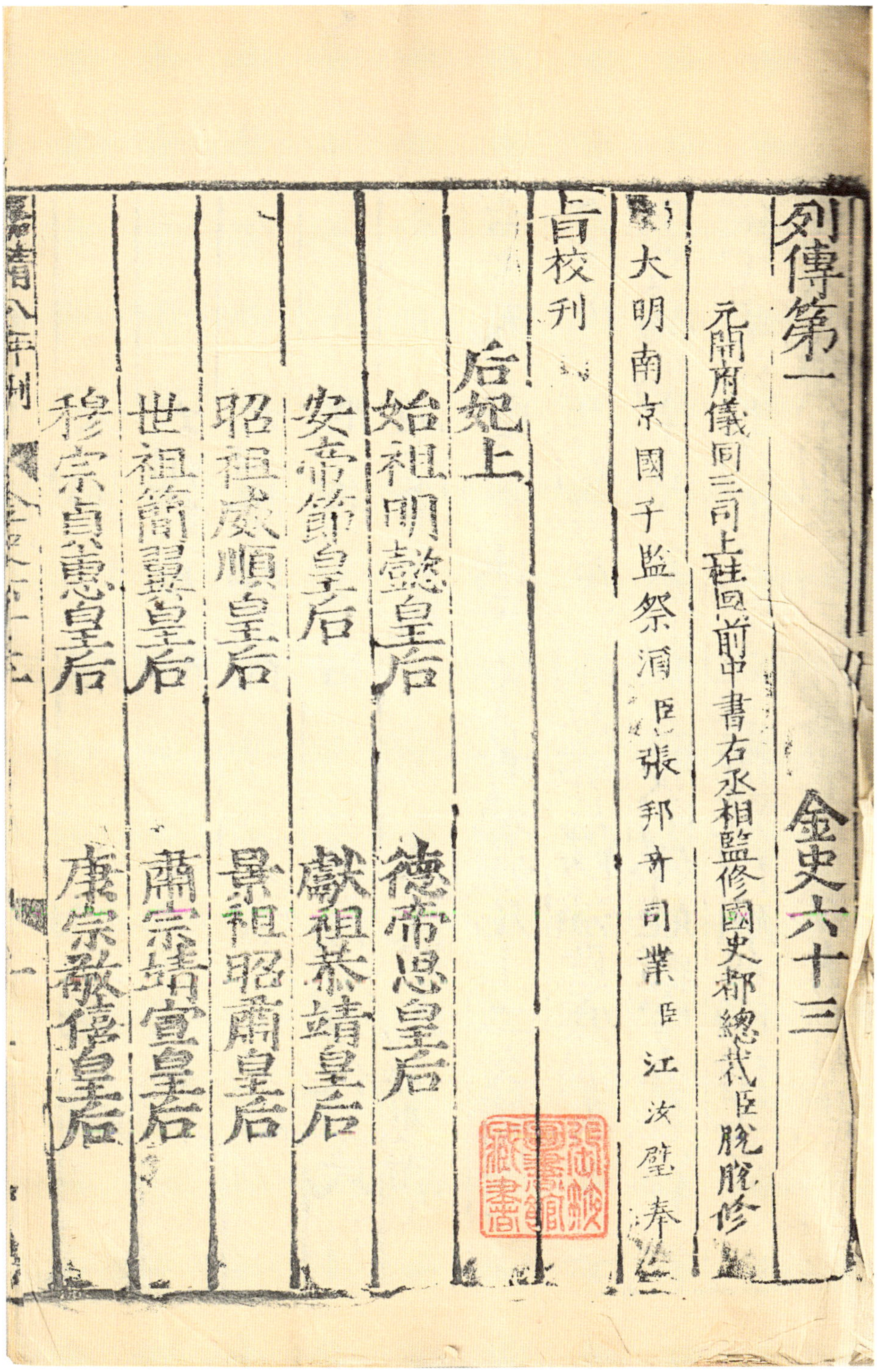

列傳第一　金史六十三

元開府儀同三司上柱國前中書右丞相監修國史都總裁臣脫脫修

大明南京國子監祭酒臣張邦奇司業臣江汝璧奉

旨校刊

后妃上

始祖明懿皇后　德帝思皇后

安帝節皇后　獻祖恭靖皇后

昭祖威順皇后　景祖昭肅皇后

世祖翼簡皇后　肅宗靖宣皇后

穆宗貞惠皇后　康宗敬僖皇后

084　金史一百三十五卷　（元）脫脫修　（明）張邦奇、江汝璧校刊　明嘉靖八年（1529）南京國子監刻明萬曆清順治、康熙遞修

框高20.9厘米，寬16.0厘米。半葉10行，行22字，白口，左右雙邊。

存六十五卷（六十三至七十八、八十七至一百三十五）

館藏索書號：史/18/710

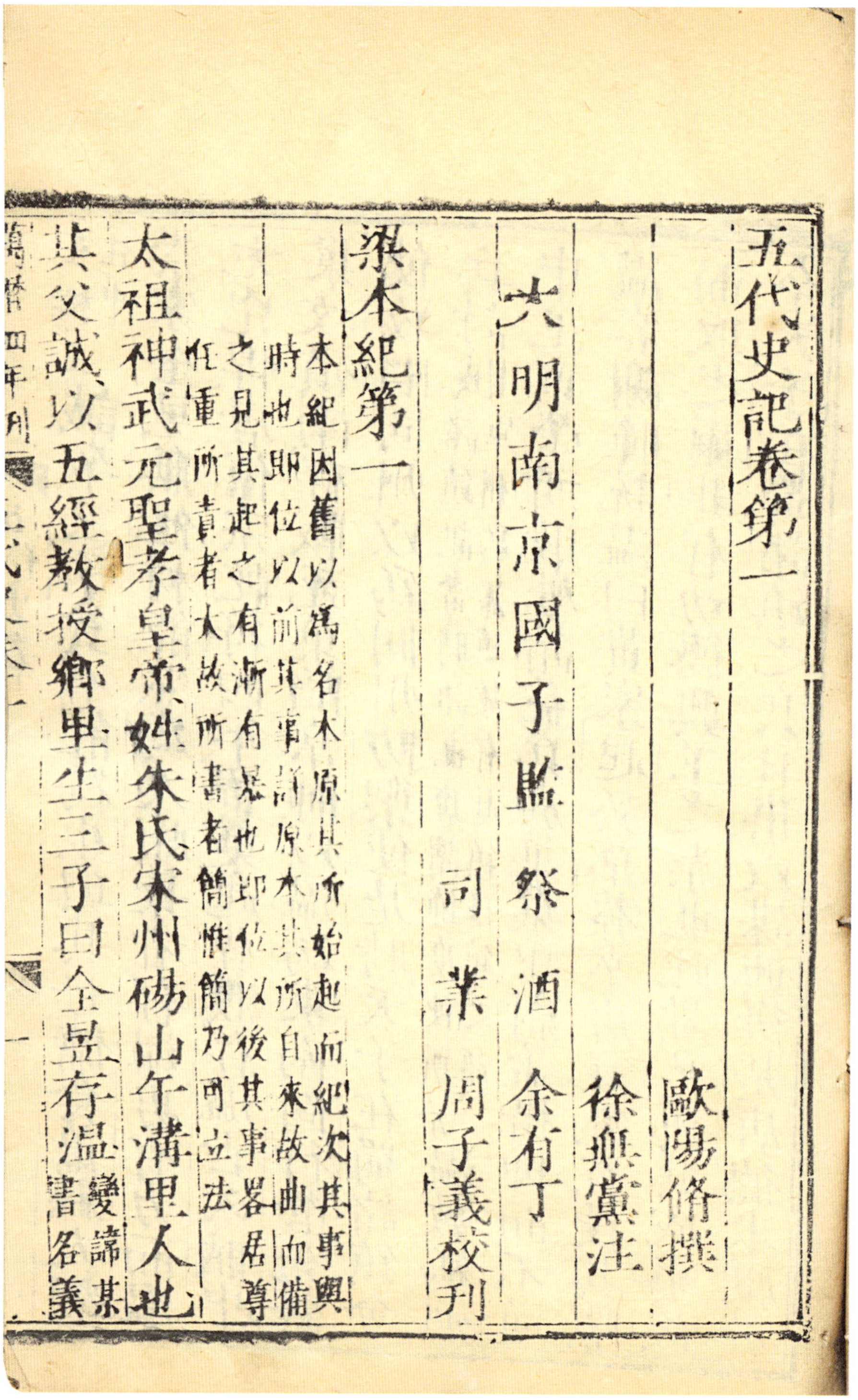
五代史記卷第一

歐陽脩撰

徐無黨注

大明南京國子監祭酒余有丁

司業周子義校刊

梁本紀第一

本紀因舊以爲名本原其所始起而紀次其事與時也即位以前其事詳原本其所自來故曲而備之見其起之有漸有暴也即位以後其事略居尊任重所責者大故所書者簡惟簡乃可立法

太祖神武元聖孝皇帝姓朱氏宋州碭山午溝里人也

其父誠以五經教授鄉里生三子曰全昱存温變諱某書名義

萬曆四年刊

085　五代史記七十四卷　（宋）歐陽脩撰　（宋）徐無黨注　明萬曆四年（1576）南京國子監刻明清遞修本

框高21.4厘米，寬14.8厘米。半葉10行，行21字，白口，四周雙邊。

館藏索書號：史/15/642

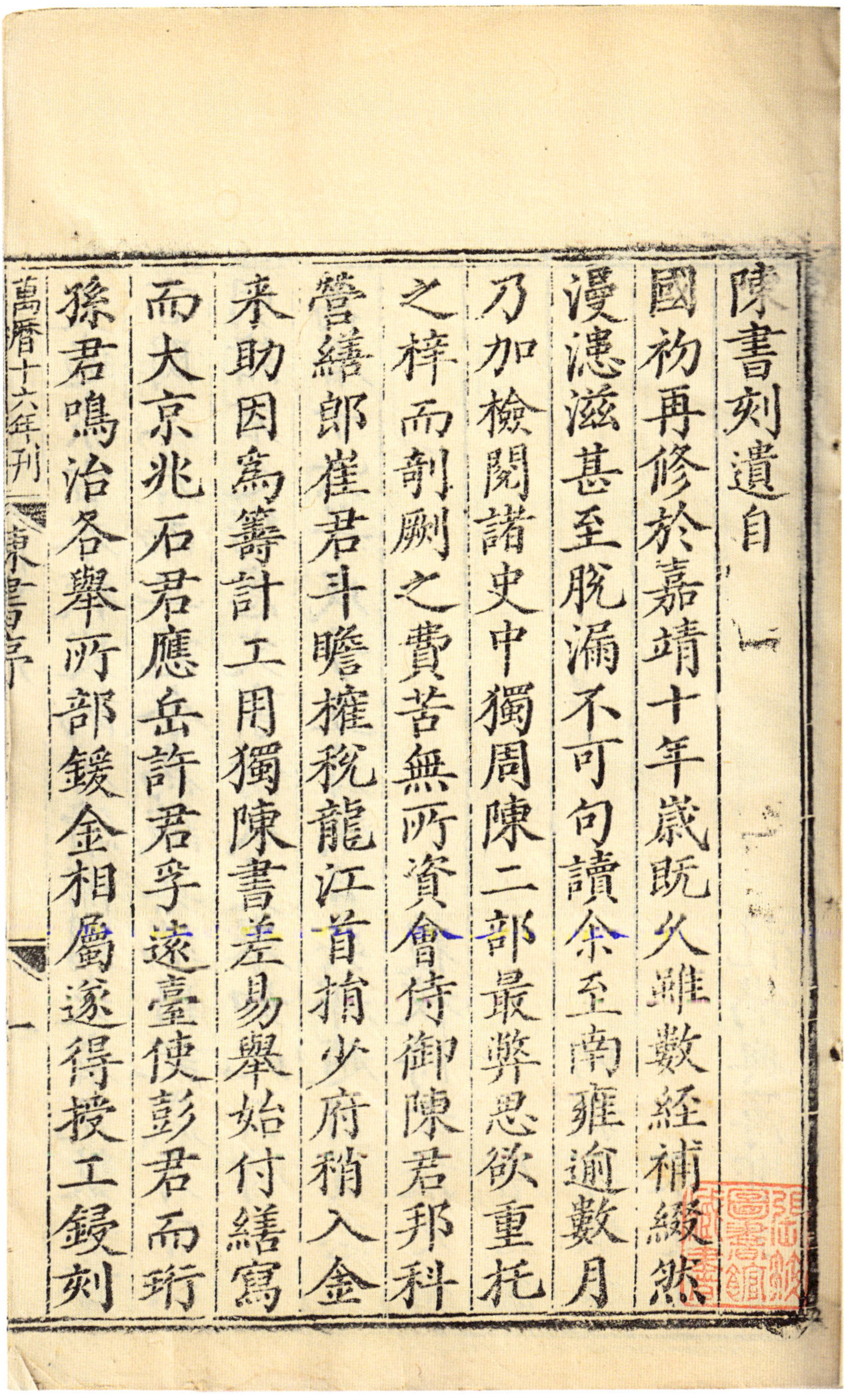

陳書刻遺自

國初再修於嘉靖十年歲既久雖數經補綴然

漫漶滋甚至脫漏不可句讀余至南雍逾數月

乃加檢閱諸史中獨周陳二部最弊思欲重托

之梓而剞劂之費苦無所資會侍御陳君邦科

營繕郎崔君斗瞻榷稅龍江首捐少府稍入金

來助因爲籌計工用獨陳書差易舉始付繕寫

而大京兆石君應岳許君孚遠臺使彭君而珩

孫君鳴治各舉所部鍰金相屬遂得授工鋟刻

萬曆十六年刊　陳書序　一

086　陳書三十六卷　（唐）姚思廉撰　（明）趙用賢、余孟麟校　明萬曆十六年（1588）南京國子監刻清順治、康熙遞修本

框高20.2厘米，寬14.8厘米。半葉9行，行18字，白口，四周雙邊。

館藏索書號：史/7/450

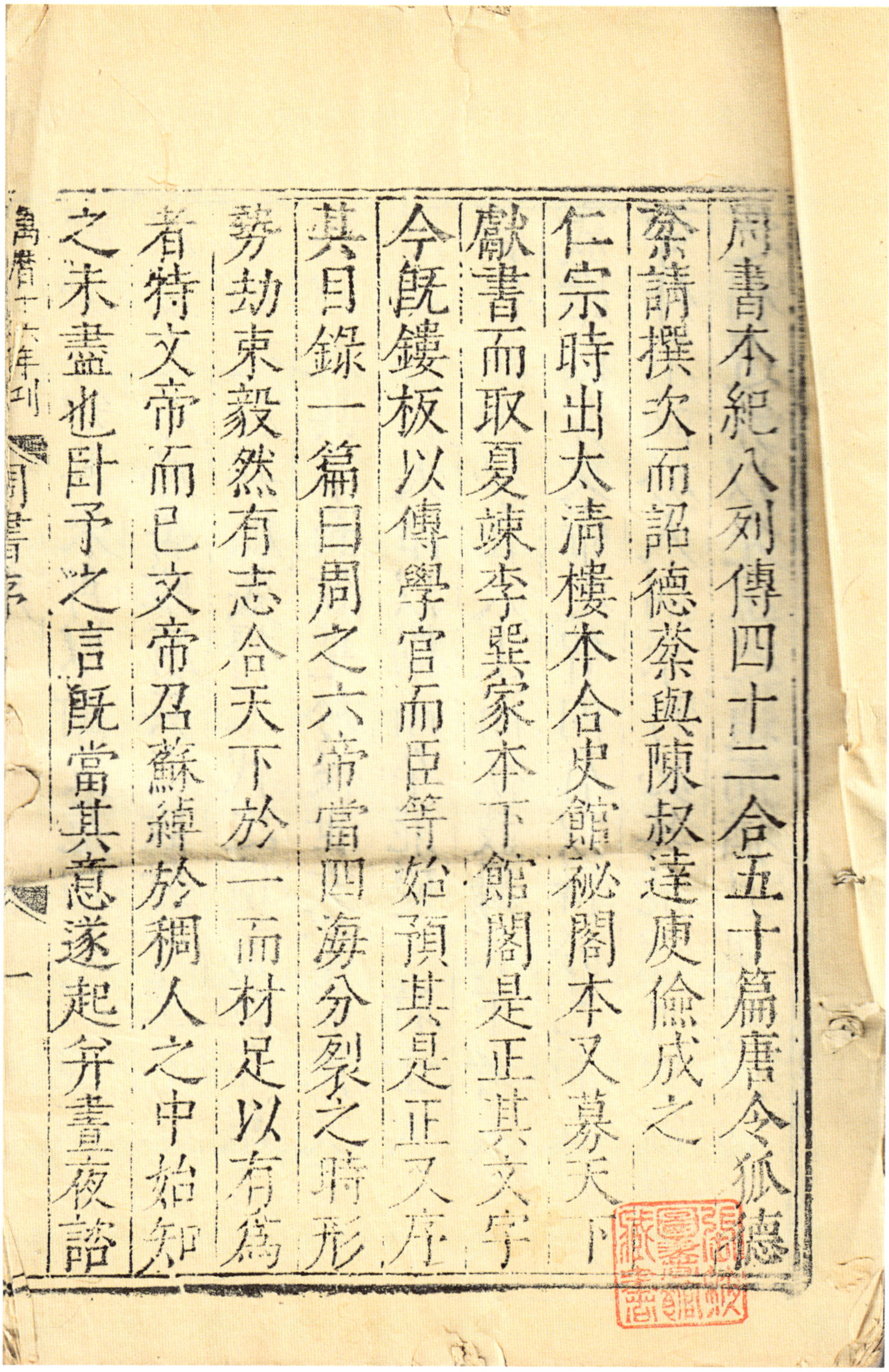
周書本紀八列傳四十二合五十篇唐令狐德
棻請撰次而詔德棻與陳叔達庾儉成之
仁宗時出太清樓本合史館祕閣本又募天下
獻書而取夏竦李巽家本下館閣是正其文字
今既鏤板以傳學官而臣等始預其是正又序
其目錄一篇曰周之六帝當四海分裂之時形
勢刼束毅然有志合天下於一而材足以有為
者特文帝而已文帝召蘇綽於稠人之中始知
之未盡也卧予之言既當其意遂起弁晝夜諮

萬曆十六年刊　周書序　一

087　周書五十卷　（唐）令狐德棻等撰　（明）趙用賢、余孟麟校　明萬曆十六年（1588）南京國子監刻清順治、康熙遞修本

框高20.1厘米，寬14.9厘米。半葉9行，行18字，白口，四周雙邊。

館藏索書號：史/9/489

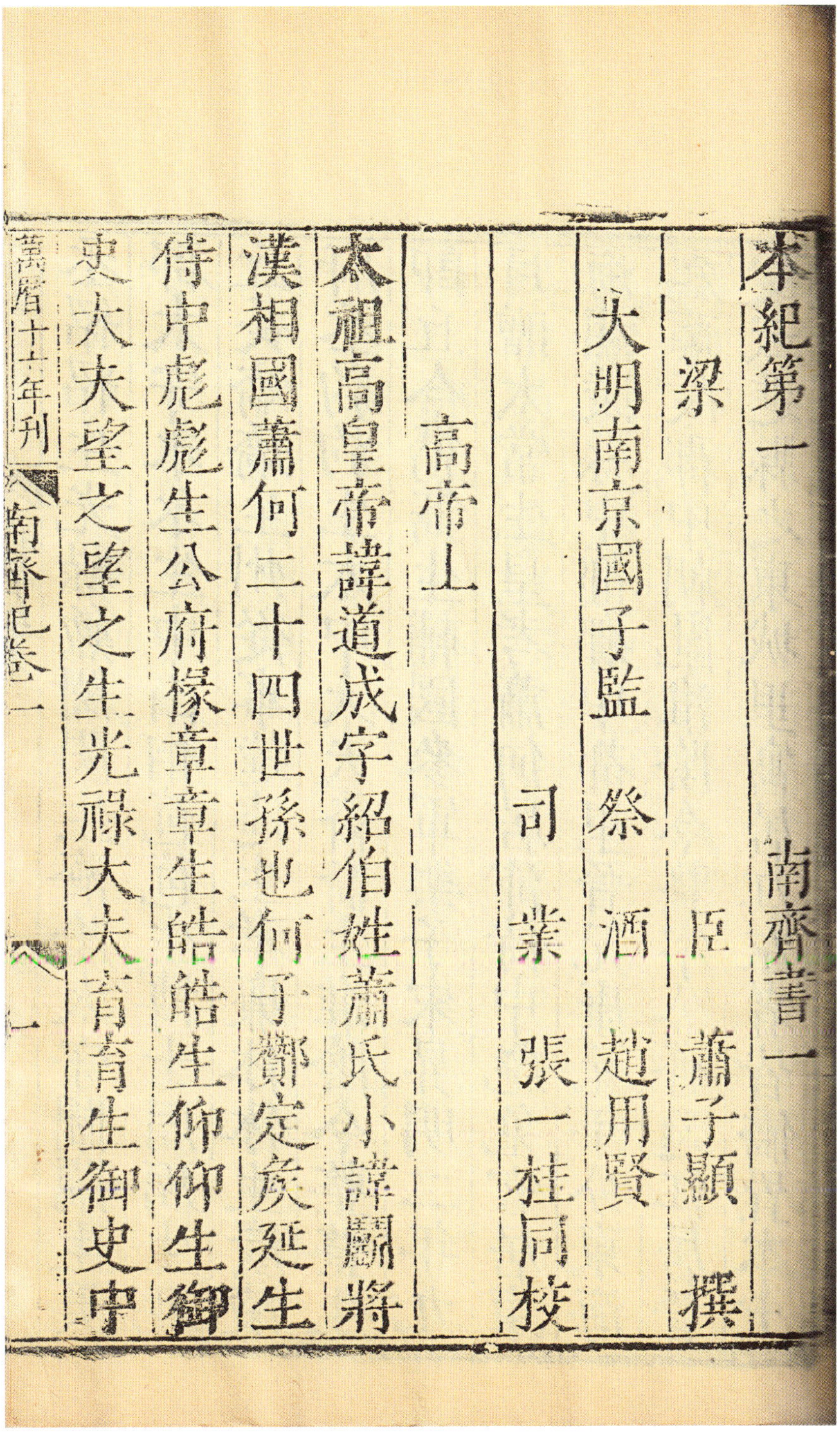

本紀第一　南齊書一

梁　臣蕭子顯撰

大明南京國子監祭酒趙用賢

司業張一桂同校

高帝上

太祖高皇帝諱道成字紹伯姓蕭氏小諱鬬將漢相國蕭何二十四世孫也何子酇定侯延生侍中彪彪生公府掾章章生皓皓生仰仰生御史大夫望之望之生光祿大夫育育生御史中

萬曆十六年刊　南齊紀卷一　一

088　南齊書五十九卷　（南朝梁）蕭子顯撰　（明）趙用賢、張一桂校　明萬曆十六年至十七年（1588—1589）南京國子監刻明清遞修本

框高20.2厘米，寬14.8厘米。半葉9行，行18字，白口，四周雙邊。

館藏索書號：史/6/440

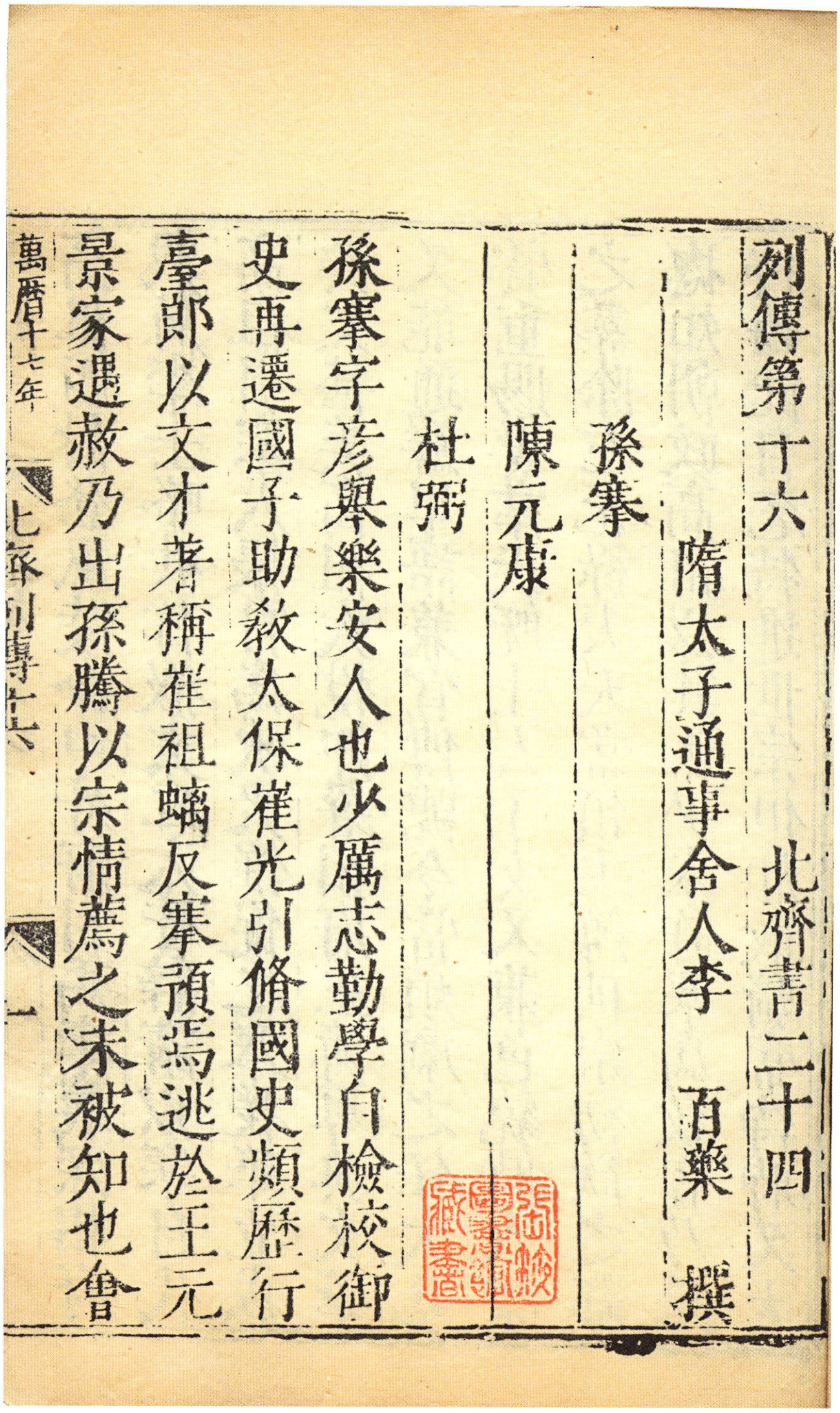

列傳第十六　北齊書二十四

隋太子通事舍人李　百藥　撰

孫搴

陳元康

杜弼

孫搴字彥舉樂安人也少厲志勤學自檢校御史再遷國子助教太保崔光引脩國史頻歷行臺郎以文才著稱崔祖螭反搴預焉逃於王元景家遇赦乃出孫騰以宗情薦之未被知也會

萬曆十七年　北齊列傳十六　一

089　北齊書五十卷　（隋）李百藥撰　（明）趙用賢、張一桂校　明萬曆十六年至十七年（1588—1589）南京國子監刻清順治、康熙遞修本

框高20.2厘米，寬14.5厘米。半葉9行，行18字，白口，四周雙邊。

館藏索書號：史/10/1766

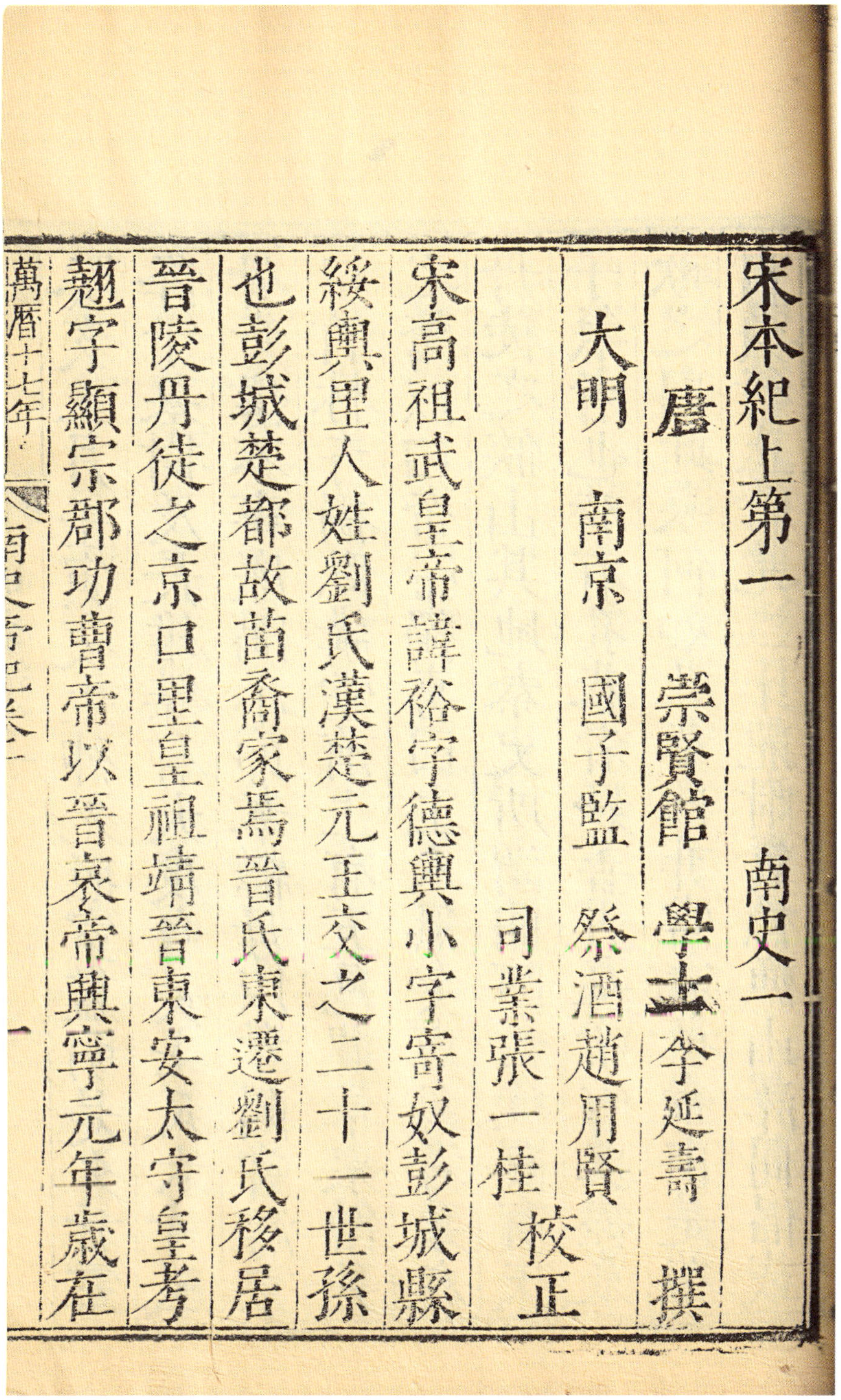
宋本紀上第一　南史一
唐　崇賢館學士李延壽　撰
大明　南京　國子監　祭酒趙用賢
司業張一桂　校正
宋高祖武皇帝諱裕字德輿小字寄奴彭城縣
綏輿里人姓劉氏漢楚元王交之二十一世孫
也彭城楚都故苗裔家焉晉氏東遷劉氏移居
晉陵丹徒之京口里皇祖靖晉東安太守皇考
翹字顯宗郡功曹帝以晉哀帝興寧元年歲在
萬曆十七年　南史紀卷一　一

090　南史八十卷　（唐）李延壽撰　（明）趙用賢、張一桂校正　明萬曆十七年至十九年（1589—1591）南京國子監刻明清遞修本

框高20.3厘米，寬15.0厘米。半葉9行，行18字，白口，四周雙邊。

館藏索書號：史/12/507

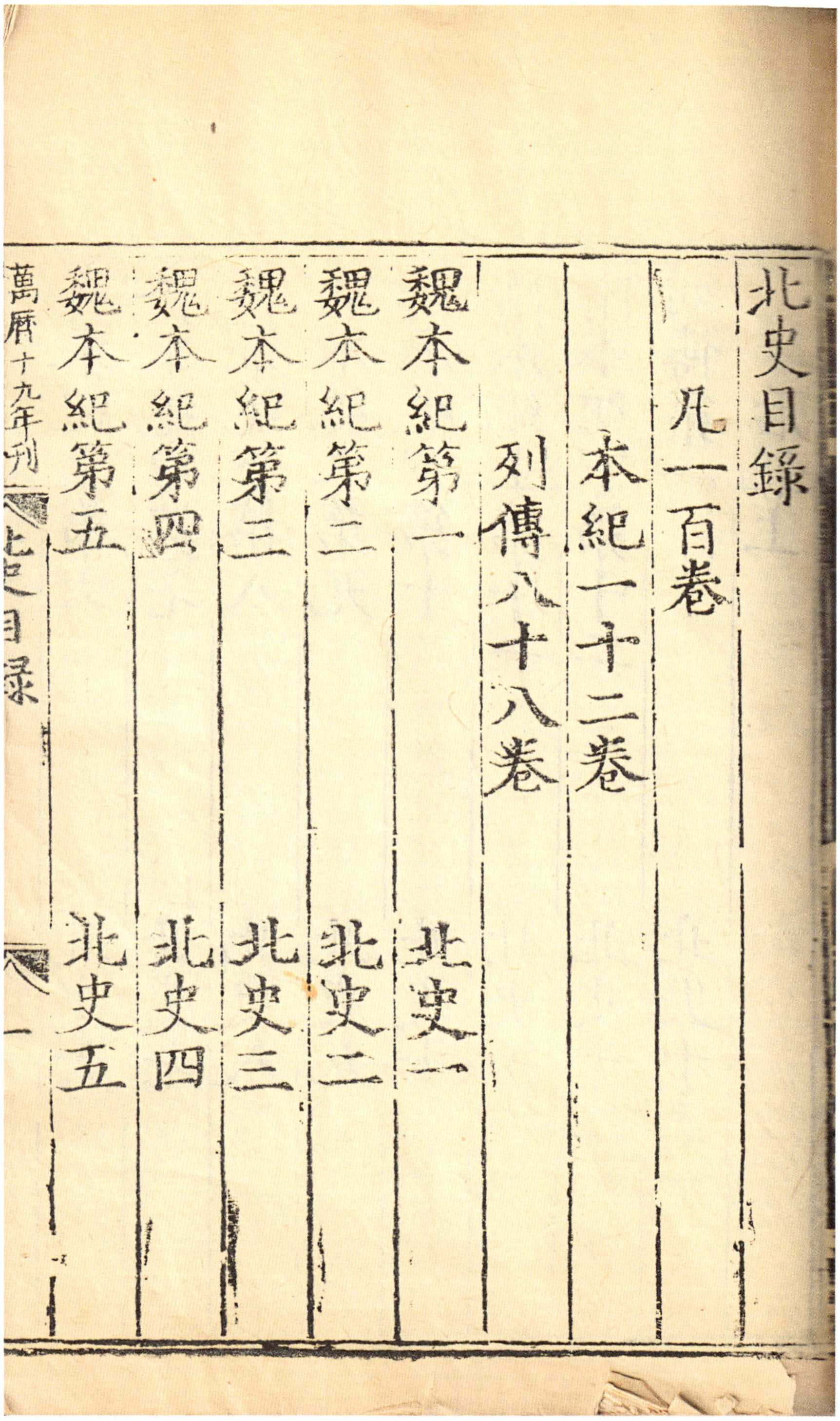

北史目錄

凡一百卷

本紀一十二卷

列傳八十八卷

魏本紀第一　北史一

魏本紀第二　北史二

魏本紀第三　北史三

魏本紀第四　北史四

魏本紀第五　北史五

萬曆十九年刊　北史目録　一

091　北史一百卷　（唐）李延壽撰　（明）鄧以讃、劉應秋校　明萬曆十九年至二十一年（1591—1593）南京國子監刻清順治、康熙遞修本

框高19.7厘米，寬15.0厘米。半葉9行，行18字，白口，四周雙邊。

存九十七卷（一至九、十三至一百）

館藏索書號：史/13/546

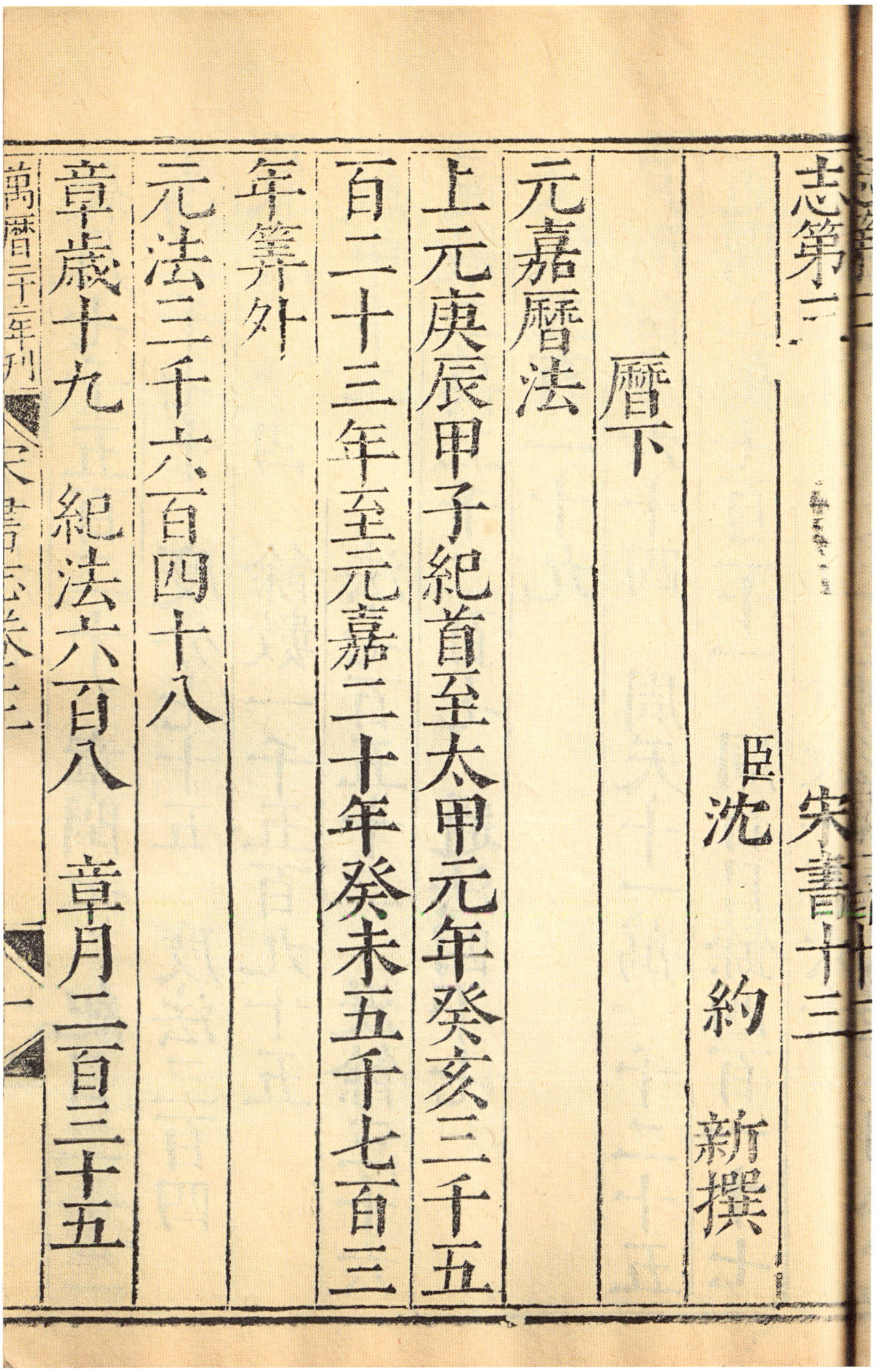

志第二十三　宋書十三

臣沈約新撰

曆下

元嘉曆法

上元庚辰甲子紀首至太甲元年癸亥三千五
百二十三年至元嘉二十年癸未五千七百三
年筭外

元法三千六百四十八

章歲十九　紀法六百八　章月二百三十五

萬曆二十二年刊　宋書志卷三

092　宋書一百卷　（南朝梁）沈約撰　（明）陸可教等校閲　明萬曆二十二年（1594）南京國子監刻清順治、康熙遞修本

框高22.0厘米，寬15.7厘米。半葉9行，行18字，小字雙行同，白口，四周雙邊。

存五十九卷（十二至二十三、二十八至四十四、六十三至八十四、九十三至一百）

館藏索書號：史/5/426

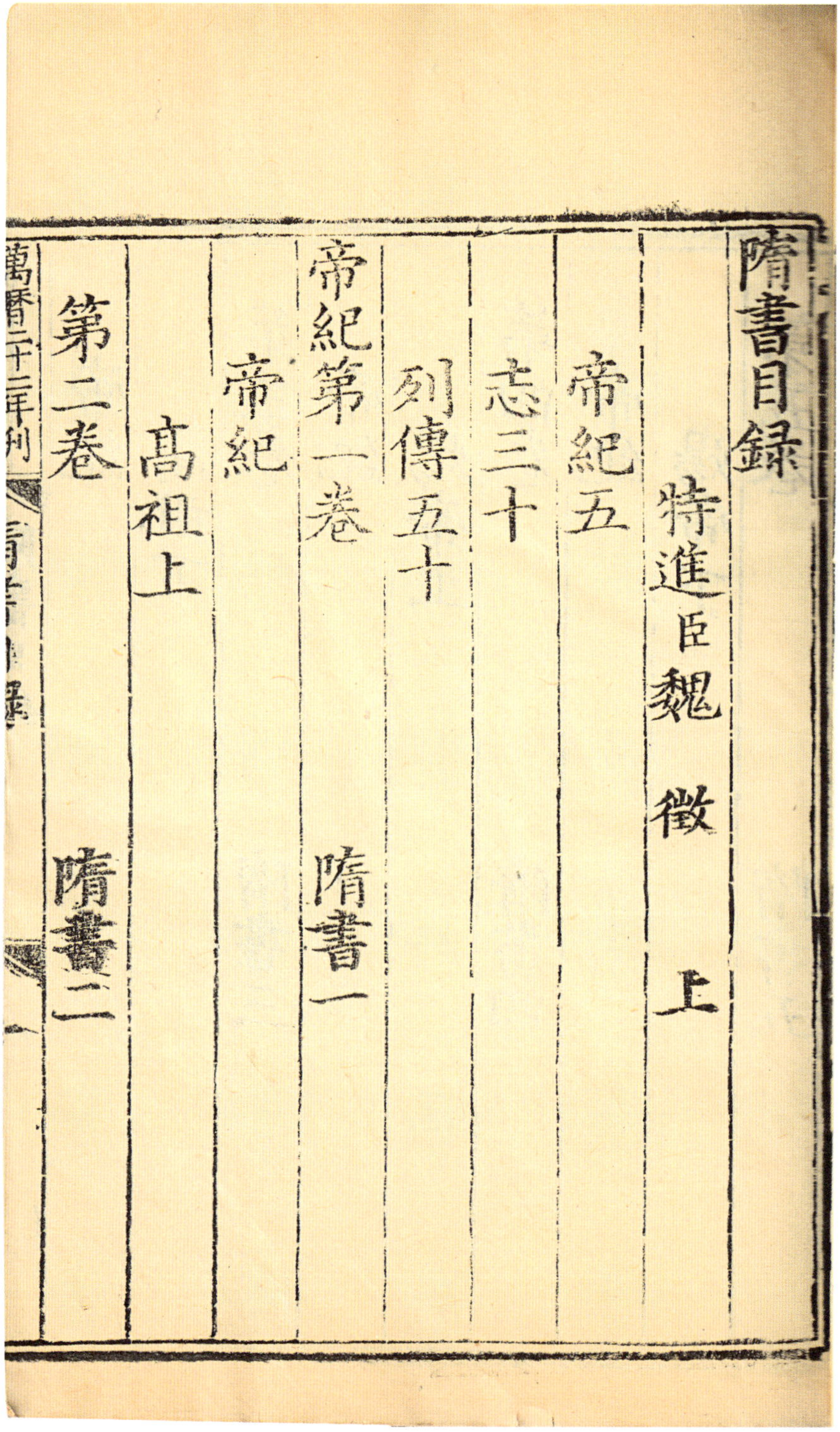

隋書目録

特進臣魏　徵　上

帝紀五

志三十

列傳五十

帝紀第一卷　隋書一

帝紀

高祖上

第二卷　隋書二

萬曆二十二年刊

093　隋書八十五卷　（唐）長孫無忌等奉敕撰　明萬曆二十二年至二十三年（1594—1595）南京國子監刻清順治、康熙遞修本

框高19.9厘米，寬14.9厘米。半葉9行，行18字，小字雙行同，白口，四周雙邊。

存三十五卷（一至三十五）

館藏索書號：史/11/497

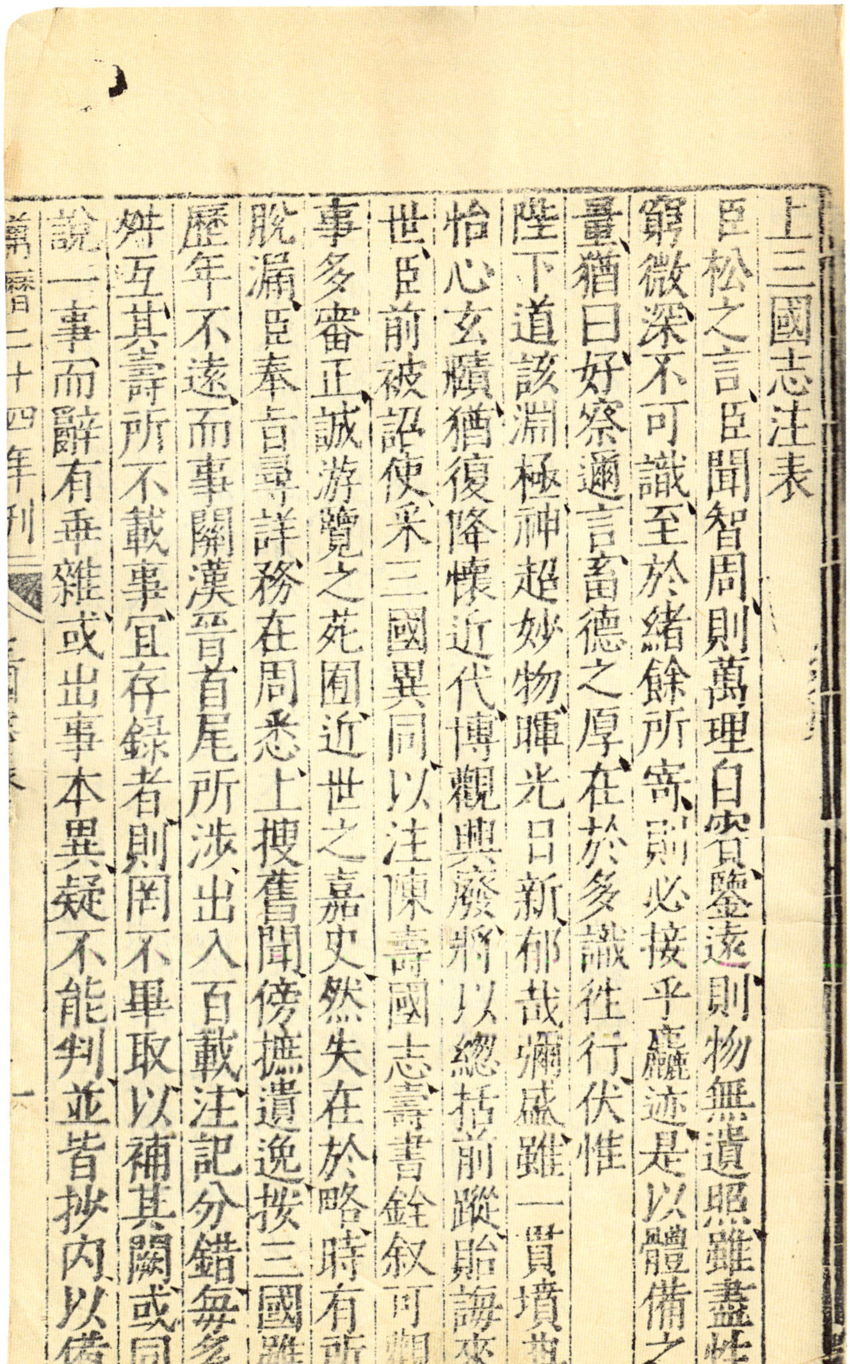
上三國志注表

臣松之言臣聞智周則萬理自賓鑒遠則物無遺照雖盡性窮微深不可識至於緒餘所寄則必接乎麤迹是以體備之量猶曰好察邇言畜德之厚在於多識往行伏惟陛下道該淵極神超妙物暉光日新郁哉彌盛雖一貫墳典怡心玄賾猶復降懷近代博觀興廢將以總括前蹤貽誨來世臣前被詔使采三國異同以注陳壽國志壽書銓叙可觀事多審正誠游覽之苑囿近世之嘉史然失在於略時有所脫漏臣奉旨尋詳務在周悉上搜舊聞傍摭遺逸按三國雖歷年不遠而事關漢晉首尾所涉出入百載注記分錯每多舛互其壽所不載事宜存錄者則罔不畢取以補其闕或同說一事而辭有乖雜或出事本異疑不能判並皆抄內以備

萬曆二十四年刊

094　三國志六十五卷　（晉）陳壽撰　（明）馮夢禎、黄汝良校正　明萬曆二十四年（1596）南京國子監刻清順治、康熙遞修本

框高21.1厘米，寬14.6厘米。半葉12行，行23字，白口，左右雙邊。

存五十卷（一至三十、四十六至六十五）

館藏索書號：史/2/324

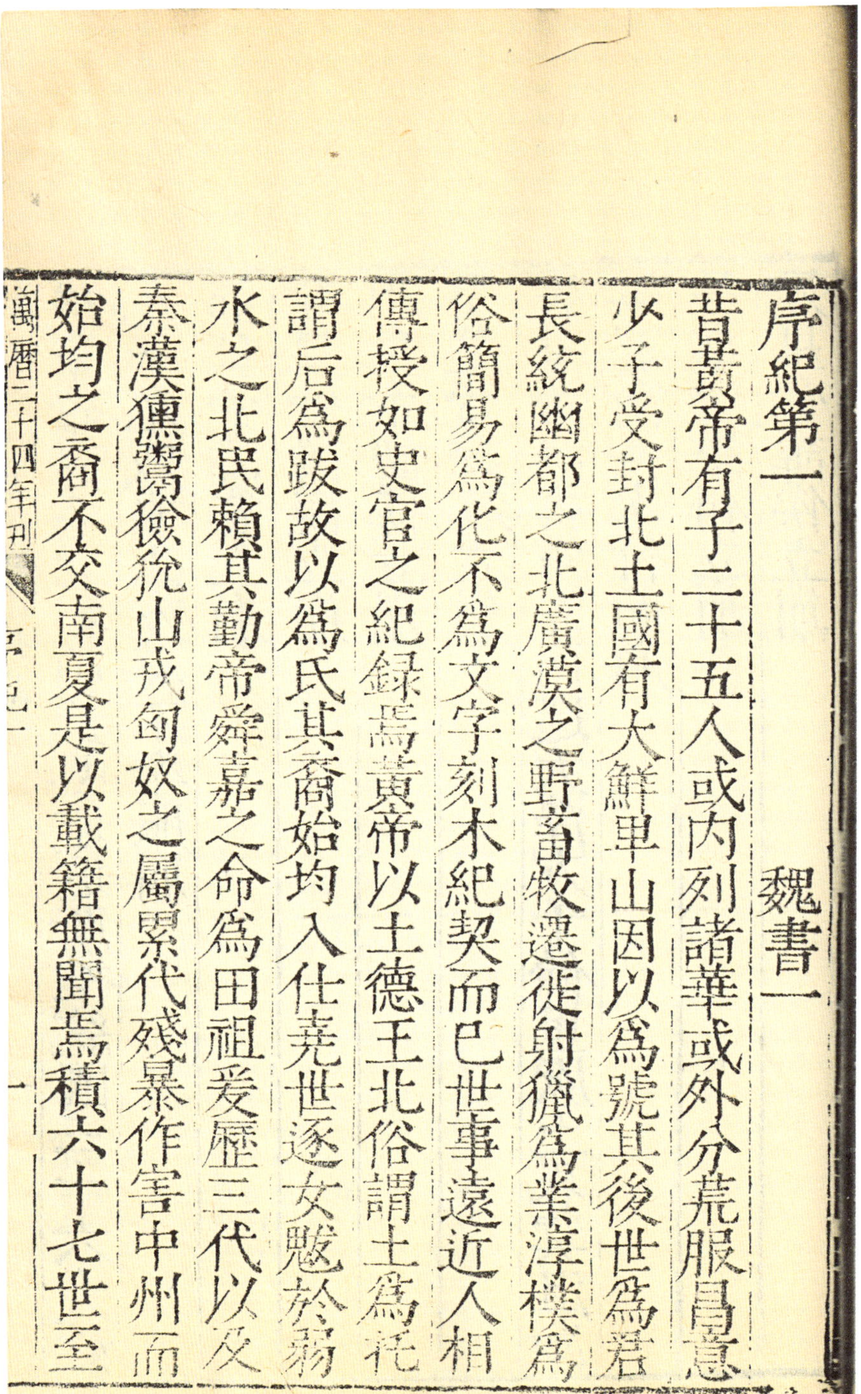
序紀第一　　魏書一

昔黃帝有子二十五人或內列諸華或外分荒服昌意
少子受封北土國有大鮮卑山因以爲號其後世爲君
長統幽都之北廣漠之野畜牧遷徙射獵爲業淳樸爲
俗簡易爲化不爲文字刻木紀契而已世事遠近人相
傳授如史官之紀録焉黃帝以土德王北俗謂土爲託
謂后爲跋故以爲氏其裔始均入仕堯世逐女魃於弱
水之北民賴其勤帝舜嘉之命爲田祖爰歷三代以及
秦漢獯鬻獫狁山戎匈奴之屬累代殘暴作害中州而
始均之裔不交南夏是以載籍無聞焉積六十七世至

萬曆二十四年刊　序紀一　一

095　魏書一百十四卷　（北齊）魏收撰　明萬曆二十四年（1596）南京國子監刻清順治、康熙遞修本

框高19.8厘米，寬14.7厘米。半葉10行，行21字，白口，左右雙邊。

館藏索書號：史/8/454

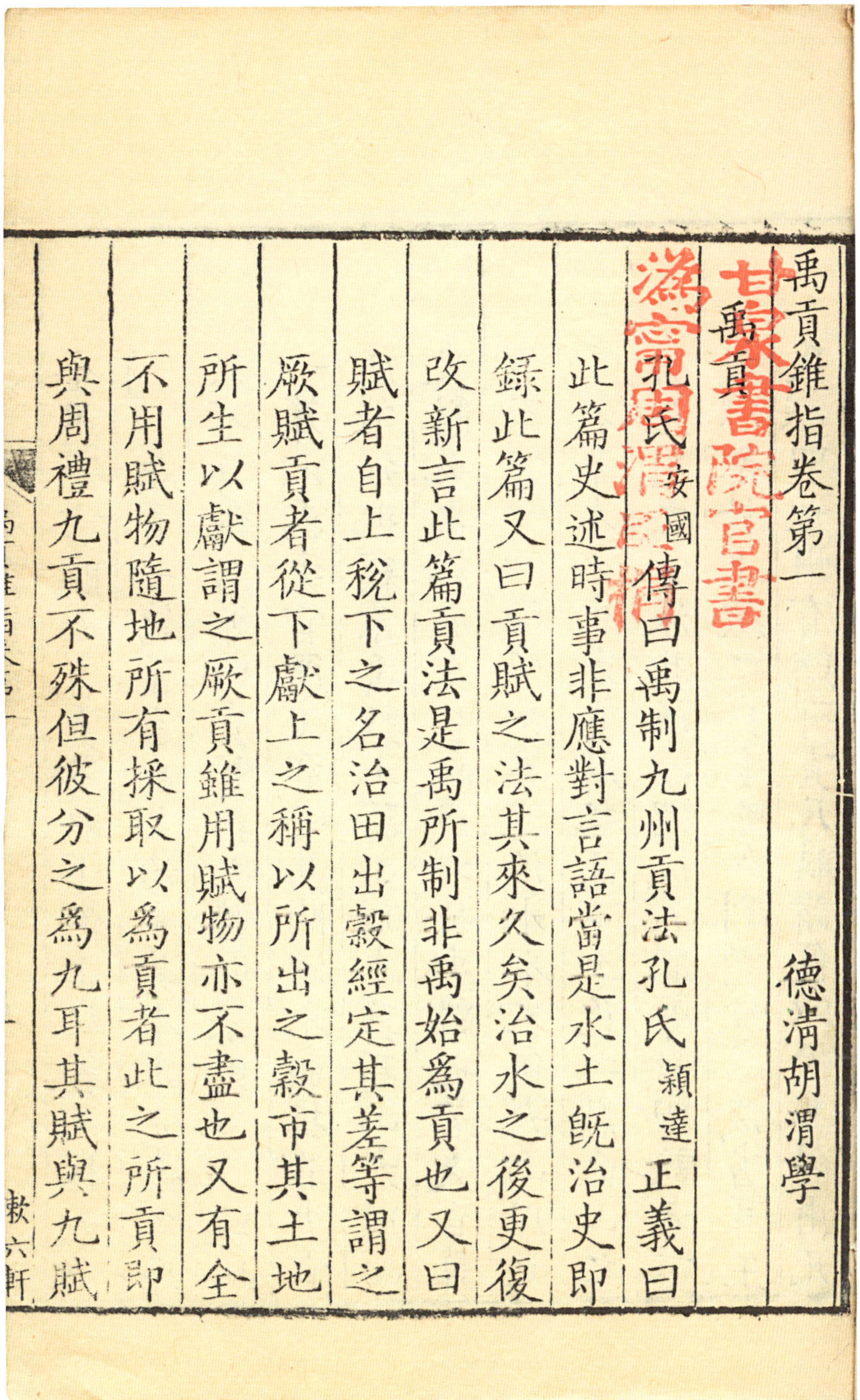

096　禹貢錐指二十卷圖一卷　（清）胡渭學　清康熙四十四年（1705）漱六軒刻本

框高19.0厘米，寬13.9厘米。半葉11行，行21字，小字雙行28字，白口，左右雙邊。

存十九卷（一至十、十三至二十，圖一卷）

館藏索書號：史/59/3046

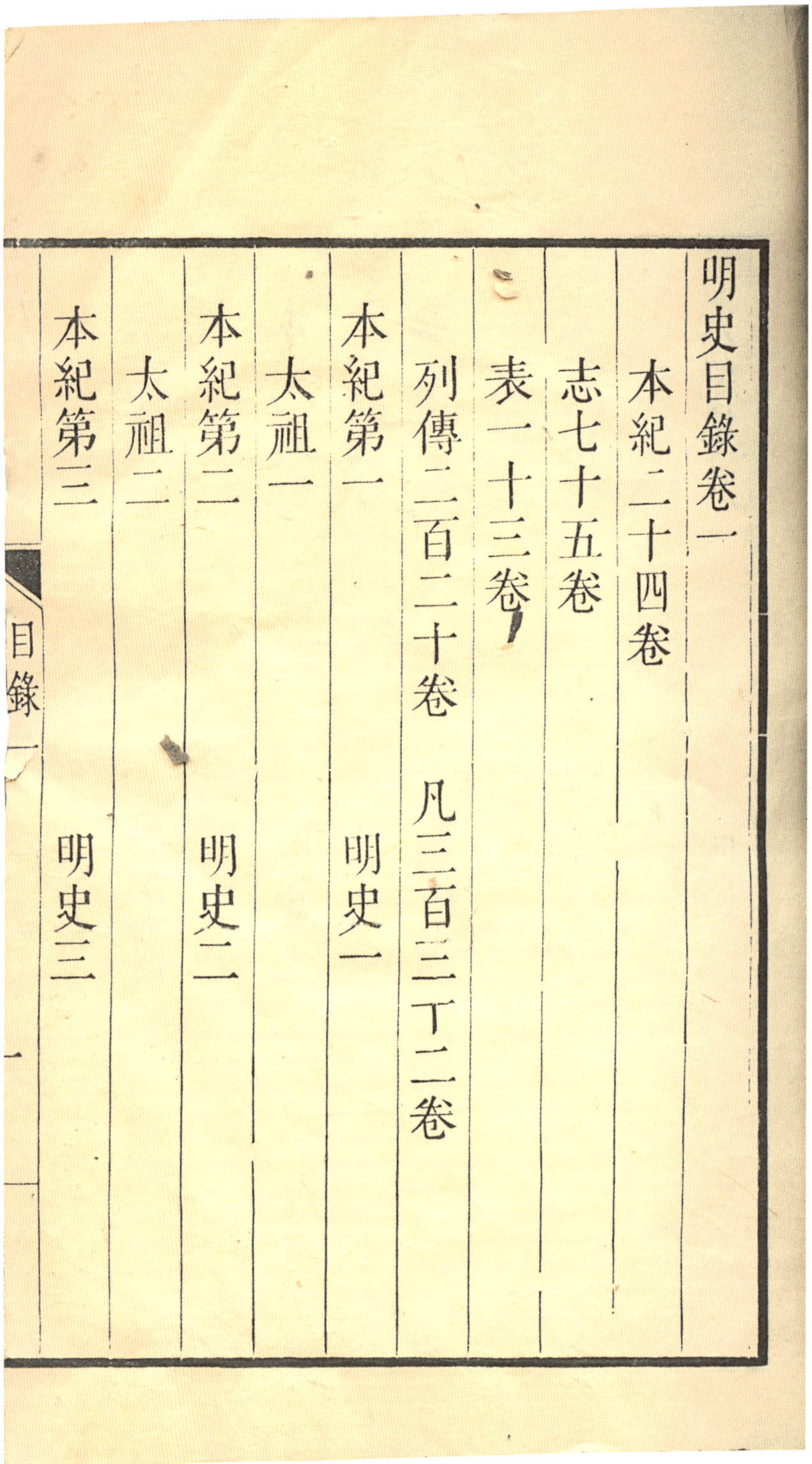

明史目錄卷一
本紀二十四卷
志七十五卷
表一十三卷
列傳二百二十卷　凡三百三十二卷
本紀第一　明史一
太祖一
本紀第二　明史二
太祖二
本紀第三　明史三

目錄一　一

097　明史三百三十二卷目錄四卷　（清）張廷玉等撰　清乾隆四年（1739）刻本
框高22.1厘米，寬15.1厘米。半葉10行，行20字，白口，四周雙邊。
館藏索書號：史/20/806

乾隆四年七月二十五日奉

旨開列在事諸臣職名

監理

議政大臣辦理理藩院尚書事務兼總管內務府和碩莊親王臣允祿

總裁

經筵講官太保兼太子太保保和殿大學士兼管吏部尚書翰林院掌院學士事世襲三等伯臣張廷玉

原任太子太傅文華殿大學士兼吏部尚書加五級臣朱軾

原任經筵講官太子太傅文華殿大學士兼理戶部尚書事務加七級臣蔣廷錫

太子少保食尚書俸臣徐元夢

原任議政大臣[illegible]三庫兼步軍統領教習庶吉士臣鄂爾奇

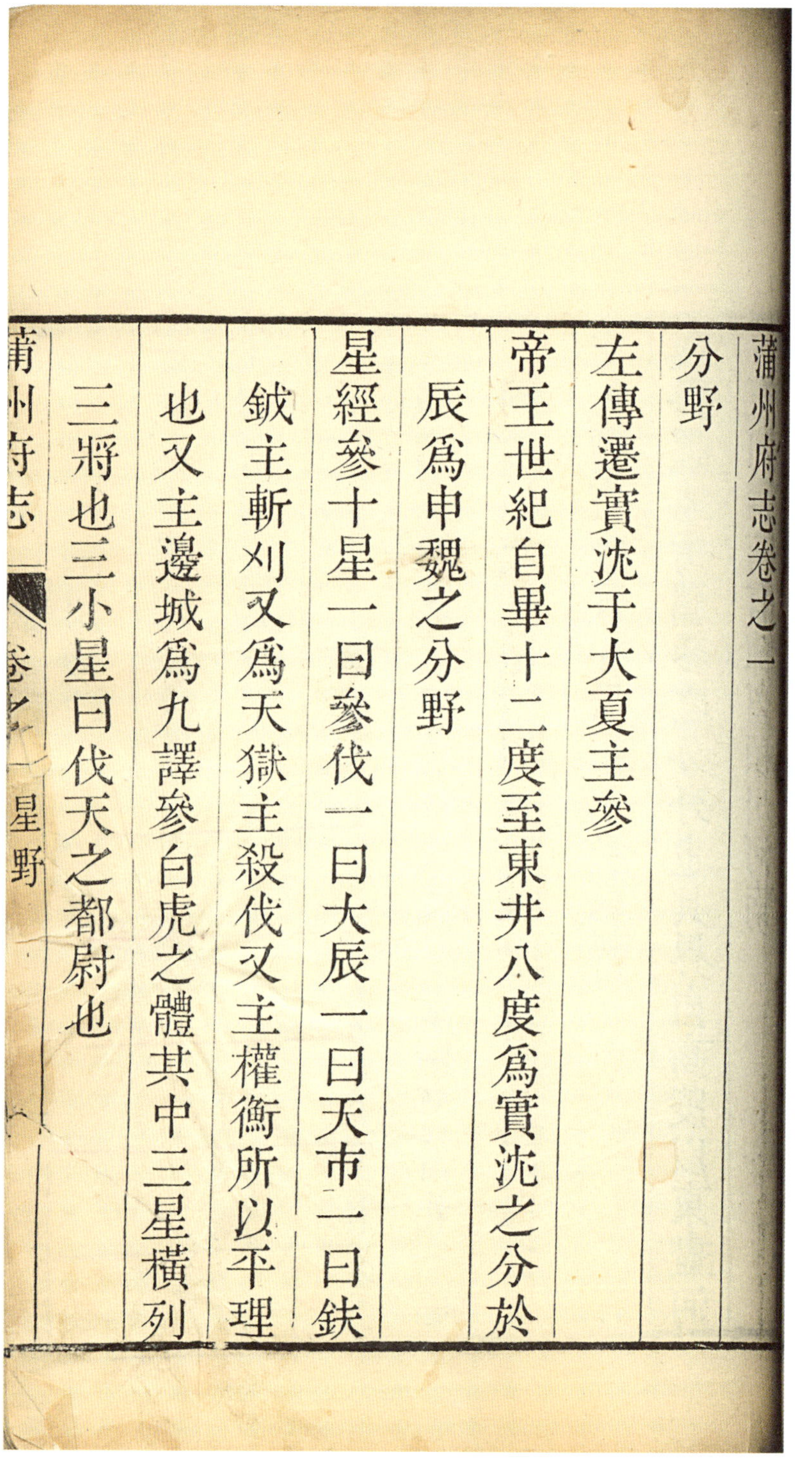

蒲州府志卷之一

分野

左傳遷實沈于大夏主參

帝王世紀自畢十二度至東井八度爲實沈之分於

辰爲申魏之分野

星經參十星一曰參伐一曰大辰一曰天市一曰鈇

鉞主斬刈又爲天獄主殺伐又主權衡所以平理

也又主邊城爲九譯參白虎之體其中三星橫列

三將也三小星曰伐天之都尉也

蒲州府志　卷之一　星野

098　［乾隆］蒲州府志二十四卷圖一卷　（清）周景柱纂修　清乾隆十九年（1754）刻本

框高19.5厘米，寬15.3厘米。半葉9行，行20字，小字雙行同，白口，左右雙邊。

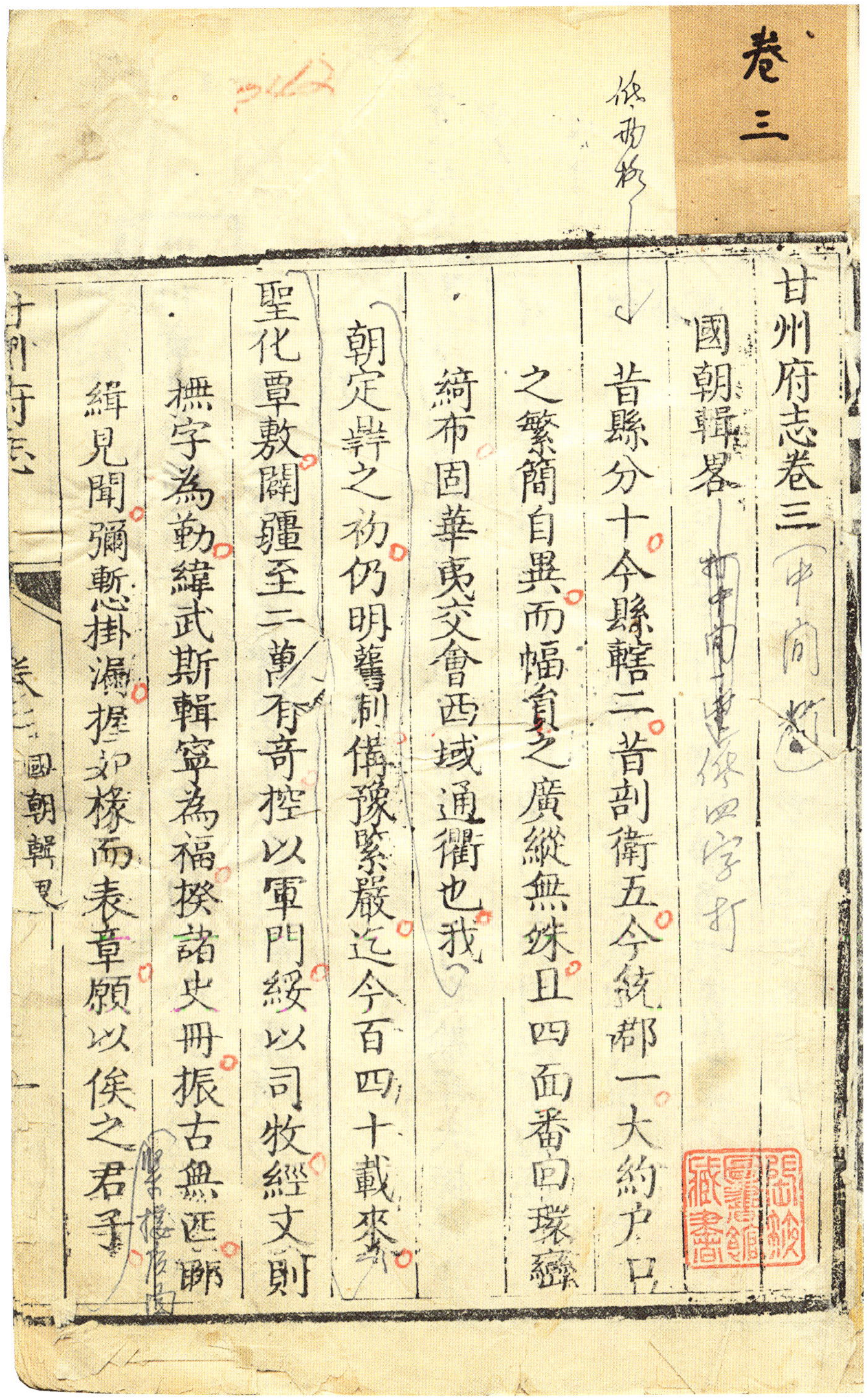

卷三

甘州府志卷三

國朝輯畧

昔縣分十今縣轄二昔剖衛五今統郡一大約户口之繁簡自異而幅員之廣縱無殊且四面番回環繞綺布固華夷交會西域通衢也我

朝定鼎之初仍明舊制備豫綦嚴迄今百四十載來

聖化覃敷闢疆至二萬有奇控以軍門綏以司牧經文則撫字為勤緯武斯輯寧為福揆諸史册振古無匹鄙緝見聞彌慙掛漏握如椽而表章願以俟之君子

甘州府志　卷三　國朝輯畧　一

099　［乾隆］甘州府志十六卷首一卷　（清）鍾賡起纂修　清乾隆四十四年（1779）刻本

框高20.8厘米，寬17.0厘米。半葉9行，行22字，白口，四周雙邊。

存十五卷（三至十六、首一卷）

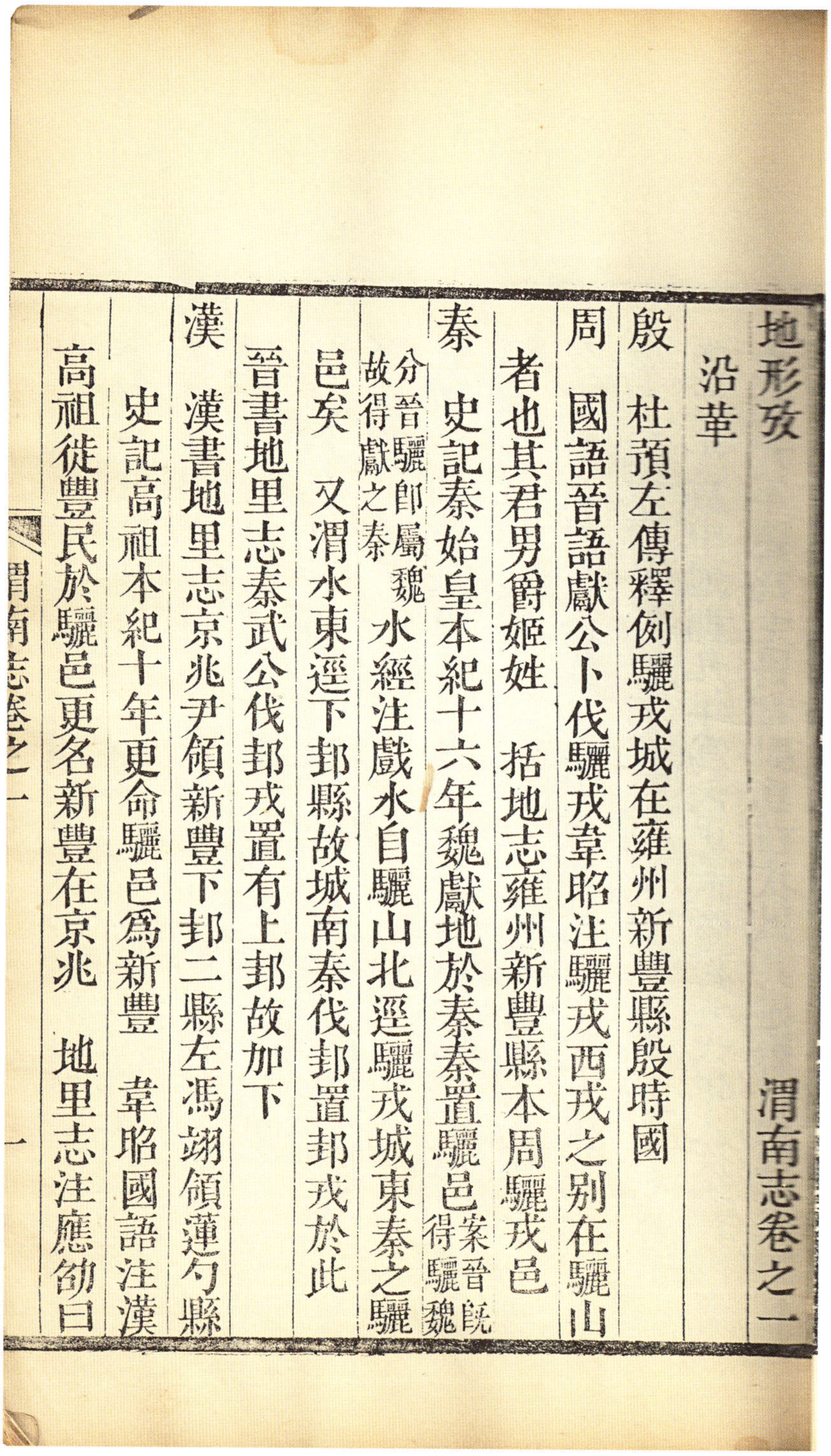

地形攷　　渭南志卷之一

沿革

殷　杜預左傳釋例驪戎城在雍州新豐縣殷時國

周　國語晉語獻公卜伐驪戎韋昭注驪戎西戎之別在驪山者也其君男爵姬姓　括地志雍州新豐縣本周驪戎邑

秦　史記秦始皇本紀十六年魏獻地於秦秦置驪邑案晉既得驪魏分晉驪卽屬魏故得獻之秦　水經注戲水自驪山北逕驪戎城東秦之驪邑矣　又渭水東逕下邽縣故城南秦伐邽置邽戎於此　晉書地里志秦武公伐邽戎置有上邽故加下

漢　漢書地里志京兆尹領新豐下邽二縣左馮翊領蓮勺縣　史記高祖本紀十年更命驪邑爲新豐　韋昭國語注漢高祖徙豐民於驪邑更名新豐在京兆　地里志注應劭曰

渭南志卷之一　一

100　［乾隆］渭南志十四卷　（清）汪以誠纂修　清乾隆四十四年（1779）刻本

框高20.2厘米，寬15.1厘米。半葉12行，行24字，白口，左右雙邊。

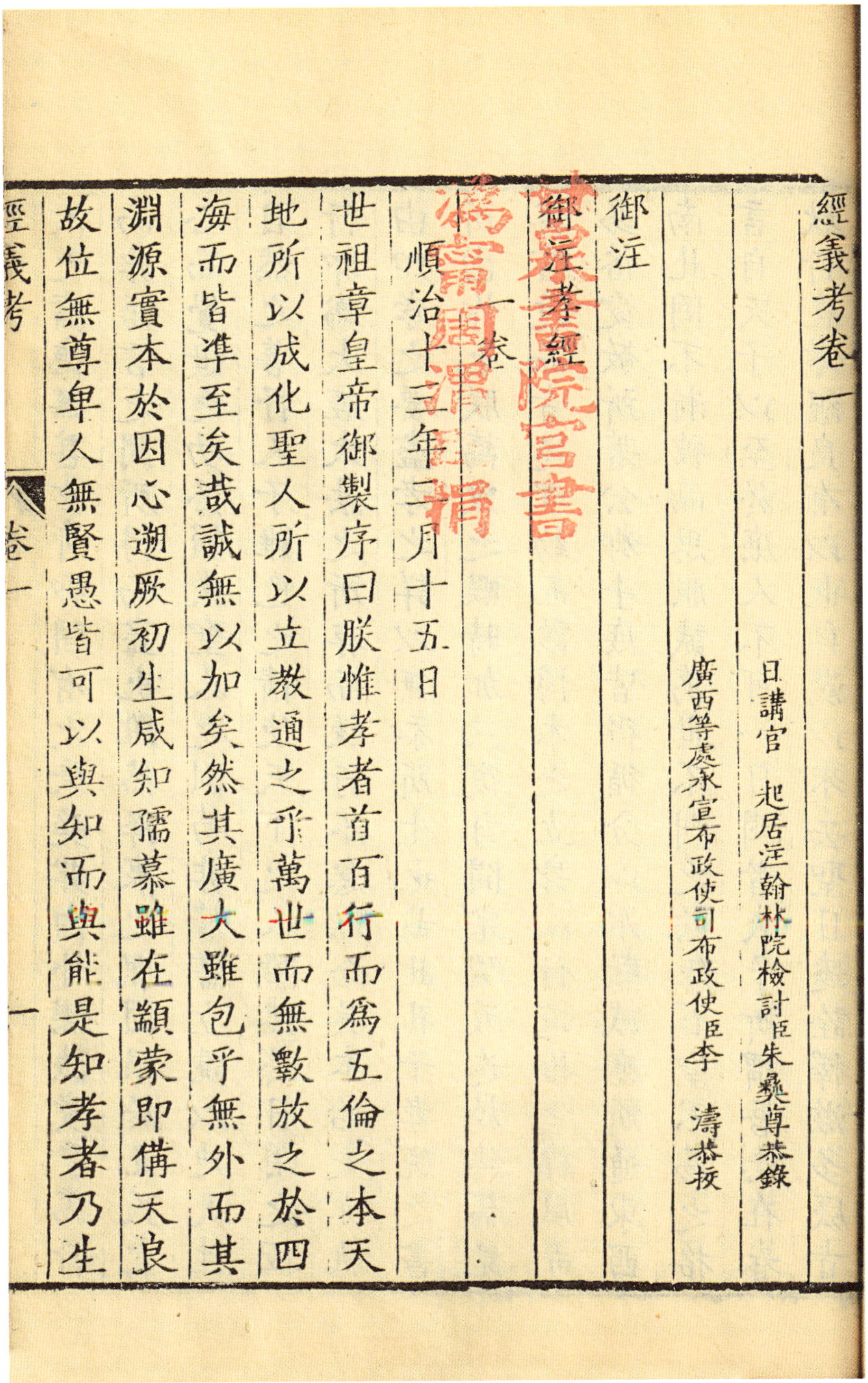

經義考卷一

日講官　起居注翰林院檢討臣朱彝尊恭錄

廣西等處承宣布政使司布政使臣李　濤恭按

御注

御注孝經一卷

順治十三年二月十五日

世祖章皇帝御製序曰朕惟孝者首百行而爲五倫之本天地所以成化聖人所以立教通之乎萬世而無斁放之於四海而皆準至矣哉誠無以加矣然其廣大雖包乎無外而其淵源實本於因心遡厥初生咸知孺慕雖在顓蒙即備天良故位無尊卑人無賢愚皆可以與知而與能是知孝者乃生

經義考　卷一　一

101　經義考三百卷目錄二卷　（清）朱彝尊撰　清乾隆晚期刻本
框高19.7厘米，寬14.7厘米。半葉12行，行23字，白口，四周單邊。
存三百卷（一至二百九十八、目錄二卷）
館藏索書號：史/71/4743

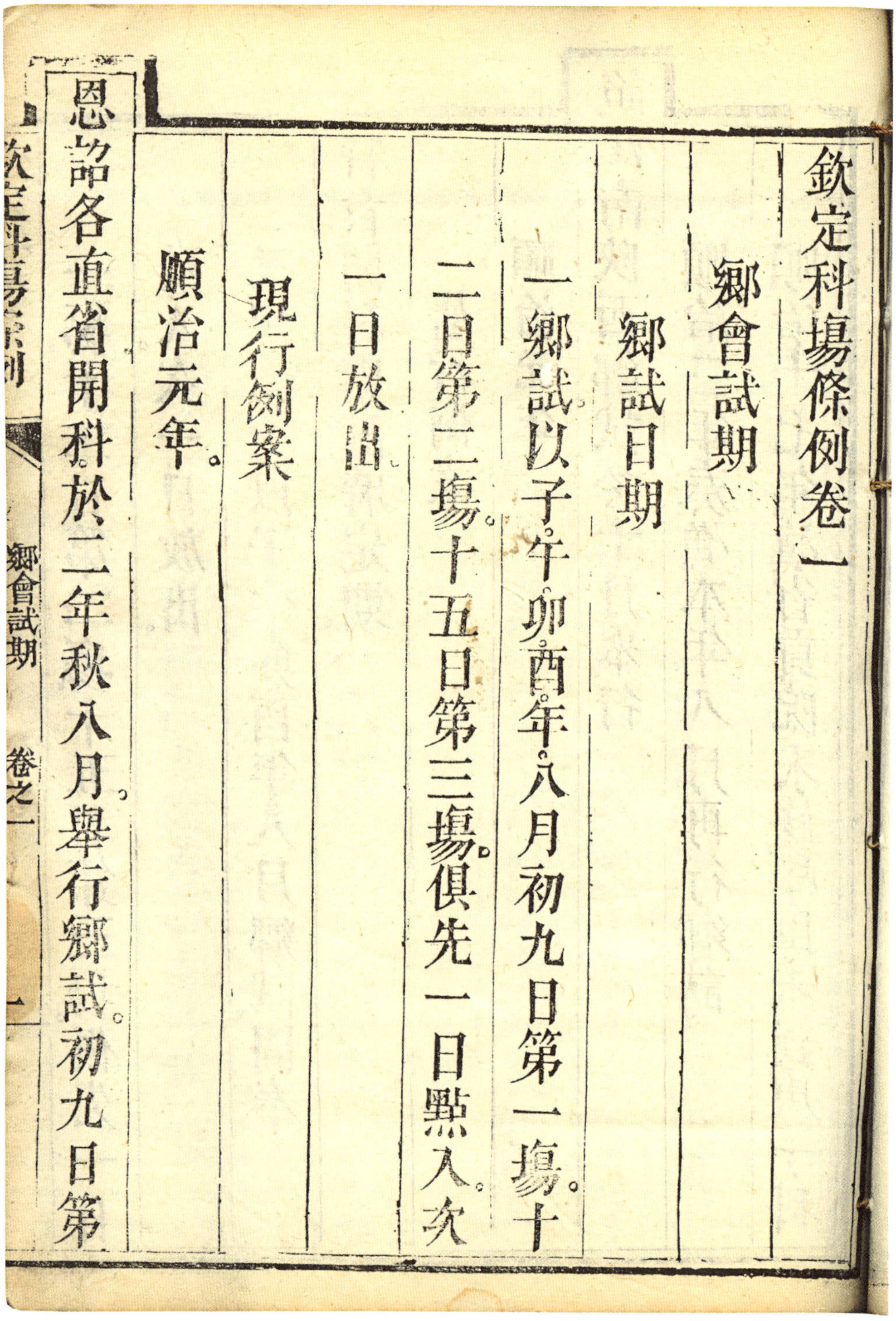

欽定科場條例卷一

鄉會試期

鄉試日期

一鄉試以子午卯酉年八月初九日第一塲十二日第二塲十五日第三塲俱先一日點入次一日放出

現行例案

順治元年

恩詔各直省開科於二年秋八月舉行鄉試初九日第

102　欽定科場條例五十四卷　（清）禮部纂修　清乾隆刻本

框高20.4厘米，寬16.0厘米。半葉9行，行20字，白口，四周雙邊。

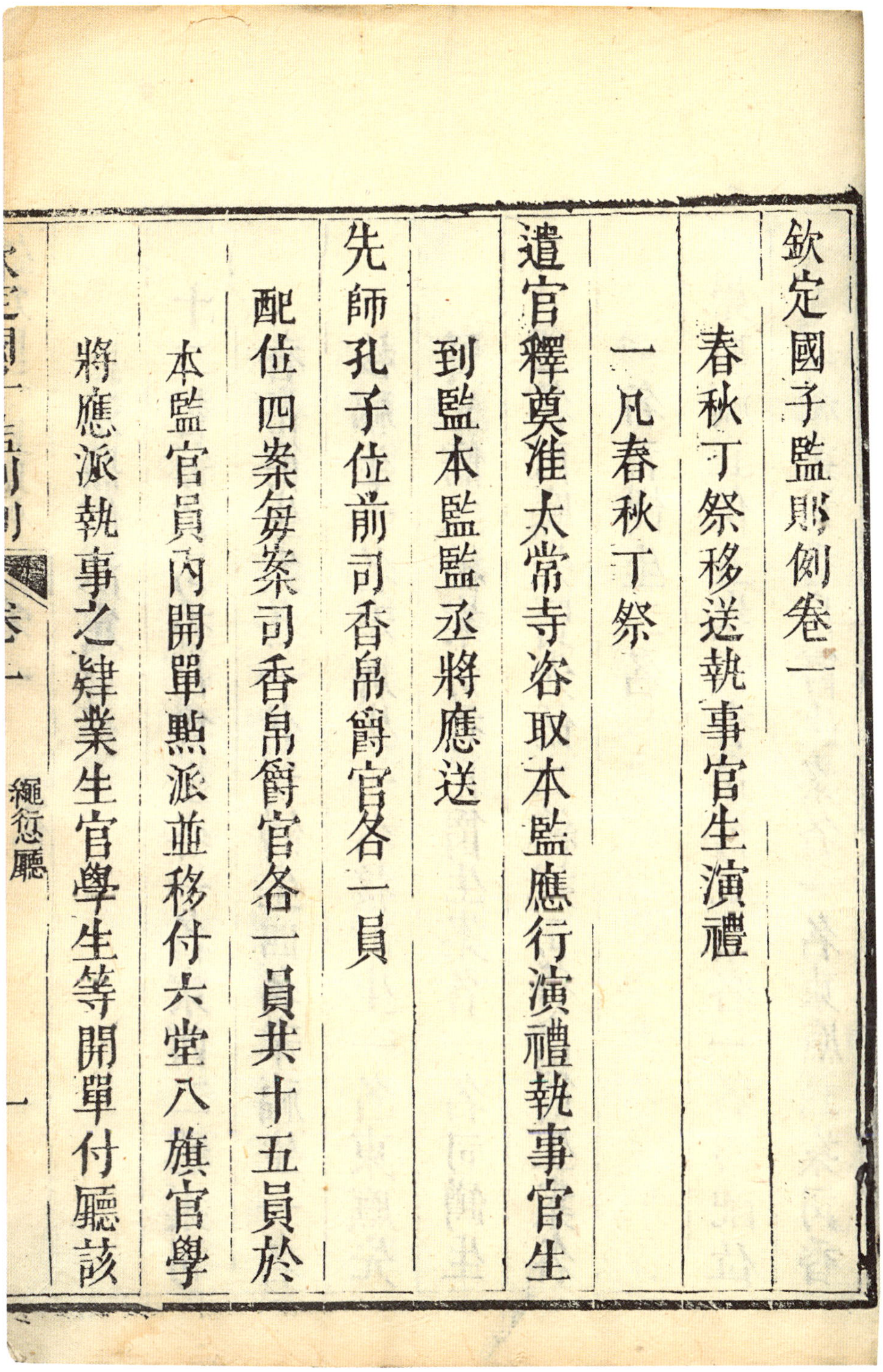

欽定國子監則例卷一

春秋丁祭移送執事官生演禮

一凡春秋丁祭

遣官釋奠淮太常寺咨取本監應行演禮執事官生

到監本監監丞將應送

先師孔子位前司香帛爵官各一員

配位四案每案司香帛爵官各一員共十五員於

本監官員內開單點派並移付六堂八旗官學

將應派執事之肄業生官學生等開單付廳該

欽定國子監則例　卷一　繩愆廳　一

103　欽定國子監則例四十四卷首六卷　（清）劉墉等纂修　清嘉慶二年（1797）刻本

框高19.6厘米，寬15.6厘米。半葉9行，行20字，小字雙行同，白口，四周雙邊。

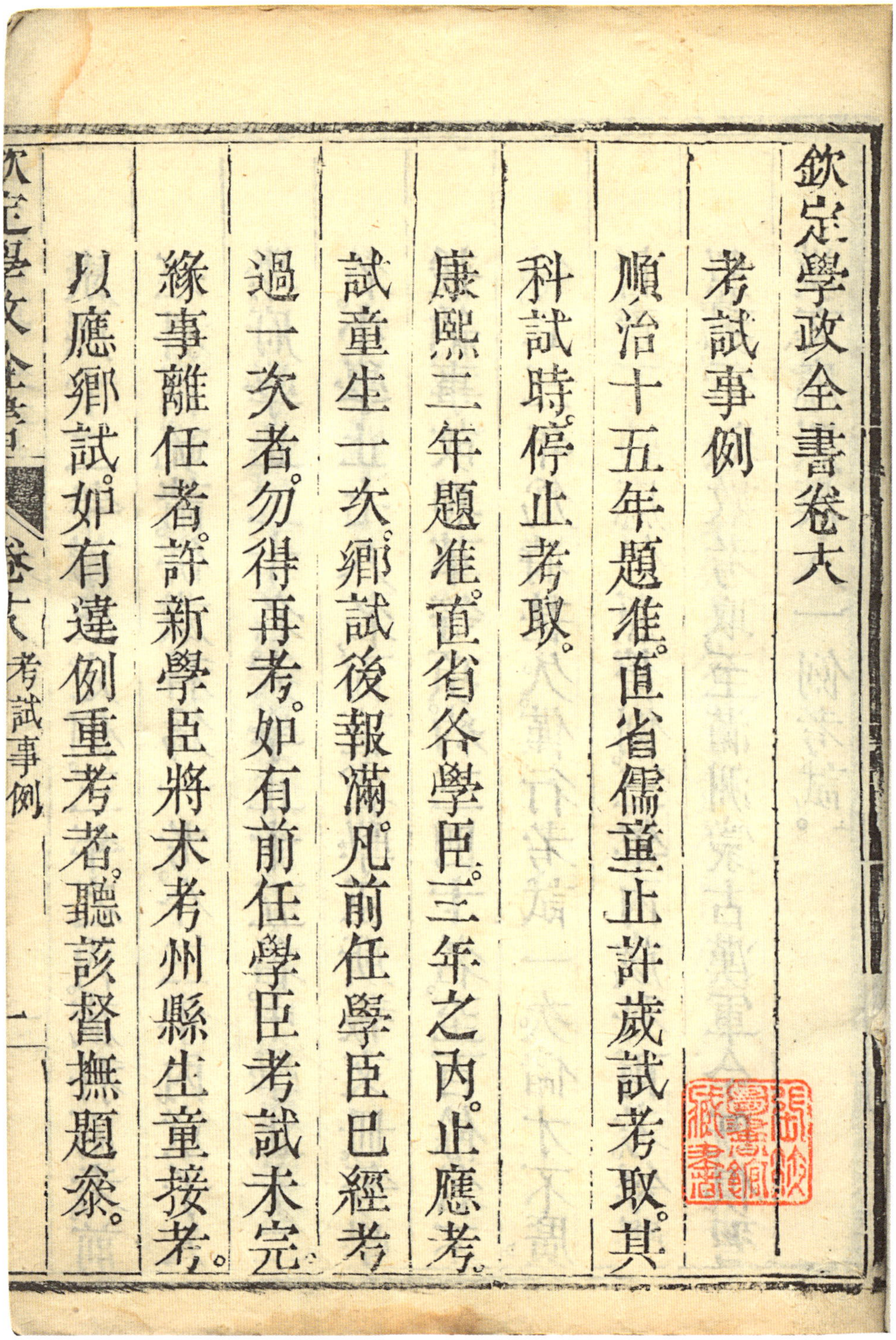

欽定學政全書卷六

考試事例

順治十五年題准直省儒童止許歲試考取其
科試時停止考取。

康熙三年題准直省各學臣三年之內止應考
試童生一次鄉試後報滿凡前任學臣已經考
過一次者勿得再考如有前任學臣考試未完
緣事離任者許新學臣將未考州縣生童接考
以應鄉試如有違例重考者聽該督撫題參

欽定學政全書 卷六 考試事例 一

104　欽定學政全書八十六卷　（清）童璜纂修　清嘉慶十七年（1812）刻本
框高19.3厘米，寬16.3厘米。半葉9行，行20字，白口，四周雙邊。
存二十八卷（十八至二十五、四十五至五十三、五十七至六十七）
館藏索書號：史/55/1965

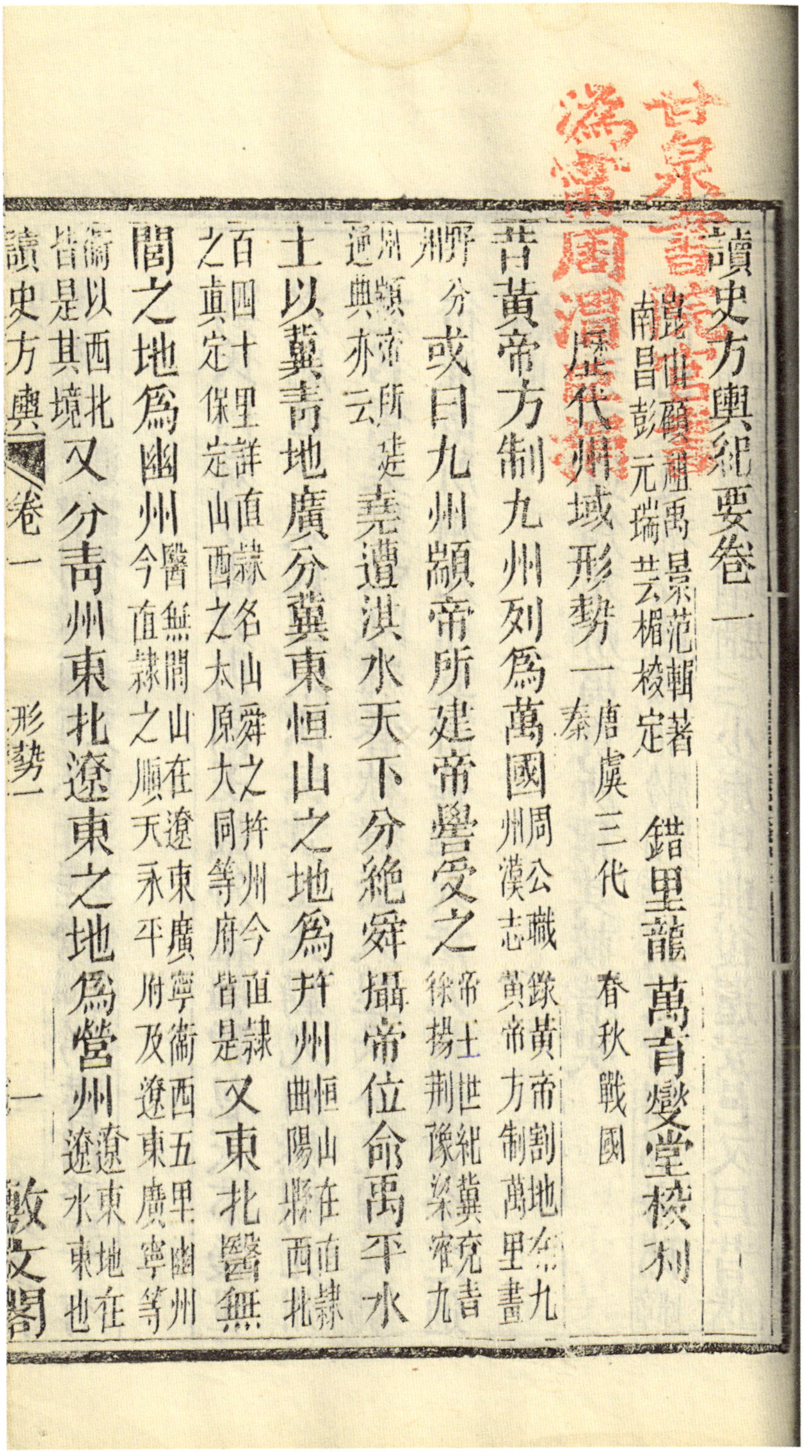

105　讀史方輿紀要一百三十卷附輿地總圖四卷　（清）顧祖禹輯著　清嘉慶敷文閣刻本

框高18.6厘米，寬12.8厘米。半葉10行，行21字，小字雙行同，白口，左右雙邊。

館藏索書號：史/60/3383

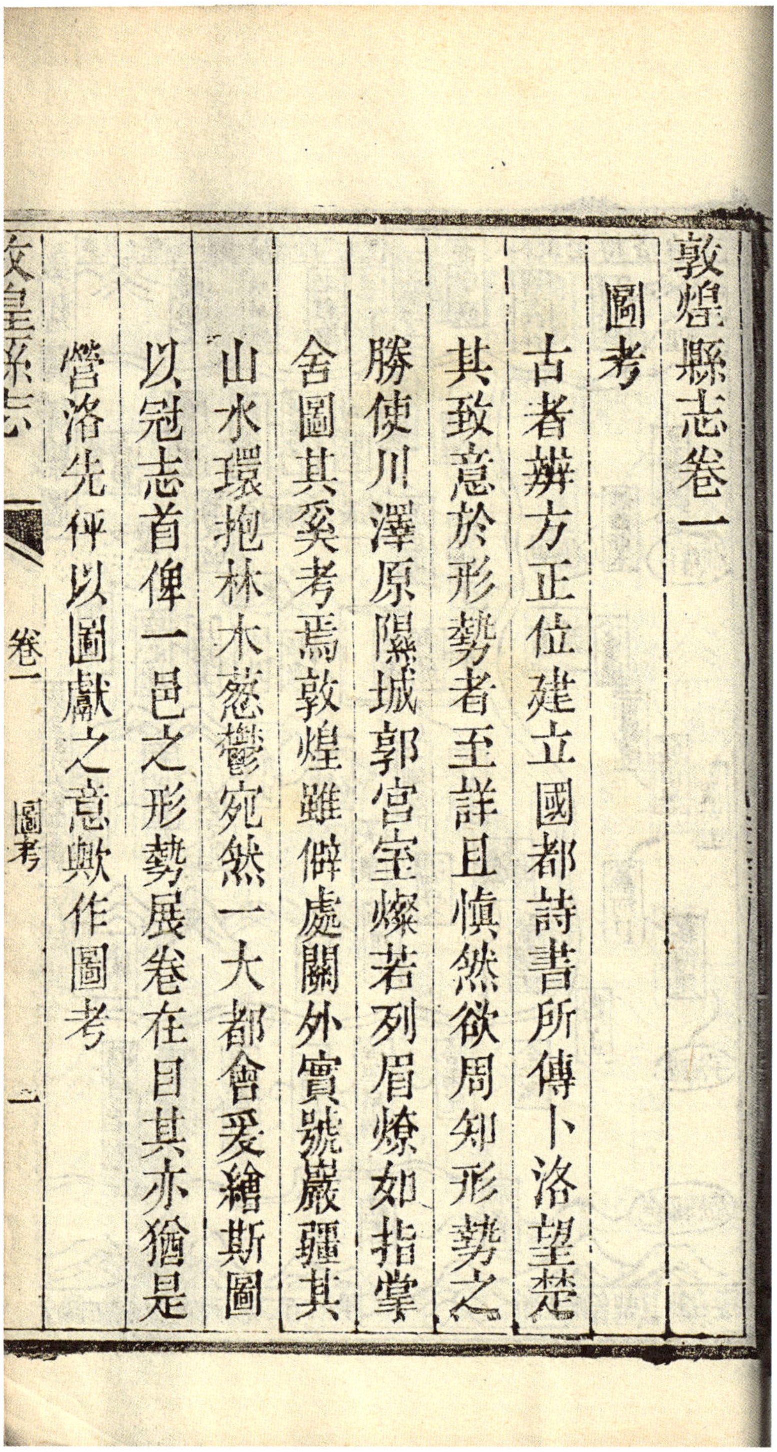

敦煌縣志卷一

圖考

古者辨方正位建立國都詩書所傳卜洛望楚其致意於形勢者至詳且慎然欲周知形勢之勝使川澤原隰城郭宮室燦若列眉燎如指掌舍圖其奚考焉敦煌雖僻處關外實號巖疆其山水環抱林木葱鬱宛然一大都會爰繪斯圖以冠志首俾一邑之形勢展卷在目其亦猶是營洛先伻以圖獻之意歟作圖考

敦煌縣志　卷一　圖考　一

106　［道光］敦煌縣志七卷首一卷　（清）蘇履吉修　清道光十一年（1831）刻本

框高20.7厘米，寬13.8厘米。半葉9行，行20字，小字雙行20字，白口，左右雙邊。

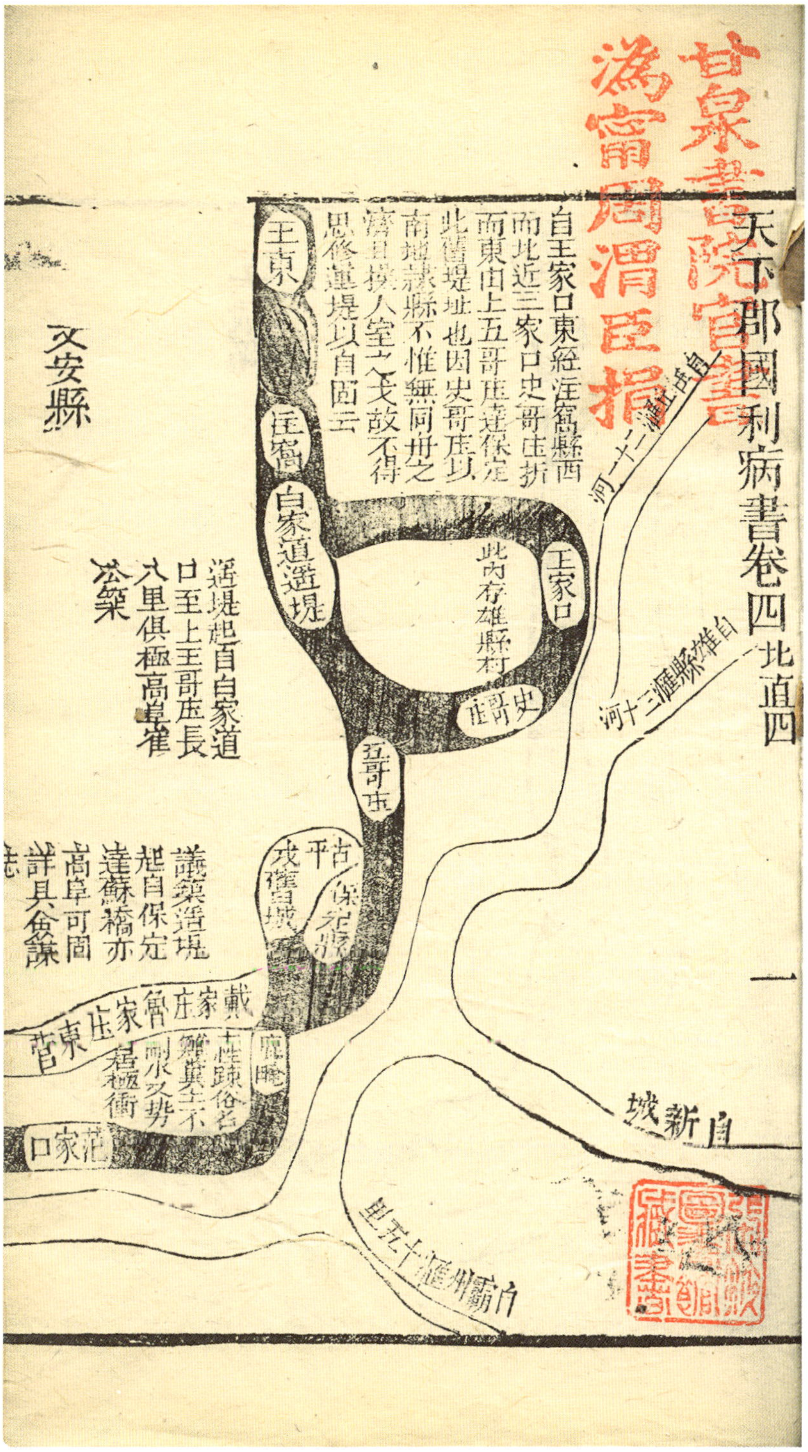

107　天下郡國利病書一百二十卷　（清）顧炎武輯　（清）龍萬育訂　清道光龍萬育刻本

框高16.5厘米，寬13厘米。半葉10行，行20字，小字雙行同，白口，左右雙邊。

存一百十七卷（四至一百二十）

館藏索書號：史/61/3447

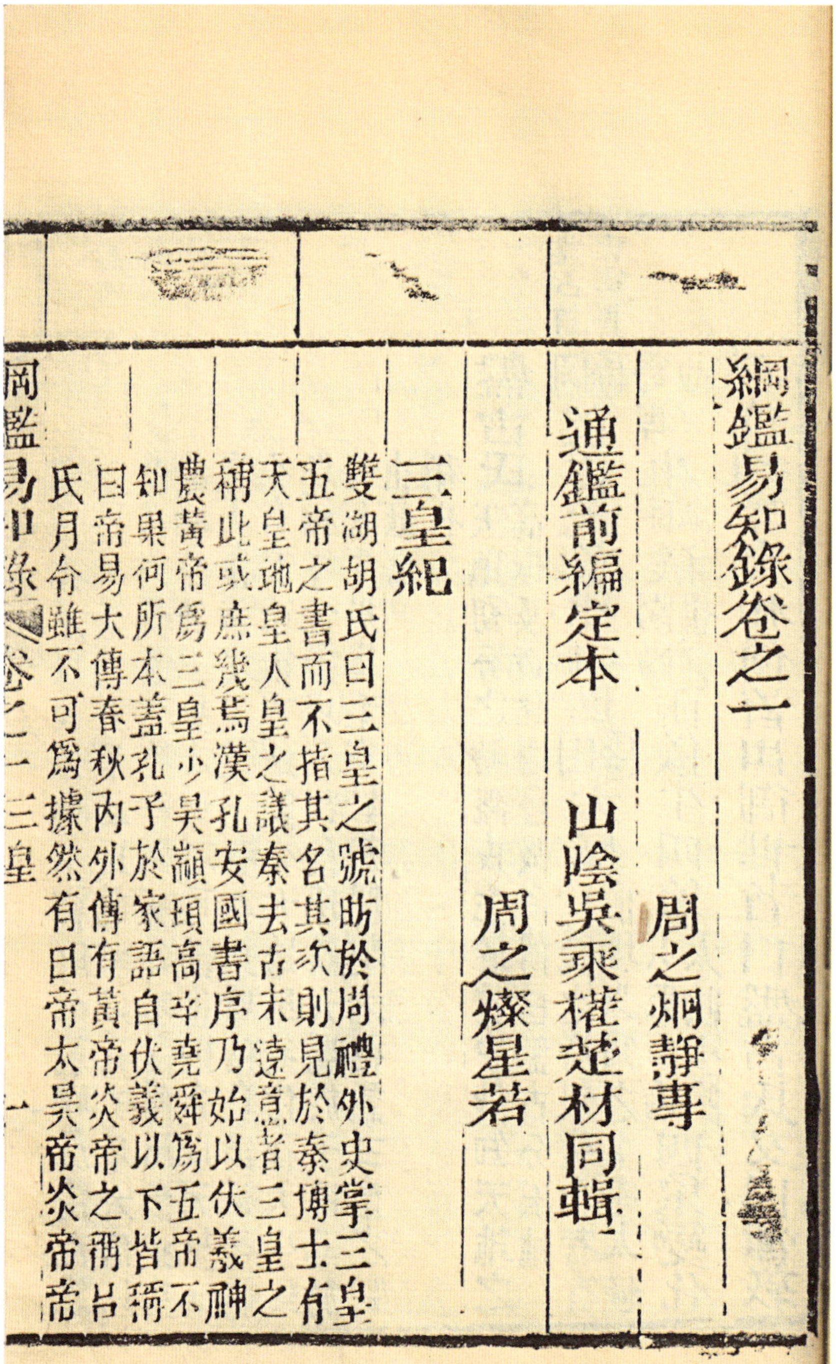

綱鑑易知錄卷之一

周之炯靜專

通鑑前編定本　山陰吳乘權楚材同輯

周之燦星若

三皇紀

雙湖胡氏曰三皇之號昉於周禮外史掌三皇五帝之書而不指其名其次則見於秦博士有天皇地皇人皇之議秦去古未遠意者三皇之稱此或庶幾焉漢孔安國書序乃始以伏羲神農黃帝爲三皇少昊顓頊高辛堯舜爲五帝不知果何所本蓋孔子於家語自伏羲以下皆稱曰帝易大傳春秋內外傳有黃帝炎帝之稱呂氏月令雖不可爲據然有曰帝太昊帝炎帝帝

綱鑑易知錄　卷之一　三皇　一

108　綱鑑易知録一百七卷　（清）吴乘權等輯　清咸豐八年（1858）刻本

框高14.0厘米，寬9.70厘米。兩欄，半葉9行，行20字，小字雙行同，白口，四周單邊。

存五十三卷（一至五十三）

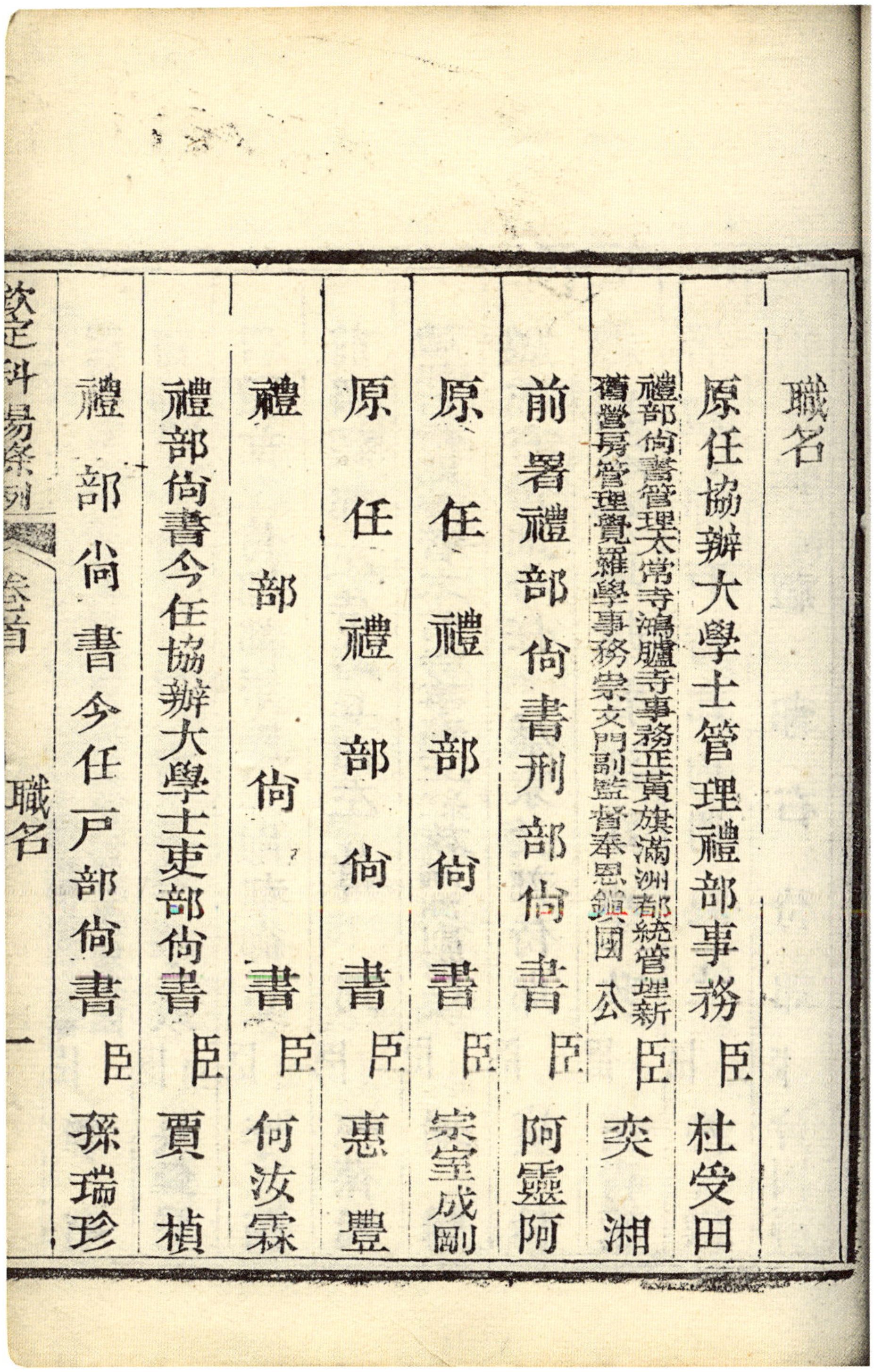
職名

原任協辦大學士管理禮部事務臣杜受田

禮部尚書管理太常寺鴻臚寺事務正黃旗滿洲都統管理新舊營房管理覺羅學事務崇文門副監督奉恩鎮國公臣奕湘

前署禮部尚書刑部尚書臣阿靈阿

原任禮部尚書臣宗室成剛

原任禮部尚書臣惠豐

禮部尚書臣何汝霖

禮部尚書今任協辦大學士吏部尚書臣賈楨

禮部尚書今任戶部尚書臣孫瑞珍

欽定科場條例　卷首　職名　一

109　欽定科場條例六十卷首一卷　（清）禮部纂修　清咸豐刻本

框高18.0厘米，寬15.0厘米。半葉9行，行20字，白口，四周雙邊。

存三十七卷（一至六、十四至二十八、三十八至四十九、五十四至五十六，首一卷）

館藏索書號：史/53/2962

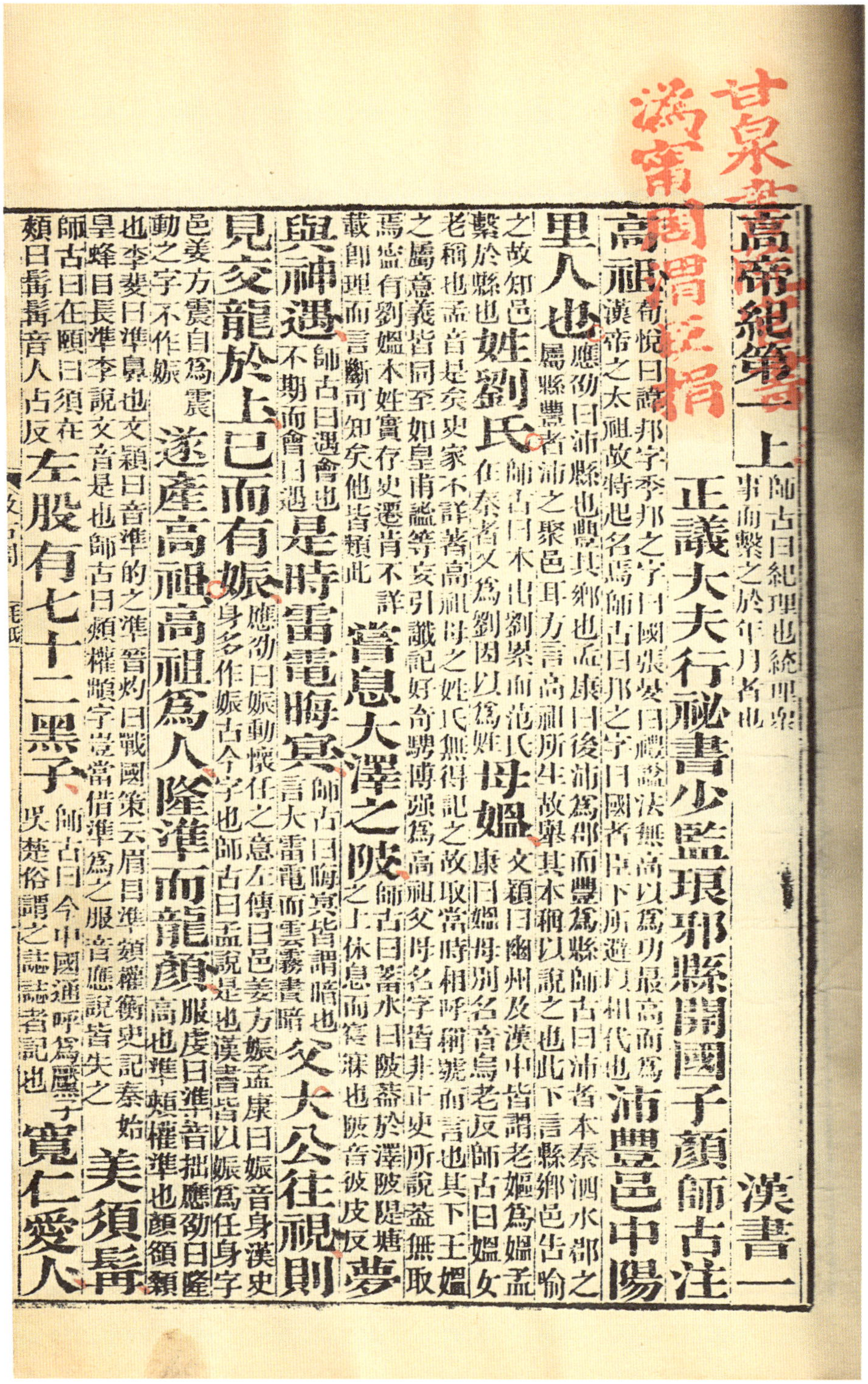

高帝紀第一上　師古曰紀理也統理衆事而繫之於年月者也　漢書一
正義大夫行祕書少監琅邪縣開國子顏師古注
高祖荀悅曰諱邦字季邦之字曰國張晏曰禮謚法無高以爲功最高而爲漢帝之太祖故特起名焉師古曰邦之字曰國者臣下所避以相代也沛豐邑中陽
里人也應劭曰沛縣也豐其鄉也孟康曰後沛爲郡而豐爲縣師古曰沛者本秦泗水郡之屬縣豐者沛之聚邑耳方言高祖所生故舉其本稱以說之也此下言縣鄉邑告喻
之故知邑繫於縣也姓劉氏師古曰本出劉累而范氏在秦者又爲劉因以爲姓母媪文穎曰幽州及漢中皆謂老嫗爲媪孟康曰媪母別名音烏老反師古曰媪女
老稱也孟音是矣史家不詳著高祖母之姓氏無得記之故取當時相呼稱號而言也其下王媪之屬意義皆同至如皇甫謐等妄引讖記好奇騁博強爲高祖父母名字皆非正史所說蓋無取
焉且有劉媪本姓實存史遷肯不詳載即理而言斷可知矣他皆類此嘗息大澤之陂師古曰蓄水曰陂蓋於澤陂隄塘之上休息而寢寐也陂音彼皮反夢
與神遇師古曰遇會也不期而會曰遇是時雷電晦冥師古曰晦冥皆謂暗也言大雷電而雲霧晝暗父太公往視則
見交龍於上已而有娠應劭曰娠動懷任之意左傳曰邑姜方娠孟康曰娠音身漢史身多作娠古今字也師古曰孟說是也漢書皆以娠爲任身字
邑姜方震自爲震動之字不作娠遂產高祖高祖爲人隆準而龍顏服虔曰準音拙應劭曰隆高也準頰權準也顏額顙
也李斐曰準鼻也文穎曰音準的之準晉灼曰戰國策云眉目準頞權衡史記秦始皇蜂目長準李說文音是也師古曰頰權頞字豈當借準爲之服音應說皆失之美須髯
師古曰在頤曰須在頰曰髯髯音人占反左股有七十二黑子師古曰今中國通呼爲黶子吳楚俗謂之誌誌者記也寬仁愛人

110　漢書一百二十卷　（漢）班固撰　（唐）顏師古注　清同治八年（1869）金陵書局刻本

框高21.0厘米，寬15.0厘米。半葉12行，行25字，小字雙行38字，白口，左右雙邊。

館藏索書號：史/21/5610

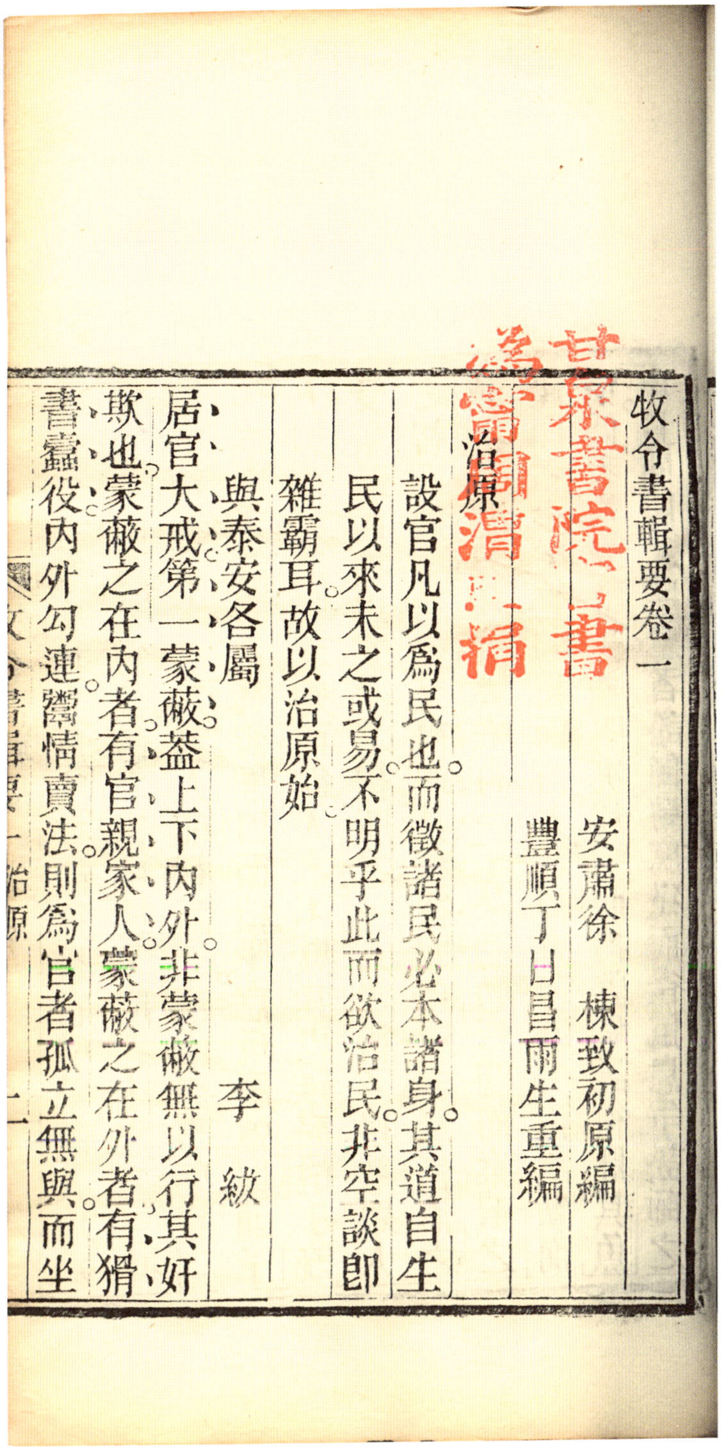

111　牧令書輯要十卷　（清）徐棟原編　（清）丁日昌重編　清同治八年（1869）崇文書局刻本

框高16.5厘米，寬15.2厘米。半葉11行，行21字，白口，四周雙邊。

館藏索書號：史/57/3209

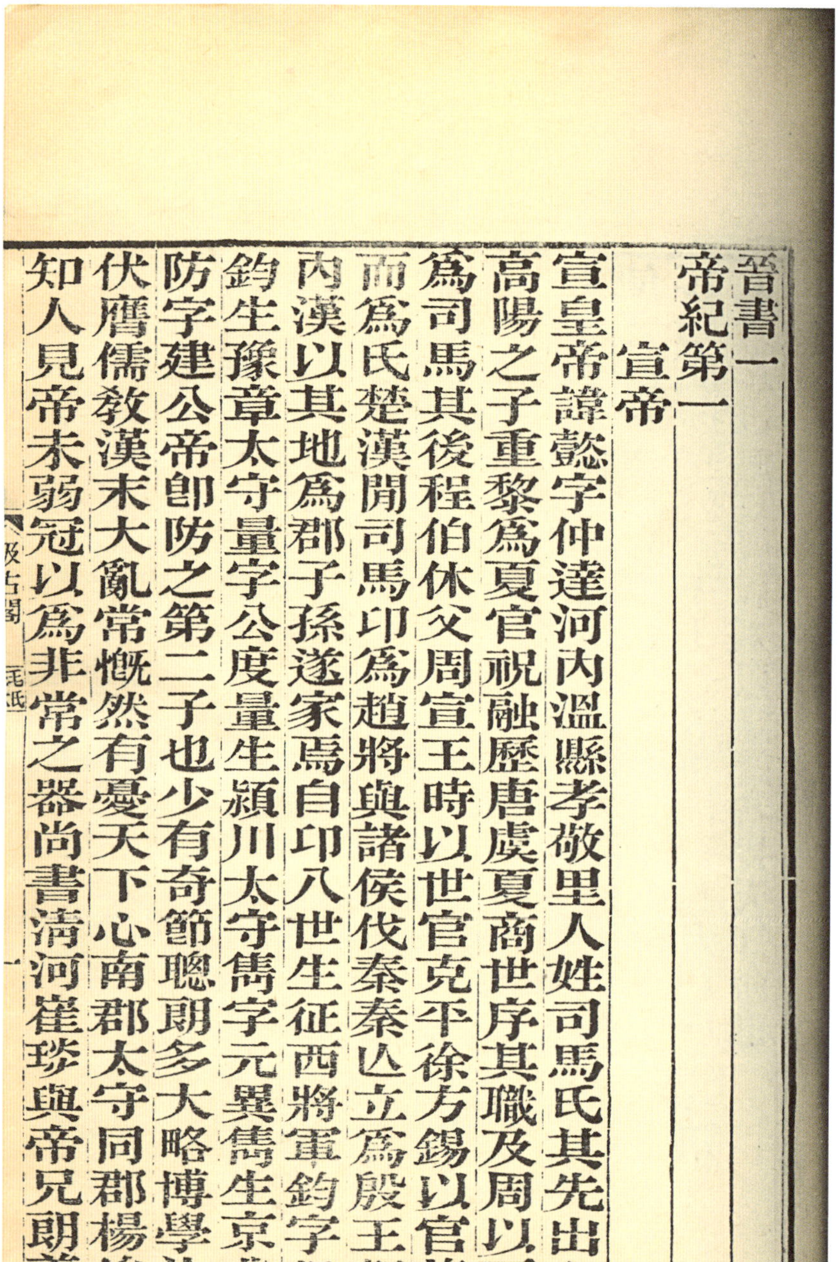

晉書一

帝紀第一

宣帝

宣皇帝諱懿字仲達河內溫縣孝敬里人姓司馬氏其先出自帝高陽之子重黎爲夏官祝融歷唐虞夏商世序其職及周以夏官爲司馬其後程伯休父周宣王時以世官克平徐方錫以官族因而爲氏楚漢閒司馬卬爲趙將與諸侯伐秦秦亡立爲殷王都河內漢以其地爲郡子孫遂家焉自卬八世生征西將軍鈞字叔平鈞生豫章太守量字公度量生潁川太守儁字元異儁生京兆尹防字建公帝卽防之第二子也少有奇節聰朗多大略博學洽聞伏膺儒教漢末大亂常慨然有憂天下心南郡太守同郡楊俊名知人見帝未弱冠以爲非常之器尚書清河崔琰與帝兄朗善亦

汲古閣　毛氏　一

112　晉書一百三十卷　（唐）房玄齡等撰　（唐）何超音義　清同治十年（1871）金陵書局刻本

框高21.0厘米，寬15.0厘米。半葉12行，行25字，小字雙行38字，白口，左右雙邊。

館藏索書號：史/22/5626

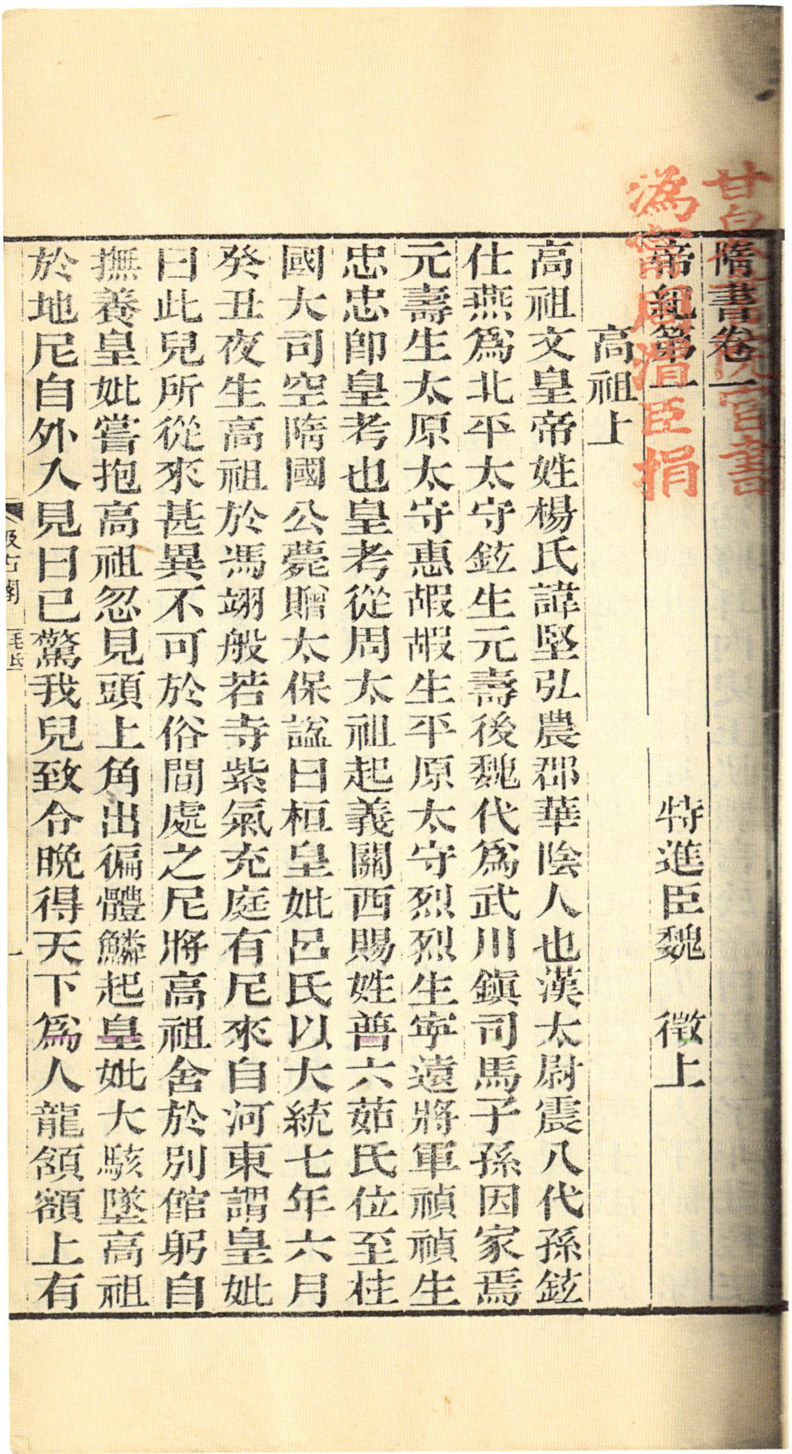

隋書卷一

帝紀第一

高祖上　　特進臣魏　徵上

高祖文皇帝姓楊氏諱堅弘農郡華陰人也漢太尉震八代孫鉉仕燕爲北平太守鉉生元壽後魏代爲武川鎮司馬子孫因家焉元壽生太原太守惠嘏嘏生平原太守烈烈生寧遠將軍禎禎生忠忠卽皇考也皇考從周太祖起義關西賜姓普六茹氏位至柱國大司空隋國公薨贈太保謚曰桓皇妣吕氏以大統七年六月癸丑夜生高祖於馮翊般若寺紫氣充庭有尼來自河東謂皇妣曰此兒所從來甚異不可於俗間處之尼將高祖舍於別館躬自撫養皇妣嘗抱高祖忽見頭上角出徧體鱗起皇妣大駭墜高祖於地尼自外入見曰已驚我兒致令晚得天下爲人龍顏額上有

汲古閣　毛氏　一

113　隋書八十五卷　（唐）魏徵撰　（清）薛壽等校　清同治十年（1871）淮南書局刻本

框高21.0厘米，寬15.0厘米。半葉12行，行25字，小字雙行38字，白口，左右雙邊。

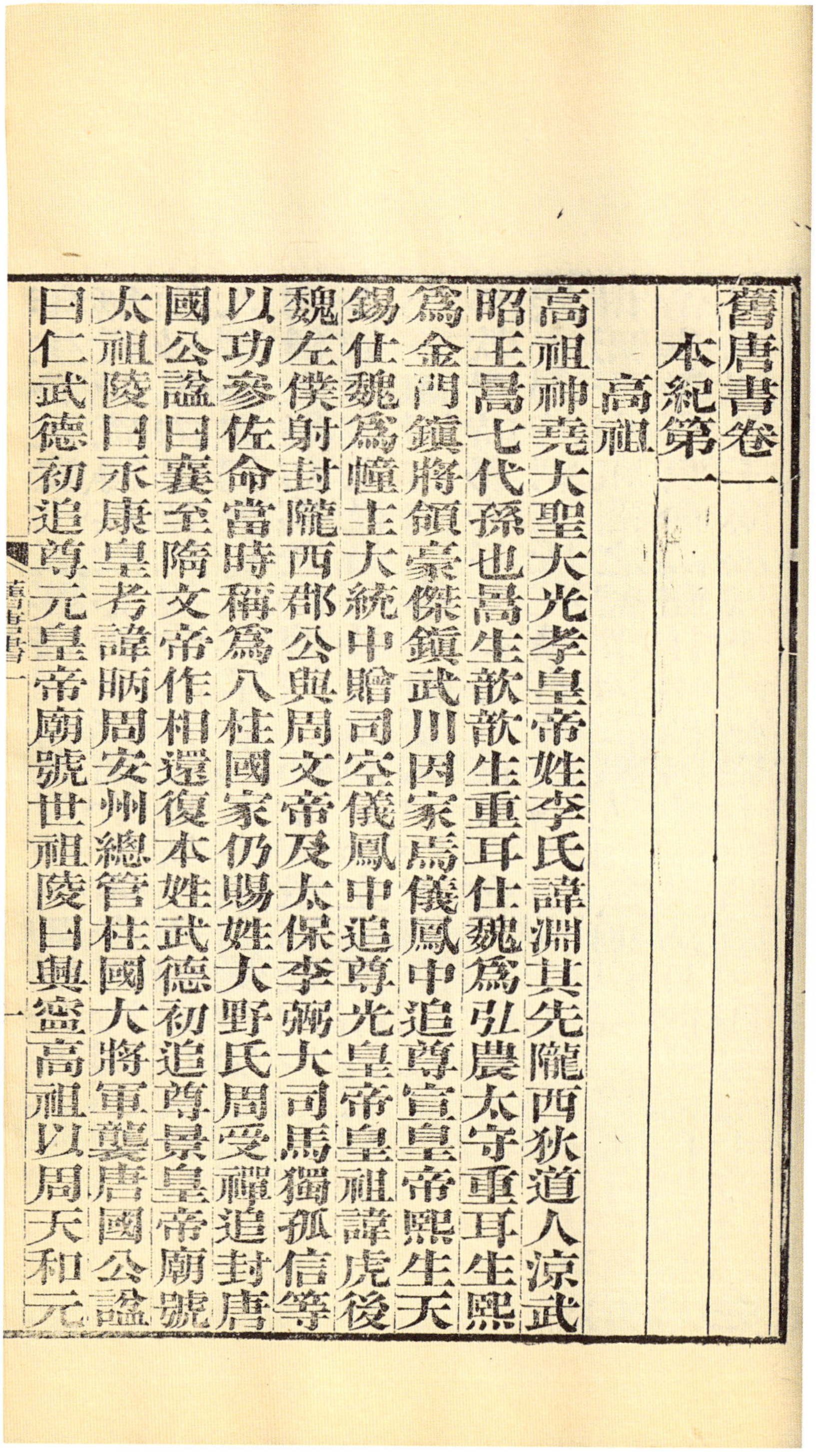

舊唐書卷一

本紀第一

高祖

高祖神堯大聖大光孝皇帝姓李氏諱淵其先隴西狄道人涼武昭王暠七代孫也暠生歆歆生重耳仕魏爲弘農太守重耳生熙爲金門鎮將領豪傑鎮武川因家焉儀鳳中追尊宣皇帝熙生天錫仕魏爲幢主大統中贈司空儀鳳中追尊光皇帝皇祖諱虎後魏左僕射封隴西郡公與周文帝及太保李弼大司馬獨孤信等以功參佐命當時稱爲八柱國家仍賜姓大野氏周受禪追封唐國公謚曰襄至隋文帝作相還復本姓武德初追尊景皇帝廟號太祖陵曰永康皇考諱昞周安州總管柱國大將軍襲唐國公謚曰仁武德初追尊元皇帝廟號世祖陵曰興寧高祖以周天和元

舊唐書一　　一

114　舊唐書二百卷　（五代）劉昫撰　清同治十一年（1872）浙江書局刻本
框高20.7厘米，寬15.2厘米。半葉12行，行25字，白口，左右雙邊。
館藏索書號：史/33/5749

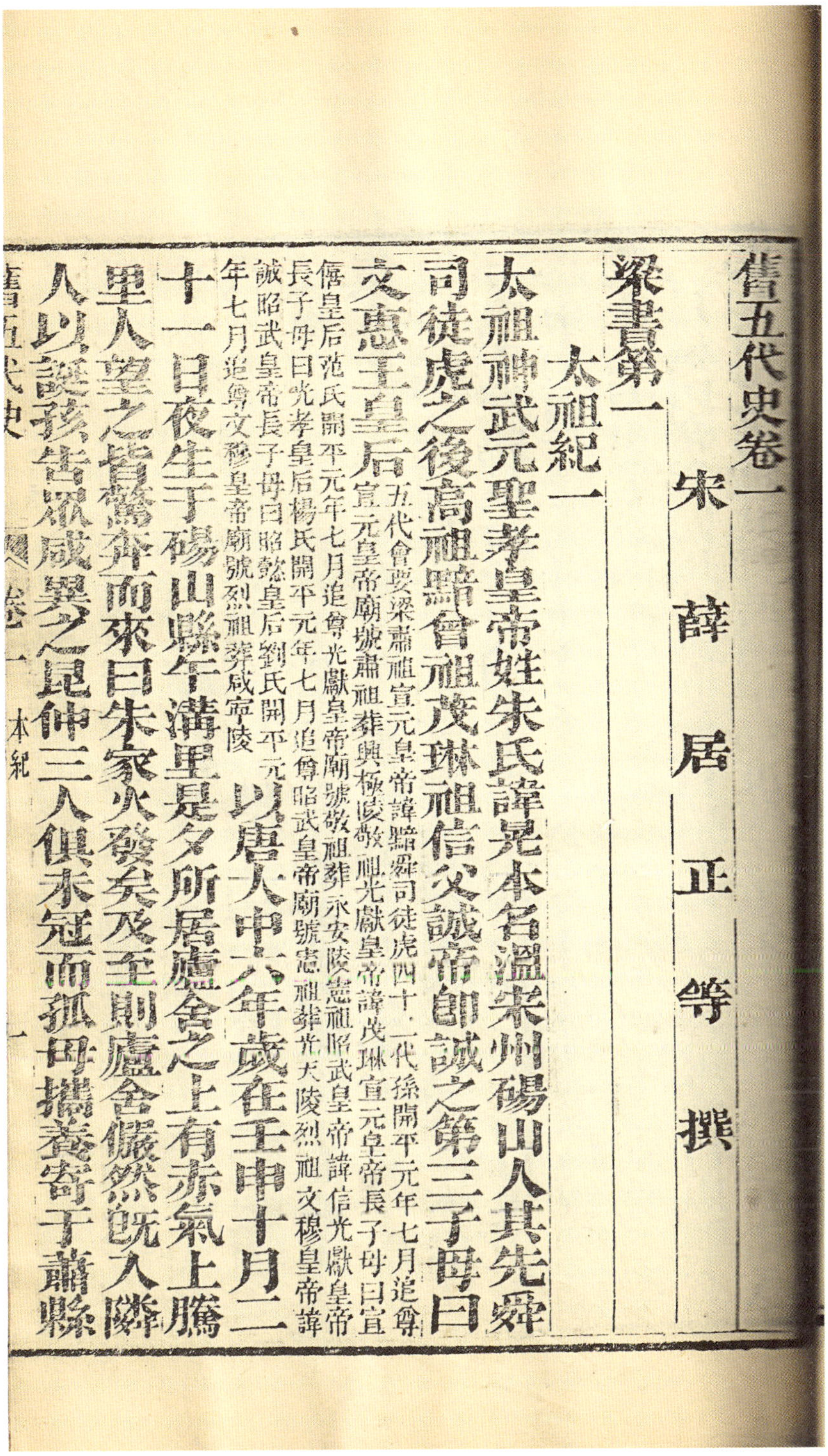

舊五代史卷一

宋 薛居正等撰

梁書第一

太祖紀一

太祖神武元聖孝皇帝姓朱氏諱晃本名溫宋州碭山人其先舜司徒虎之後高祖黯曾祖茂琳祖信父誠帝即誠之第三子母曰文惠王皇后五代會要梁肅祖宣元皇帝諱黯舜司徒虎四十一代孫開平元年七月追尊宣元皇帝廟號肅祖葬興極陵敬祖光獻皇帝諱茂琳宣元皇帝長子母曰宣僖皇后范氏開平元年七月追尊光獻皇帝廟號敬祖葬永安陵憲祖昭武皇帝諱信光獻皇帝長子母曰光孝皇后楊氏開平元年七月追尊昭武皇帝廟號憲祖葬光天陵烈祖文穆皇帝諱誠昭武皇帝長子母曰昭懿皇后劉氏開平元年七月追尊文穆皇帝廟號烈祖葬咸寧陵以唐大中六年歲在壬申十月二十一日夜生于碭山縣午溝里是夕所居廬舍之上有赤氣上騰里人望之皆驚奔而來曰朱家火發矣及至則廬舍儼然既入鄰人以誕孩告眾咸異之昆仲三人俱未冠而孤母攜養寄于蕭縣

舊五代史　卷一　本紀　一

115　舊五代史一百五十卷目錄二卷　（宋）薛居正等撰　清同治十一年（1872）崇文書局刻本

框高20.7厘米，寬15.7厘米。半葉12行，行25字，小字雙行37字，白口，左右雙邊。

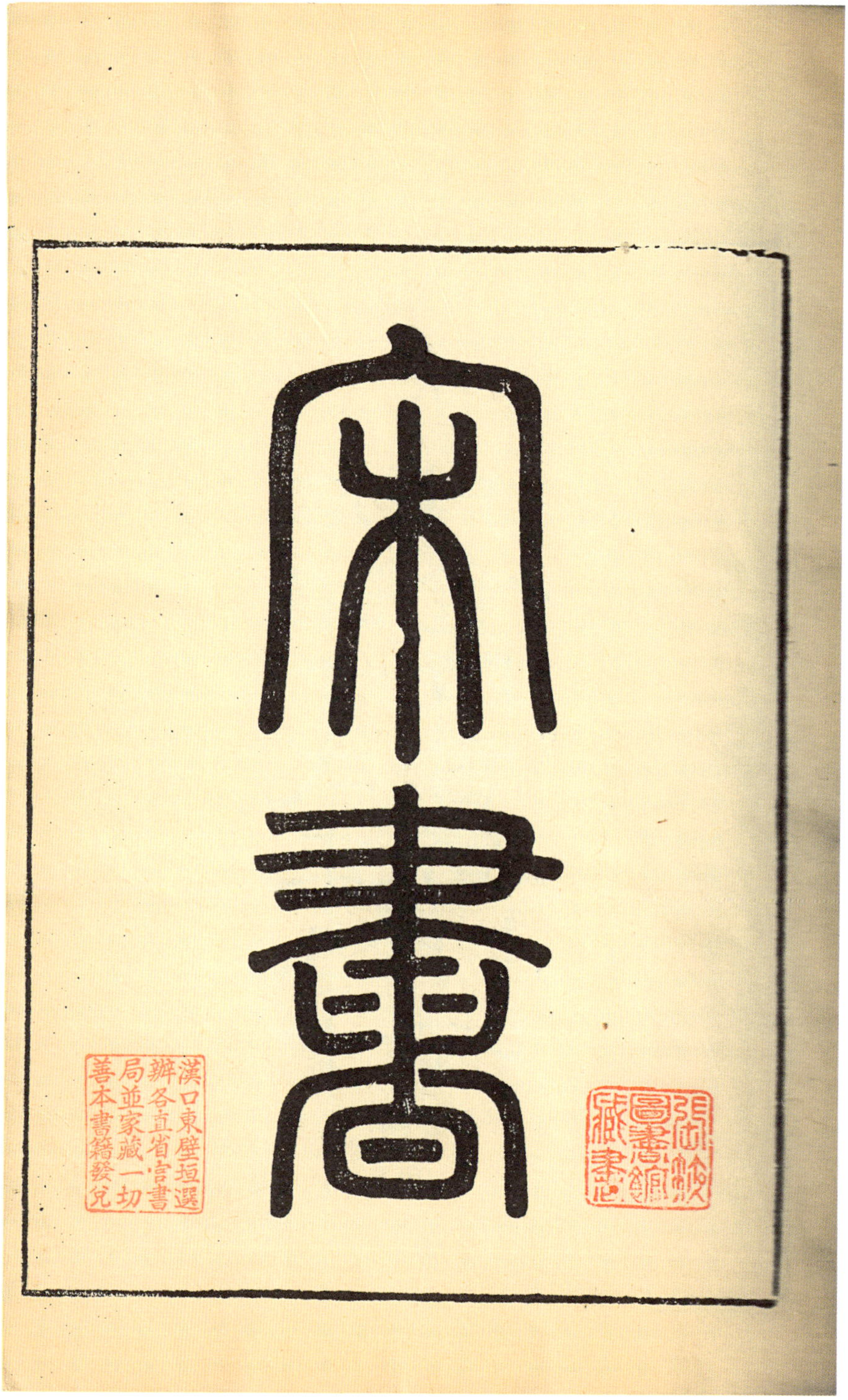

116　宋書一百卷　（南朝梁）沈約撰　清同治十二年（1873）金陵書局刻本

框高21.0厘米，寬15.0厘米。半葉12行，行25字，小字雙行38字，白口，左右雙邊。

館藏索書號：史/23/5646

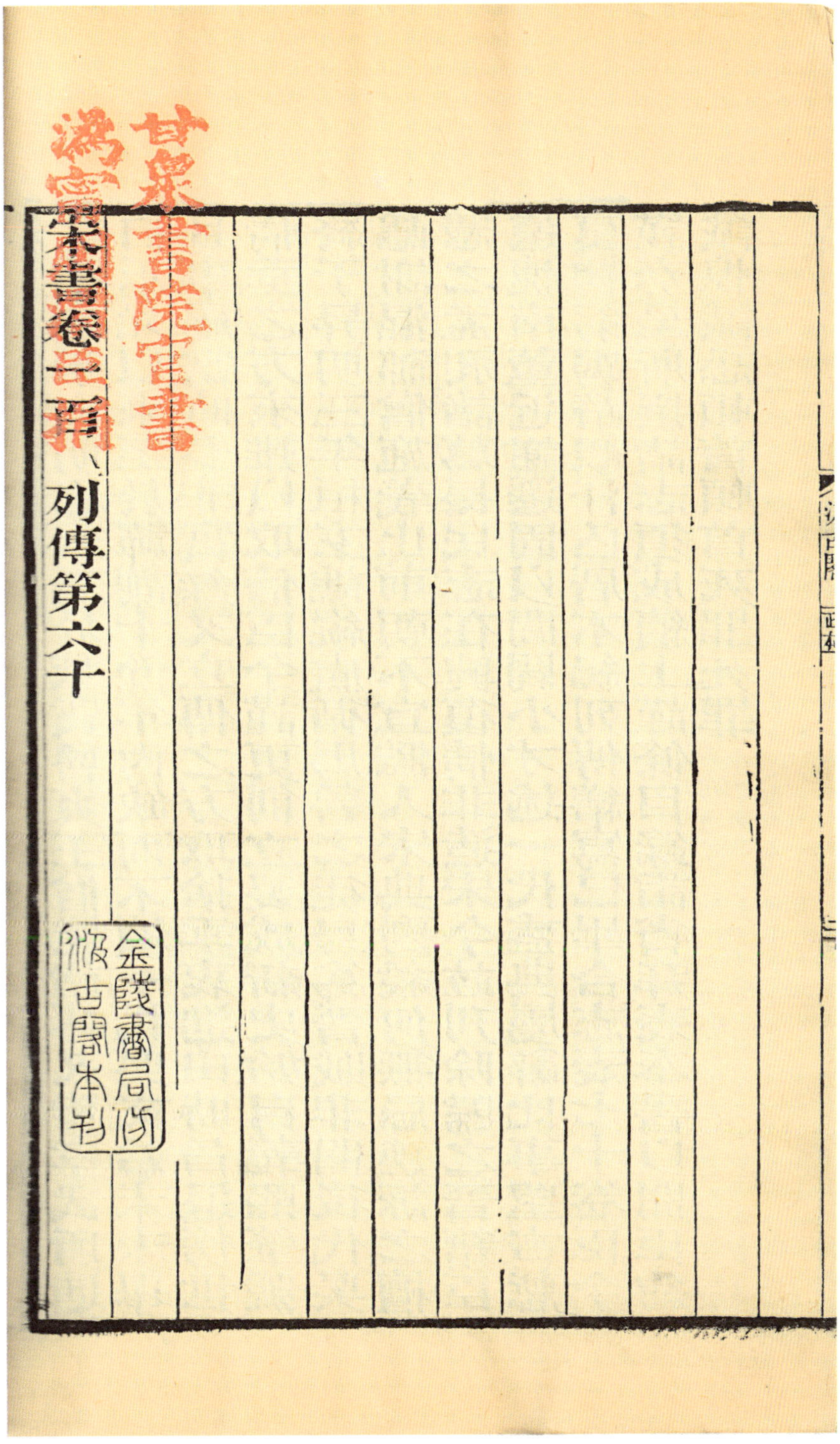
宋書卷一百　列傳第六十

金陵書局仿汲古閣本刊

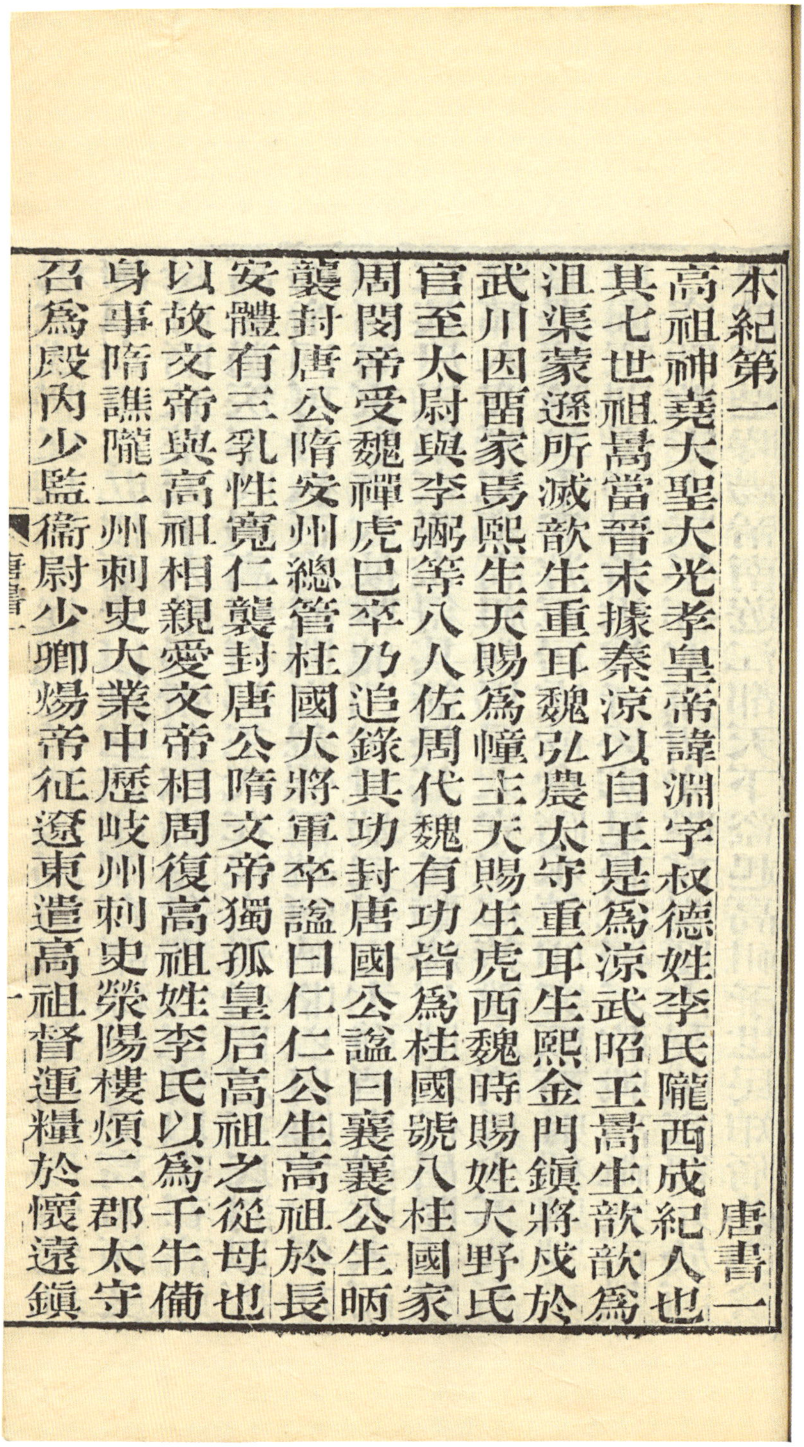

本紀第一　唐書一

高祖神堯大聖大光孝皇帝諱淵字叔德姓李氏隴西成紀人也其七世祖暠當晉末據秦涼以自王是爲涼武昭王暠生歆歆爲沮渠蒙遜所滅歆生重耳魏弘農太守重耳生熙金門鎮將戍於武川因留家焉熙生天賜爲幢主天賜生虎西魏時賜姓大野氏官至太尉與李弼等八人佐周代魏有功皆爲柱國號八柱國家周閔帝受魏禪虎已卒乃追錄其功封唐國公謚曰襄襄公生昞襲封唐公隋安州總管柱國大將軍卒謚曰仁仁公生高祖於長安體有三乳性寬仁襲封唐公隋文帝獨孤皇后高祖之從母也以故文帝與高祖相親愛文帝相周復高祖姓李氏以爲千牛備身事隋譙隴二州刺史大業中歷岐州刺史滎陽樓煩二郡太守召爲殿內少監衞尉少卿煬帝征遼東遣高祖督運糧於懷遠鎮

唐書一　一

117　唐書二百二十五卷　（宋）歐陽修、宋祁撰　清同治十二年（1873）浙江書局刻本

框高20.7厘米，寬15.7厘米。半葉12行，行25字，小字雙行37字，白口，左右雙邊。

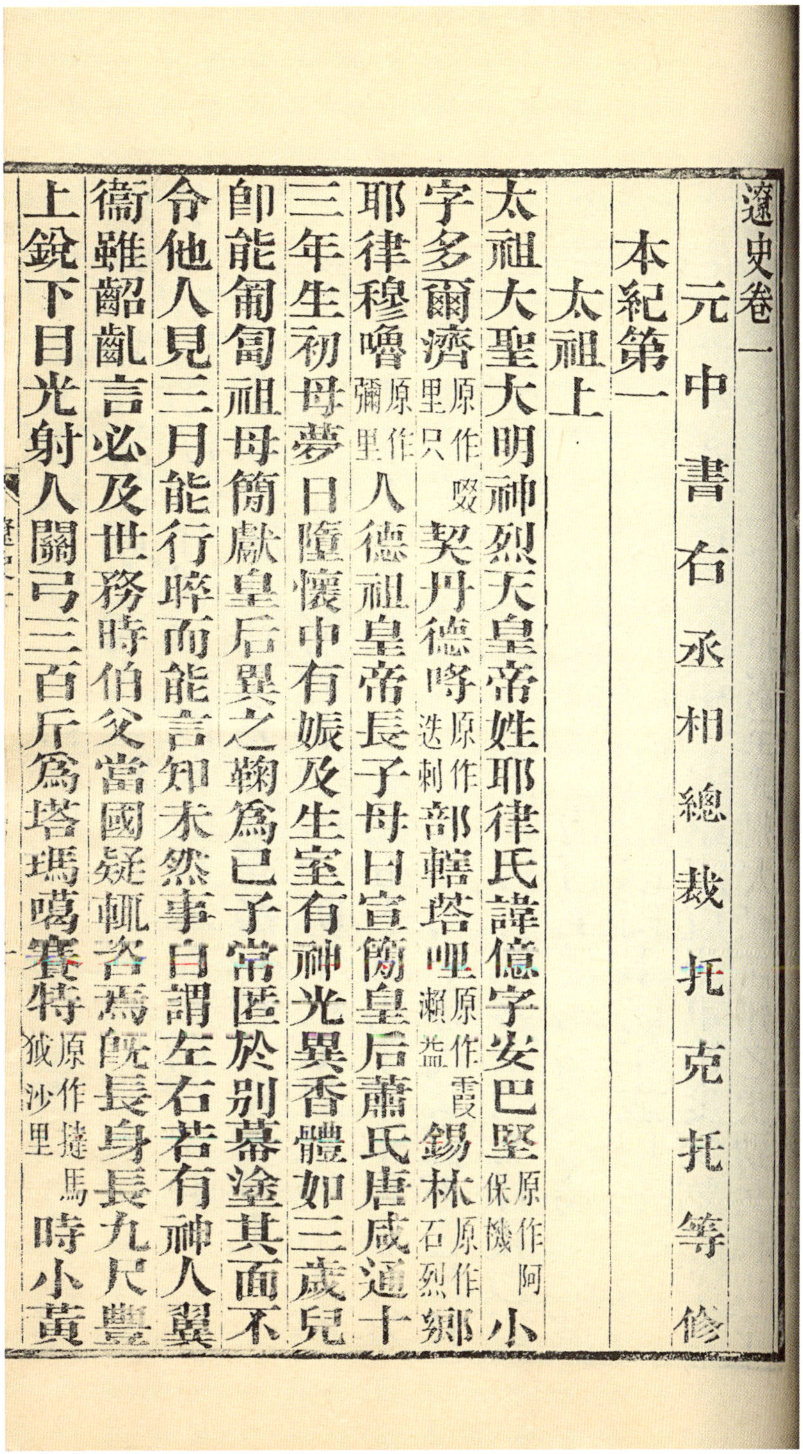
遼史卷一

元中書右丞相總裁托克托等修

本紀第一

太祖上

太祖大聖大明神烈天皇帝姓耶律氏諱億字安巴堅（原作阿保機）小字多爾濟（原作啜里只）契丹德哷（原作迭刺）部輯塔哩（原作霞瀨益）錫林（原作石烈）鄉耶律穆嚕（原作彌里）人德祖皇帝長子母曰宣簡皇后蕭氏唐咸通十三年生初母夢日墮懷中有娠及生室有神光異香體如三歲兒即能匍匐祖母簡獻皇后異之鞠爲己子常匿於別幕塗其面不令他人見三月能行晬而能言知未然事自謂左右若有神人翼衛雖齠齔言必及世務時伯父當國疑輒咨焉既長身長九尺豐上銳下目光射人關弓三百斤爲塔瑪噶賽特（原作撻馬狘沙里）時小黃

118　遼史一百十五卷　（元）托克托等修　清同治十二年（1873）江蘇書局刻本

框高22.0厘米，寬15.0厘米。半葉12行，行25字，小字雙行同，白口，左右雙邊。

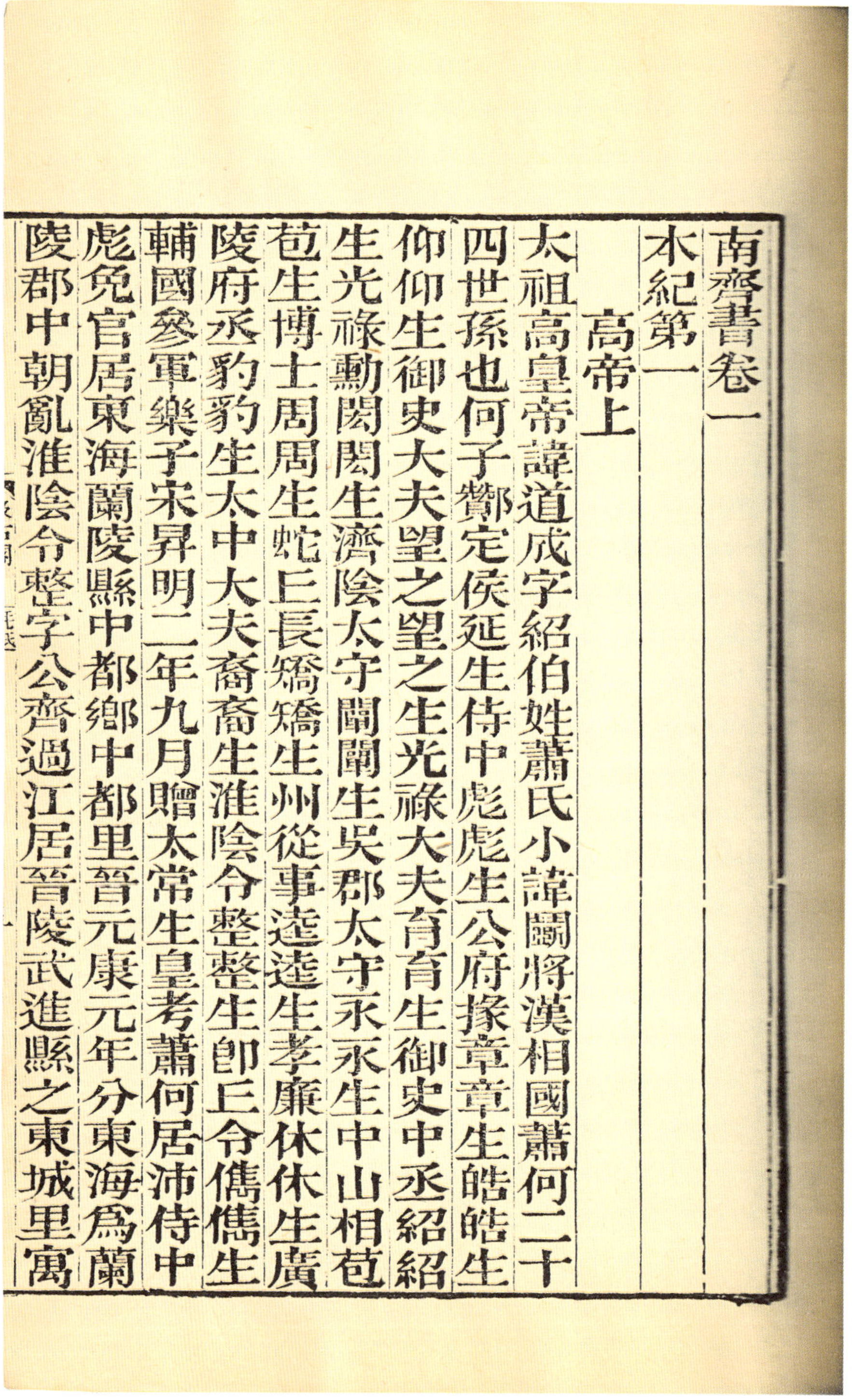

南齊書卷一
本紀第一
高帝上
太祖高皇帝諱道成字紹伯姓蕭氏小諱鬬將漢相國蕭何二十
四世孫也何子酇定侯延生侍中彪彪生公府掾章章生皓皓生
仰仰生御史大夫望之望之生光祿大夫育育生御史中丞紹紹
生光祿勳閎閎生濟陰太守闡闡生吳郡太守永永生中山相苞
苞生博士周周生蛇丘長矯矯生州從事逵逵生孝廉休休生廣
陵府丞豹豹生太中大夫裔裔生淮陰令整整生卽丘令儁儁生
輔國參軍樂子宋昇明二年九月贈太常生皇考蕭何居沛侍中
彪免官居東海蘭陵縣中都鄉中都里晉元康元年分東海爲蘭
陵郡中朝亂淮陰令整字公齊過江居晉陵武進縣之東城里寓

119　南齊書五十九卷　（南朝梁）蕭子顯撰　清同治十三年（1874）金陵書局刻本
框高21.0厘米，寬15.0厘米。半葉12行，行25字，小字雙行38字，白口，左右雙邊。
館藏索書號：史/24/5661

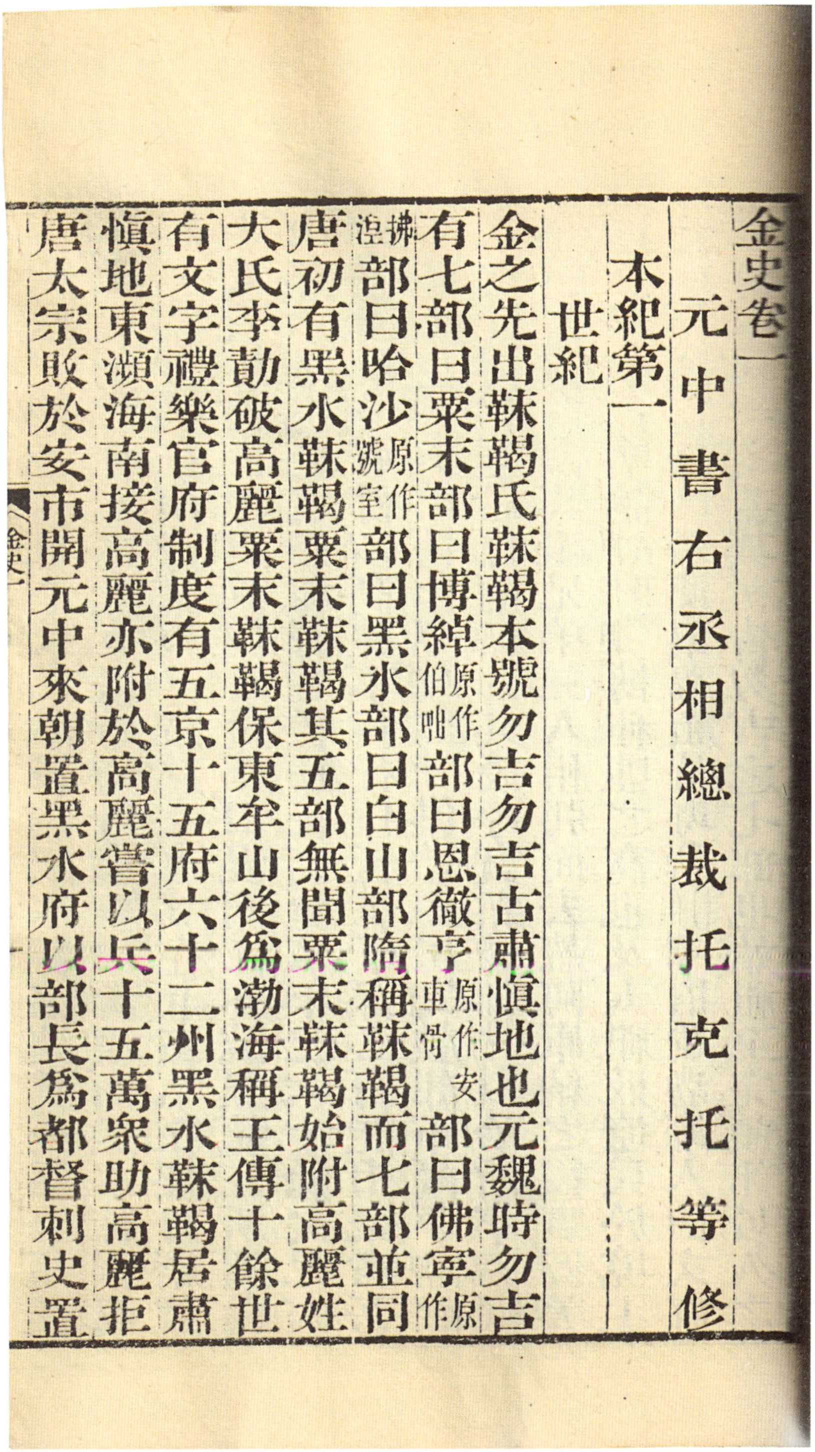
金史卷一

元中書右丞相總裁托克托等修

本紀第一

世紀

金之先出靺鞨氏靺鞨本號勿吉勿吉古肅愼地也元魏時勿吉有七部曰粟末部曰博綽原作伯咄部曰恩徹亨原作安車骨部曰佛寧原作拂涅部曰哈沙原作號室部曰黑水部曰白山部隋稱靺鞨而七部並同唐初有黑水靺鞨粟末靺鞨其五部無聞粟末靺鞨始附高麗姓大氏李勣破高麗粟末靺鞨保東牟山後爲渤海稱王傳十餘世有文字禮樂官府制度有五京十五府六十二州黑水靺鞨居肅愼地東瀕海南接高麗亦附於高麗嘗以兵十五萬衆助高麗拒唐太宗敗於安市開元中來朝置黑水府以部長爲都督刺史置

120　金史一百三十五卷　（元）托克托等修　清同治十三年（1874）江蘇書局刻本

框高22.0厘米，寬15.0厘米。半葉12行，行25字，白口，左右雙邊。

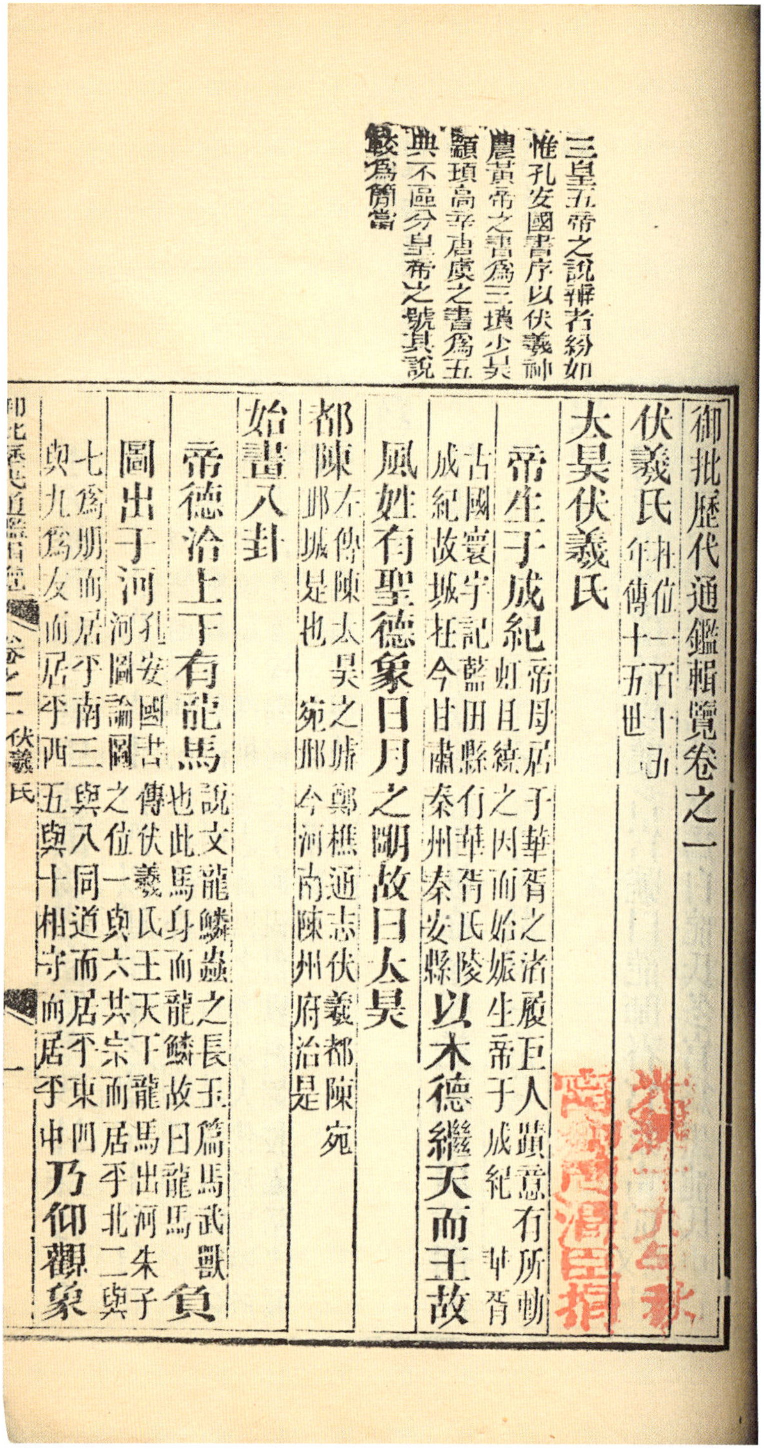

三皇五帝之說辨者紛如惟孔安國書序以伏羲神農黃帝之書為三墳少昊顓頊高辛唐虞之書為五典不區分皇帝之號其說較為簡當

御批歷代通鑑輯覽卷之一

伏羲氏 在位一百十五年傳十五世

太昊伏羲氏

帝生于成紀 帝母居于華胥之渚履巨人迹意有所動虹且繞之因而始娠生帝于成紀 華胥 古國寰宇記藍田縣有華胥氏陵 成紀故城在今甘肅秦州秦安縣 以木德繼天而王故風姓有聖德象日月之明故曰太昊

都陳 左傳陳太昊之墟 鄭樵通志伏羲都陳 宛丘 陳邱城是也 宛邱今河南陳州府治是

始畫八卦

帝德洽上下有龍馬 說文龍鱗蟲之長 玉篇馬武獸也此馬身而龍鱗故曰龍馬 負圖出于河 孔安國書傳伏羲氏王天下龍馬出河 朱子河圖論圖之位一與六共宗而居乎北二與七為朋而居乎南三與八同道而居乎東四與九為友而居乎西五與十相守而居乎中 乃仰觀象

御批歷代通鑑輯覽 卷之一 伏羲氏 一

121　御批歷代通鑑輯覽一百二十卷　（清）傅恒等纂修　清同治十三年（1874）湖南書局刻本

框高17.2厘米，寬13.2厘米。半葉11行，行22字，小字雙行同，白口，四周雙邊。

存一百十六卷（一至六十二、六十五至八十六、八十九至一百二十）

館藏索書號：史/42/1233

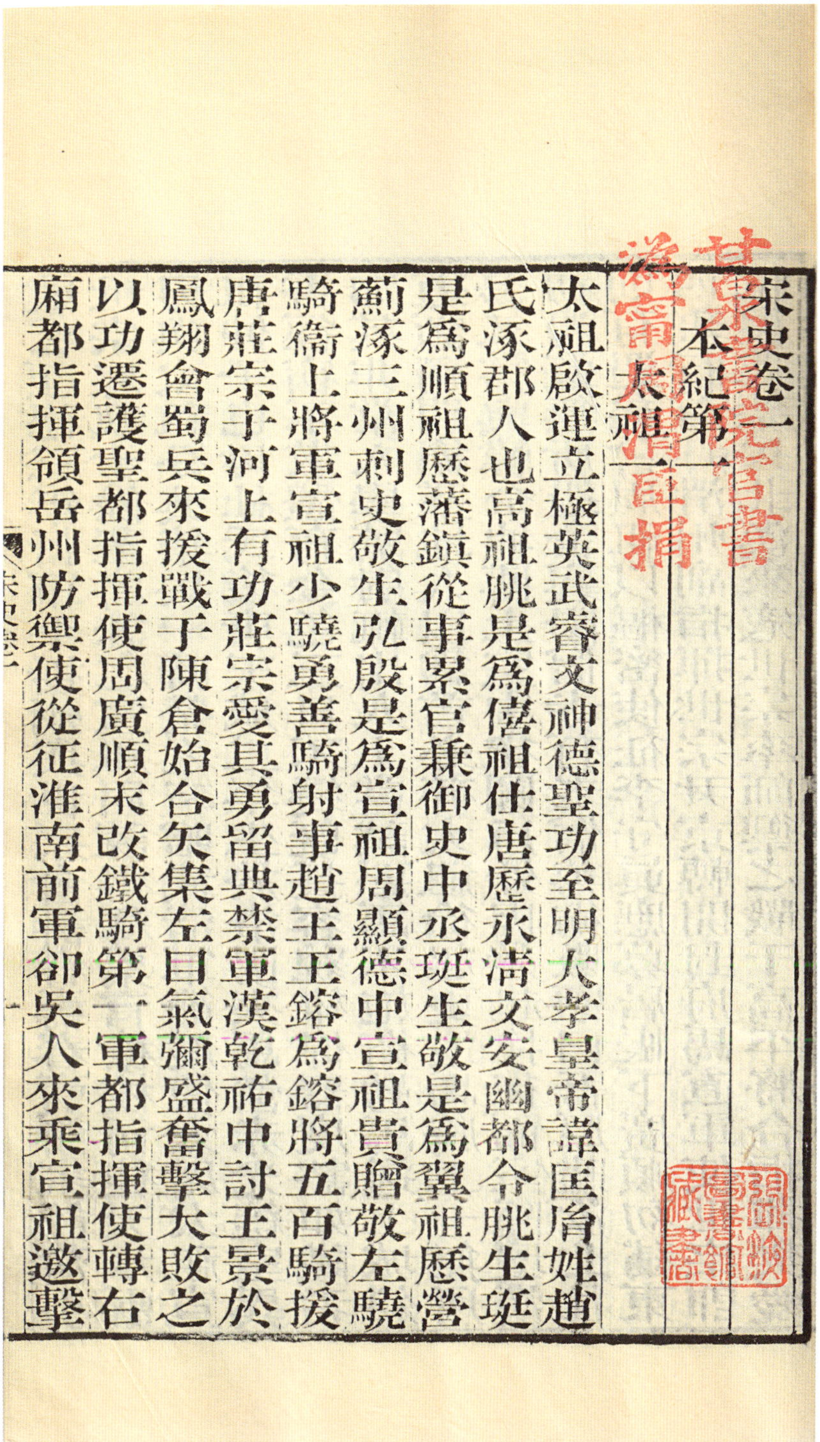

宋史卷一

本紀第一

太祖一

太祖啟運立極英武睿文神德聖功至明大孝皇帝諱匡胤姓趙氏涿郡人也高祖朓是爲僖祖仕唐歷永淸文安幽都令朓生珽是爲順祖歷藩鎭從事累官兼御史中丞珽生敬是爲翼祖歷營薊涿三州刺史敬生弘殷是爲宣祖周顯德中宣祖貴贈敬左驍騎衛上將軍宣祖少驍勇善騎射事趙王王鎔爲鎔將五百騎援唐莊宗于河上有功莊宗愛其勇留典禁軍漢乾祐中討王景於鳳翔會蜀兵來援戰于陳倉始合矢集左目氣彌盛奮擊大敗之以功遷護聖都指揮使周廣順末改鐵騎第一軍都指揮使轉右廂都指揮領岳州防禦使從征淮南前軍卻吳人來乘宣祖邀擊

122　宋史四百九十六卷目錄三卷　（元）脱脱修　清光緒元年（1875）浙江書局刻本

框高20.7厘米，寬15.0厘米。半葉12行，行25字，小字雙行同，白口，左右雙邊。

館藏索書號：史/36/5845

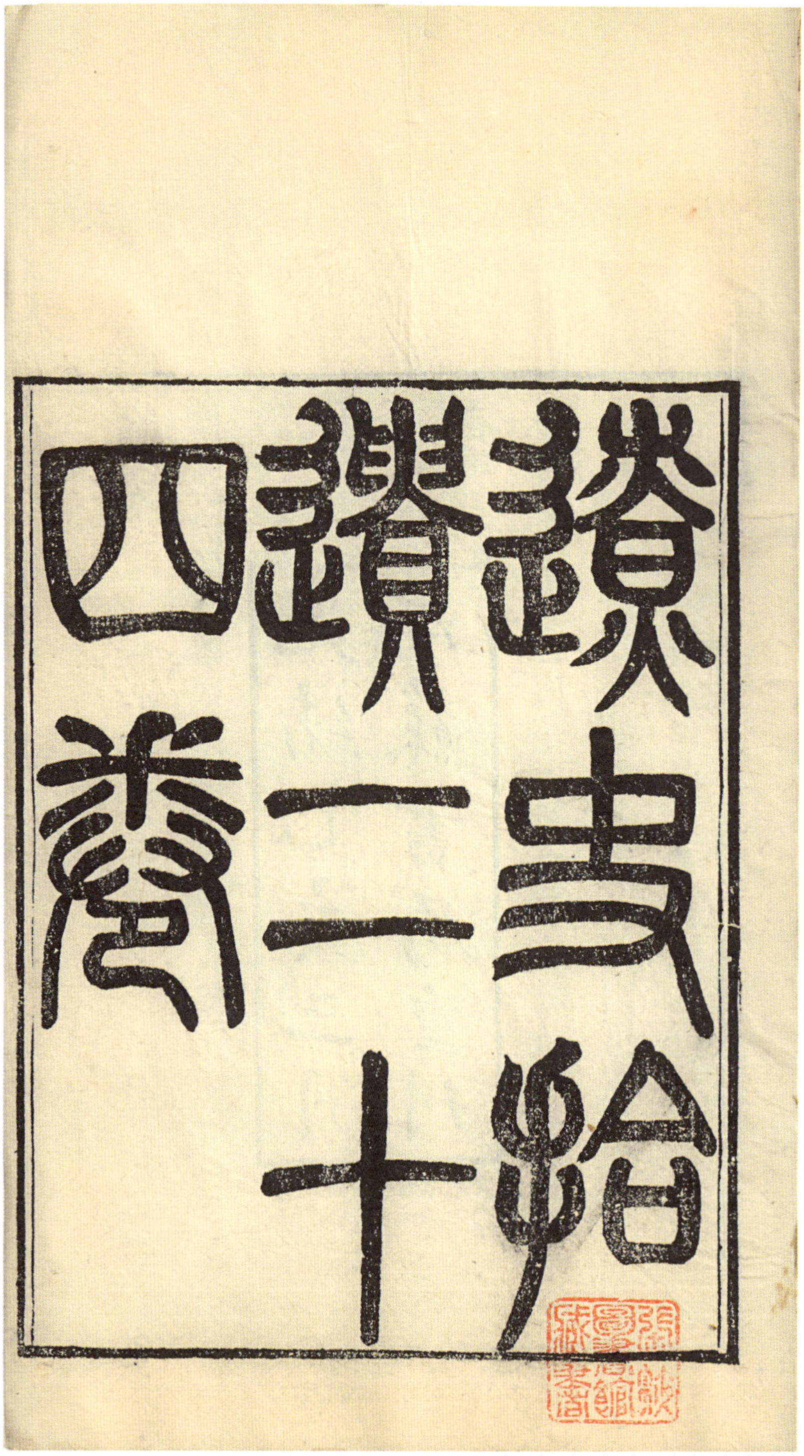

123　遼史拾遺二十四卷遼史紀念表一卷　（清）厲鶚撰　清光緒元年（1875）江蘇書局刻本

框高18.0厘米，寬13.5厘米。半葉10行，行21字，白口，左右雙邊。

館藏索書號：史/41/6107

或有問於余曰遼史何爲而作也政教不通言語嗜欲不與華同其得列於歷代正史良以金承遼元承金職是故與余應之曰子不見夫楚之檮杌與晉之乘魯之春秋同迹乎遼人乘五季之亂中原乏主奄有東夏二百餘年其初灰牛氏之部落始廣枯骨化形載豬服豕怪誕之辭君子不道迨阿保機兼八部之雄君臣創造相與疇咨峻烈淵謀巍乎赫矣迺後王凉德匆克負荷興替之感取鑒來茲昭垂史冊奚爲不可元世祖立國史院命王鶚修遼金二史宋亡又命詞臣通修三史至正間總裁脫脫等修成遼史本紀三十志三十一表八

124　歷代名臣言行錄二十四卷　（清）朱桓編輯　（清）潘永季校定　清光緒元年（1875）刻本
框高17.3厘米，寬11.8厘米。半葉10行，行21字，小字雙行同，白口，左右雙邊。
館藏索書號：史/47/3014

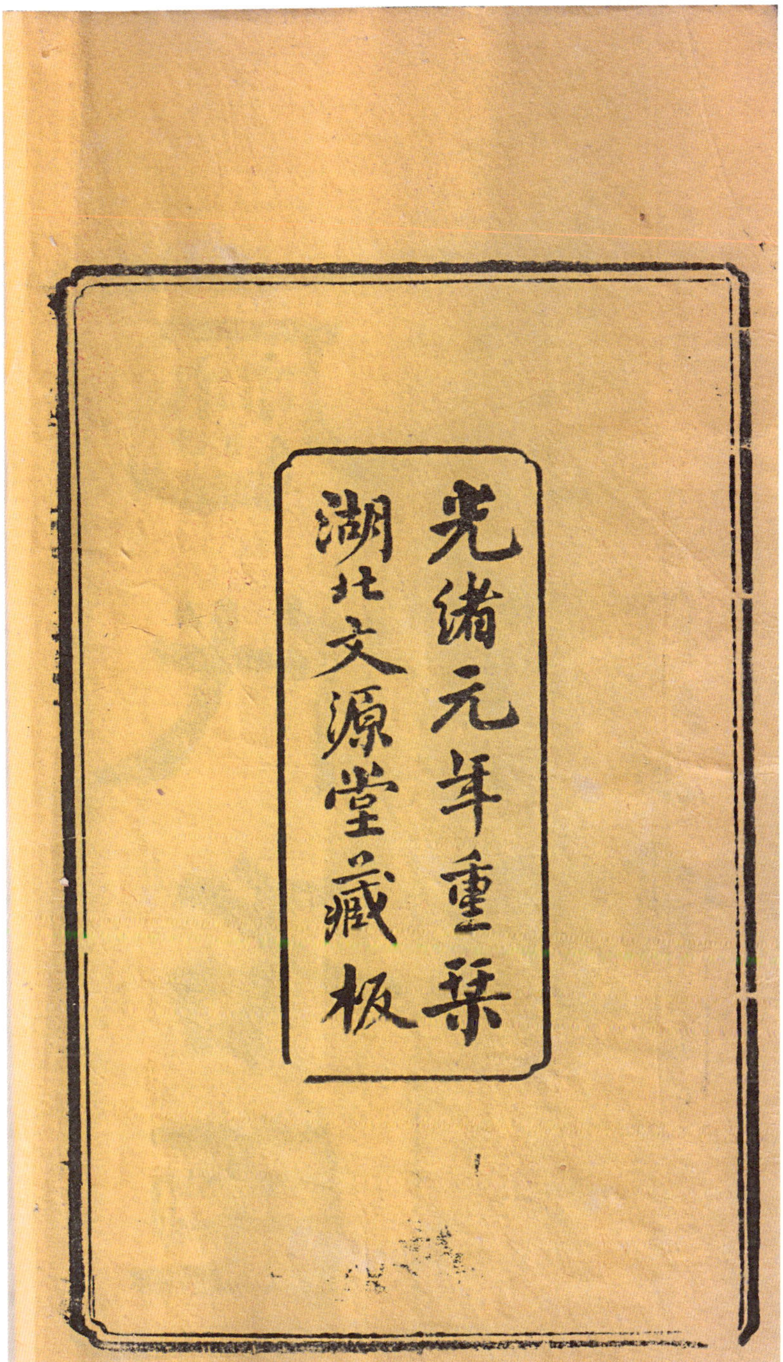

光緒元年重梓

湖北文源堂藏板

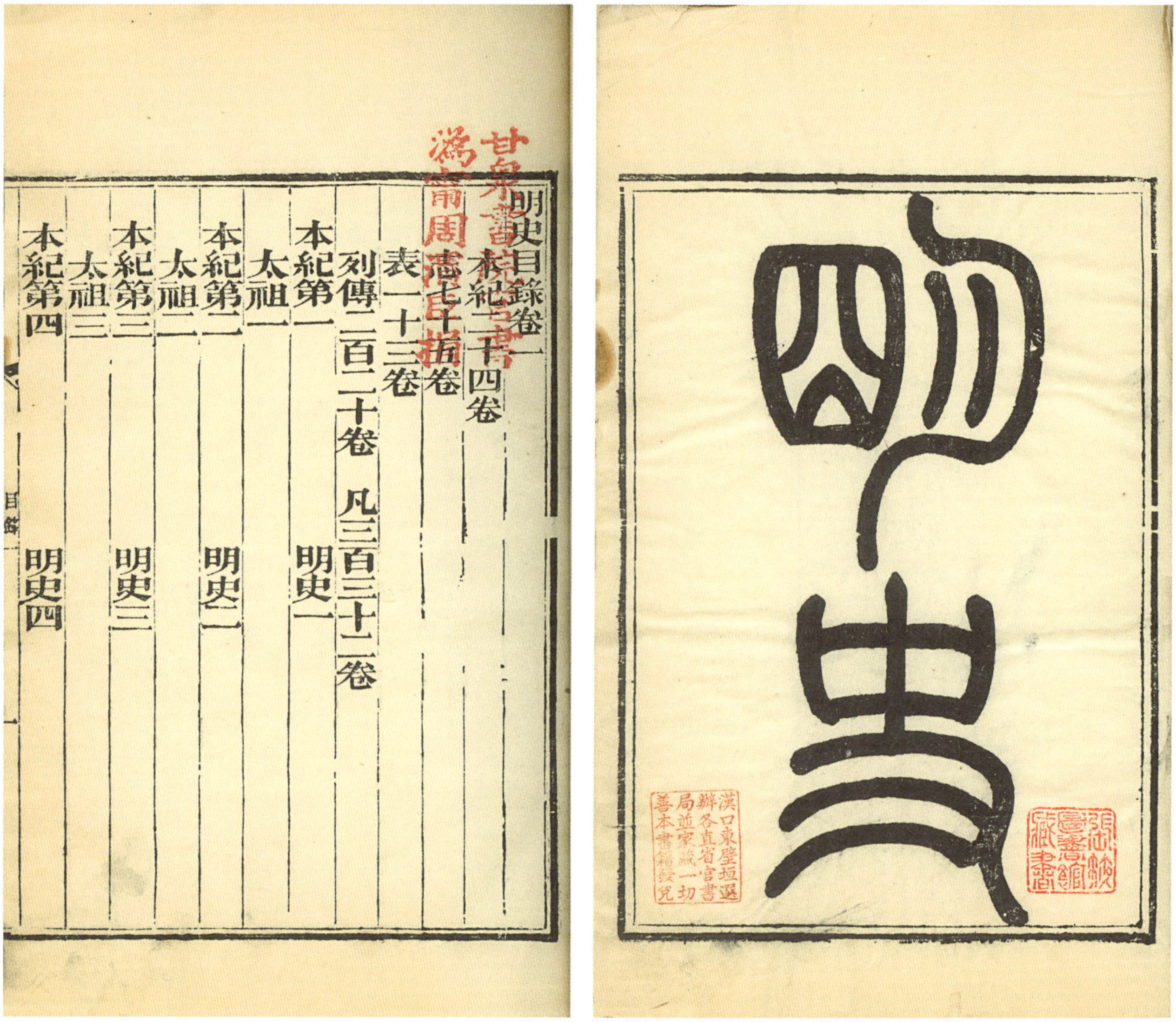
明史目錄卷一
本紀二十四卷
志七十五卷
表一十三卷
列傳二百二十卷　凡三百三十二卷
本紀第一　明史一
太祖一
本紀第二　明史二
太祖二
本紀第三　明史三
太祖三
本紀第四　明史四

明史

125　明史三百三十二卷　（清）張廷玉等撰　清光緒三年（1877）崇文書局刻本

框高20.6厘米，寬15.0厘米。半葉12行，行25字，白口，左右雙邊。

館藏索書號：史/40/6025

明史卷一　　本紀第一

總裁官總理事務經筵講官少保兼太子太保保和殿大學士兼管吏部戶部尚書事加七級臣張廷玉等奉

敕修

太祖一

太祖開天行道肇紀立極大聖至神仁文義武俊德成功高皇帝諱元璋字國瑞姓朱氏先世家沛徙句容再徙泗州父世珍始徙濠州之鍾離生四子太祖其季也母陳氏方娠夢神授藥一丸置掌中有光吞之寤口餘香氣及產紅光滿室自是夜數有光起鄰里望見驚以爲火輒奔救至則無有比長姿貌雄傑奇骨貫頂志意廓然人莫能測至正四年旱蝗大饑疫太祖時年十七父母兄相繼歿貧不克葬里人劉繼祖與之地乃克葬卽鳳陽陵也太祖孤無所依乃入皇覺寺爲僧逾月遊食合肥道病二紫衣人與俱

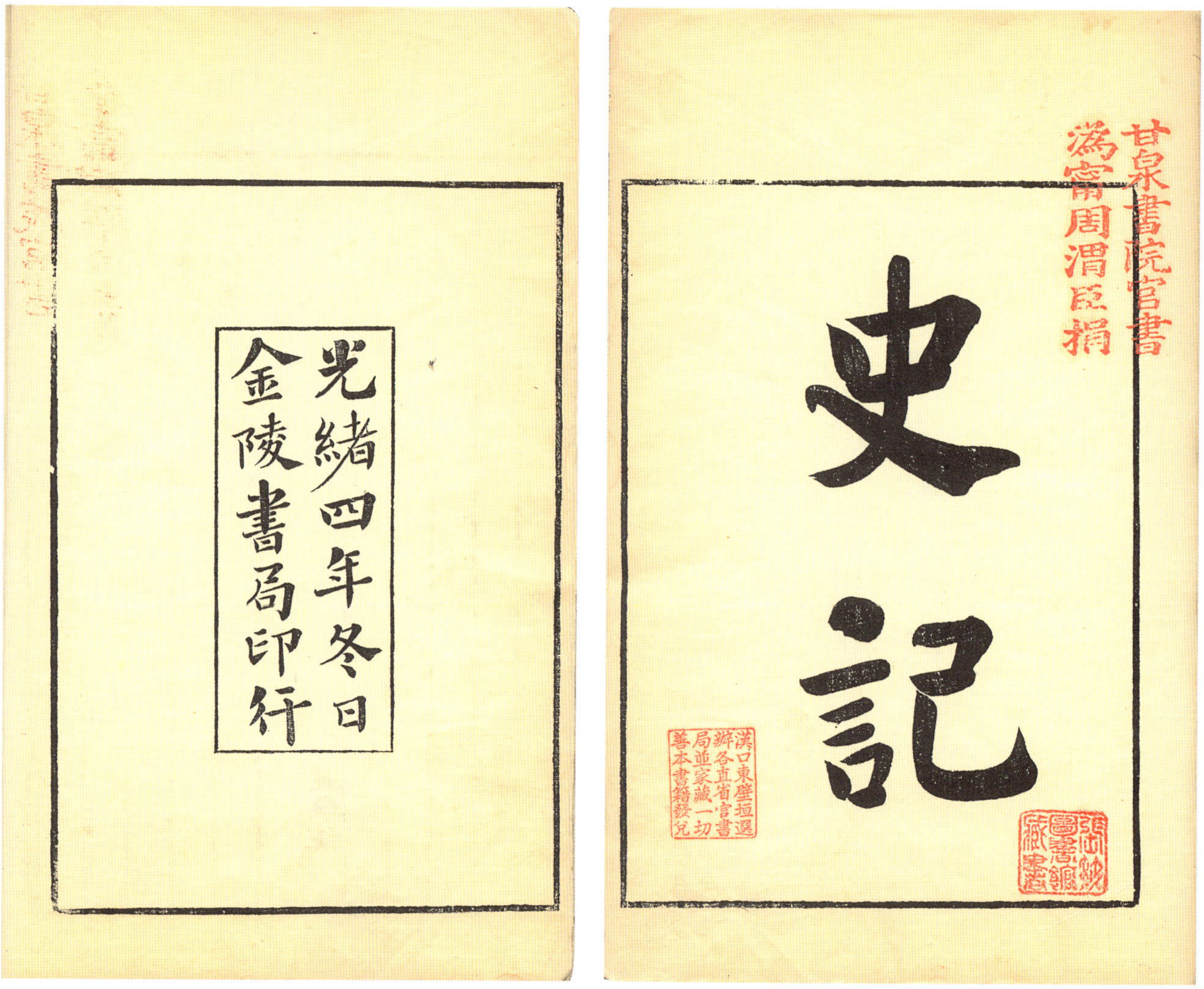

126　史記一百三十卷　（漢）司馬遷撰　（南朝宋）裴駰注　清光緒四年（1878）金陵書局石印本

框高31.0厘米，寬15.0厘米。半葉12行，行25字，小字雙行38字，白口，左右雙邊。

館藏索書號：史/1/5594

而敦敏，成而聰明。軒轅之時，神農氏世衰。皇甫謐曰易稱庖犧氏沒神農氏作是爲炎帝班固曰教民耕農故號曰神農 諸侯相侵伐，暴虐百姓，而神農氏弗能征。於是軒轅乃習用干戈，以征不享，諸侯咸來賓從。而蚩尤最爲暴，莫能伐。應劭曰蚩尤古天子瓚曰孔子三朝記曰蚩尤庶人之貪者 炎帝欲侵陵諸侯，諸侯咸歸軒轅。軒轅乃修德振兵，治五氣，王肅曰五行之氣 蓺五種，蓺樹也詩云蓺之荏菽周禮曰穀宜五種鄭玄曰五種黍稷菽麥稻也 撫萬民，度四方，王肅曰度四方而安撫之 教熊羆貔貅貙虎，以與炎帝戰於阪泉之野。服虔曰阪泉地名皇甫謐曰在上谷 三戰，然後得其志。蚩尤作亂，不用帝命，於是黃帝乃徵師諸侯，與蚩尤戰於涿鹿之野，服虔曰涿鹿山名在涿郡張晏曰涿鹿在上谷 遂禽殺蚩尤。皇覽曰蚩尤冢在東平郡壽張縣闞鄉城中高七丈民常十月祀之有赤氣出如匹絳帛民名爲蚩尤旗肩髀冢在山陽郡鉅野縣重聚大小與闞冢等傳言黃帝與蚩尤戰於涿鹿之野黃帝殺之身體異處故別葬之 而諸侯咸尊軒轅爲天子，代神農氏，是爲黃帝。天下有不順者，黃帝從而征之，平者去之，披山通道，徐廣曰披他本亦作陂字蓋當音詖陂者旁其邊之謂也披語誠合今世然古今不必同也 未嘗寧居。東至于海，登丸山，徐廣曰丸一作凡駰案地理志曰丸山在郎邪朱虛縣 及岱宗。西至于空桐，應劭曰山名韋昭曰在隴

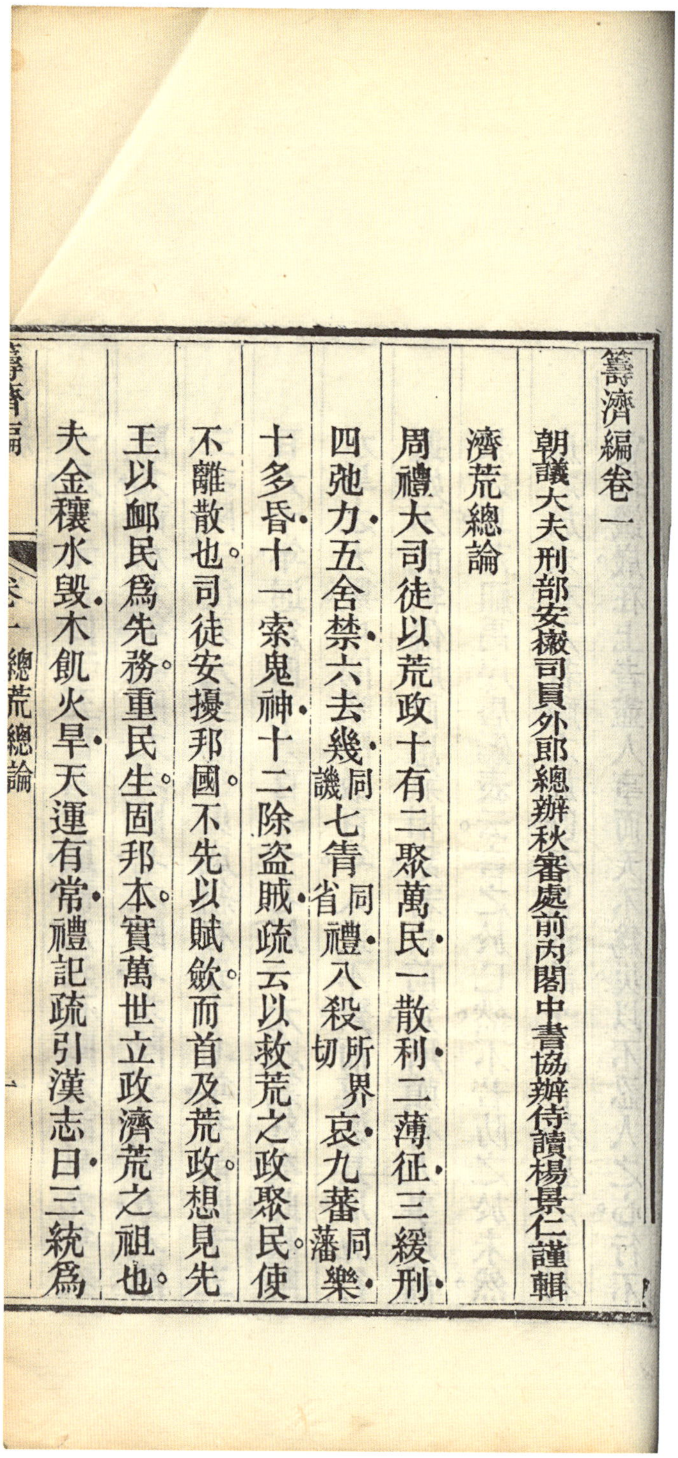

籌濟編卷一

朝議大夫刑部安徽司員外郎總辦秋審處前內閣中書協辦侍讀楊景仁謹輯

濟荒總論

周禮大司徒以荒政十有二聚萬民一散利二薄征三緩刑四弛力五舍禁六去幾同譏七眚同省禮八殺所界切哀九蕃同藩樂十多昏十一索鬼神十二除盜賊疏云以救荒之政聚民使不離散也司徒安擾邦國不先以賦歛而首及荒政想見先王以卹民爲先務重民生固邦本實萬世立政濟荒之祖也夫金穰水毀木飢火旱天運有常禮記疏引漢志曰三統爲

籌濟編　卷一　濟荒總論　一

127　籌濟編三十二卷首一卷　（清）楊景仁輯　清光緒四年（1878）刻本

框高19.8厘米，寬13.3厘米。半葉9行，行25字，小字雙行同，白口，四周雙邊。

存二十九卷（一至六、十一至三十二，首一卷）

館藏索書號：史/72/1663

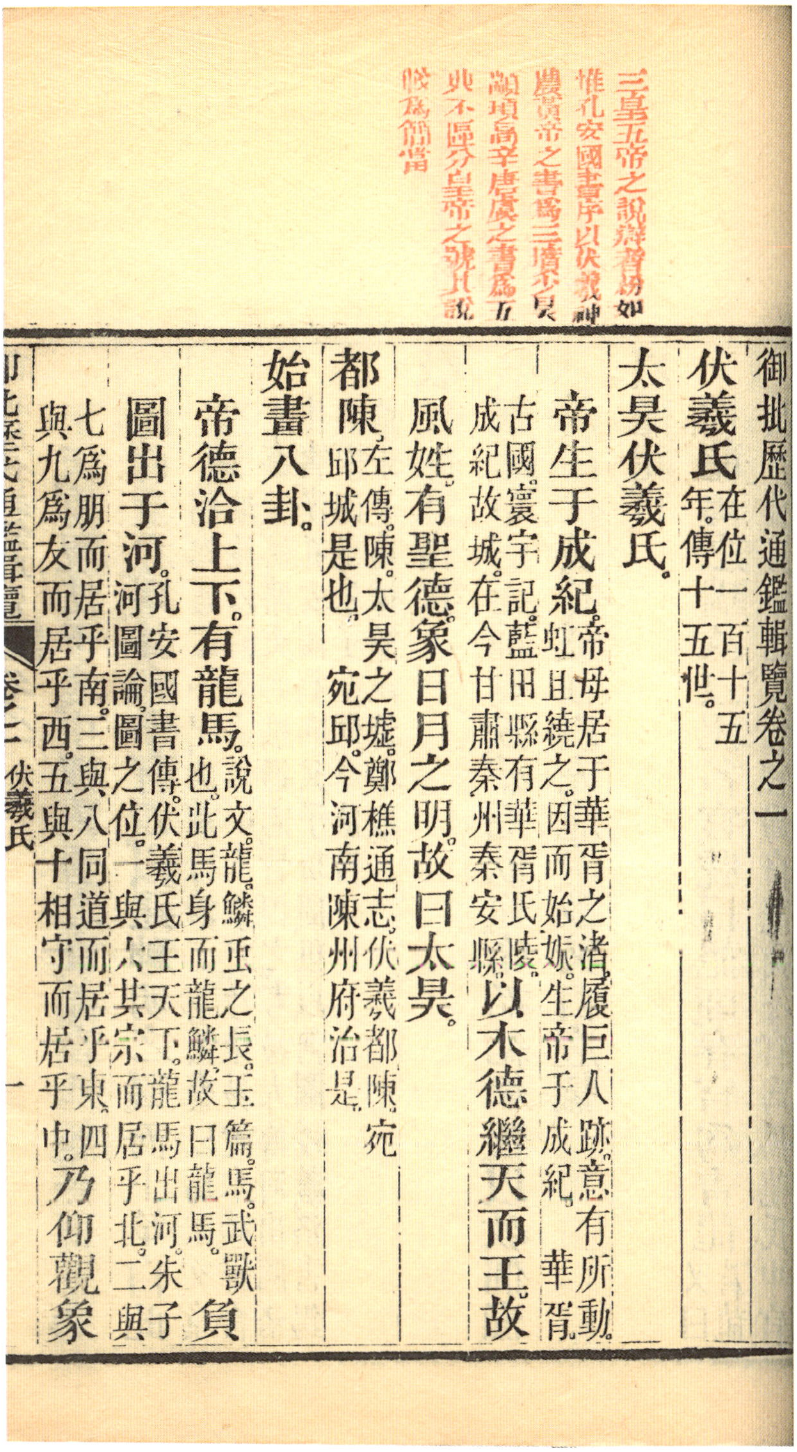

三皇五帝之說辯者紛如惟孔安國書序以伏羲神農黃帝之書爲三墳少昊顓頊高辛唐虞之書爲五典不區分皇帝之號其說較爲簡當

御批歷代通鑑輯覽卷之一

伏羲氏在位一百十五年。傳十五世。

太昊伏羲氏。

帝生于成紀。帝母居于華胥之渚。履巨人跡。意有所動。虹且繞之。因而始娠。生帝于成紀。華胥。古國。寰宇記。藍田縣有華胥氏陵。成紀故城。在今甘肅秦州秦安縣。以木德繼天而王。故風姓。有聖德。象日月之明。故曰太昊。

都陳。左傳。陳。太昊之墟。鄭樵通志。伏羲都陳。宛邱城是也。宛邱。今河南陳州府治是。

始畫八卦。

帝德洽上下。有龍馬負圖出于河。說文。龍。鱗虫之長。玉篇。馬。武獸也。此馬身而龍鱗。故曰龍馬。孔安國書傳。伏羲氏王天下。龍馬出河。朱子河圖論。圖之位。一與六共宗而居乎北。二與七爲朋而居乎南。三與八同道而居乎東。四與九爲友而居乎西。五與十相守而居乎中。乃仰觀象

御批歷代通鑑輯覽　卷之一　伏羲氏　一

128　御批歷代通鑑輯覽一百二十卷　（清）傅恒等纂修　清光緒五年（1879）朱墨套印本

框高17.5厘米，寬14.5厘米。半葉11行，行21字，小字雙行同，白口，四周雙邊。

館藏索書號：史/43/2258

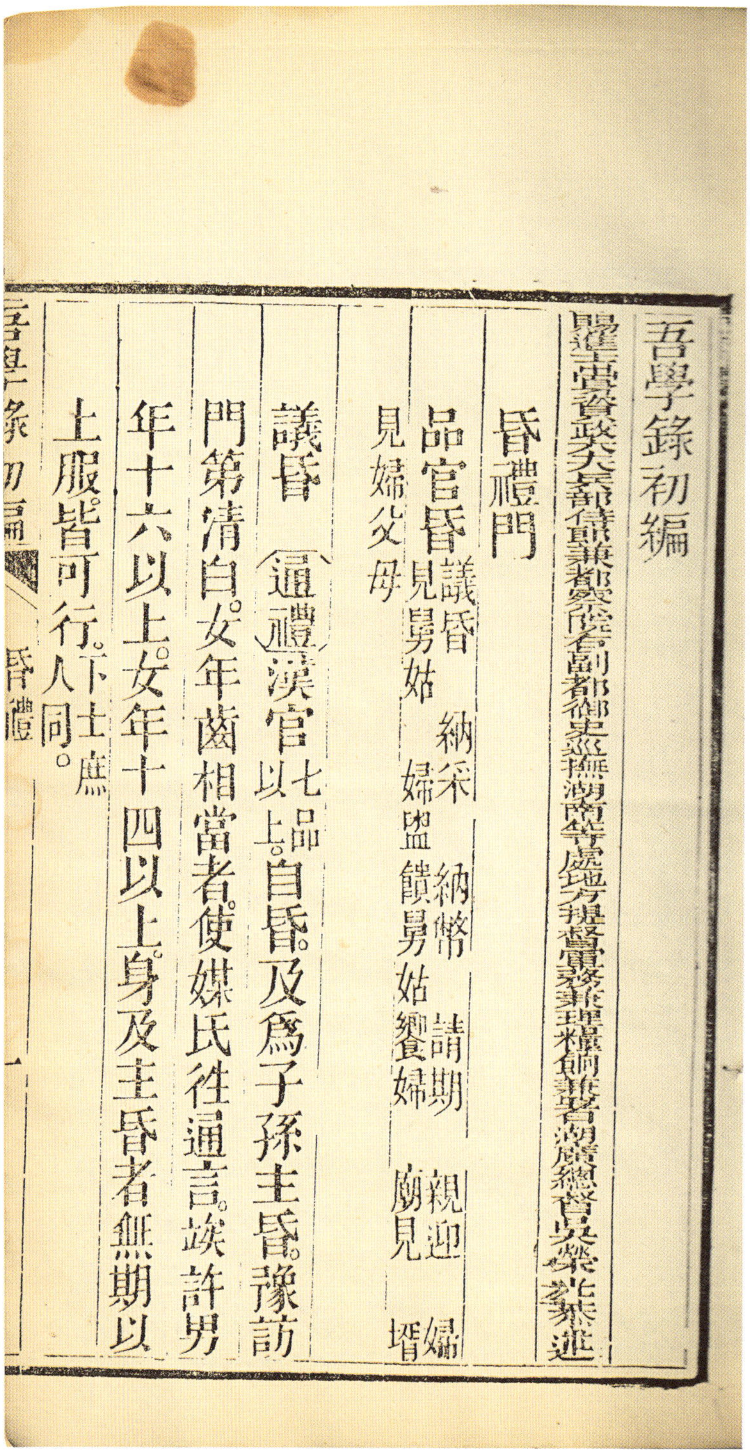

吾學錄初編

賜進士出身資政大夫兵部侍郎兼都察院右副都御史巡撫湖南等處地方提督軍務兼理糧餉兼署湖廣總督吳榮光纂述

昏禮門

品官昏 議昏 納采 納幣 請期 親迎 婦見舅姑 婦盥饋舅姑 舅姑饗婦 廟見 壻見婦父母

議昏 〈通禮〉漢官七品以上。自昏。及爲子孫主昏。豫訪門第清白。女年齒相當者。使媒氏往通言。族許男年十六以上。女年十四以上。身及主昏者無期以上服皆可行。下士庶人同。

吾學錄初編 一 昏禮 一

129　吾學録初編二卷　（清）吳榮光述　（清）黃本驥編　清光緒六年（1880）刻本
框高19.3厘米，寬12.5厘米。半葉9行，行21字，小字雙行同，白口，四周雙邊。

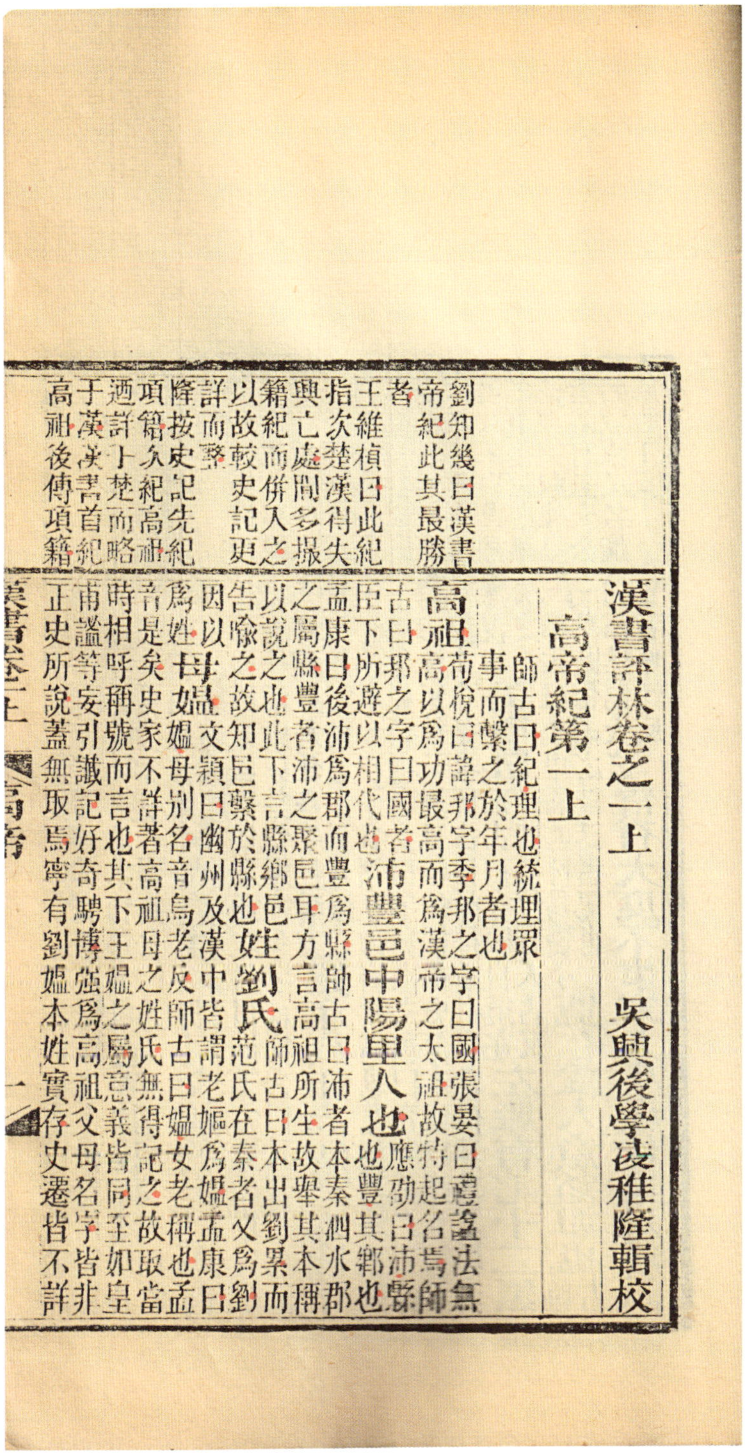

隆按史記先紀項籍次紀高祖迺詳于楚而略于漢漢書首紀高祖後傳項籍

劉知幾曰漢書帝紀此其最勝者

王維楨曰此紀指次楚漢得失興亡處間多操籍紀而併入之以故較史記更詳而整

漢書評林卷之一上　　吳興後學凌稚隆輯校

高帝紀第一上

師古曰紀理也統理眾事而繫之於年月者也

高祖 荀悅曰諱邦字季邦之字曰國張晏曰禮謚法無高以爲功最高而爲漢帝之太祖故特起名焉師古曰邦之字曰國者臣下所避以相代也 沛豐邑中陽里人也 應劭曰沛縣也豐其鄉也孟康曰後沛爲郡而豐爲縣師古曰沛者本秦泗水郡之屬縣豐者沛之聚邑耳方言高祖所生故舉其本稱以說之也此下言縣鄉邑告喻之故知邑繫於縣也 姓劉氏 師古曰本出劉累而范氏在秦者又爲劉因以爲姓 母媼 文穎曰幽州及漢中皆謂老嫗爲媼孟康曰媼母別名音烏老反師古曰媼女老稱也孟音是矣史家不詳著高祖母之姓氏無得記之故取當時相呼稱號而言也其下王媼之屬意義皆同至如皇甫謐等妄引讖記好奇騁博強爲高祖父母名字皆非正史所說蓋無取焉寧有劉媼本姓實存史遷皆不詳

漢書卷一上　高帝　一

130　漢書評林一百卷　（明）凌稚隆輯校　清光緒十年（1884）刻本

框高16.7厘米，寬11.2厘米。兩欄，半葉10行，行21字，小字雙行同，白口，四周雙邊。

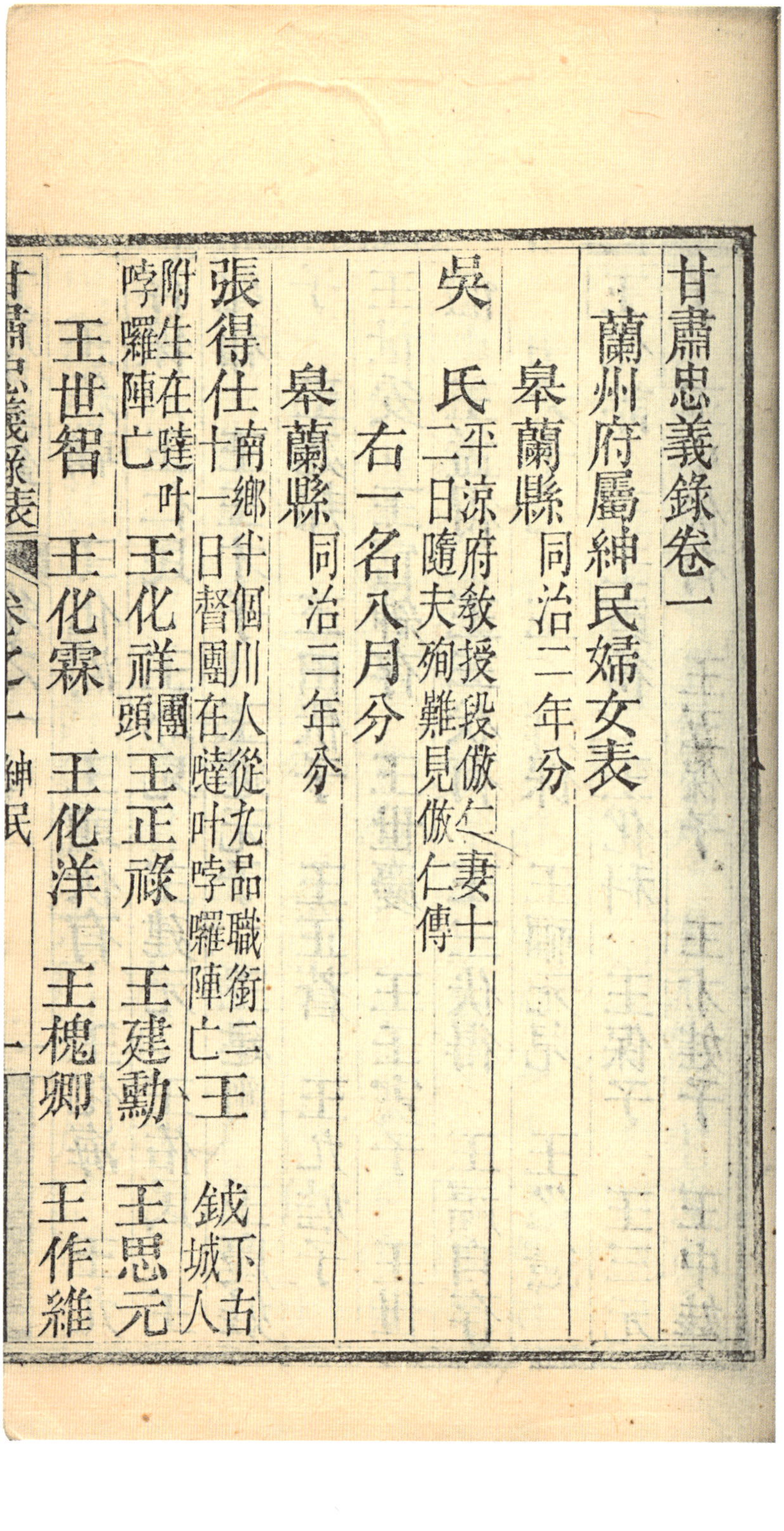
甘肅忠義錄卷一
蘭州府屬紳民婦女表
臯蘭縣同治二年分
吳　氏 平涼府教授段儆仁妻十二日隨夫殉難見儆仁傳
右一名八月分
臯蘭縣同治三年分
張得仕 南鄉半個川人從九品職銜二十一日督團在噠叶哼囉陣亡　王鉞 下古城人
附生在噠叶哼囉陣亡　王化祥 團頭　王正祿　王建勳　王思元
王世智　王化霖　王化洋　王槐卿　王作維
甘肅忠義錄表　卷之一　紳民　一

131　甘肅忠義錄一百三十一卷　（清）楊昌濬修　（清）張國常輯　清光緒十六年（1890）刻本

框高18.8厘米，寬12.7厘米。半葉9行，行20字，小字雙行同，下黑口，四周雙邊。

存一百十四卷（文武職表一至二十六、紳民婦女表一至八十八）

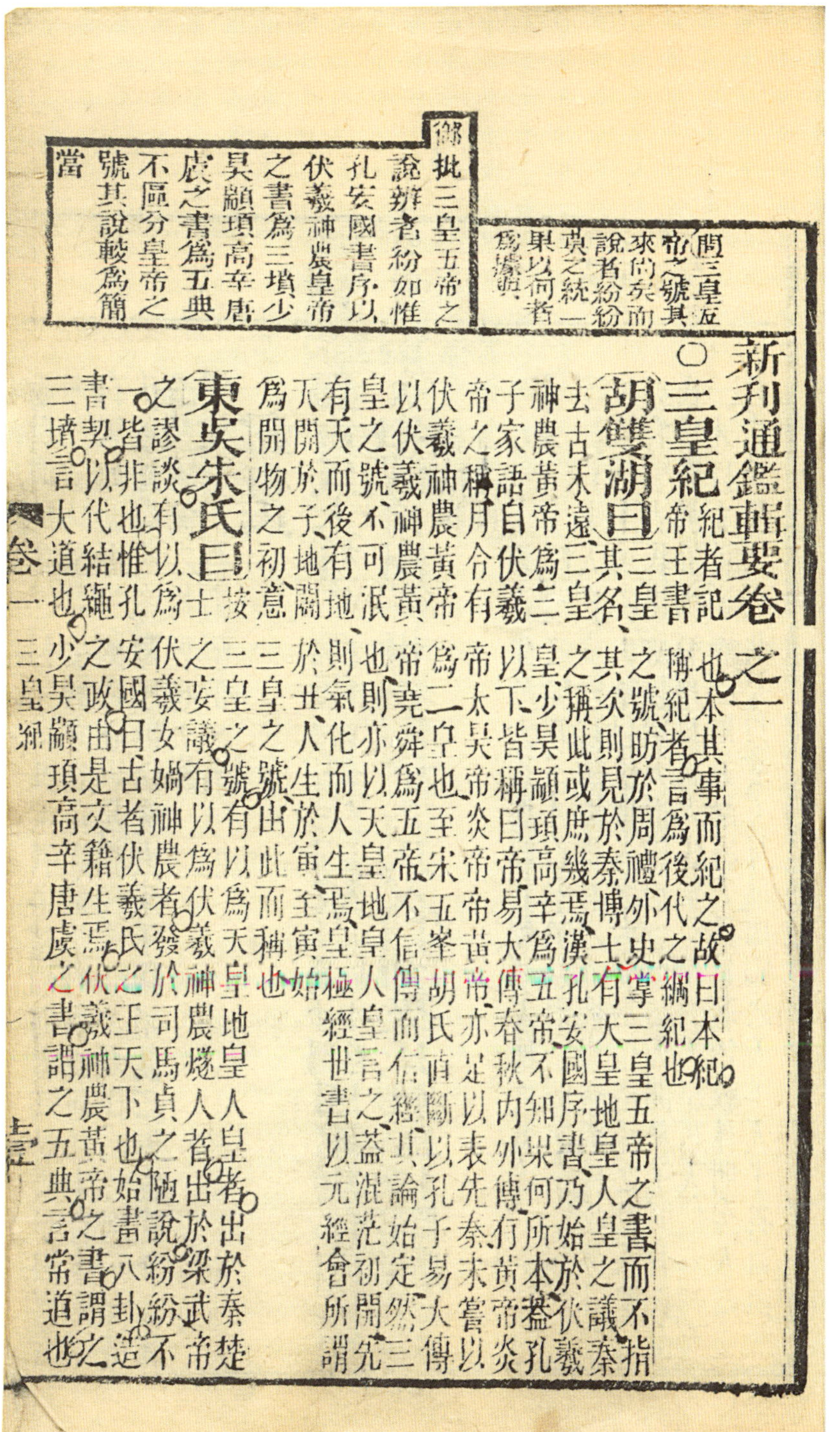

問三皇五帝之號其來尚矣而說者紛紛莫之統一果以何者爲據歟

御批三皇五帝之說辨者紛如惟孔安國書序以伏羲神農皇帝之書爲三墳少昊顓頊高辛唐虞之書爲五典不區分皇帝之號其說較爲簡當

新刊通鑑輯要卷之一

○三皇紀 紀者記也本其事而紀之故曰本紀 帝王書傳紀者言爲後代之綱紀也

胡雙湖曰 三皇之號昉於周禮外史掌三皇五帝之書而不指其名其次則見於秦博士有天皇地皇人皇之議秦去古未遠三皇之稱此或庶幾焉漢孔安國序書乃始於伏羲神農黃帝爲三皇少昊顓頊高辛爲五帝不知果何所本蓋孔子家語自伏羲以下皆稱曰帝易大傳春秋內外傳有黃帝炎帝之稱月令有帝太昊帝炎帝帝黃帝亦足以表先秦未嘗以伏羲神農黃帝爲三皇也至宋五峯胡氏直斷以孔子易大傳以伏羲神農黃帝堯舜爲五帝不信傳而信經其論始定然三皇之號不可泯也則亦以天皇地皇人皇言之蓋混茫初開先有天而後有地則氣化而人生焉皇極經世書以元經會所謂天開於子地闢於丑人生於寅至寅始爲開物之初意三皇之號出此而稱也

東吳朱氏曰 按三皇之號有以爲天皇地皇人皇者出於秦楚之士之妄議有以爲伏羲神農燧人者出於梁武帝之謬談有以爲伏羲女媧神農者發於司馬貞之陋說紛紛不一皆非也惟孔安國曰古者伏羲氏之王天下也始畫八卦造書契以代結繩之政由是文籍生焉伏羲神農黃帝之書謂之三墳言大道也少昊顓頊高辛唐虞之書謂之五典言常道也

卷一 三皇紀 壹

132 新刊通鑑輯要三十九卷首一卷 （明）袁黄編纂 清光緒二十三年（1897）成都書局刻本

框高16.5厘米，寬13厘米。半葉10行，行18字，小字雙行同，白口，左右雙邊。

存五卷（一至三、六，首一卷）

館藏索書號：史/45/2375

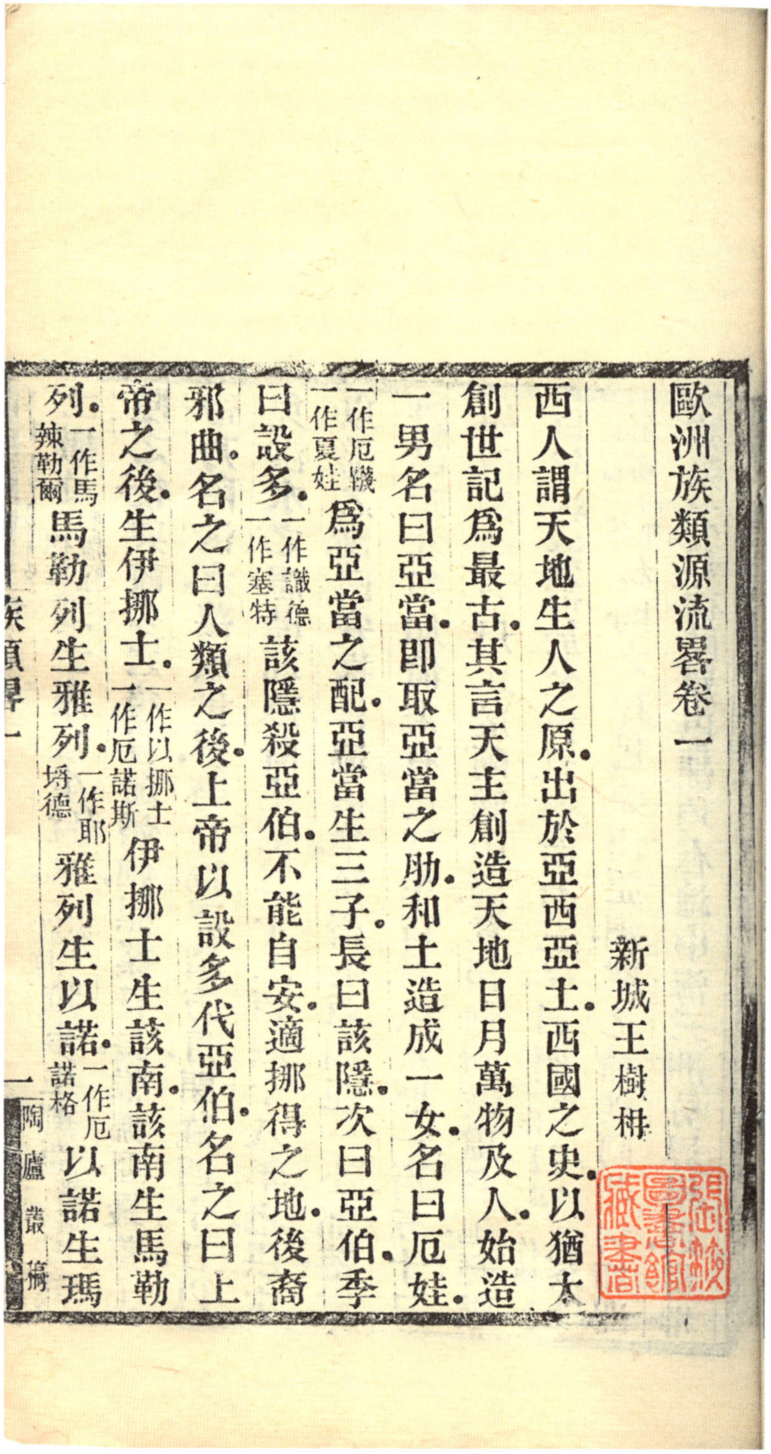
歐洲族類源流畧卷一

新城王樹枏

西人謂天地生人之原。出於亞西亞土。西國之史。以猶太創世記爲最古。其言天主創造天地日月萬物及人。始造一男名曰亞當。即取亞當之肋。和土造成一女名曰厄娃。一作厄襪 一作夏娃 爲亞當之配。亞當生三子。長曰該隱。次曰亞伯。季曰設多。一作識德 一作塞特 該隱殺亞伯。不能自安。適挪得之地。後裔邪曲。名之曰人類之後。上帝以設多代亞伯。名之曰上帝之後。生伊挪士。一作以挪士 一作厄諾斯 伊挪士生該南。該南生馬勒列。一作馬辣勒爾 馬勒列生雅列。一作耶墡德 雅列生以諾。一作厄諾格 以諾生瑪

族類畧一　一　陶廬叢稿

133　歐洲族類源流畧五卷　（清）王樹枏著　清光緒二十八年（1902）中衛縣署刻本
框高16.8厘米，寬13.0厘米。半葉10行，行22字，小字雙行30字，上下黑口，左右雙邊。

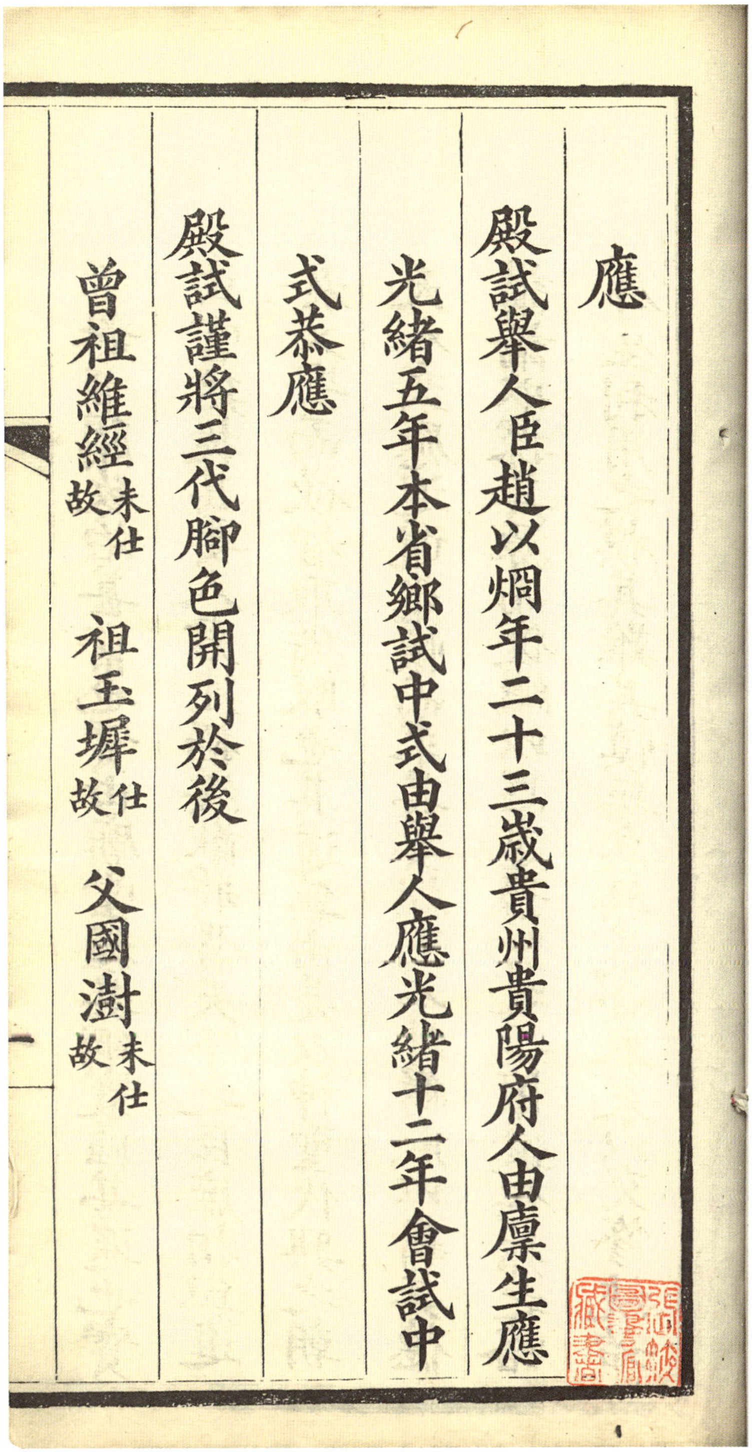

應

殿試舉人臣趙以烱年二十三歲貴州貴陽府人由廩生應

光緒五年本省鄉試中式由舉人應光緒十二年會試中

式恭應

殿試謹將三代脚色開列於後

曾祖維經未仕故　祖玉墀仕故　父國澍未仕故

134　欽定狀元策不分卷（咸豐至光緒）　（清）不著撰者輯　清光緒刻本

框高27.8厘米，寬14.3厘米。半葉6行，行24字，白口，四周雙邊。

館藏索書號：史/50/1464

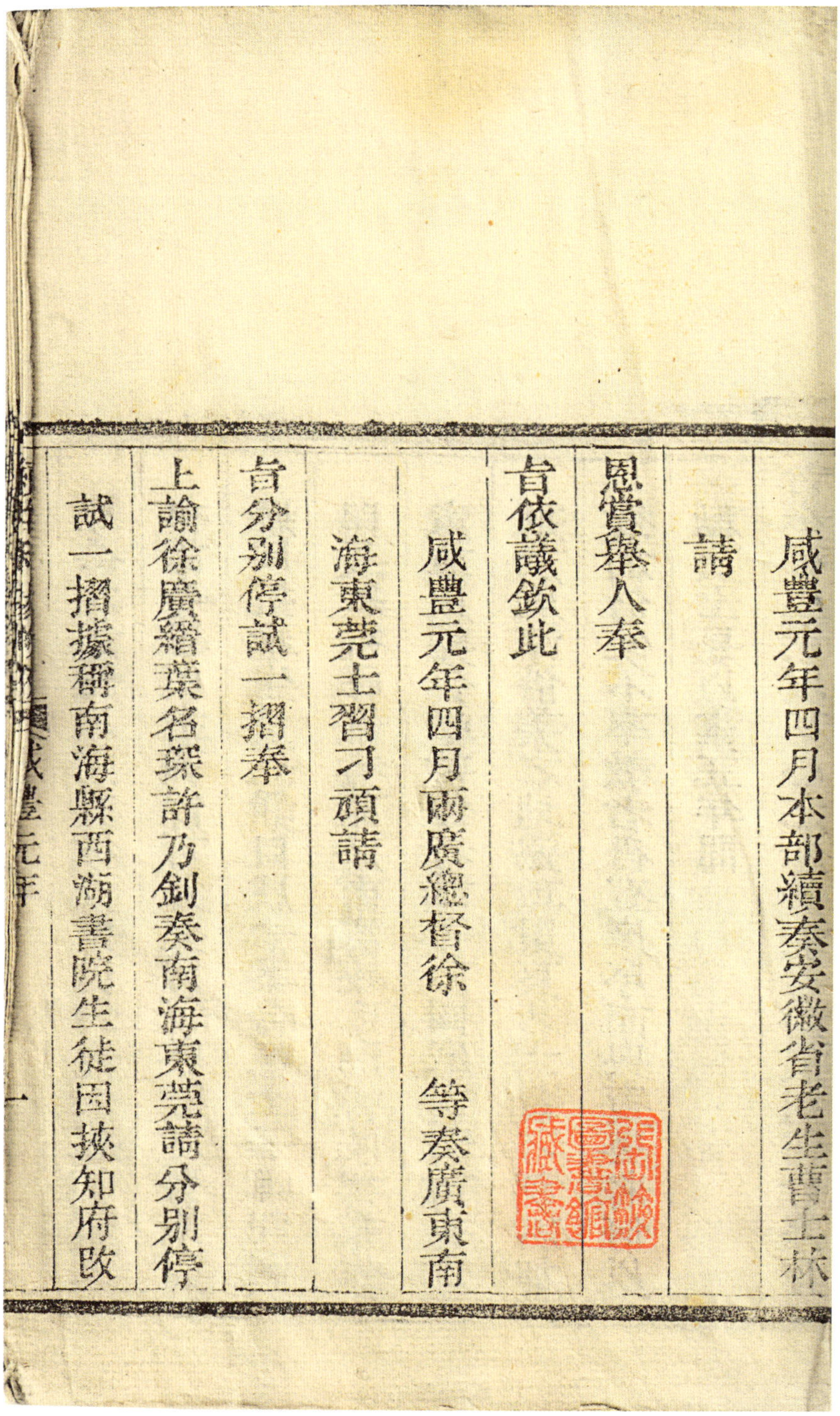

135　續增科場條例（咸豐元年至光緒元年）　（清）不著撰者輯　清光緒刻本
框高15.1厘米，寬14.6厘米。半葉9行，行20字，白口，四周雙邊。
館藏索書號：史/54/2977

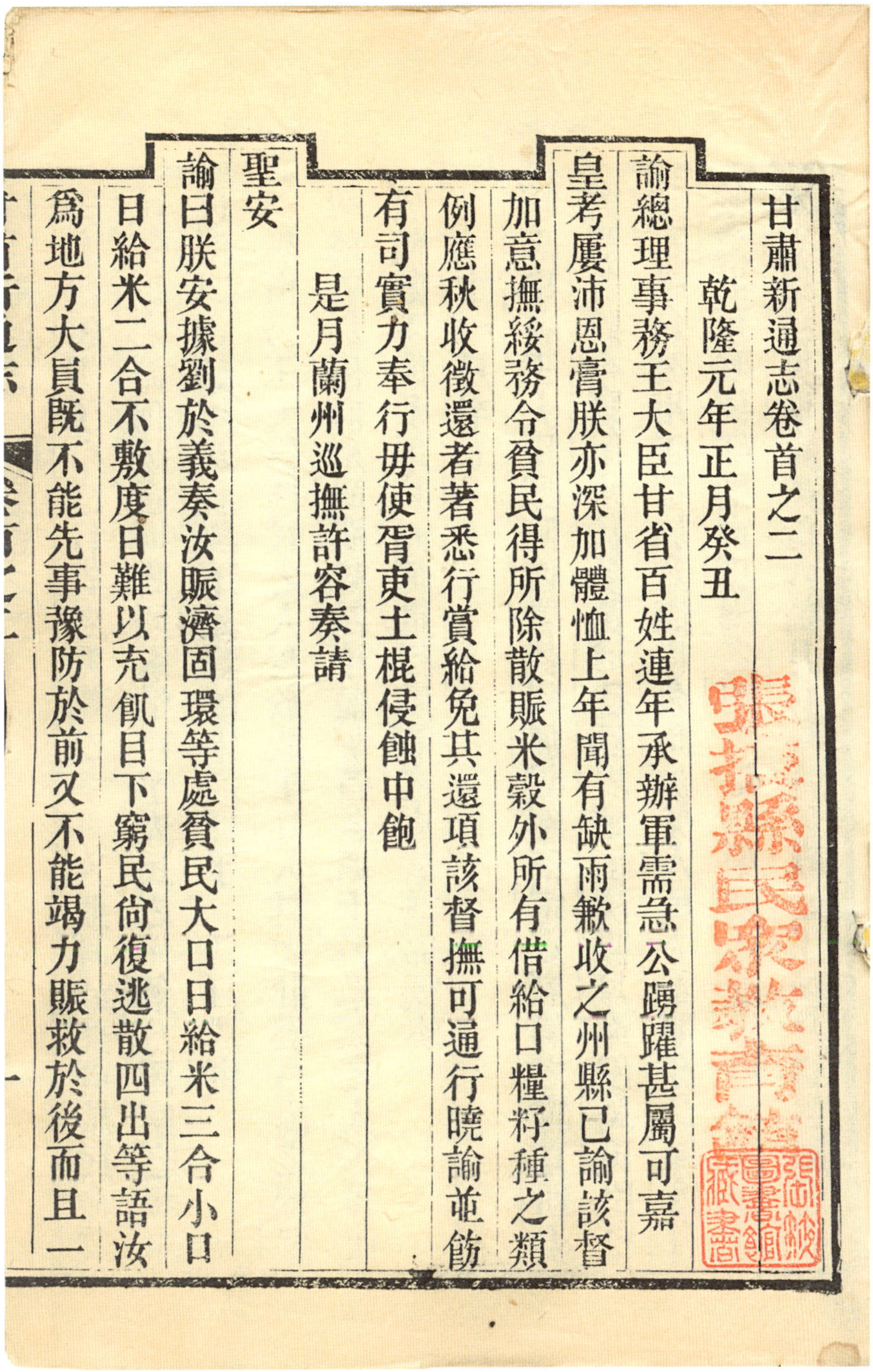
甘肅新通志卷首之二
乾隆元年正月癸丑
諭總理事務王大臣甘省百姓連年承辦軍需急公踴躍甚屬可嘉
皇考屢沛恩膏朕亦深加體恤上年聞有缺雨歉收之州縣已諭該督
加意撫綏務令貧民得所除散賑米穀外所有借給口糧籽種之類
例應秋收徵還者著悉行賞給免其還項該督撫可通行曉諭並飭
有司實力奉行毋使胥吏土棍侵蝕中飽
是月蘭州巡撫許容奏請
聖安
諭曰朕安據劉於義奏汝賑濟固環等處貧民大口日給米三合小口
日給米二合不敷度日難以充飢目下窮民尚復逃散四出等語汝
為地方大員既不能先事豫防於前又不能竭力賑救於後而且一

136　［宣統］甘肅新通志一百卷首五卷　（清）升允、長庚修 清宣統元年（1909）刻本

框高21.2厘米，寬15.7厘米。半葉12行，行26字，小字雙行25字，白口，四周雙邊。

存三十四卷（十三至十五、十七、二十七、三十、三十九至四十、四十八、五十二至五十七、五十九至六十一、六十三至六十四、七十一、七十四、八十一至八十三、八十五至八十六、九十八至一百，首一至四）

館藏索書號：史/64/1

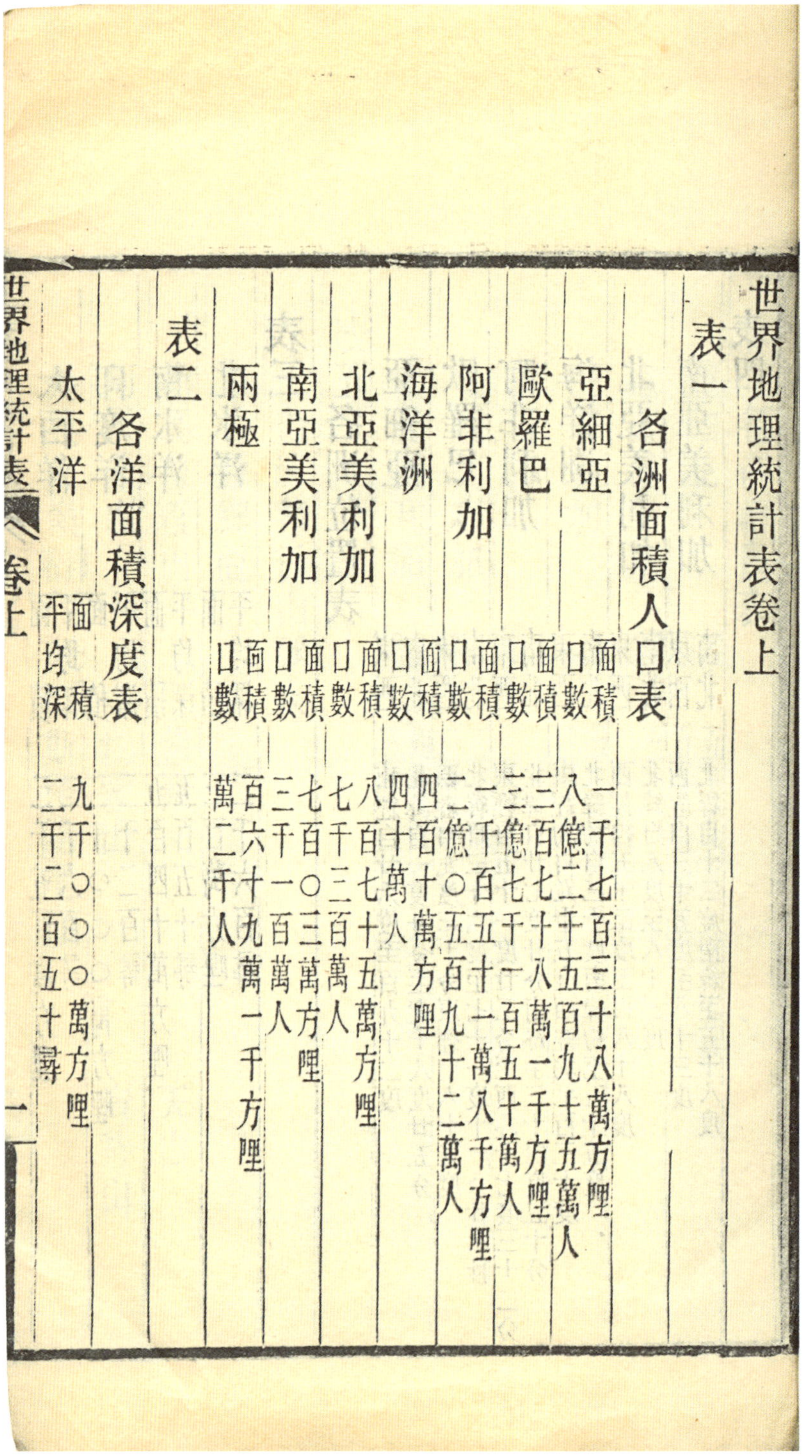

世界地理統計表卷上

表一　各洲面積人口表

	面積	口數
亞細亞	一千七百三十八萬方哩	八億二千五百九十五萬人
歐羅巴	三百七十八萬一千方哩	三億七千一百五十萬人
阿非利加	一千一百五十一萬八千方哩	二億〇五百九十二萬人
海洋洲	四百十萬方哩	四十萬人
北亞美利加	八百七十五萬方哩	七千三百萬人
南亞美利加	七百〇三萬方哩	三千一百萬人
兩極	百六十九萬一千方哩	萬二千人

表二　各洋面積深度表

太平洋　面積　九千〇〇〇萬方哩　平均深　二千二百五十尋

世界地理統計表二　卷上　一

137　世界地理統計表二卷　（清）鄒興覺編輯　清宣統元年（1909）刻本

框高20.2厘米，寬14.8厘米。半葉13行，行25字，小字雙行同，下黑口，左右雙邊。

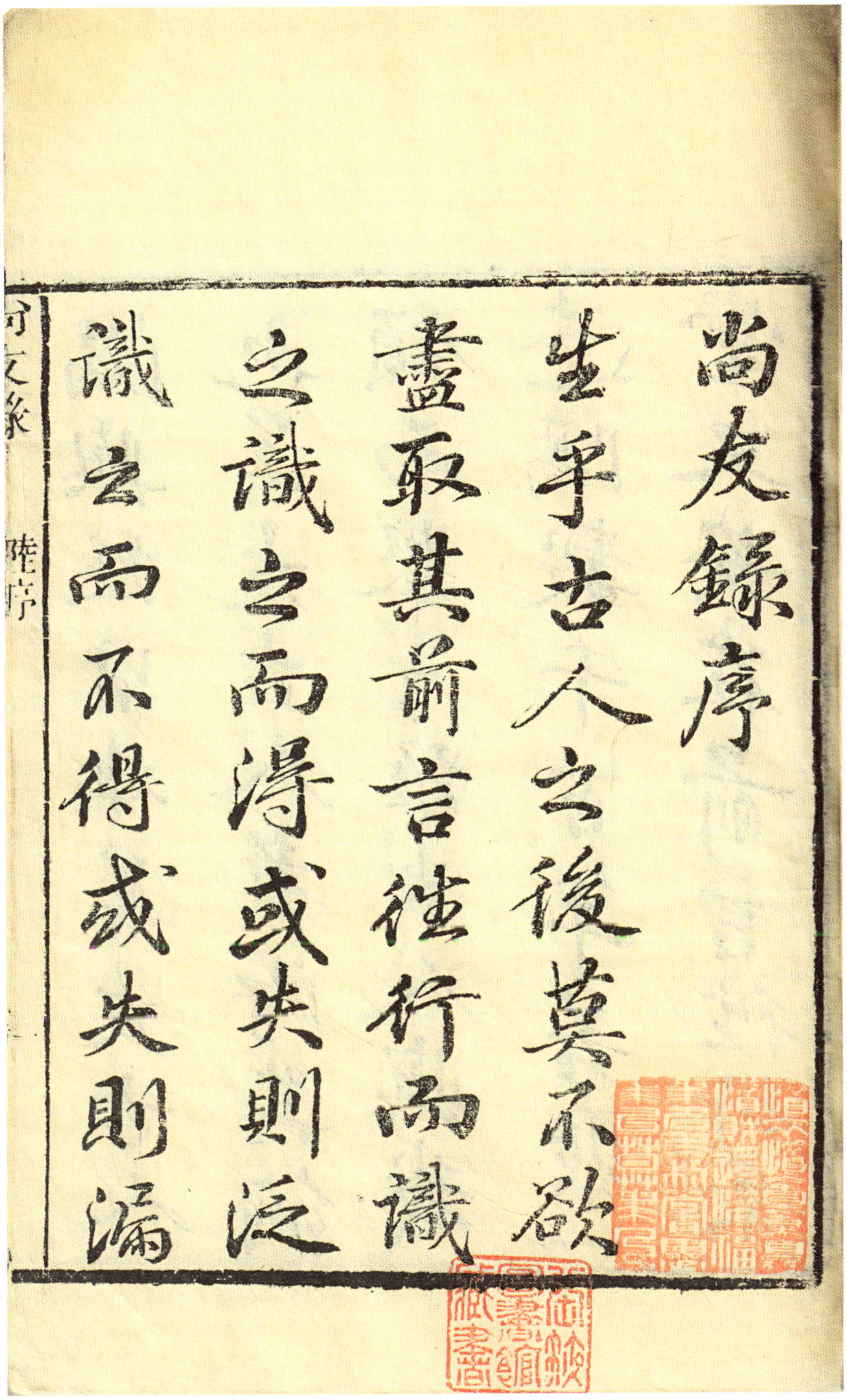

尚友錄序

生乎古人之後莫不欲盡取其前言往行而識之識之而得或失則泛識之而不得或失則漏

138　尚友錄二十二卷　（明）廖用賢編纂　（清）張伯琮補輯　清中晚期刻本

框高17.5厘米，寬13.7厘米。半葉7行，行字不等，小字雙行18字，白口，四周單邊。

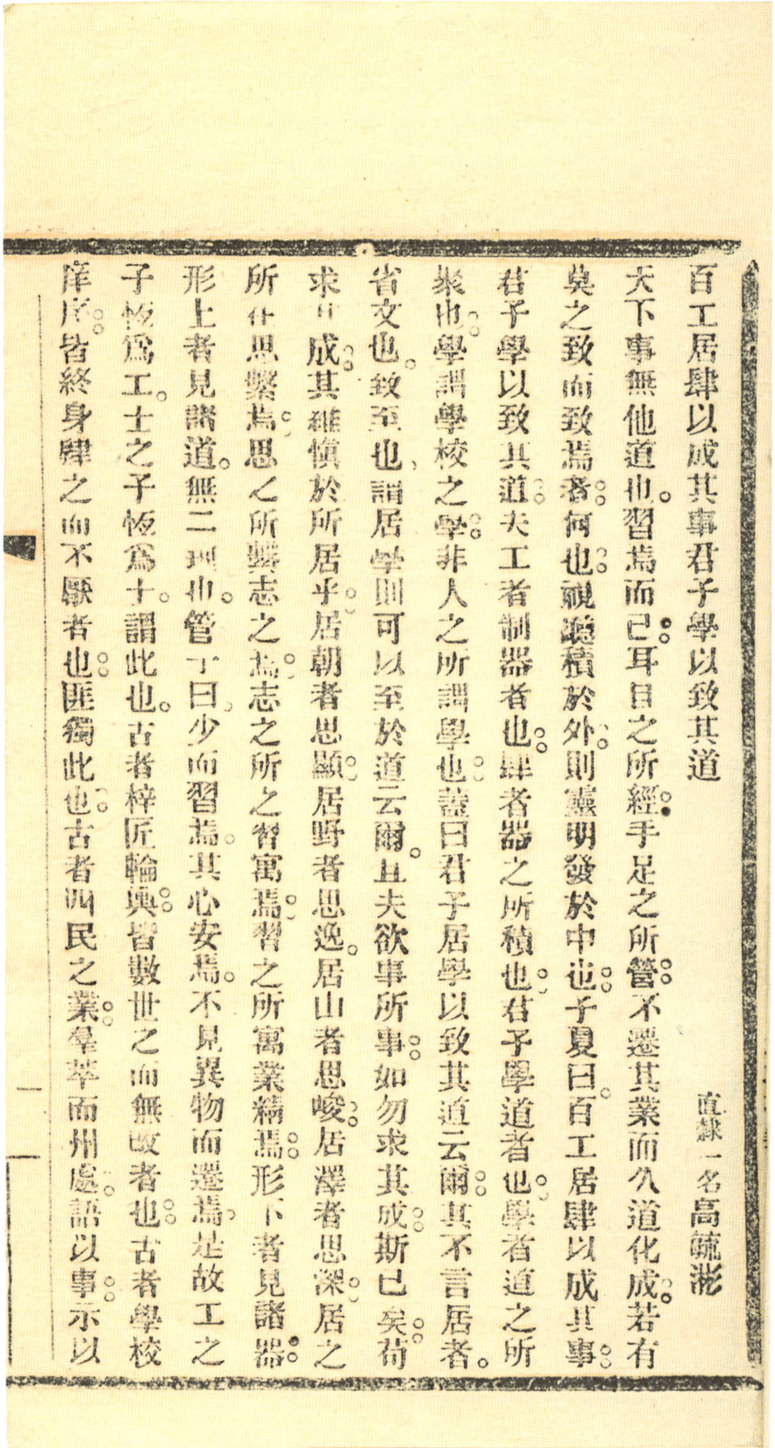

百工居肆以成其事君子學以致其道　直隸一名高毓淞

天下事無他道也習焉而已耳目之所經手足之所營不遷其業而久道化成若有莫之致而致焉者何也覩聽積於外則靈明發於中也子夏曰百工居肆以成其事君子學以致其道夫工者制器者也肆者器之所積也君子學道者也學者道之所聚也學謂學校之學非人之所謂學也蓋曰君子居學以致其道云爾其不言居者省文也致至也謂居學則可以至於道云爾且夫欲事所事如勿求其成斯已矣苟求其成其維慎於所居乎居朝者思顯居野者思逸居山者思峻居澤者思深居之所在思繫焉思之所繫志之爲志之所之習寓焉習之所寓業精焉形下者見諸器形上者見諸道無二理也管子曰少而習焉其心安焉不見異物而遷焉是故工之子恆爲工士之子恆爲士謂此也古者梓匠輪輿皆數世之而無改者也古者學校庠序皆終身肆之而不厭者也匪獨此也古者四民之業羣萃而州處語以事示以

139　精選新科直省闈墨必讀不分卷　（清）不著撰者輯　清末鉛印本

框高15.8厘米，寬10.4厘米。半葉11行，行32字，上下細黑口，四周單邊。

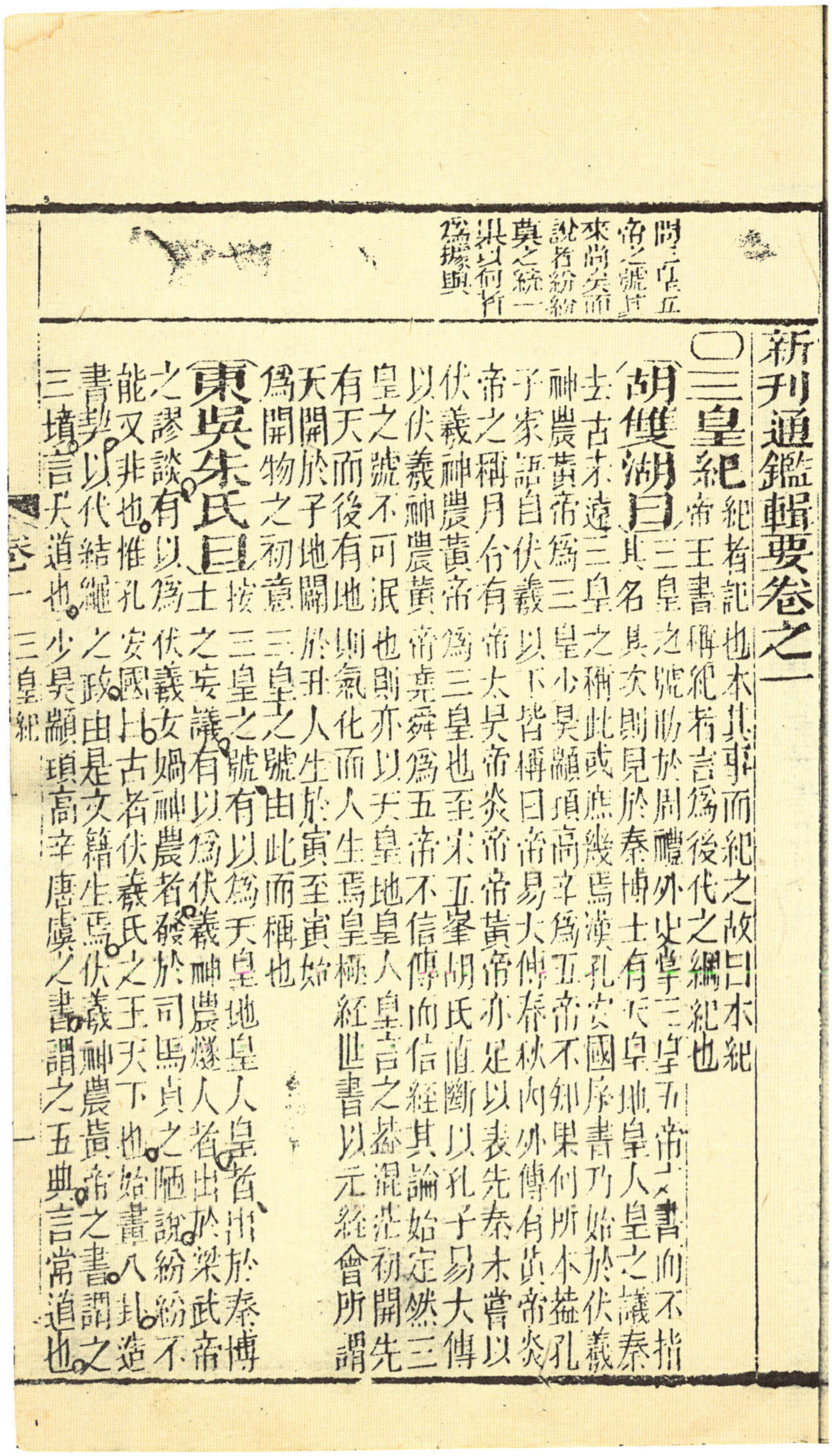

問三皇五帝之號其來尚矣而說者紛紛莫之統一果以何者爲據歟

新刊通鑑輯要卷之一

〇三皇紀 紀者記也本其事而紀之故曰本紀 帝王書稱紀者言爲後代之綱紀也

胡雙湖曰 三皇之號昉於周禮外史掌三皇五帝之書而不指其名其次則見於秦博士有天皇地皇人皇之議秦去古未遠三皇之稱此或庶幾焉漢孔安國序書乃始於伏羲神農黃帝爲三皇少昊顓頊高辛爲五帝不知果何所本蓋孔子家語自伏羲以下皆稱曰帝易大傳春秋內外傳有黃帝炎帝之稱月令有帝太昊帝炎帝帝黃帝亦足以表先秦未嘗以伏羲神農黃帝爲三皇也至宋五峯胡氏直斷以孔子易大傳以伏羲神農黃帝堯舜爲五帝不信傳而信經其論始定然三皇之號不可泯也則亦以天皇地皇人皇言之蓋混茫初開先有天而後有地則氣化而人生焉皇極經世書以元經會所謂天開於子地闢於丑人生於寅至寅始爲開物之初意三皇之號由此而稱也

東吳朱氏曰 按三皇之號有以爲天皇地皇人皇者出於秦博士之妄議有以爲伏羲神農燧人者出於梁武帝之謬談有以爲伏羲女媧神農者發於司馬貞之陋說紛紛不能又非也惟孔安國上古者伏羲氏之王天下也始畫八卦造書契以代結繩之政由是文籍生焉伏羲神農黃帝之書謂之三墳言大道也少昊顓頊高辛唐虞之書謂之五典言常道也

卷一 三皇紀 一

140　新刊通鑑輯要三十九卷了凡綱鑑補一卷附御纂資治通鑑明紀綱目二十卷　（明）陳明卿重訂　（清）朱青巖輯略　清刻本

框高19.5厘米，寬13.5厘米。兩欄，半葉11行，行25字，小字雙行同，白口，左右雙邊。

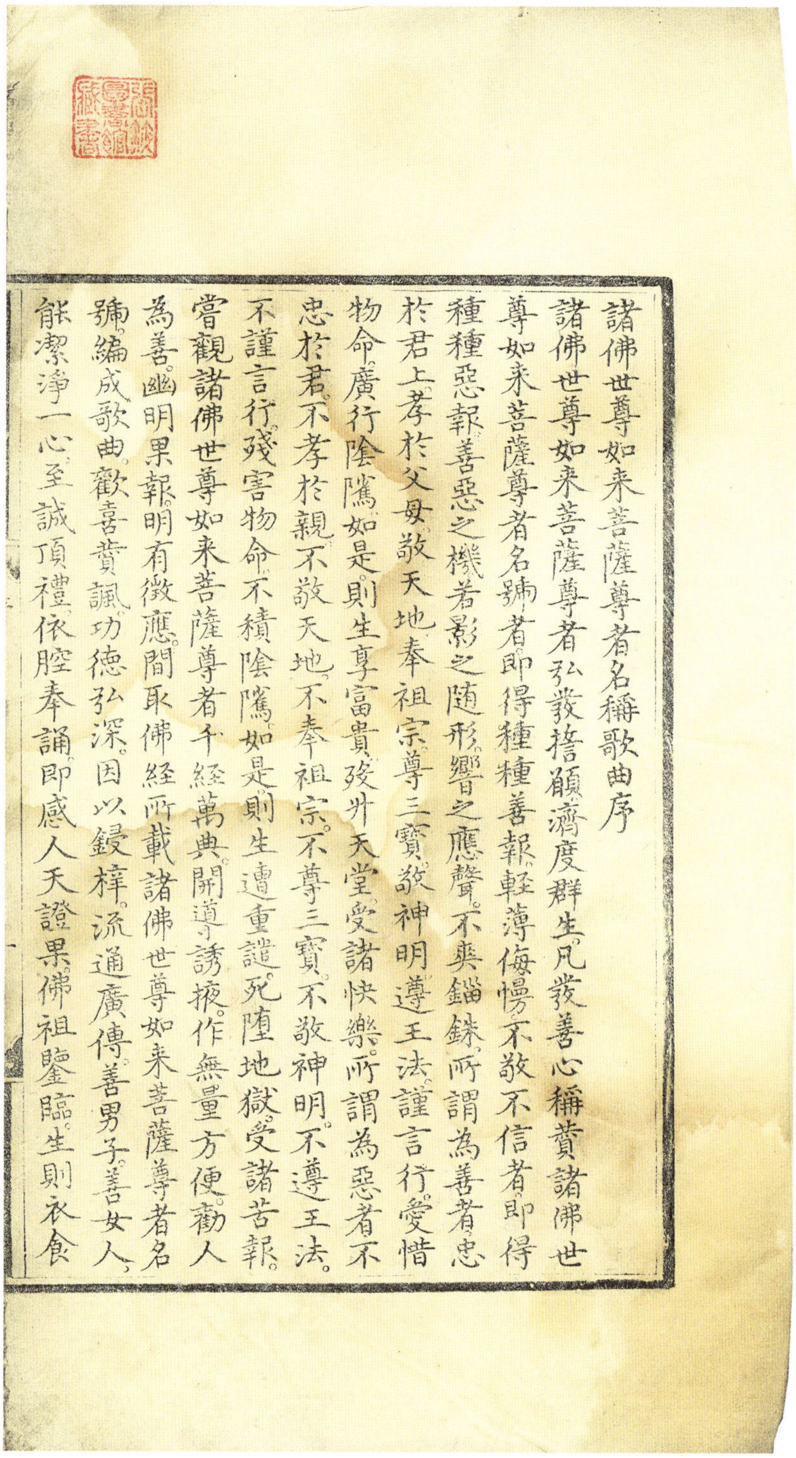

諸佛世尊如来菩薩尊者名稱歌曲序

諸佛世尊如来菩薩尊者弘發誓願濟度群生凡發善心稱賛諸佛世尊如来菩薩尊者名號者即得種種善報輕薄侮慢不敬不信者即得種種惡報善惡之機著影之随形響之應聲不爽錙銖所謂為善者忠於君上孝於父母敬天地奉祖宗尊三寶敬神明遵王法謹言行愛惜物命廣行陰隲如是則生享富貴歿升天堂受諸快樂所謂為惡者不忠於君不孝於親不敬天地不奉祖宗不尊三寶不敬神明不遵王法不謹言行殘害物命不積陰隲如是則生遭重譴死墮地獄受諸苦報嘗觀諸佛世尊如来菩薩尊者千經萬典開導誘掖作無量方便勸人為善幽明果報明有徵應間取佛經所載諸佛世尊如来菩薩尊者名號編成歌曲歡喜賛誦功德弘深因以鋟梓流通廣傳善男子善女人能潔淨一心至誠頂禮依腔奉誦即感人天證果佛祖鑒臨生則衣食

141　諸佛世尊如来菩薩尊者名稱歌曲不分卷　（明）成祖朱棣撰　明永樂內府刻本

框高29.3厘米，寬18.5厘米。半葉16行，行31字，上下黑口，四周雙邊。

館藏索書號：子/26/8349

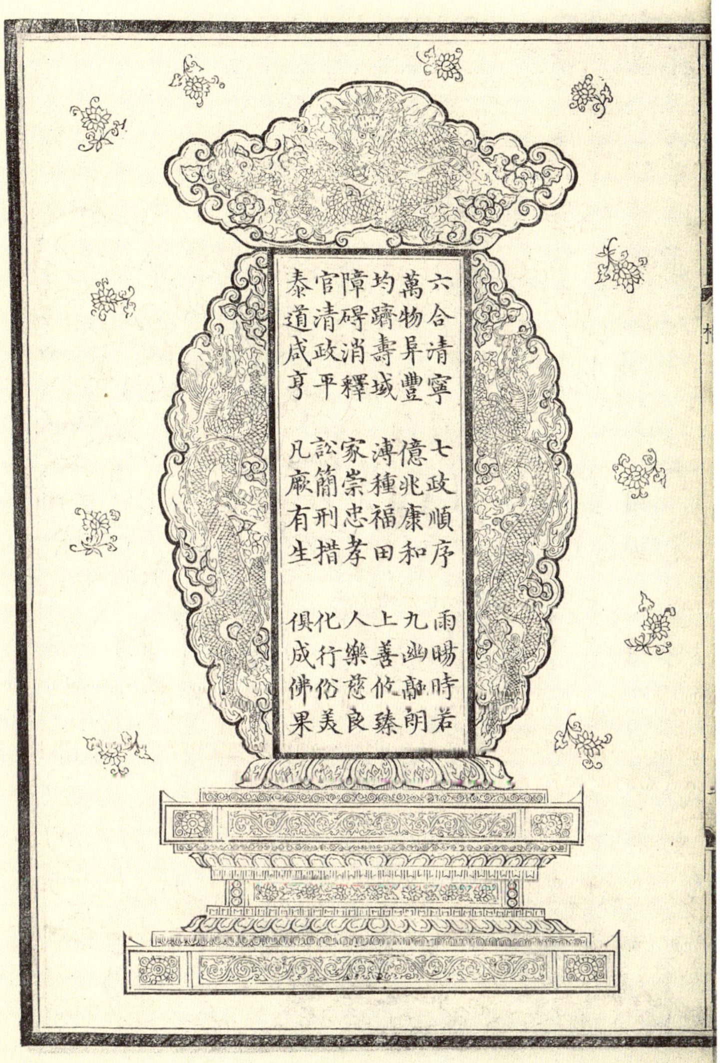
六合清寧
七政順序
雨暘時若
萬物阜豐
億兆康和
九幽融朗
均躋壽域
溥種福田
上善攸臻
障碍消釋
家崇忠孝
人樂慈良
官清政平
訟簡刑措
化行俗美
泰道咸亨
凡厥有生
俱成佛果

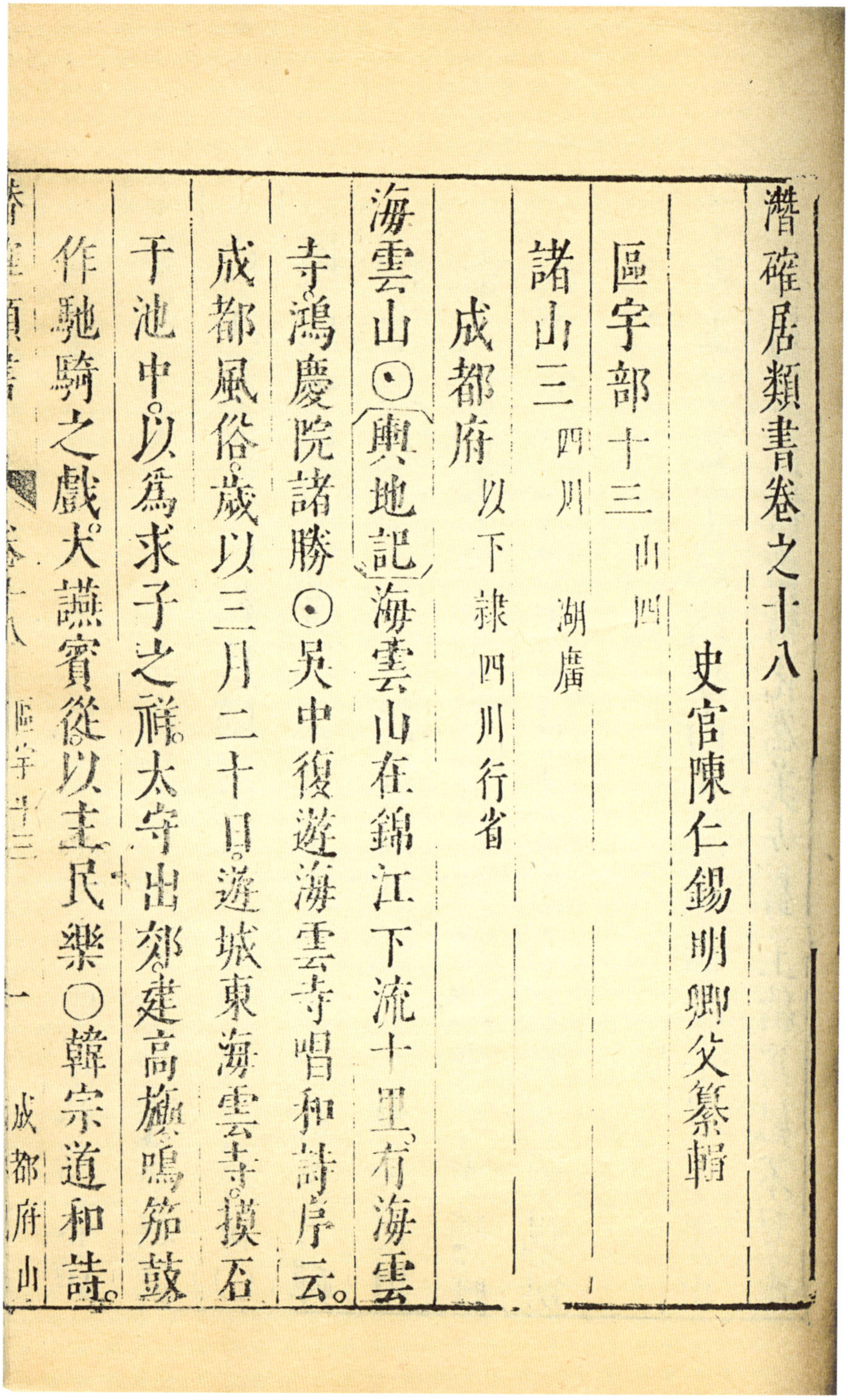
潛確居類書卷之十八

史官陳仁錫明卿父纂輯

區宇部十三 山四

諸山三 四川 湖廣

成都府 以下隸四川行省

海雲山 輿地記 海雲山在錦江下流十里有海雲寺鴻慶院諸勝 吳中復遊海雲寺唱和詩序云成都風俗歲以三月二十一日遊城東海雲寺摸石于池中以爲求子之祥太守出郊建高旟鳴笳鼓作馳騎之戲大讌賓從以主民樂 韓宗道和詩

潛確類書 卷十八 區宇部十三 一 成都府山

142　潛確居類書一百二十卷　（明）陳仁錫輯　明崇禎刻本

框高20.6厘米，寬14.7厘米。半葉10行，行20字，白口，四周單邊。

存八十二卷（十八至十九、二十二至三十、三十三至三十四、三十七至三十九、四十一至五十、五十三至五十八、六十至七十九、八十七至九十、九十五至一百二十）

館藏索書號：子/29/2115

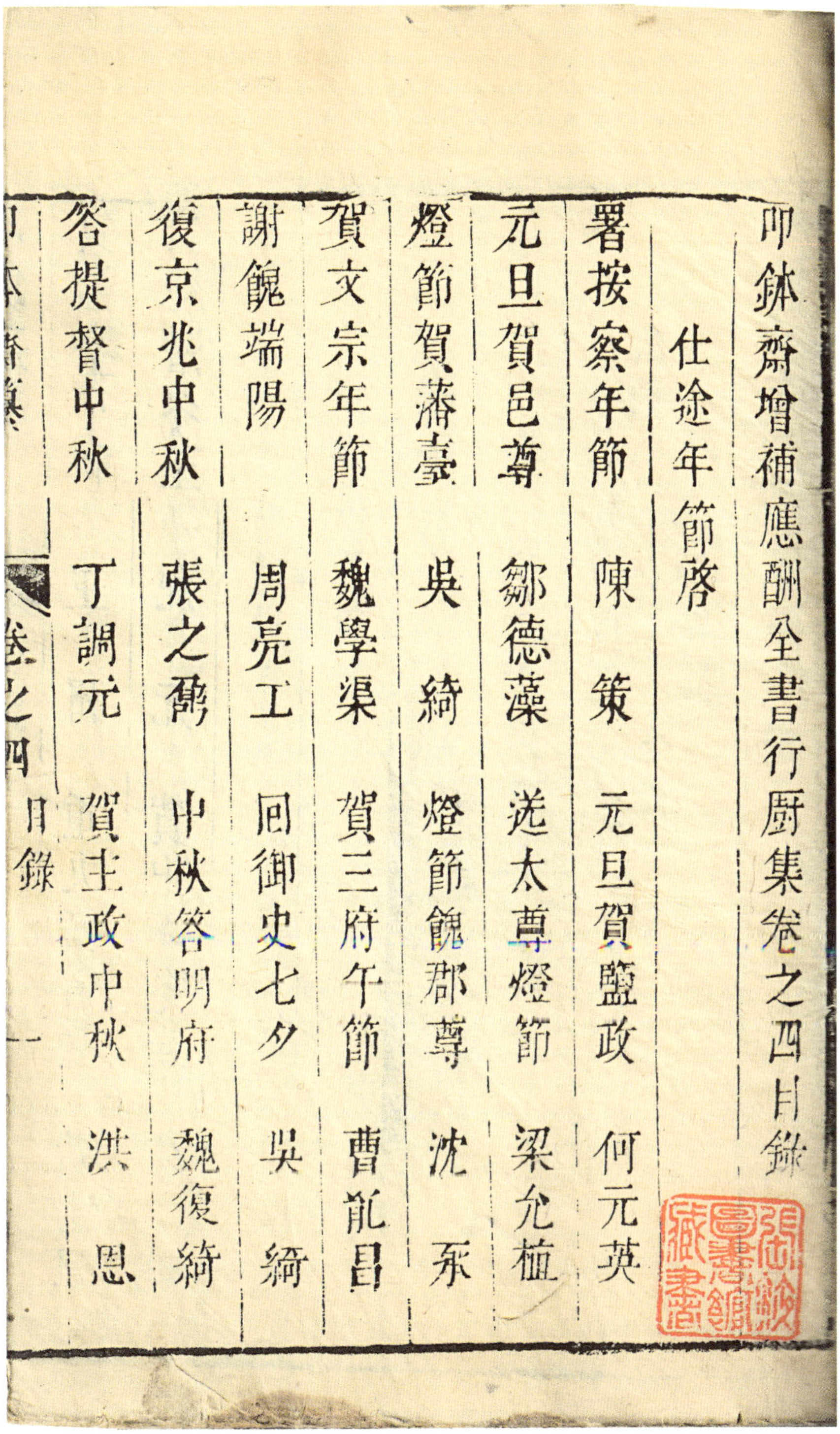
叩鉢齋增補應酬全書行厨集卷之四目録
仕途年節啓
署按察年節　陳　策　元旦賀鹽政　何元英
元旦賀邑尊　鄒德藻　送太尊燈節　梁允植
燈節賀藩臺　吳　綺　燈節餽郡尊　沈　豕
賀文宗年節　魏學渠　賀三府午節　曹龍昌
謝餽端陽　周亮工　同御史七夕　吳　綺
復京兆中秋　張之[illegible]　中秋答明府　魏復綺
答提督中秋　丁調元　賀主政中秋　洪　恩
叩鉢齋集　卷之四　目録　一

143　叩鉢齋纂行廚集十七卷　（清）李之浵、汪建封輯　清康熙刻本
框高18.9厘米，寬13.7厘米。半葉9行，行30字，白口，四周單邊。
存六卷（四至五、十至十一、十三、十五）
館藏索書號：子/16/2920

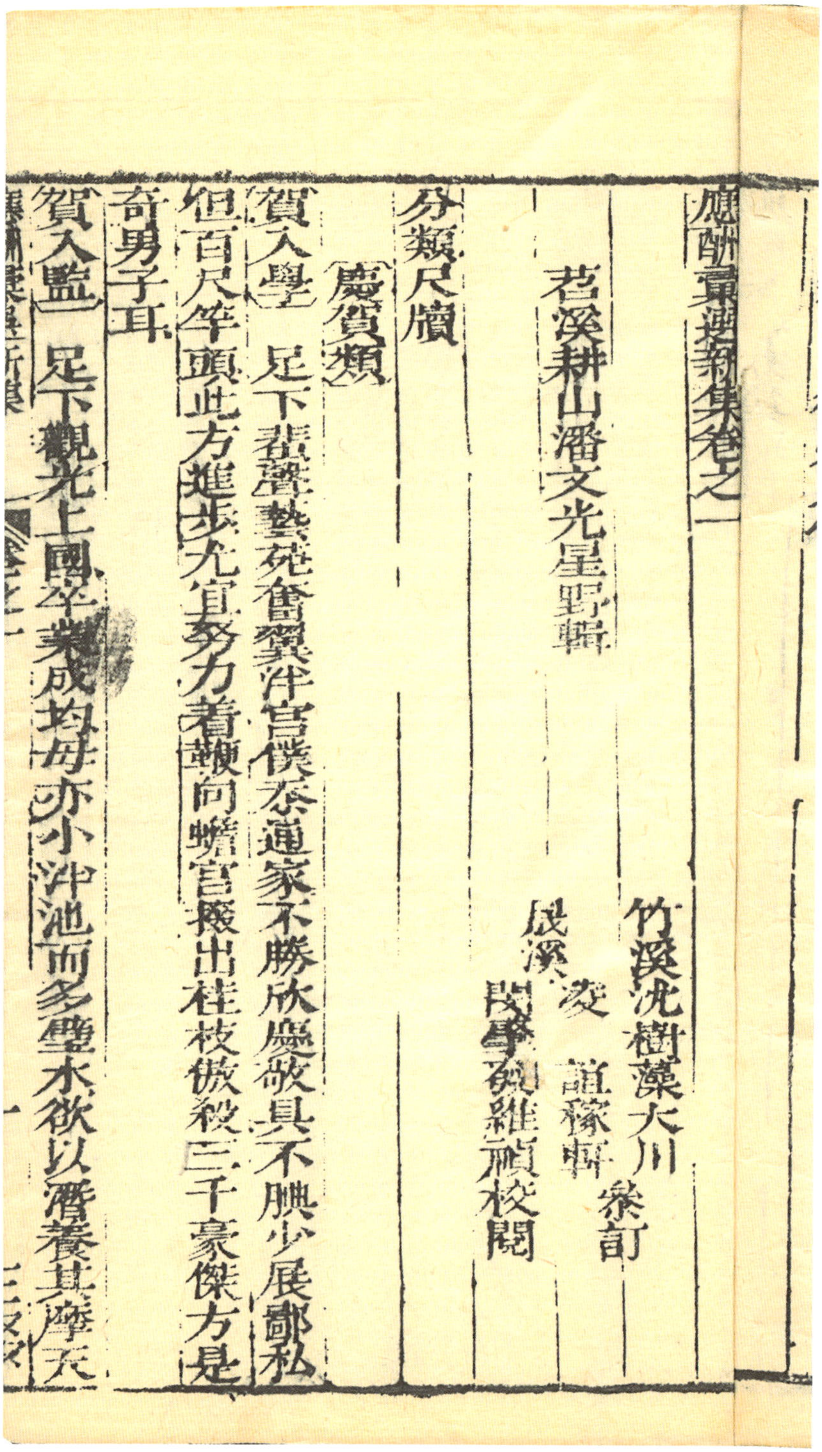
應酬彙選新集卷之一

苕溪耕山潘文光星野輯

竹溪沈樹藻大川　參訂

晟溪凌　誼稼軒

閔學翊維禎校閱

分類尺牘

慶賀類

賀入學　足下蜚聲藝苑奮翼泮宮僕忝通家不勝欣幸敬具不腆少展鄙私但百尺竿頭此方進步尤宜努力着鞭向蟾宮攀出桂枝傲殺三千豪傑方是奇男子耳

賀入監　足下觀光上國卒業成均毋亦小泮池而多璧水欲以濬養其摩天

應酬彙選新集　卷之一　一　三多齋

144　應酬彙選新集八卷　（清）潘文光輯　清乾隆五十二年（1787）三多齋刻本

框高18.6厘米，寬11.6厘米。半葉10行，行30字，白口，四周單邊。

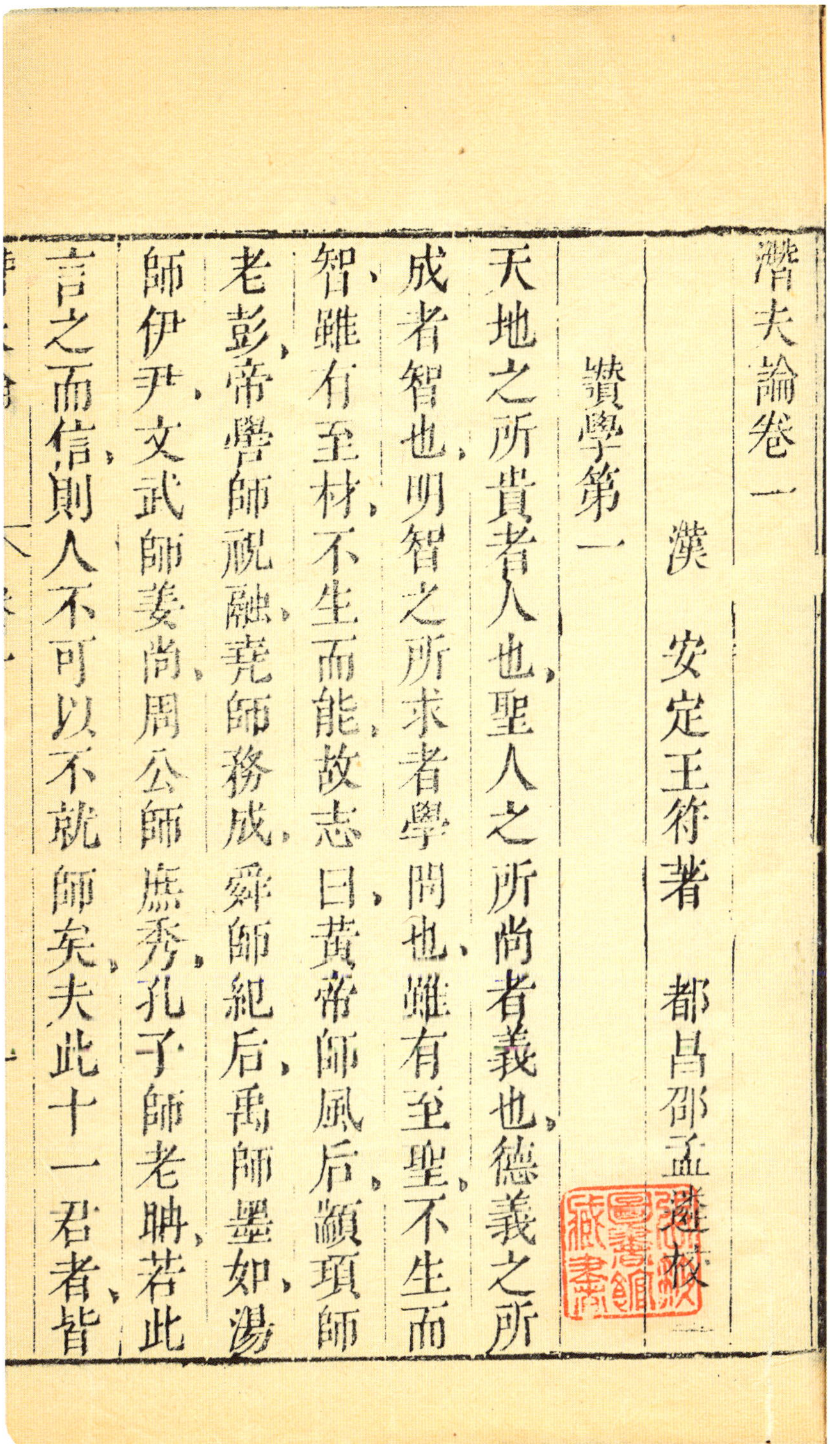

潛夫論卷一　漢　安定王符著　都昌邵孟遴校

讚學第一

天地之所貴者人也聖人之所尚者義也德義之所成者智也明智之所求者學問也雖有至聖不生而智雖有至材不生而能故志曰黃帝師風后顓頊師老彭帝嚳師祝融堯師務成舜師紀后禹師墨如湯師伊尹文武師姜尚周公師庶秀孔子師老聃若此言之而信則人不可以不就師矣夫此十一君者皆

145　潛夫論十卷　（漢）王符著　（清）邵孟遴校　清乾隆五十六年（1791）金谿王氏刻本

框高19.5厘米，寬14.2厘米。半葉9行，行20字，白口，四周雙邊。

館藏索書號：子/5/1657

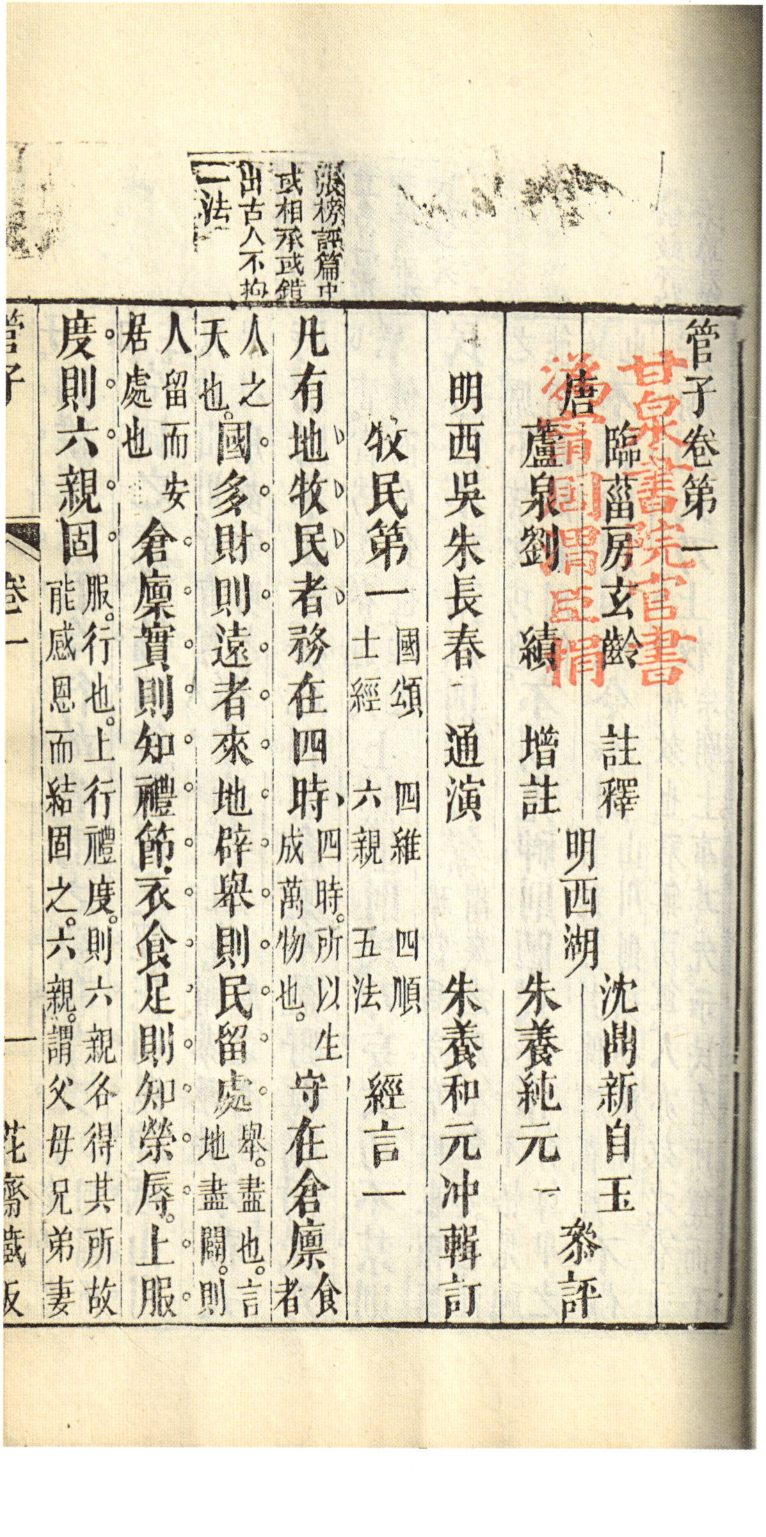

張榜評篇中或相承或錯出古人不拘一法

管子卷第一

唐臨淄房玄齡　註釋　明西湖沈𢈔新自玉　參評

蘆泉劉績　增註　明西湖朱養純元一　參評

明西吳朱長春一通演　朱養和元沖輯訂

牧民第一　國頌　四維　四順　士經　六親　五法　經言一

凡有地牧民者務在四時四時所以生成萬物也守在倉廩食者人之天也國多財則遠者來地辟舉則民留處舉盡也言人地盡闢則人留而安居處也倉廩實則知禮節衣食足則知榮辱上服度則六親固服行也上行禮度則六親各得其所故能感恩而結固之六親謂父母兄弟妻

管子　卷一　一　花齋藏板

146　十子全書十種一百二十九卷　（清）王子興輯　清嘉慶九年（1804）姑蘇王氏聚文堂刻本

框高17.5厘米，寬13.7厘米。半葉11行，行21字，小字雙行同，白口，左右雙邊。

缺一種二卷（道德經評註二卷）

館藏索書號：子/1/3344

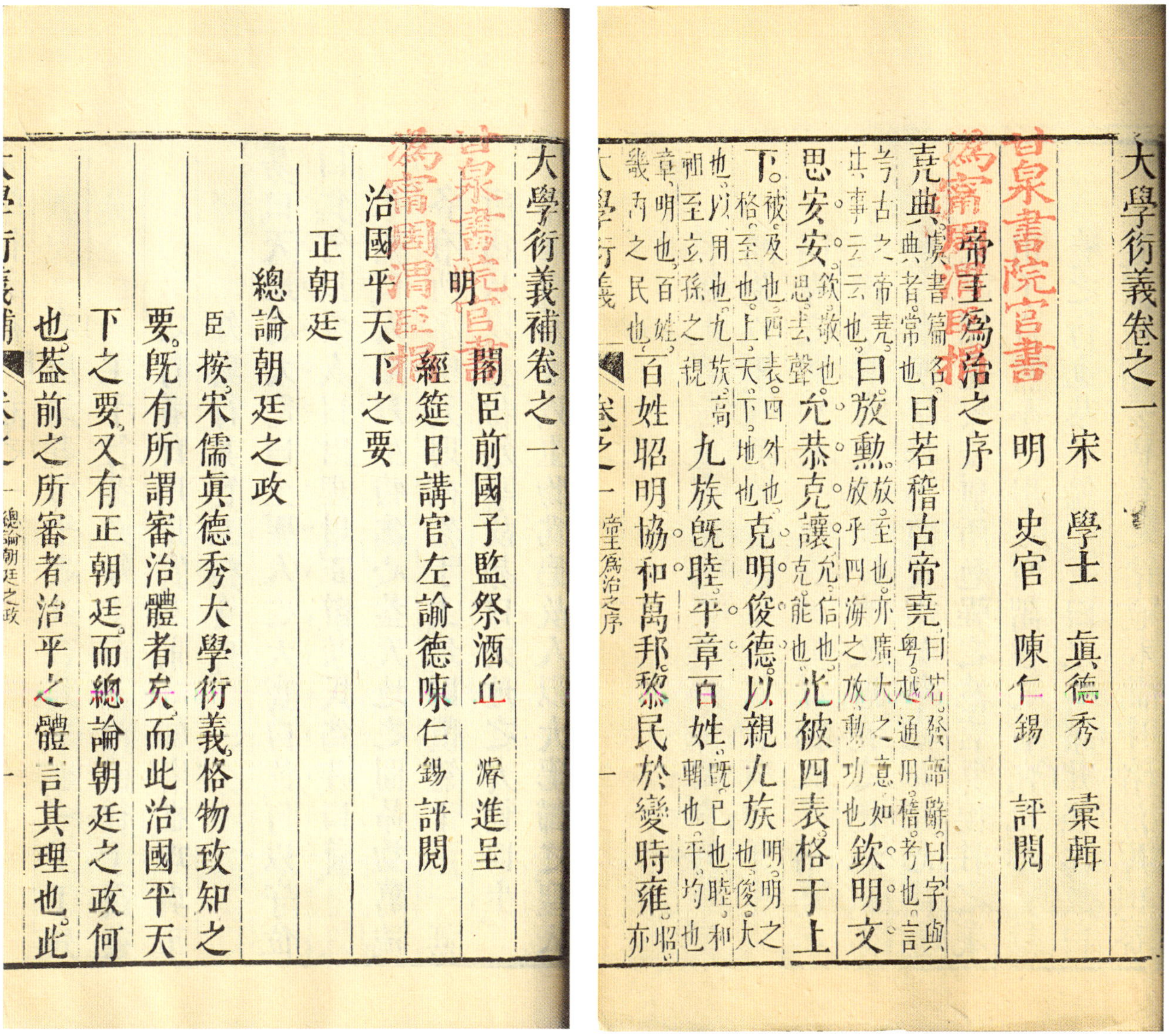

147　大學衍義四十三卷大學衍義補一百六十卷首一卷目録一卷　（宋）真德秀彙輯　（明）丘濬進呈　（明）陳仁錫評閲　清道光十七年（1837）刻本

框高21.0厘米，寬14.5厘米。半葉10行，行20字，小字雙行同，白口，四周單邊。

館藏索書號：子/11/6175

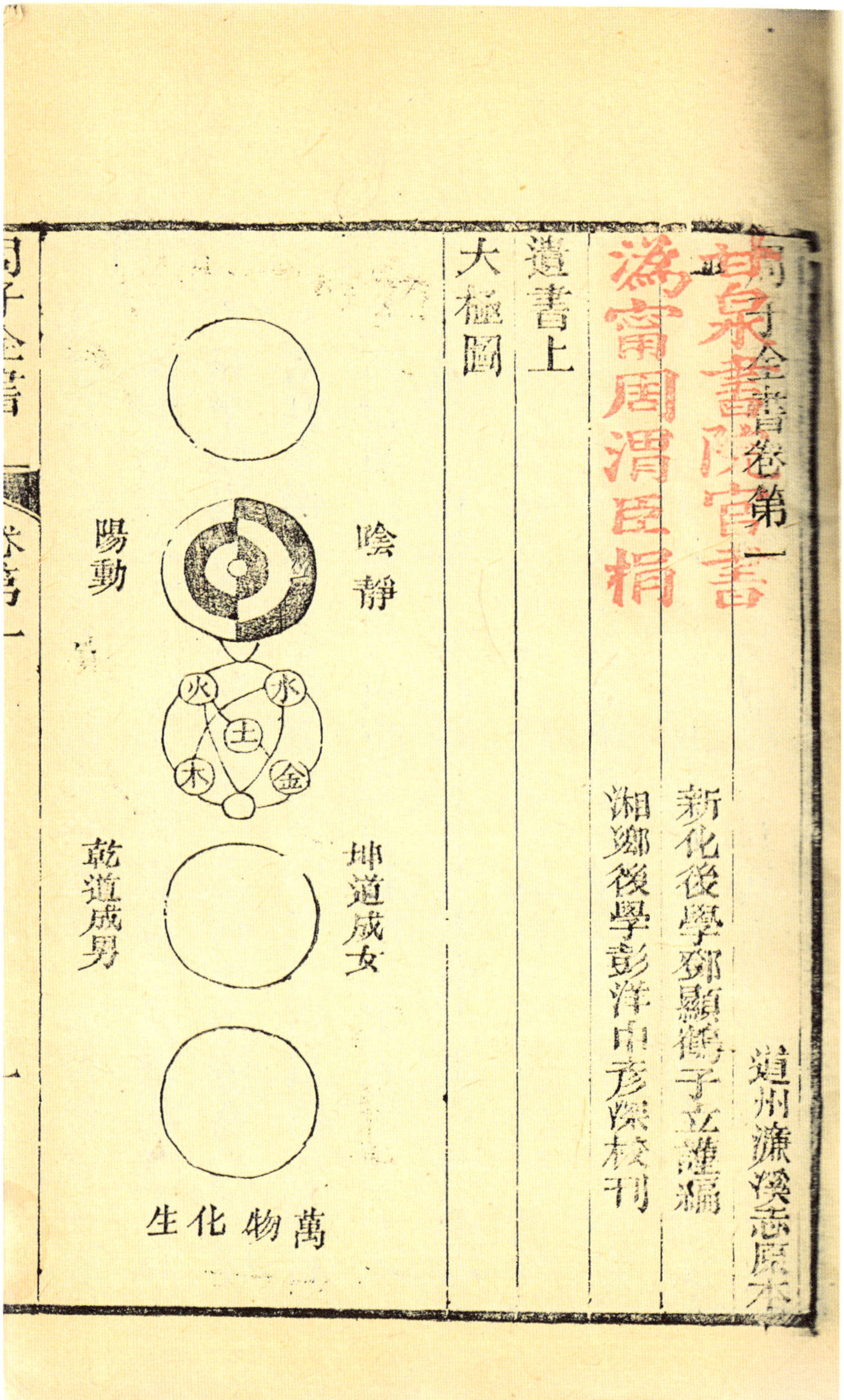

148　周子全書九卷首二卷末一卷　（宋）周敦頤撰　（清）鄧顯鶴編　清道光二十七年（1847）新化鄧氏濂溪精舍刻本

框高19.2厘米，寬13.8厘米。半葉11行，行22字，白口，左右雙邊。

存十卷（一至二、五至九，首二卷，末一卷）

館藏索書號：子/8/3057

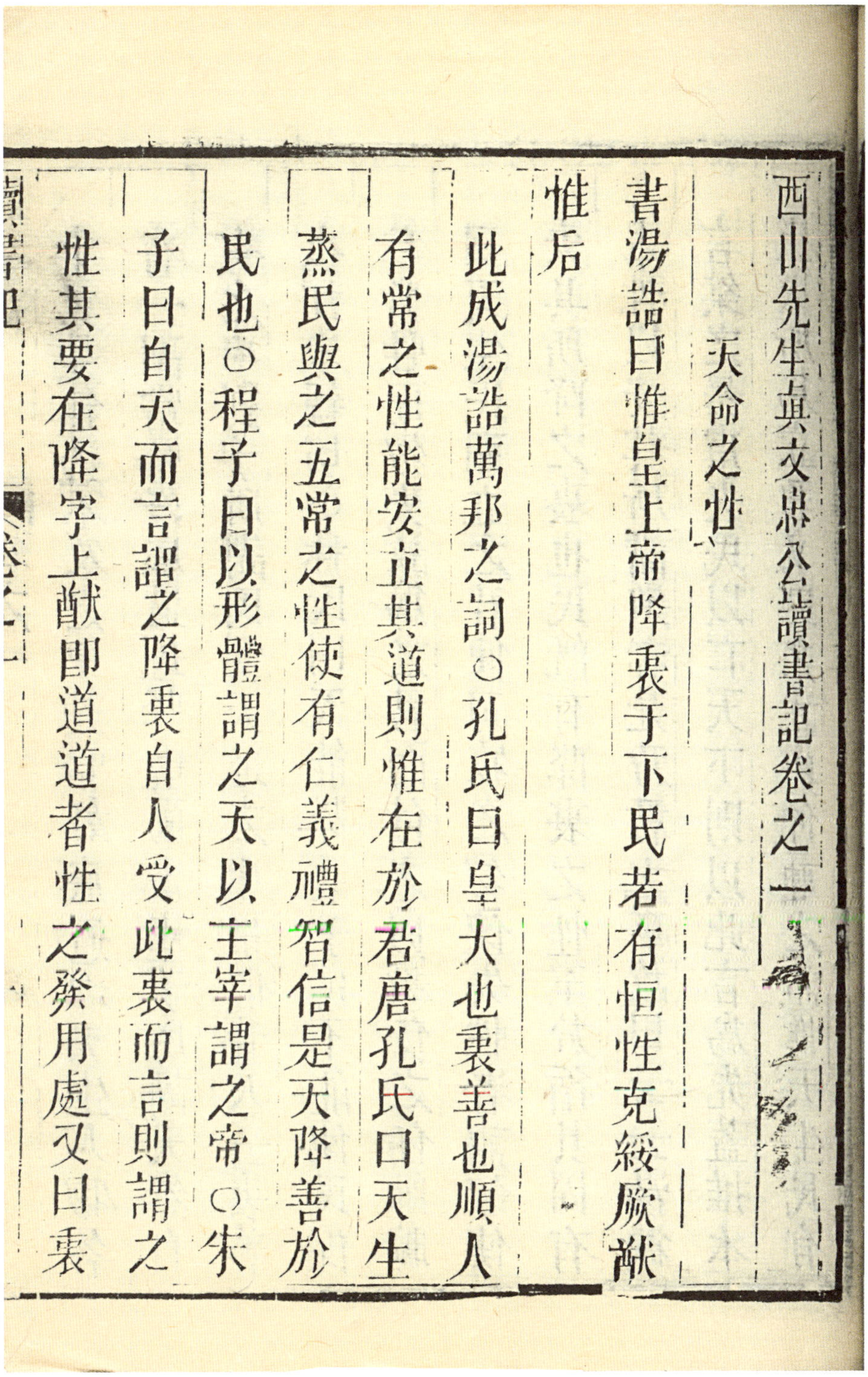
西山先生真文忠公讀書記卷之一

天命之性

書湯誥曰惟皇上帝降衷于下民若有恒性克綏厥猷惟后

此成湯誥萬邦之詞○孔氏曰皇大也衷善也順人有常之性能安立其道則惟在於君唐孔氏曰天生蒸民與之五常之性使有仁義禮智信是天降善於民也○程子曰以形體謂之天以主宰謂之帝○朱子曰自天而言謂之降衷自人受此衷而言則謂之性其要在降字上猷即道道者性之發用處又曰衷

149　西山先生真文忠公讀書記四十卷　（宋）眞德秀輯　清咸豐七年（1857）刻本

框高20.0厘米，寬15.0厘米。半葉10行，行20字，白口，四周雙邊。

存三十三卷（一至二十、二十三至二十六、三十二至四十）

館藏索書號：子/9/3089

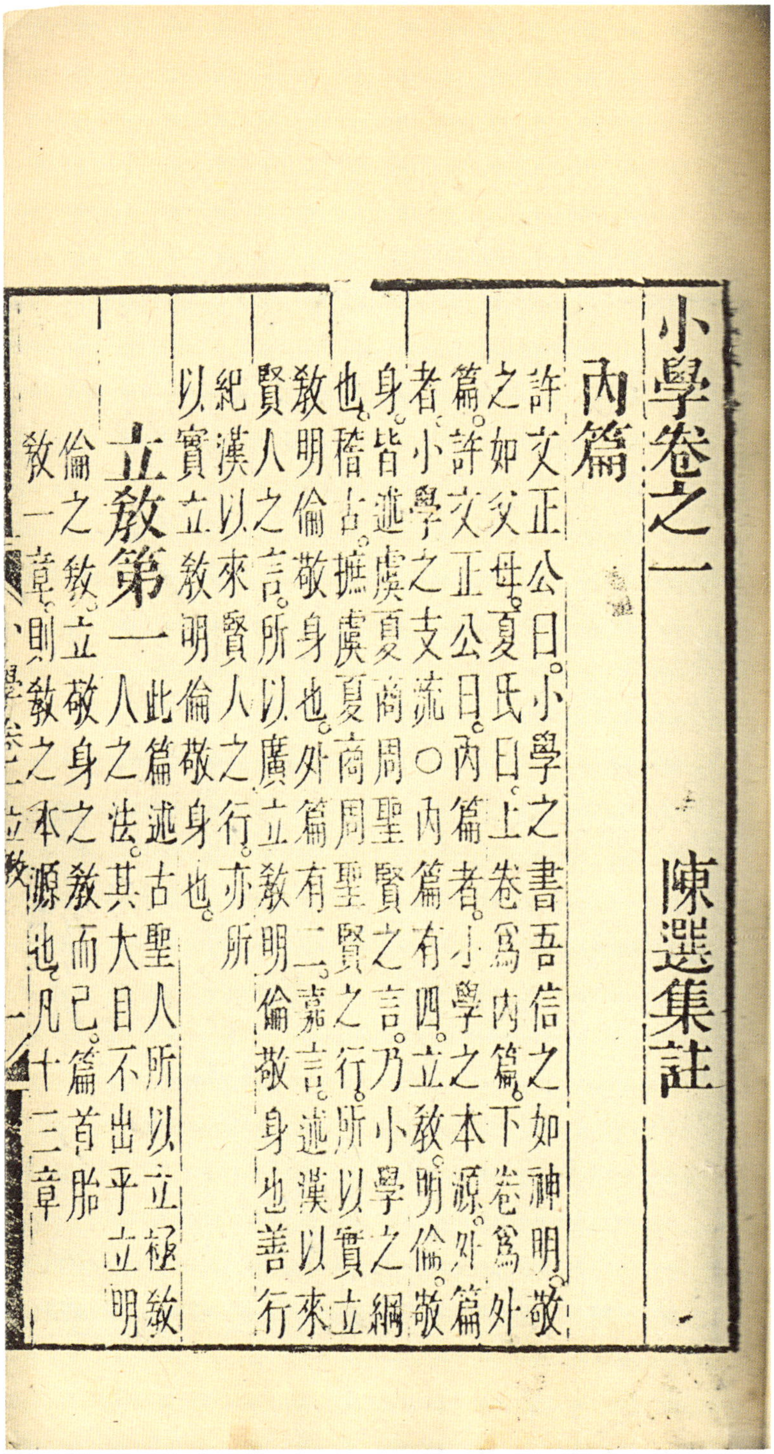

小學卷之一　陳選集註

内篇

許文正公曰。小學之書吾信之如神明。敬
之如父母。夏氏曰。上卷爲内篇。下卷爲外
篇。許文正公曰。内篇者。小學之本源。外篇
者。小學之支流。○内篇有四。立教。明倫。敬
身。皆述虞夏商周聖賢之言。乃小學之綱
也。稽古摭虞夏商周聖賢之行。所以實立
教明倫敬身也。外篇有二。嘉言。述漢以來
賢人之言。所以廣立教明倫敬身也。善行
紀漢以來賢人之行。亦所
以實立教明倫敬身也。

立教第一　此篇述古聖人所以立極教
人之法。其大目不出乎立明
倫之教。立敬身之教而已。篇首胎
教一章。則教之本源也。凡十三章

150　小學六卷　（明）陳選集註　清同治十年（1871）刻本

框高17.0厘米，寬11.7厘米。半葉9行，行17字，小字雙行同，上下黑口，四周單邊。

館藏索書號：子/6/1973

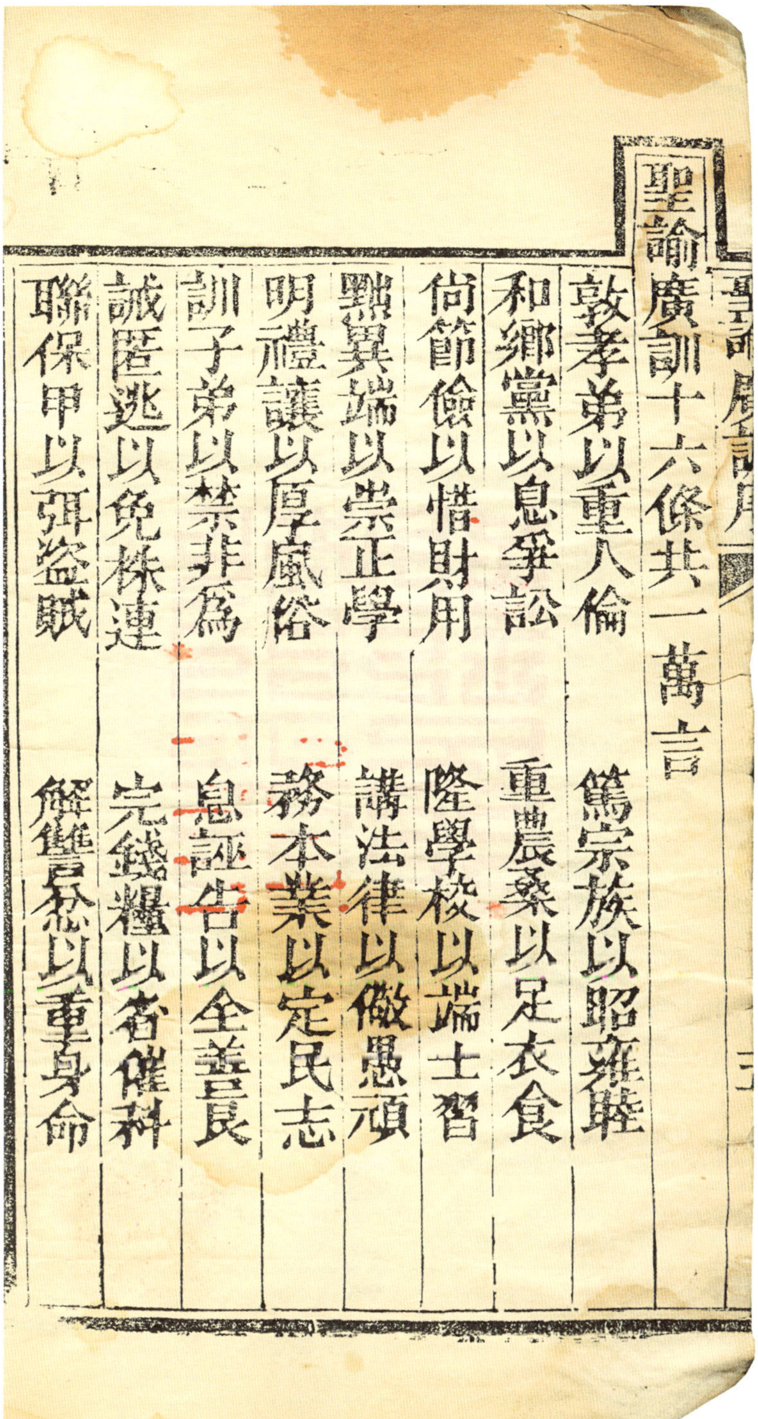
聖諭廣訓十六條共一萬言

敦孝弟以重人倫　篤宗族以昭雍睦

和鄉黨以息爭訟　重農桑以足衣食

尚節儉以惜財用　隆學校以端士習

黜異端以崇正學　講法律以儆愚頑

明禮讓以厚風俗　務本業以定民志

訓子弟以禁非爲　息誣告以全善良

誡匿逃以免株連　完錢糧以省催科

聯保甲以弭盜賊　解讐忿以重身命

151　聖諭廣訓一卷廣訓衍附律一卷　（清）聖祖玄燁、世宗胤禛撰　清同治刻本

框高19.6厘米，寬13.8厘米。半葉10行，行19字，白口，四周雙邊。

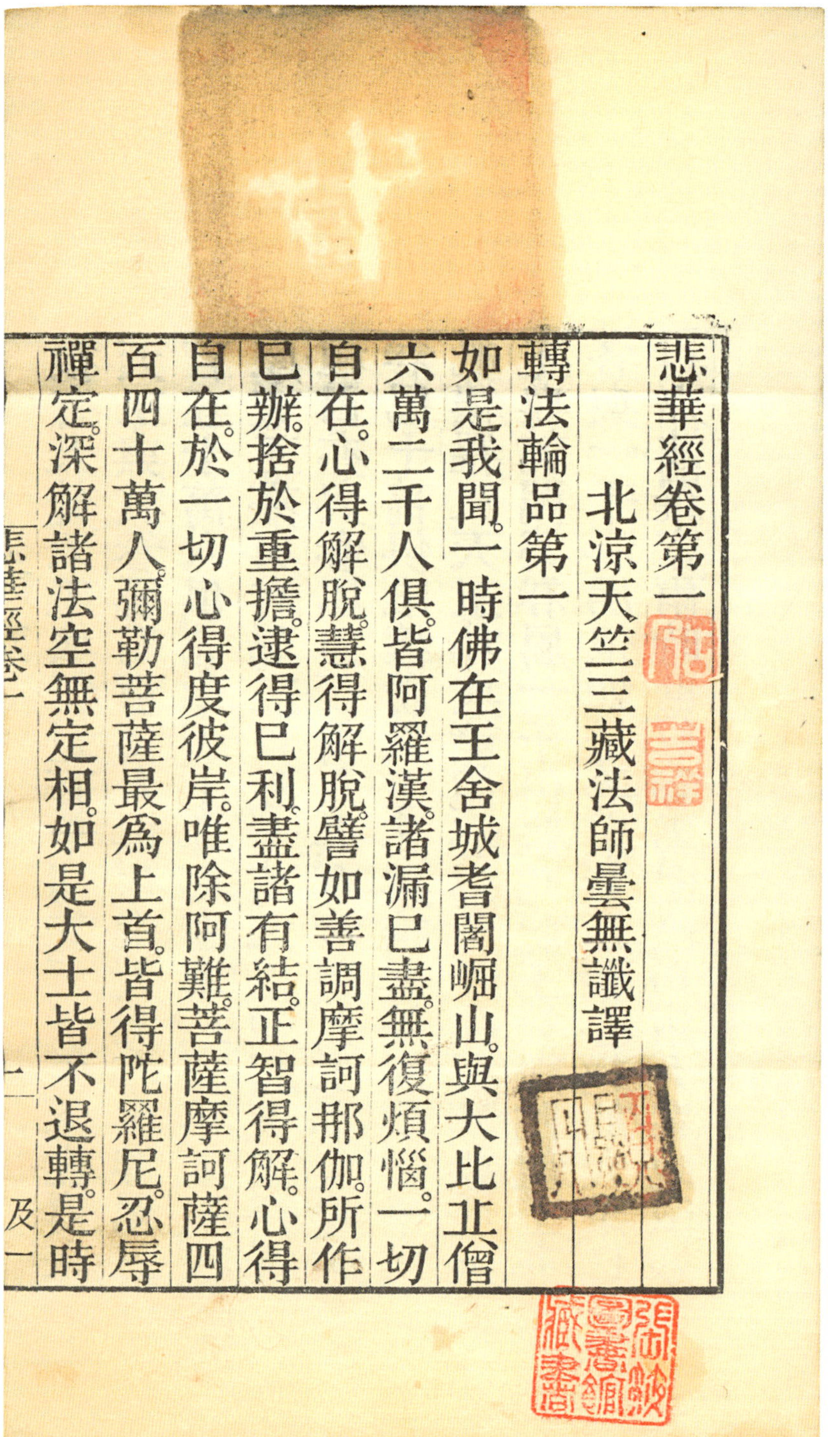

悲華經卷第一

北涼天竺三藏法師曇無讖譯

轉法輪品第一

如是我聞。一時佛在王舍城耆闍崛山。與大比丘僧六萬二千人俱。皆阿羅漢。諸漏已盡。無復煩惱。一切自在。心得解脫。慧得解脫。譬如善調摩訶那伽。所作已辦。捨於重擔。逮得己利。盡諸有結。正智得解。心得自在。於一切心得度彼岸。唯除阿難。菩薩摩訶薩四百四十萬人。彌勒菩薩最為上首。皆得陀羅尼。忍辱禪定。深解諸法空無定相。如是大士皆不退轉。是時

悲華經卷一　一　及一

152　悲華經十卷　（北涼）釋曇無讖譯　清光緒四年（1878）刻本

框高16.2厘米，寬12.5厘米。半葉10行，行20字，白口，左右雙邊。

館藏索書號：子/28/1461

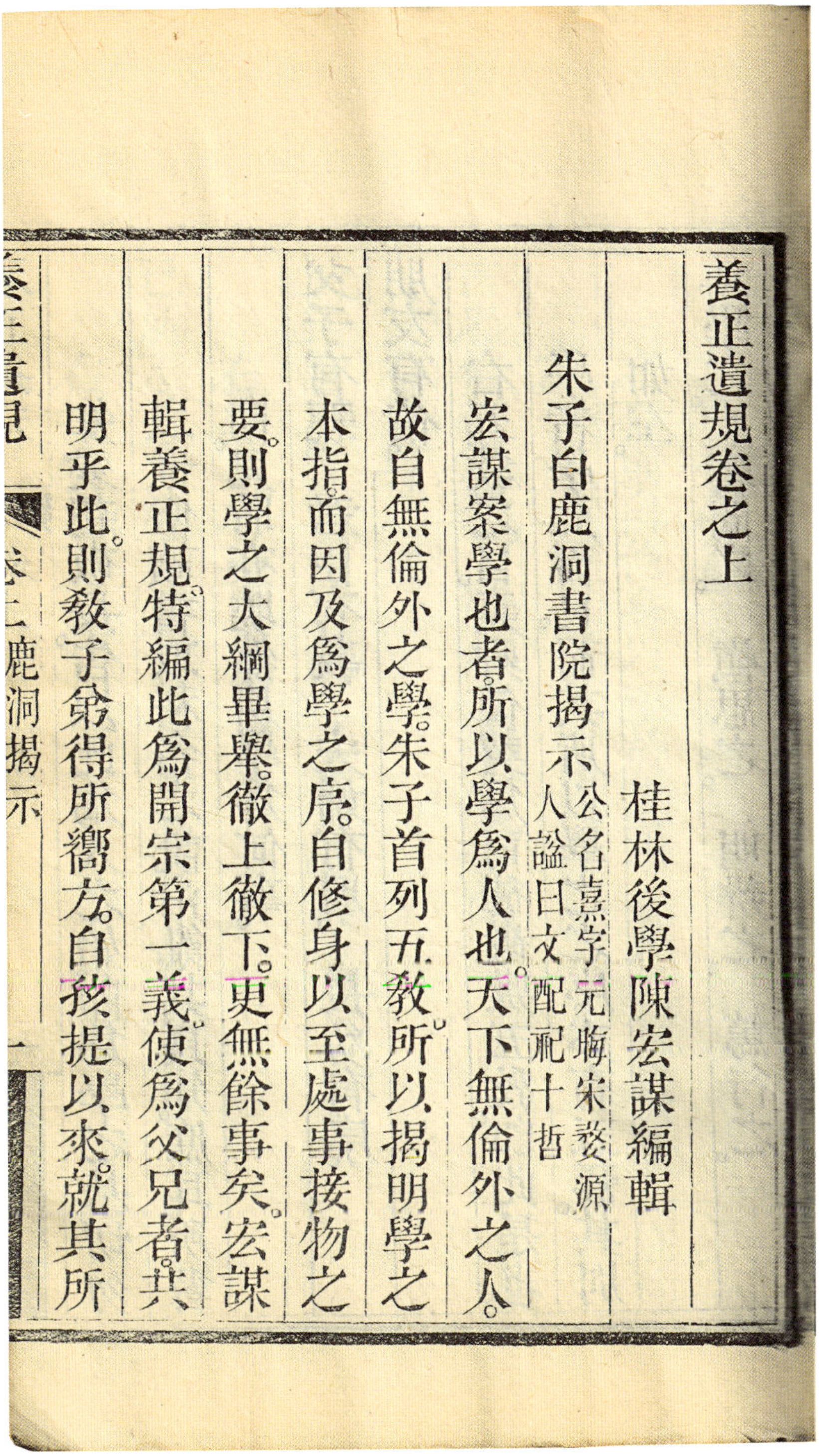

養正遺規卷之上

桂林後學陳宏謀編輯

朱子白鹿洞書院揭示公名熹字元晦宋婺源人謚曰文配祀十哲

宏謀案學也者所以學爲人也天下無倫外之人故自無倫外之學朱子首列五教所以揭明學之本指而因及爲學之序自修身以至處事接物之要則學之大綱畢舉徹上徹下更無餘事矣宏謀輯養正規特編此爲開宗第一義使爲父兄者共明乎此則教子弟得所嚮方自孩提以來就其所

養正遺規　卷上　鹿洞揭示　一

153　五種遺規十六卷　（清）陳宏謀編輯　清光緒十九年（1893）刻本

框高18.8厘米，寬13.2厘米。半葉9行，行22字，下黑口，四周雙邊。

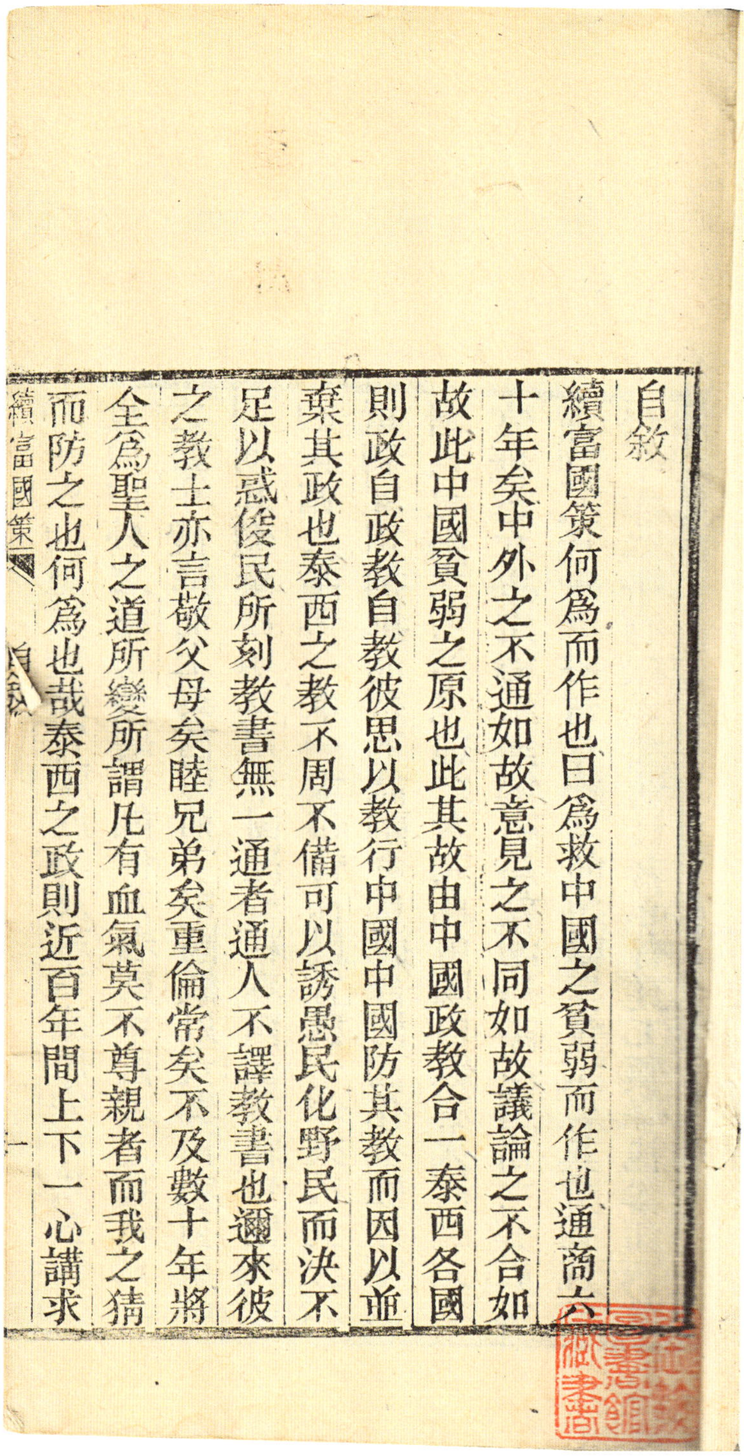

自敘

續富國策何爲而作也曰爲救中國之貧弱而作也通商六十年矣中外之不通如故意見之不同如故議論之不合如故此中國貧弱之原也此其故由中國政教合一泰西各國則政自政教自教彼思以教行中國中國防其教而因以並棄其政也泰西之教不周不備可以誘愚民化野民而決不足以惑俊民所刻教書無一通者通人不譯教書也邇來彼之教士亦言敬父母矣睦兄弟矣重倫常矣不及數十年將全爲聖人之道所變所謂凡有血氣莫不尊親者而我之猜而防之也何爲也哉泰西之政則近百年間上下一心講求

續富國策　自敘　一

154　續富國策四卷　（清）陳熾撰　清光緒二十二年（1896）刻本

框高16.0厘米，寬11.5厘米。半葉10行，行23字，白口，左右雙邊。

館藏索書號：子/18/2487

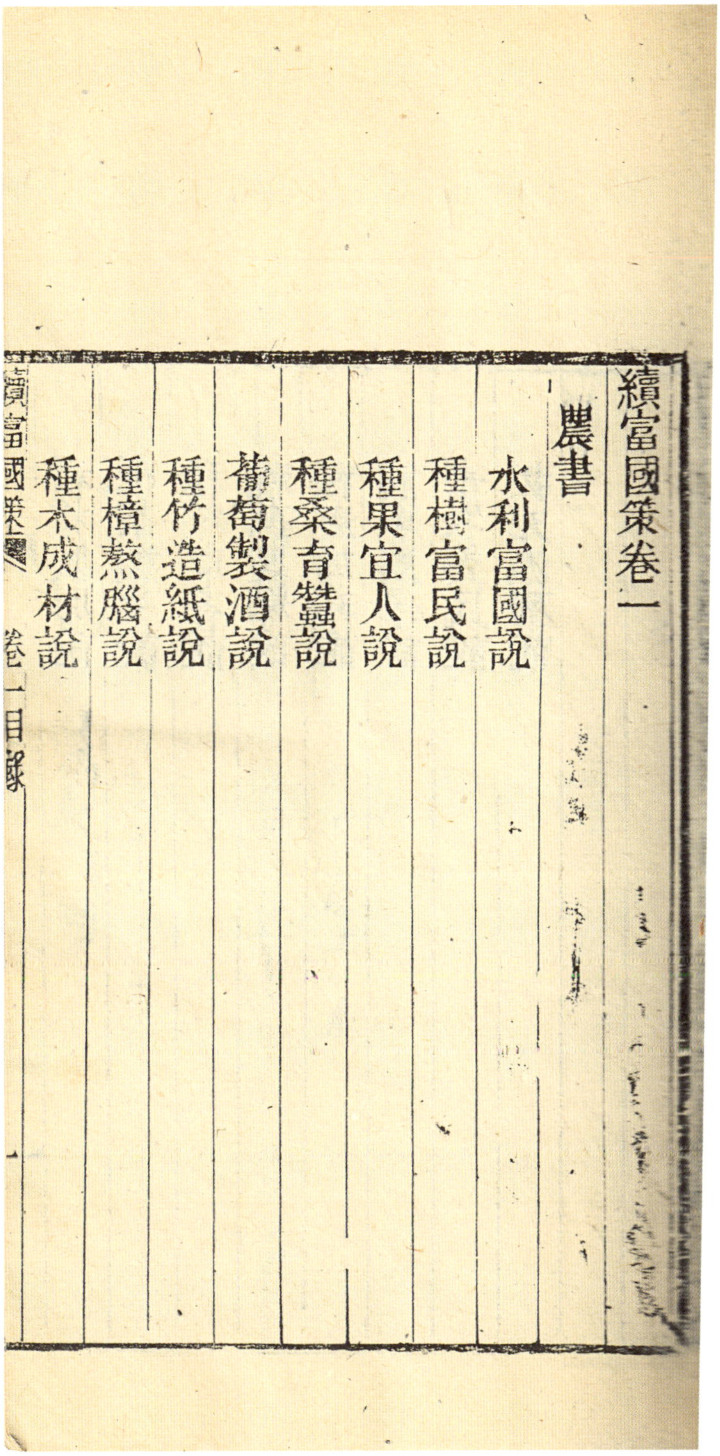

續富國策卷一

農書

水利富國說

種樹富民說

種果宜人說

種桑育蠶說

葡萄製酒說

種竹造紙說

種樟熬腦說

種木成材說

續富國策 卷一 目錄 一

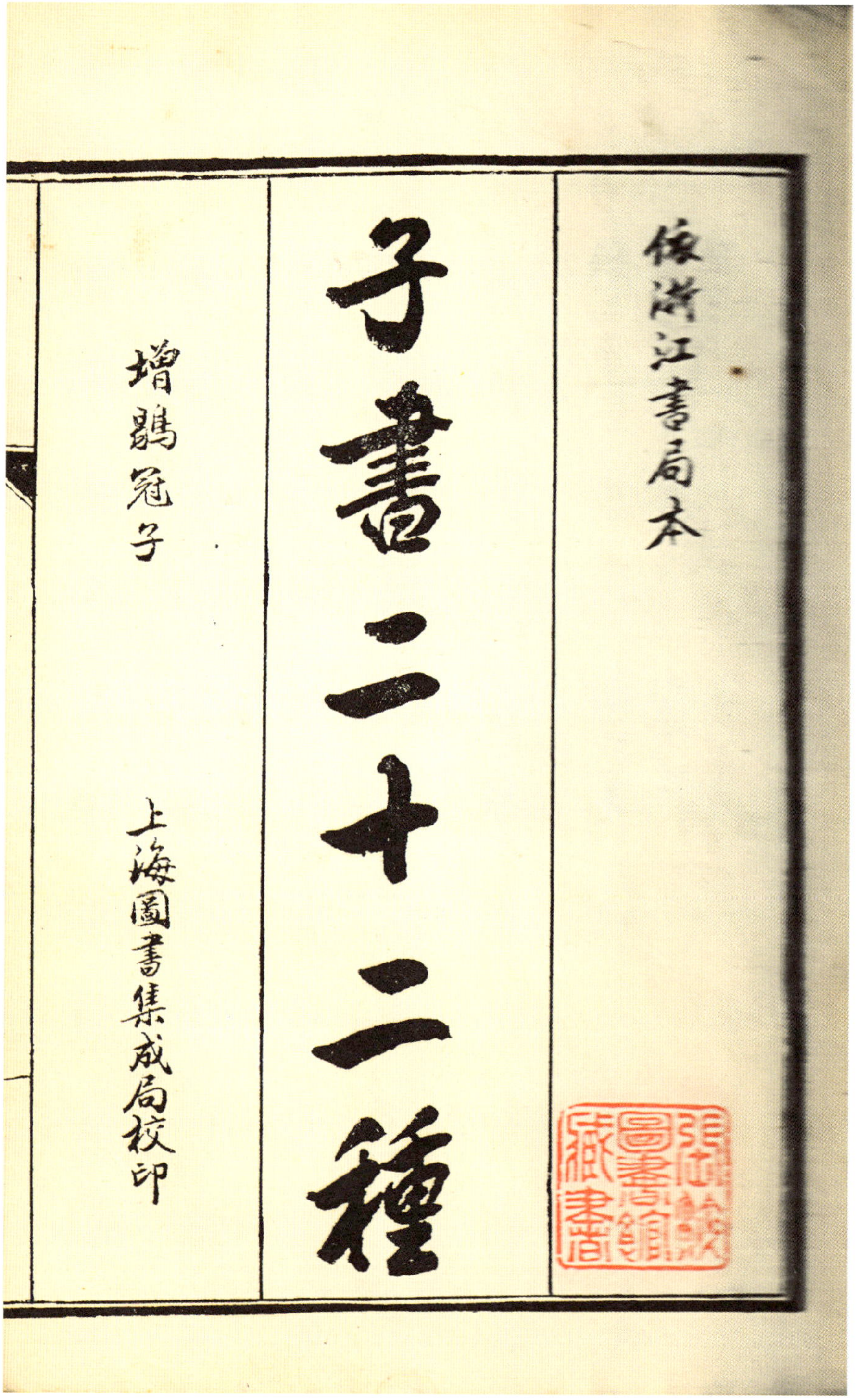

155　子書二十二種　（清）文瑞樓、上海圖書集成局同輯　清光緒二十三年（1897）文瑞樓、上海圖書集成局鉛印本

框高15.6厘米，寬11.9厘米。半葉13行，行40字，小字雙行同，白口，四周單邊雙邊兼有。

缺十卷（韓非子一至十）

館藏索書號：子/2/2346

總目

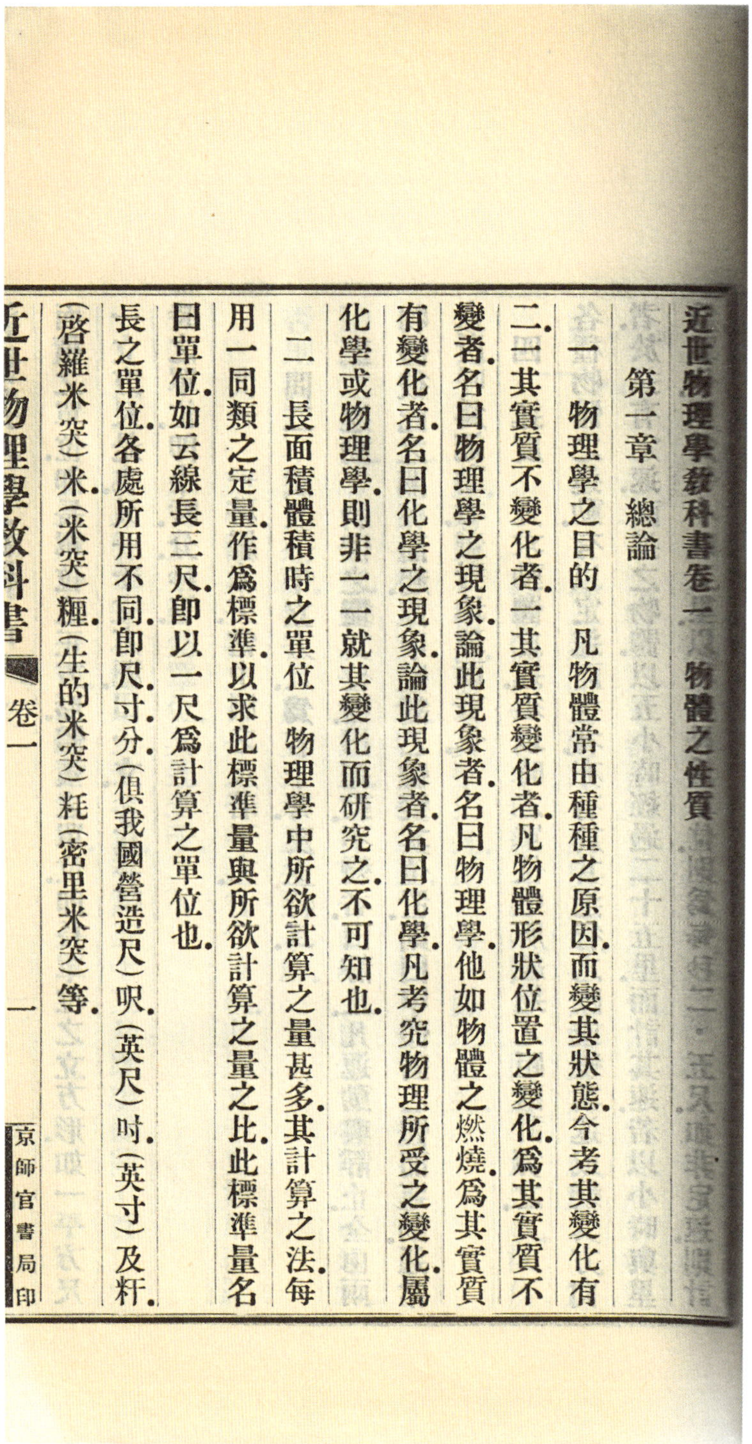

近世物理學教科書卷一　物體之性質

第一章　總論

一　物理學之目的　凡物體常由種種之原因而變其狀態。今考其變化有二。一其實質不變化者。一其實質變化者。凡物體形狀位置之變化。爲其實質不變者。名曰物理學之現象。論此現象者。名曰物理學。他如物體之燃燒。爲其實質有變化者。名曰化學之現象。論此現象者。名曰化學。凡考究物理所受之變化。屬化學或物理學。則非一一就其變化而研究之。不可知也。

二　長面積體積時之單位　物理學中所欲計算之量甚多。其計算之法。每用一同類之定量。作爲標準。以求此標準量與所欲計算之量之比。此標準量名曰單位。如云線長三尺。即以一尺爲計算之單位也。

長之單位。各處所用不同。即尺寸分。（俱我國營造尺）呎。（英尺）吋。（英寸）及粁。（啓羅米突）米。（米突）粴。（生的米突）粍。（密里米突）等。

近世物理學教科書　卷一　一　京師官書局印

156　近世物理學教科書九卷　（日本）中村清二著　（清）學部編譯圖書局譯　清光緒三十二年（1906）京師官書局鉛印本

框高18.0厘米，寬12.8厘米。半葉12行，行31字，下黑口，四周雙邊。

館藏索書號：子/19/2497

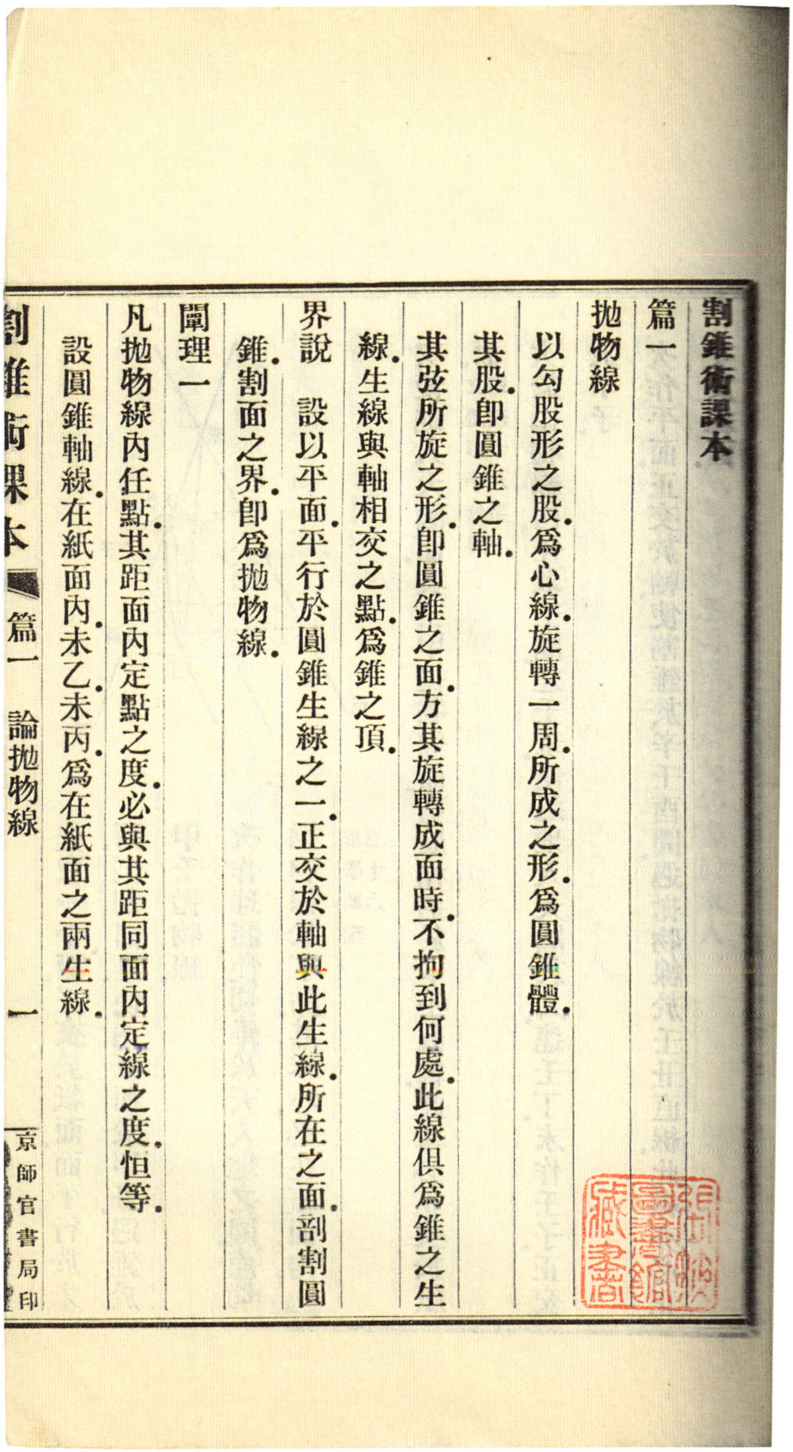
割錐術課本

篇一

拋物綫

以勾股形之股爲心綫旋轉一周所成之形爲圓錐體

其股即圓錐之軸

其弦所旋之形即圓錐之面其旋轉成面時不拘到何處此綫俱爲錐之生綫生綫與軸相交之點爲錐之頂

界說　設以平面平行於圓錐生綫之一正交於軸與此生綫所在之面剖割圓錐割面之界即爲拋物綫

闡理一

凡拋物綫內任點其距面內定點之度必與其距同面內定綫之度恒等

設圓錐軸綫在紙面內未乙未丙爲在紙面之兩生綫

割錐術課本　篇一　論拋物綫　一　京師官書局印

157　割錐術課本二卷　（英國）威里孫著　（清）陳泚譯　清光緒三十二年（1906）京師官書局鉛印本

框高18.0厘米，寬12.8厘米。半葉12行，行30字，下細黑口，四周雙邊。

館藏索書號：子/20/281

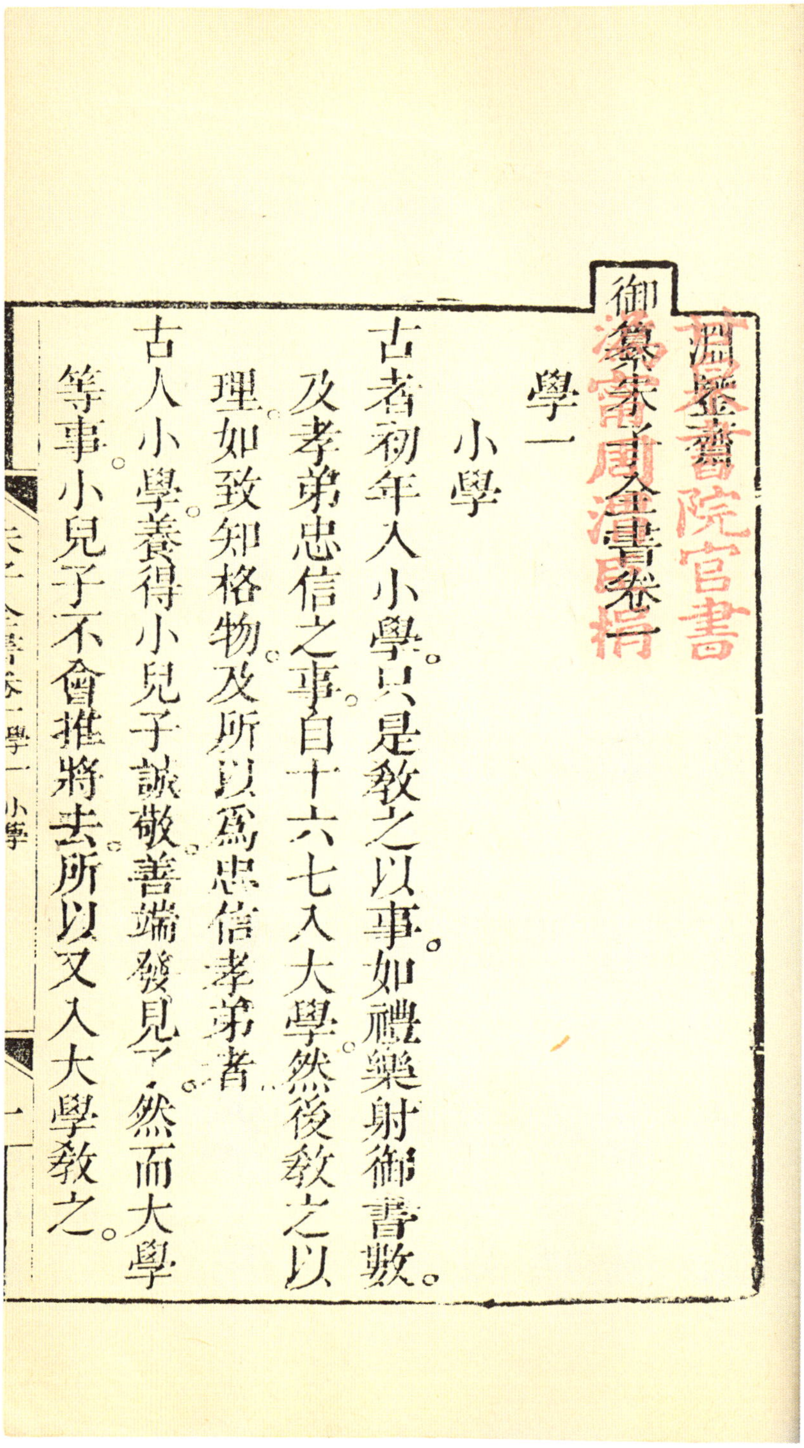
御纂朱子全書卷一

學一

小學

古者初年入小學。只是教之以事。如禮樂射御書數。及孝弟忠信之事。自十六七入大學。然後教之以理。如致知格物及所以爲忠信孝弟者。

古人小學養得小兒子誠敬善端發見了。然而大學等事。小兒子不會推將去。所以又入大學教之。

朱子全書卷一　學一　小學　一

158　御纂朱子全書六十六卷　（清）李光地等纂修　清光緒江西書局刻本

框高18.0厘米，寬15.0厘米。半葉9行，行20字，上下黑口，四周單邊。

館藏索書號：子/10/3304

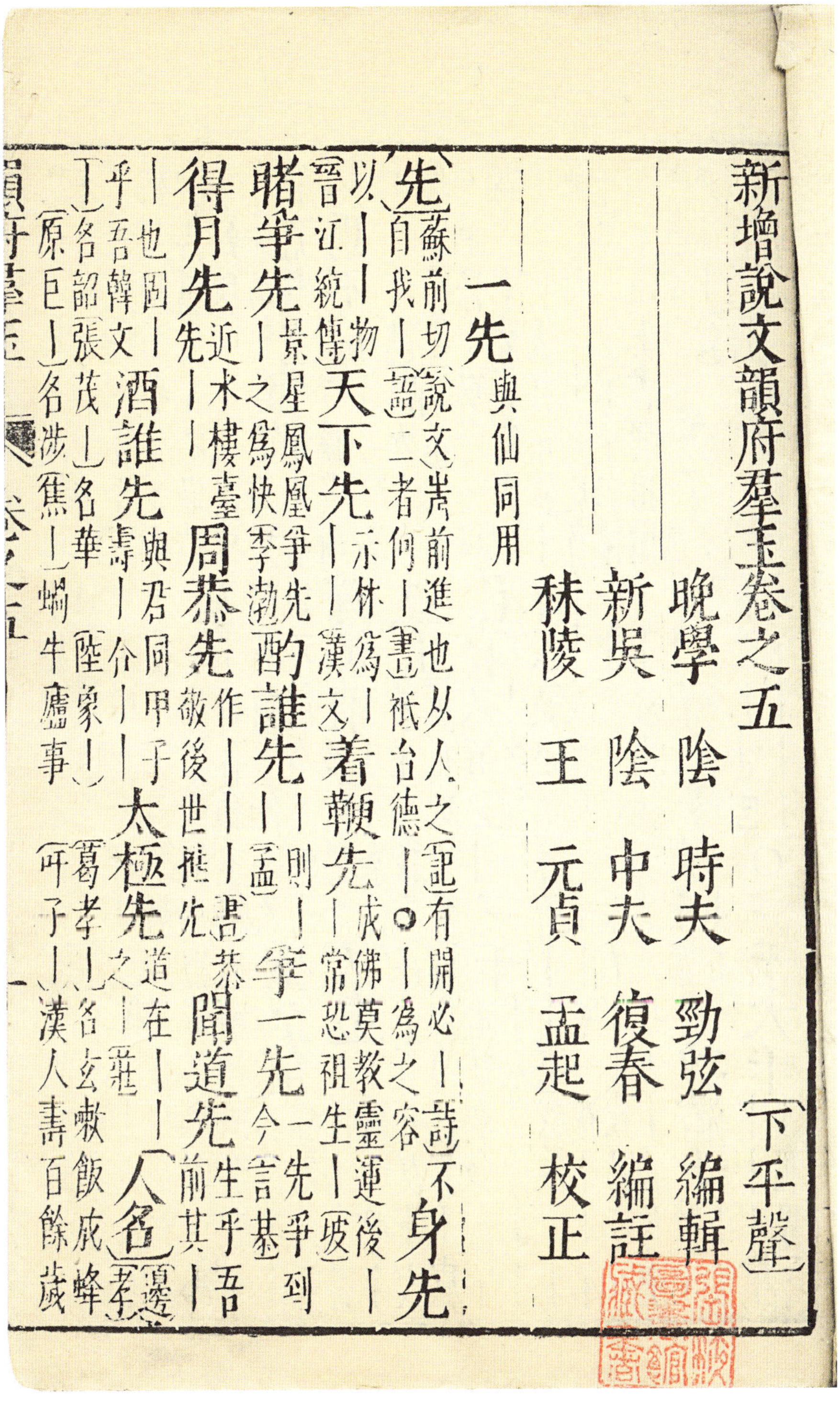

新增說文韻府羣玉卷之五〔下平聲〕
晚學 陰 時夫 勁弦 編輯
新吳 陰 中夫 復春 編註
秣陵 王 元貞 孟起 校正
一先 與仙同用

159　新增說文韻府羣玉二十卷　（元）陰時夫編輯　（元）陰中夫編註　清初刻本
框高21.2厘米，寬14.3厘米。半葉9行，行22字，小字雙行同，白口，四周單邊。
存二卷（五至六）
館藏索書號：子/32/2853

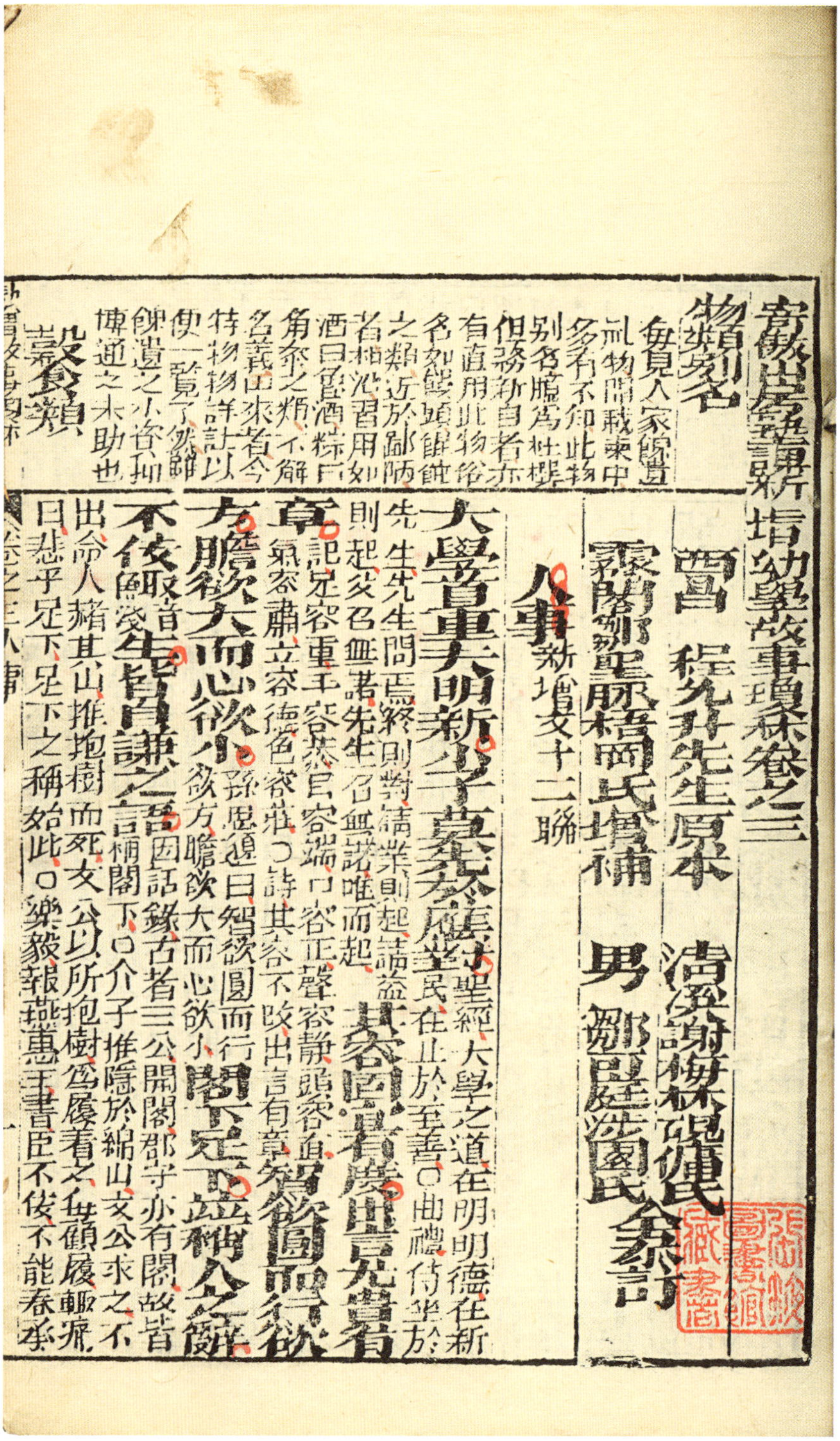

160　寄傲山房塾課新增幼學故事瓊林四卷　（明）程允升撰　（清）鄒聖脉增補　（清）謝梅林、鄒可庭纂訂　清中期刻本

框高20.9厘米，寬14.2厘米。兩欄，半葉10行，行26字，小字雙行同，白口，四周單邊。

存二卷（三至四）

館藏索書號：子/7/2850

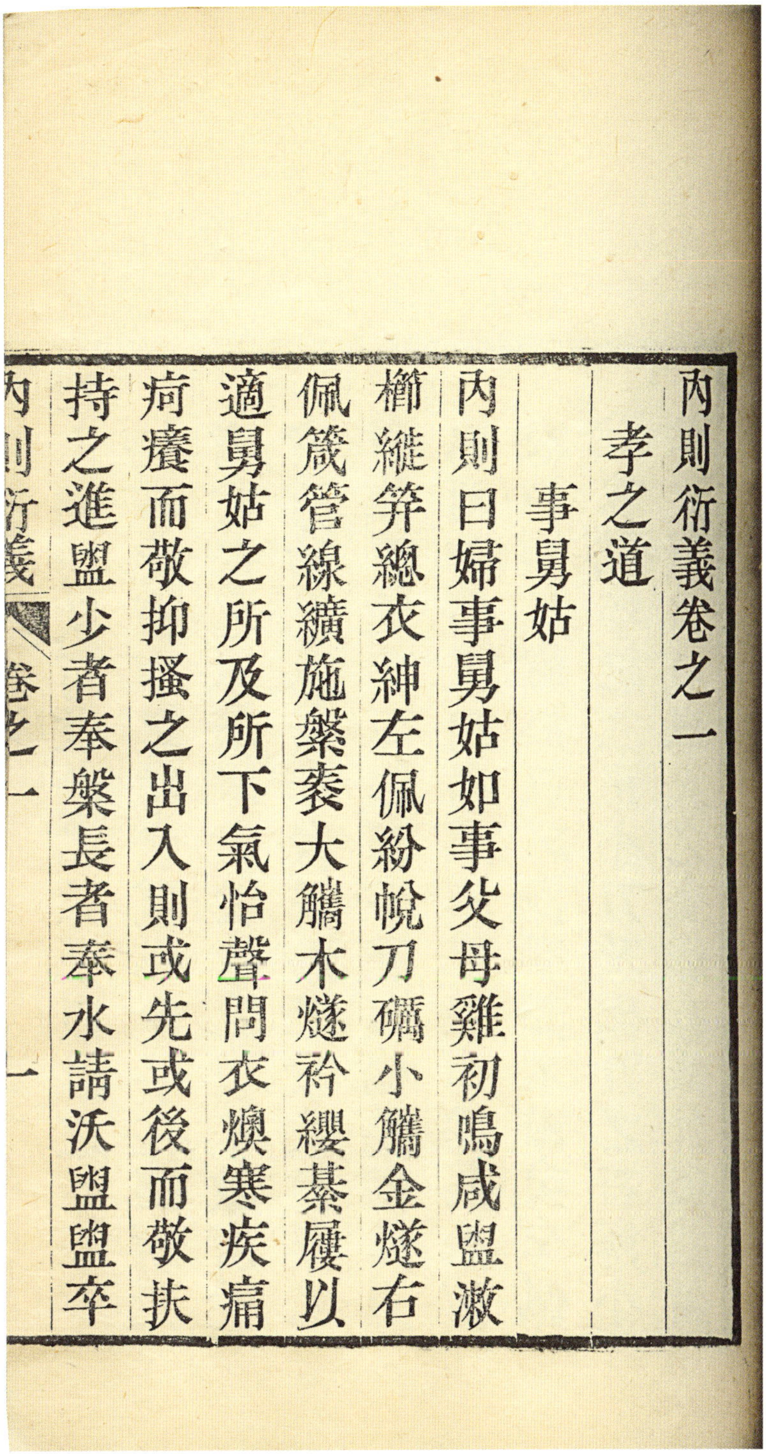

內則衍義卷之一

孝之道

事舅姑

內則曰婦事舅姑如事父母雞初鳴咸盥漱櫛縰笄總衣紳左佩紛帨刀礪小觽金燧右佩箴管線纊施縏袠大觽木燧衿纓綦屨以適舅姑之所及所下氣怡聲問衣燠寒疾痛疴癢而敬抑搔之出入則或先或後而敬扶持之進盥少者奉槃長者奉水請沃盥盥卒

內則衍義　卷之一　一

161　內則衍義十六卷　（清）世祖福臨纂　清晚期刻本

框高19.0厘米，寬13.0厘米。半葉9行，行17字，白口，四周單邊。

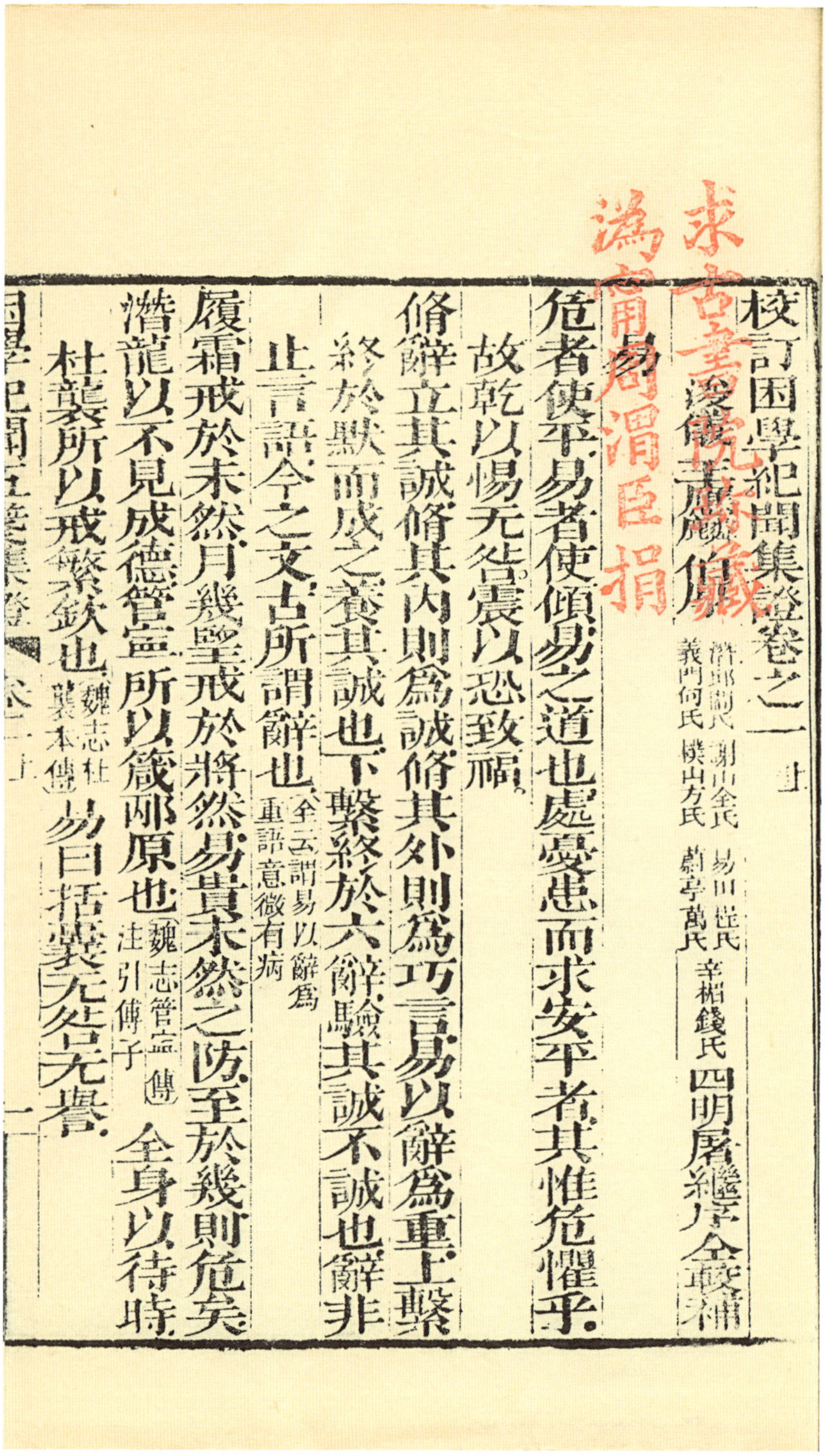

校訂困學紀聞集證卷之一上

浚儀王應麟伯厚 [潛邱閻氏 義門何氏 謝山全氏 樸山方氏 易田程氏 薊亭萬氏 辛楣錢氏] 四明屠繼序金坡補

易

危者使平易者使傾易之道也處憂患而求安平者其惟危懼乎

故乾以惕无咎震以恐致福

脩辭立其誠脩其内則爲誠脩其外則爲巧言易以辭爲重上繫終於默而成之養其誠也下繫終於六辭驗其誠不誠也辭非止言語今之文古所謂辭也[全云謂易以辭爲重語意微有病]

履霜戒於未然月幾望戒於將然易貴未然之防至於幾則危矣

潛龍以不見成德管寧所以箴邴原也[魏志管寧傳注引傅子]全身以待時杜襲所以戒繁欽也[魏志杜襲本傳]易曰括囊无咎无譽

困學紀聞五箋集證　卷一上　一

162　校訂困學紀聞集證二十卷　（宋）王應麟撰　（清）屠繼序校補　清晚期刻本

框高17.8厘米，寬13.7厘米。半葉11行，行25字，小字雙行同，下細黑口，左右雙邊。

館藏索書號：子/17/1925

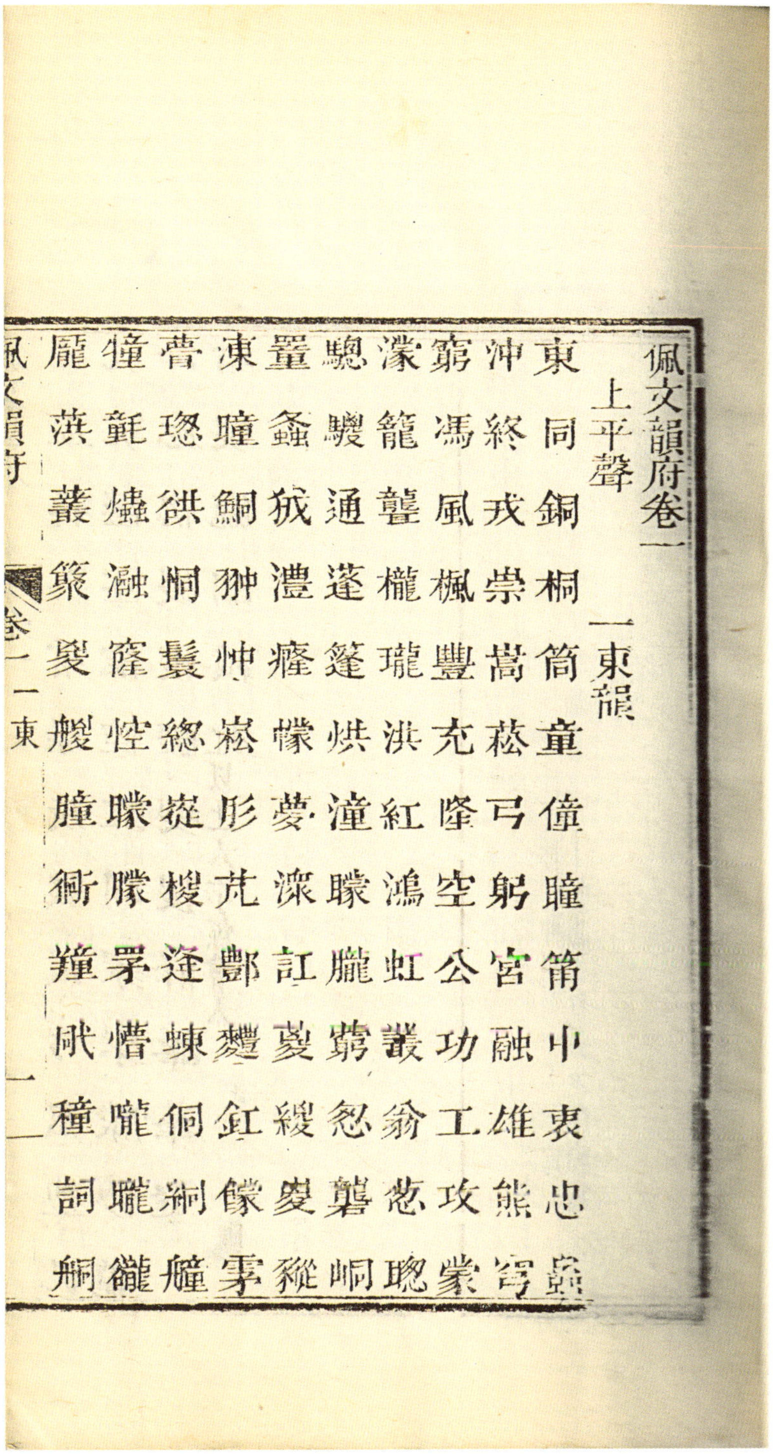

163　佩文韻府一百六卷拾遺一百六卷　（清）張玉書等編纂　清晚期刻本
框高16.4厘米，寬11.7厘米。半葉12行，行25字，小字雙行20至26字，白口，四周雙邊。
存二百十一卷（一至十七、十九至一百六，拾遺一百六卷）
館藏索書號：子/31/4552

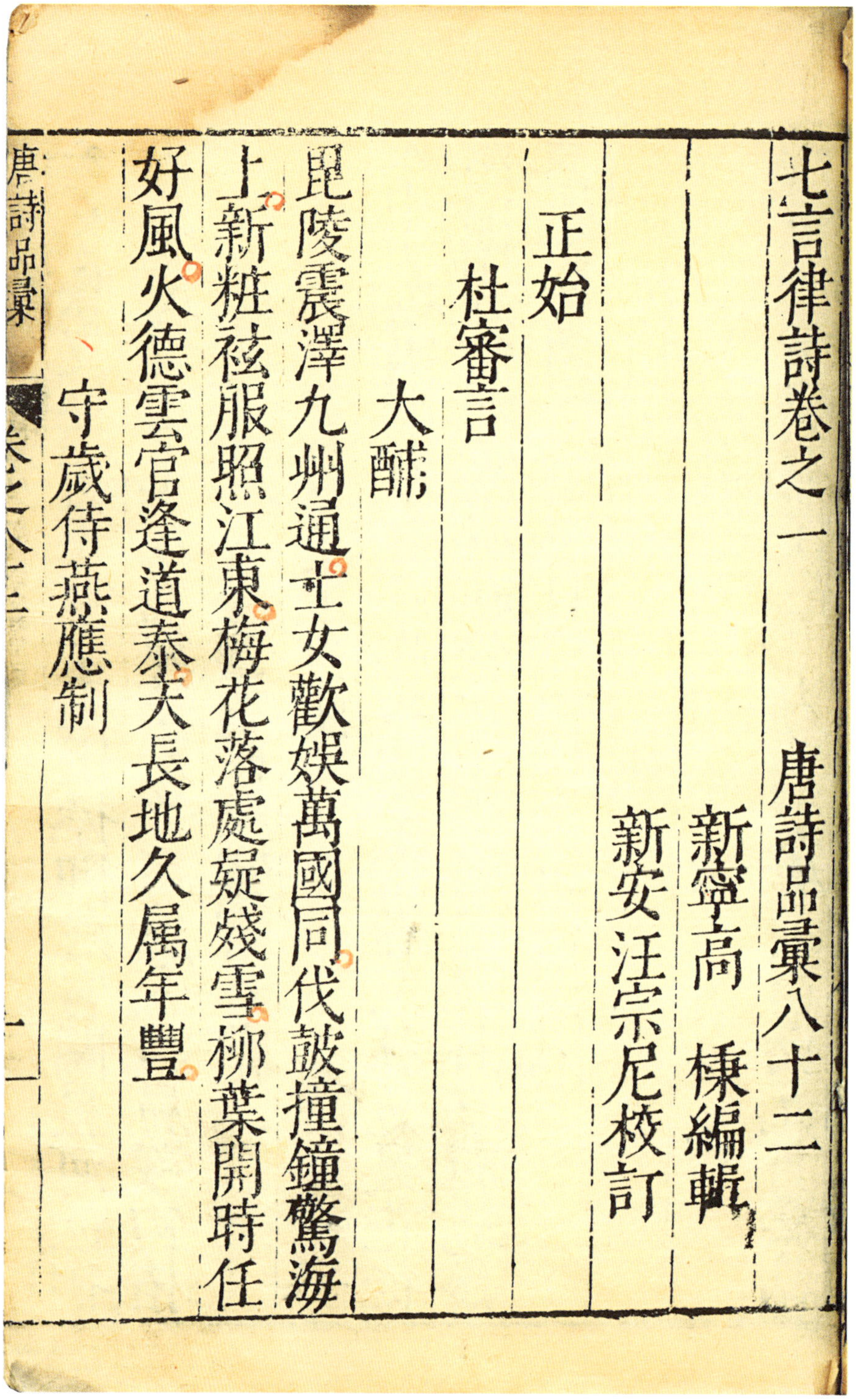
七言律詩卷之一　唐詩品彙八十二
新寧高　棅編輯
新安汪宗尼校訂
正始
杜審言
大酺
毗陵震澤九州通士女歡娛萬國同伐鼓撞鐘驚海
上新粧袨服照江東梅花落處疑殘雪柳葉開時任
好風火德雲官逢道泰天長地久屬年豐
守歲侍燕應制
唐詩品彙　卷之八十二　一

164　唐詩品彙九十卷拾遺十卷　（明）高棅編輯　（明）汪宗尼校訂　明中晚期刻本

框高20.0厘米，寬13.8厘米。半葉10行，行20字，白口，左右雙邊。

存十三卷（一至二、六、八、八十二至九十）

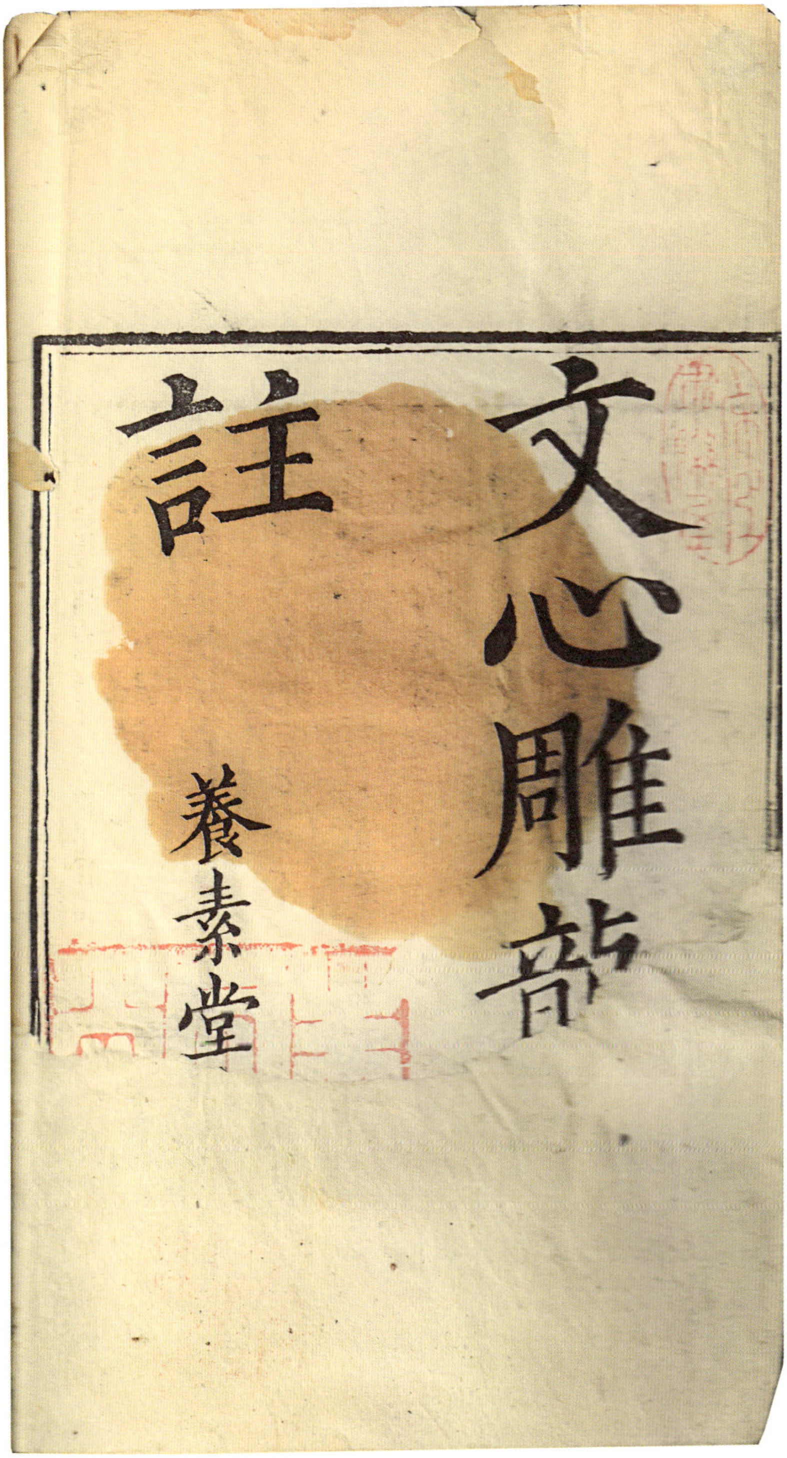

165　文心雕龍十卷　（南朝梁）劉勰撰　（清）黄叔琳輯注　清乾隆六年（1741）刻本
框高15.8厘米，寬11.1厘米。半葉9行，行19字，小字雙行27字，白口，左右雙邊。
館藏索書號：集/41/1306

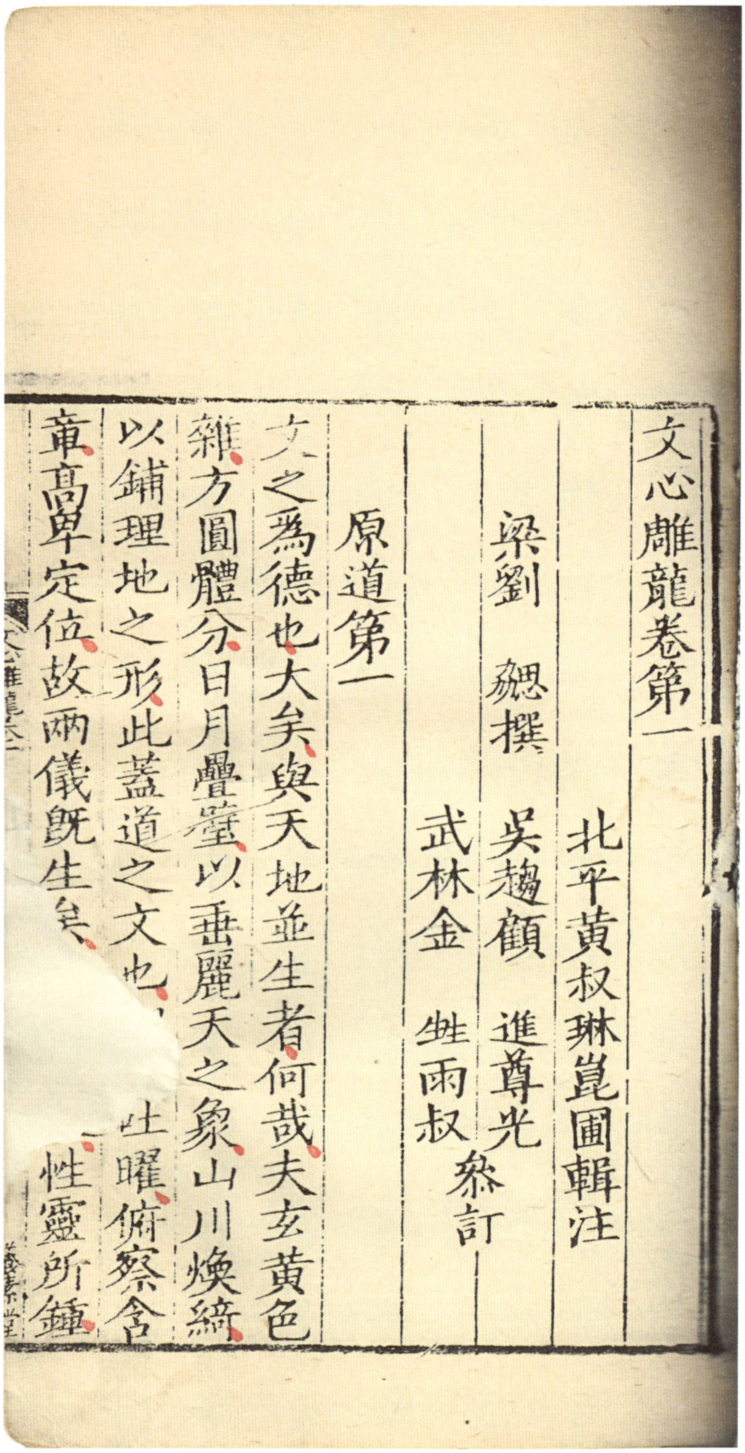

文心雕龍卷第一

梁劉　勰撰

北平黃叔琳崑圃輯注

吳趨顧　進尊光

武林金　甡雨叔　參訂

原道第一

文之為德也大矣與天地並生者何哉夫玄黃色雜方圓體分日月疊璧以垂麗天之象山川煥綺以鋪理地之形此蓋道之文也[illegible]吐曜俯察含章高卑定位故兩儀既生矣[illegible]性靈所鍾

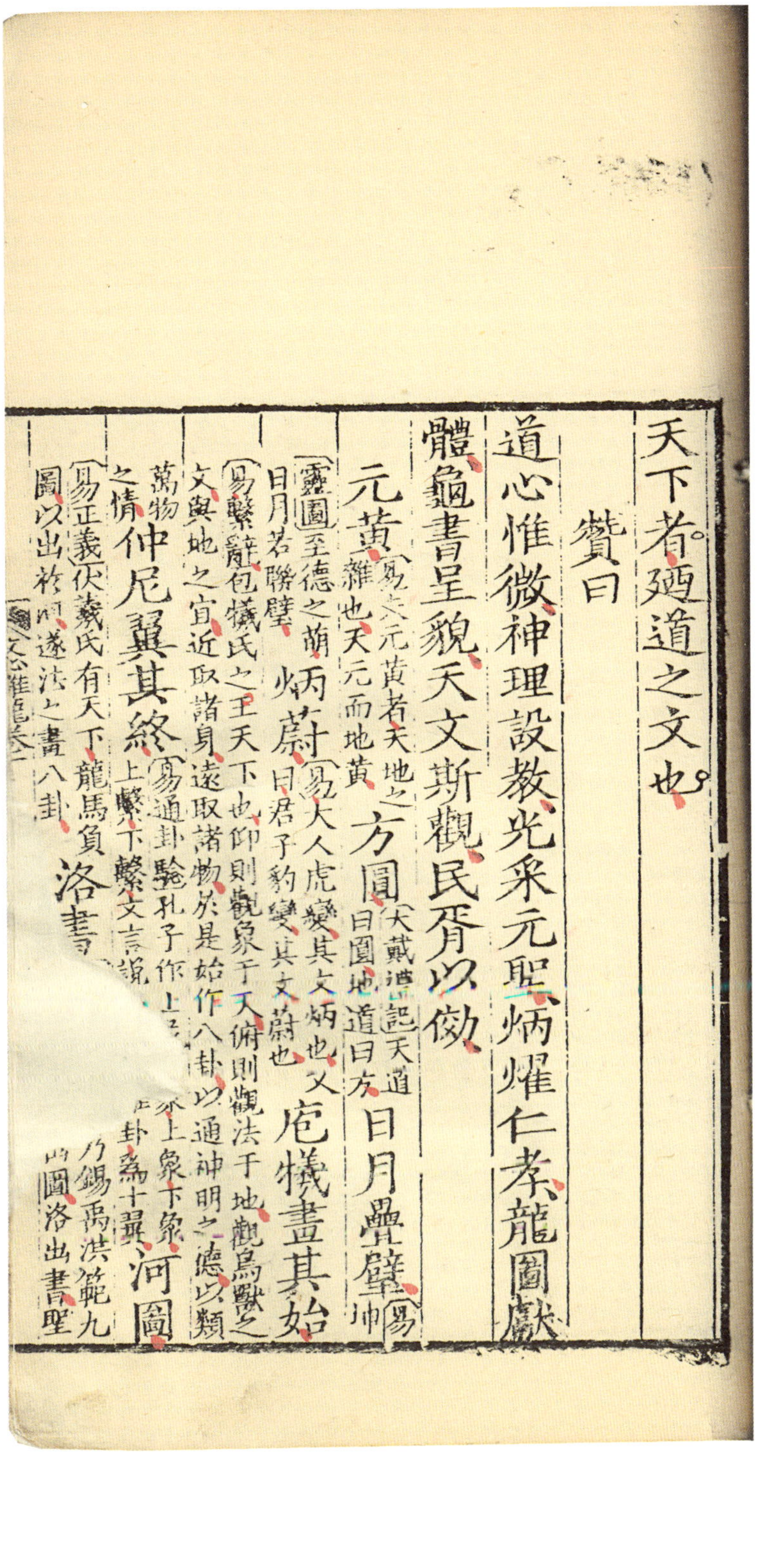

天下者迺道之文也

贊曰

道心惟微神理設教光采元聖炳燿仁孝龍圖獻

體龜書呈貌天文斯觀民胥以傚

元黃〔易文言〕元黃者天地之雜也天元而地黃 方圓〔大戴禮記〕天道曰圓地道曰方 日月疊璧〔易〕坤

〔靈圖〕至德之萌日月若聯璧 炳蔚〔易〕大人虎變其文炳也又曰君子豹變其文蔚也 庖犧畫其始

〔易繫辭〕包犧氏之王天下也仰則觀象于天俯則觀法于地觀鳥獸之文與地之宜近取諸身遠取諸物於是始作八卦以通神明之德以類

萬物之情 仲尼翼其終〔易通卦驗〕孔子作上[illegible]上繫下繫文言說[illegible]彖上象下象[illegible]卦爲十翼 河圖

〔易正義〕伏羲氏有天下龍馬負圖以出於河遂法之畫八卦 洛書[illegible]乃錫禹洪範九[illegible]圖洛出書聖

文心雕龍卷一

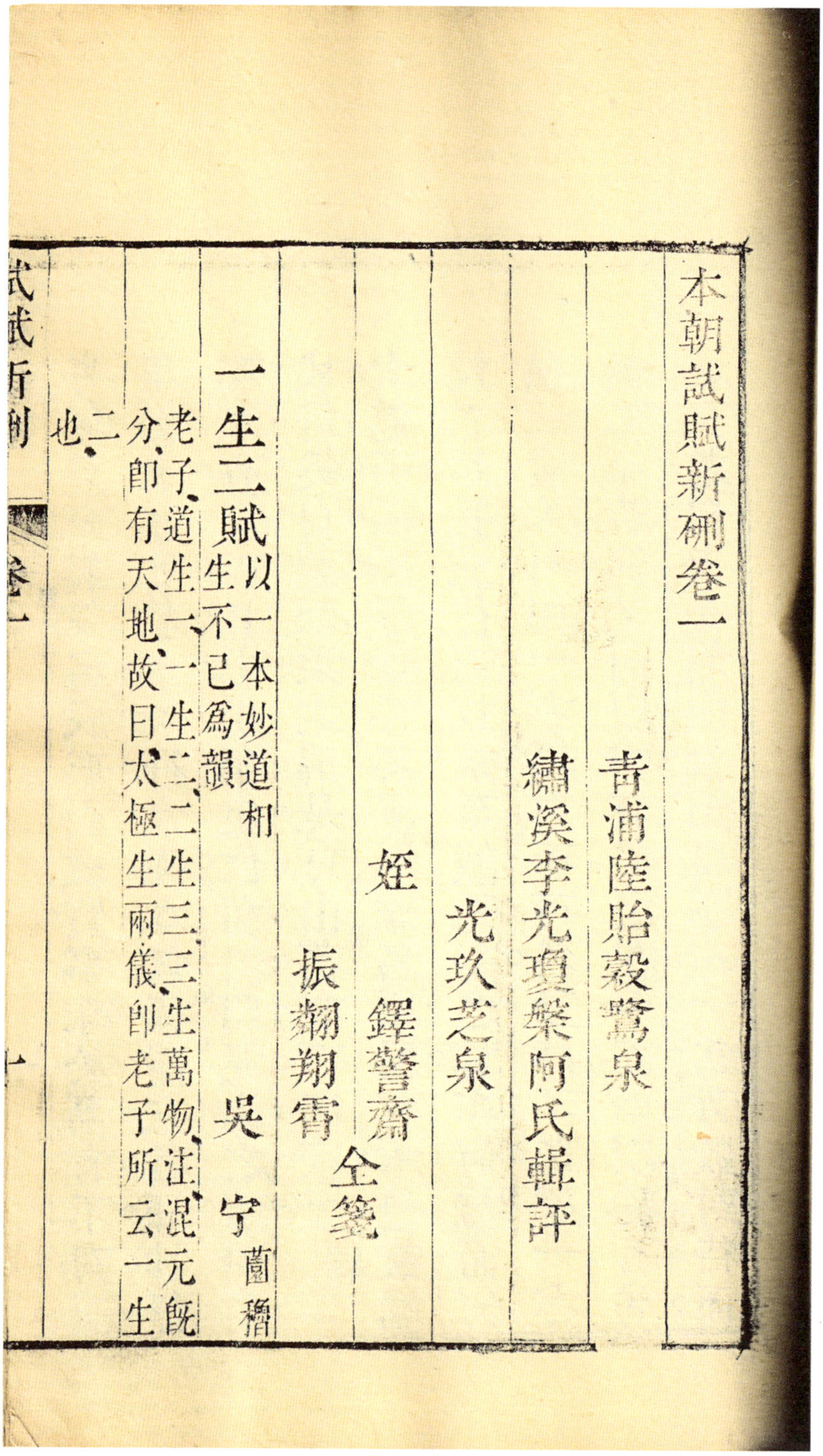

本朝試賦新硎卷一

青浦陸貽穀鷺泉

繡溪李光塽槃阿氏輯評

光玖芝泉

姪　鐸警齋　仝纂

振翱翔霄

一生二賦以一本妙道相生生不已爲韻　吳　宁薗穉

老子道生一一生二二生三三生萬物注混元既分即有天地故曰太極生兩儀即老子所云一生二也

試賦新硎　卷一

166　本朝試賦新硎五卷首一卷　（清）陸貽穀等輯評　清乾隆二十九年（1764）金陵三多齋刻本

框高19.3厘米，寬12.8厘米。半葉9行，行20字，小字雙行19至20字，白口，四周單邊。

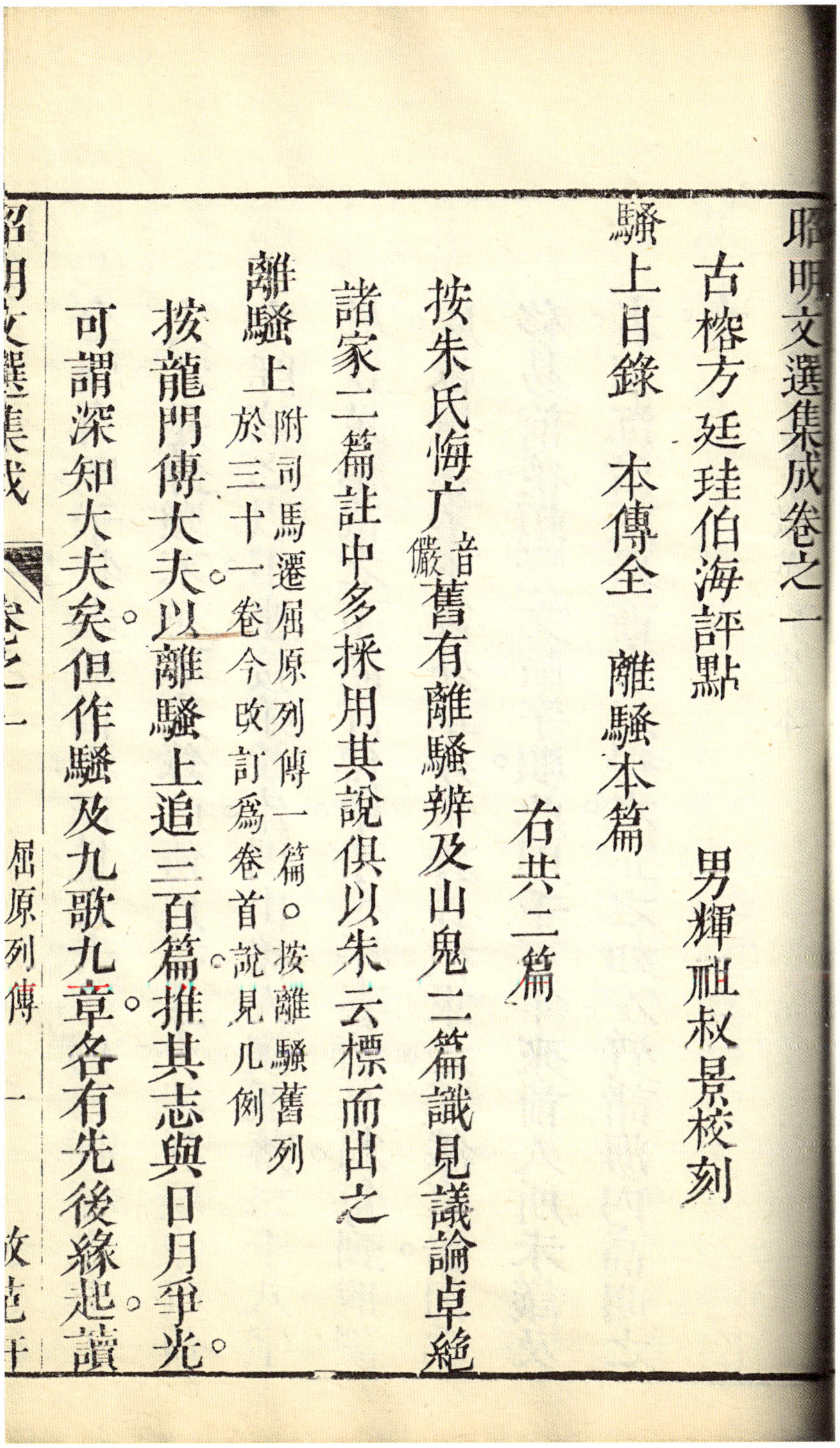

昭明文選集成卷之一

古榕方廷珪伯海評點　男輝祖叔景校刻

騷上目錄　本傳全　離騷本篇

右共二篇

按朱氏海广音儼舊有離騷辨及山鬼二篇識見議論卓絶諸家二篇註中多採用其說俱以朱云標而出之

離騷上　附司馬遷屈原列傳一篇。按離騷舊列於三十一卷今改訂爲卷首說見凡例

按龍門傳大夫以離騷上追三百篇推其志與日月爭光可謂深知大夫矣但作騷及九歌九章各有先後緣起讀

昭明文選集成　卷之一　屈原列傳　一

167　昭明文選集成六十卷首二卷　（南朝梁）蕭統編　（清）方廷珪評點　清乾隆三十二年（1767）刻本

框高20.7厘米，寬14.5厘米。半葉9行，行24字，小字雙行同，白口，四周單邊。

存四十六卷（一至四十四、首二卷）

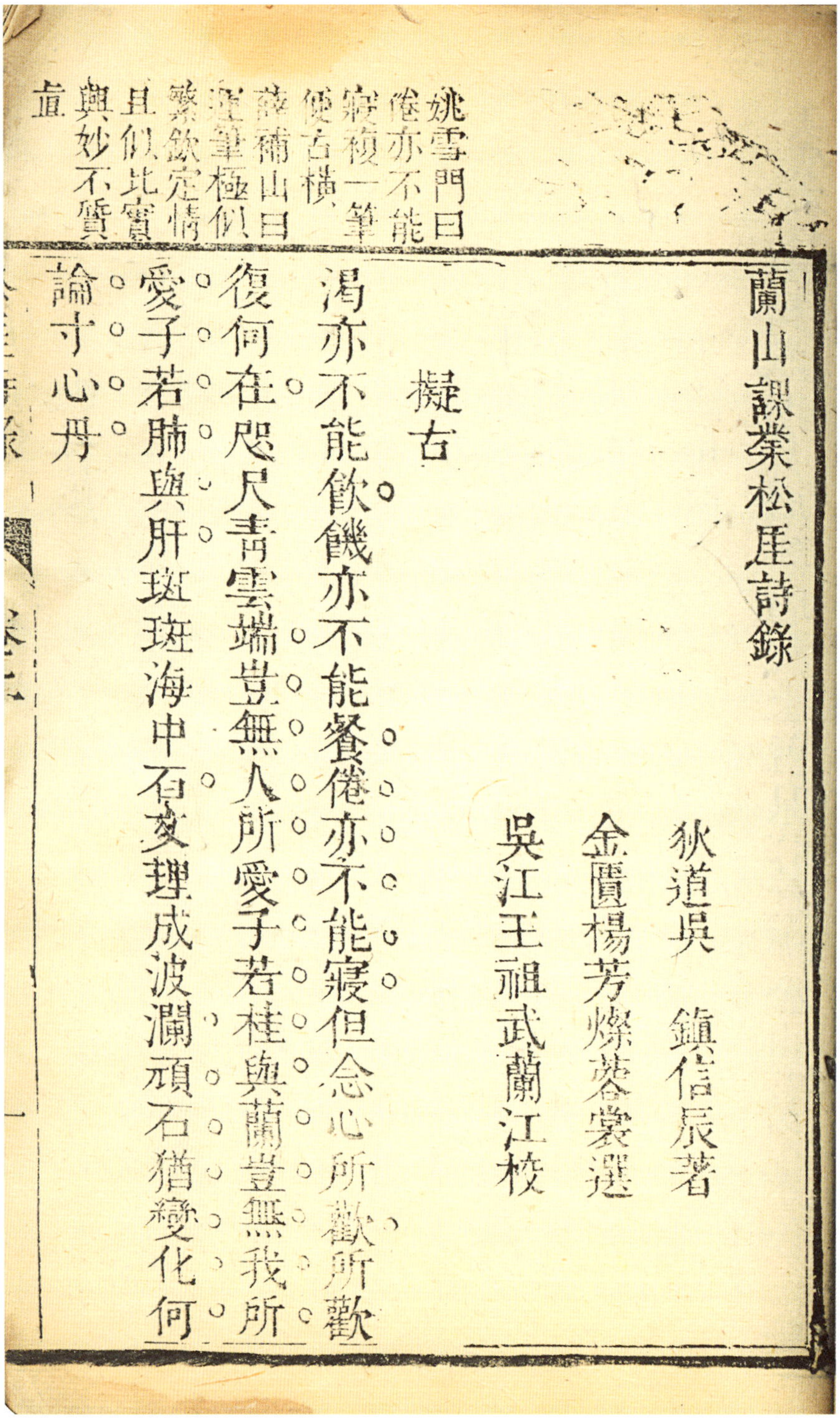

蘭山課業松厓詩錄

狄道吳　鎮信辰著

金匱楊芳燦蓉裳選

吳江王祖武蘭江校

擬古

渴亦不能飲饑亦不能餐倦亦不能寢但念心所歡所歡

復何在咫尺青雲端豈無人所愛子若桂與蘭豈無我所

愛子若肺與肝斑斑海中石変理成波瀾頑石猶變化何

論寸心丹

姚雪門曰倦亦不能寢複一筆便古橫

薛補山曰運筆極似繁欽定情且似比實與妙不質直

168　蘭山課業松厓詩錄二卷　（清）吳鎮著　（清）楊芳燦選　（清）王祖武校　清乾隆五十七年（1792）刻本

框高20.0厘米，寬14.8厘米。半葉9行，行22字，白口，四周雙邊。

存一卷（一）

館藏索書號：集/24/2854

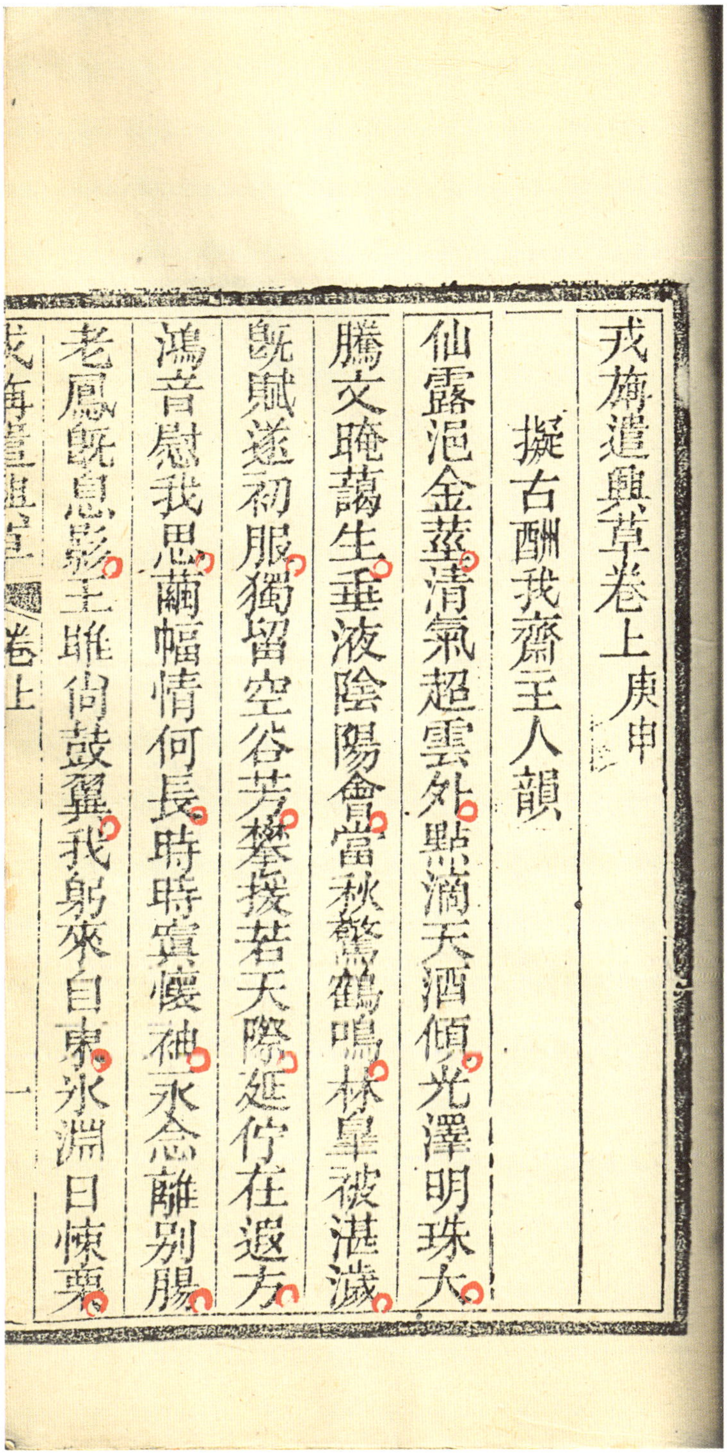

戎旃遺興草卷上 庚申

擬古酬我齋主人韻

仙露浥金莖清氣超雲外點滴天酒傾光澤明珠大
騰文晻藹生垂液陰陽會當秋鸞鶴鳴林皐被湛濊
旣賦遂初服獨留空谷芳攀援若天際延佇在遐方
鴻音慰我思繭幅情何長時時寘懷袖永念離別腸
老鳳旣息影王雎尚鼓翼我躬來自東氷淵日悚惕

戎旃遺興草 卷上 一

169　戎旃遺興草二卷　（清）晉昌撰　清嘉慶二十五年（1820）刻本
框高15.8厘米，寬10.2厘米。半葉7行，行20字，白口，四周雙邊。
館藏索書號：集/26/1325

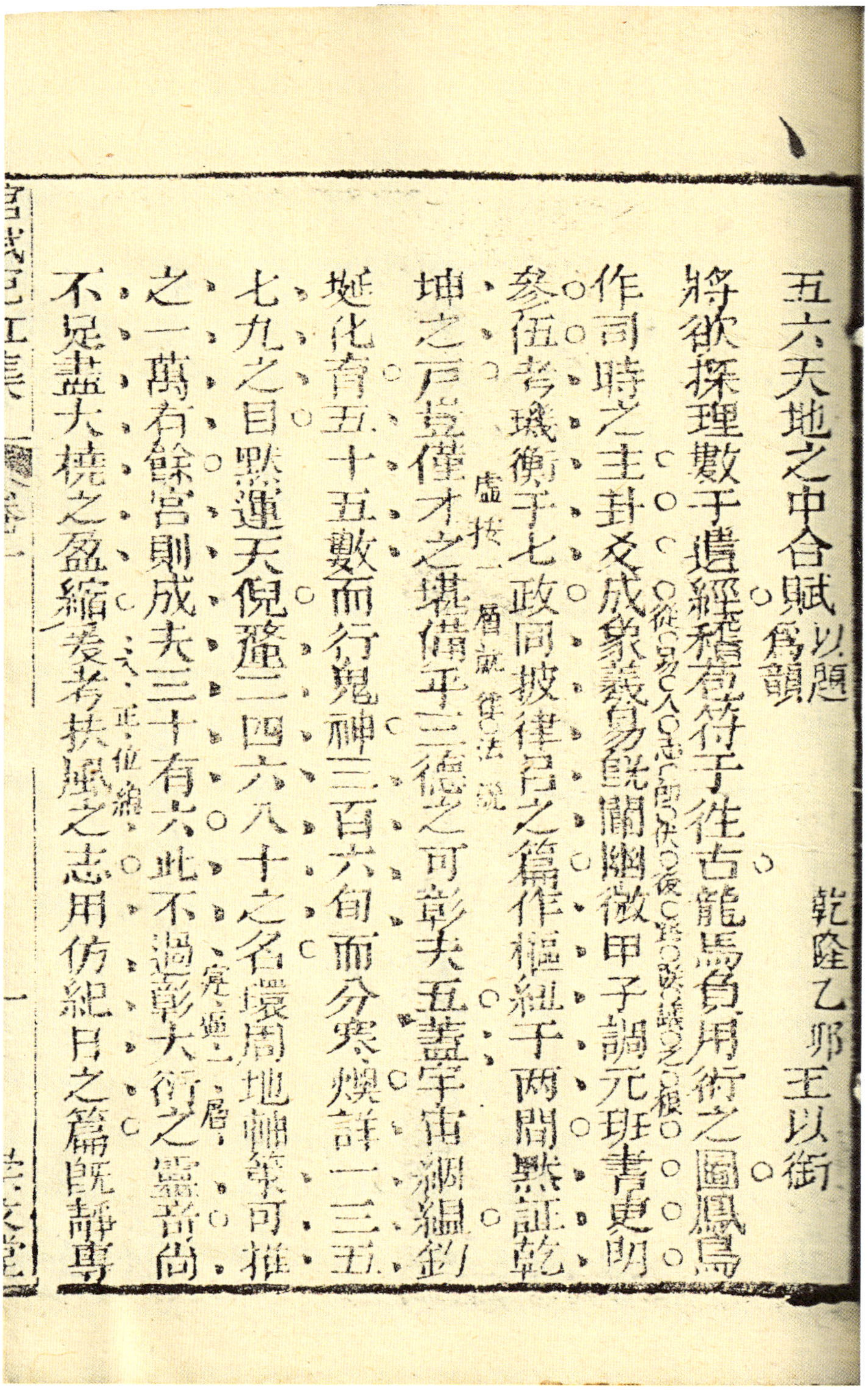
五六天地之中合賦 以題爲韻
乾隆乙卯 王以銜
將欲探理數于遺經稽若符于往古龍馬負用衍之圖鳳鳥
作司時之主卦爻成象義易既闡幽微甲子調元班青史朗
參伍考璣衡于七政同披律呂之篇作樞紐于兩間黙証乾
坤之戶豈僅才之堪備乎三德之可彰夫五葢宇宙絪緼鈞
埏化育五十五數而行鬼神三百六旬而分寒燠詳一三五
七九之目黙運天倪蓬二四六八十之名環周地軸筭可推
之一萬有餘宮則成夫三十有六此不過彰大衍之靈音尚
不足盡大橈之盈縮爰考扶風之志用仿紀日之篇既靜專
館賦宛虹集　卷一　一

170　館賦宛虹集箋注四卷　（清）徐會曾等輯　清道光二年（1822）刻本
框高13.0厘米，寬10.0厘米。半葉9行，行23字，白口，四周單邊。
館藏索書號：集/18/1466

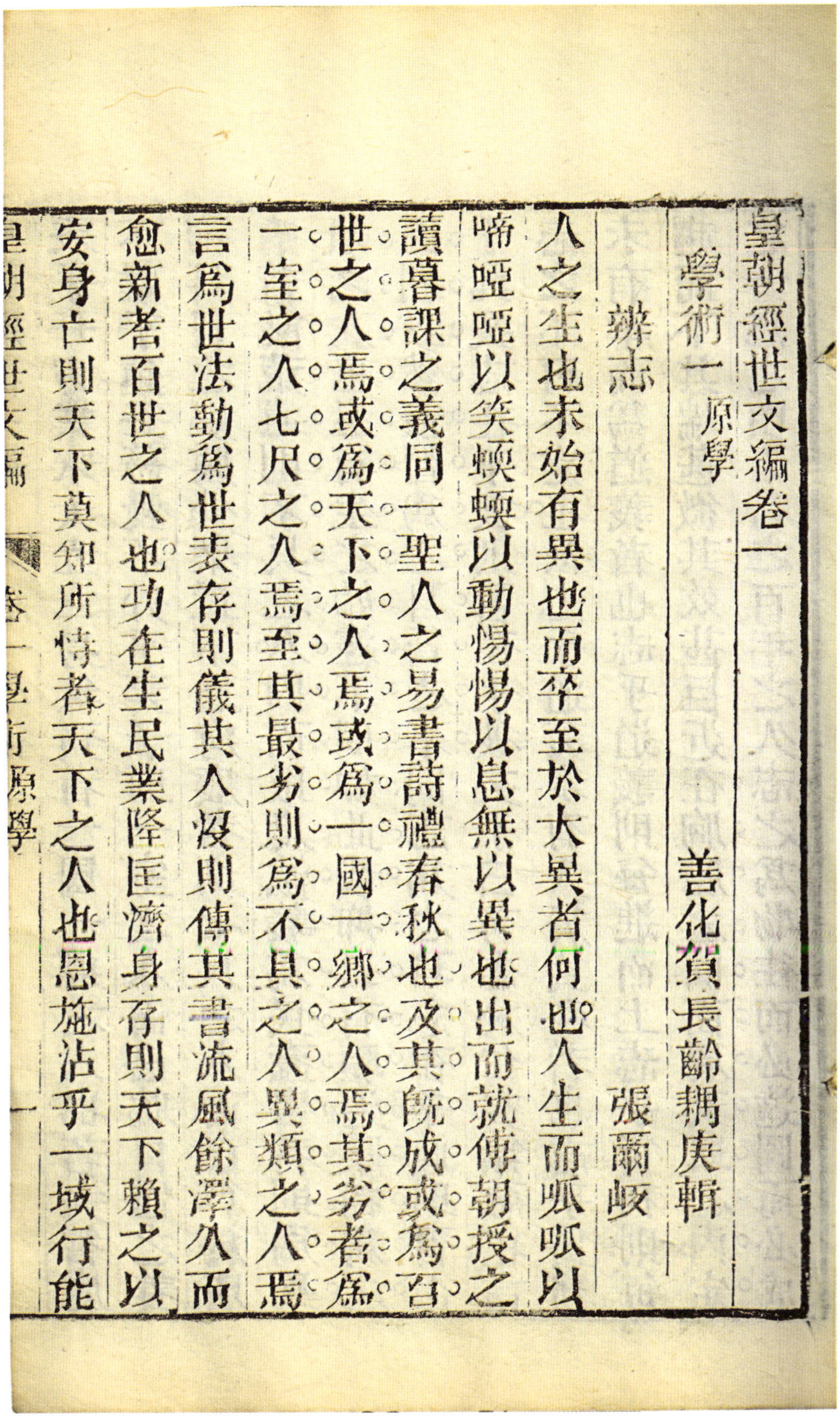

皇朝經世文編卷一

學術一　原學　　善化賀長齡耦庚輯

辨志　　張爾岐

人之生也未始有異也而卒至於大異者何也人生而呱呱以啼啞啞以笑蠕蠕以動惕惕以息無以異也出而就傅朝授之讀暮課之義同一聖人之易書詩禮春秋也及其旣成或爲百世之人焉或爲天下之人焉或爲一國一鄉之人焉其劣者爲一室之人七尺之人焉至其最劣則爲不具之人異類之人焉言爲世法動爲世表存則儀其人沒則傳其書流風餘澤久而愈新者百世之人也功在生民業隆匡濟身存則天下賴之以安身亡則天下莫知所恃者天下之人也恩施沾乎一域行能

皇朝經世文編　卷一學術原學　一

171　皇朝經世文編一百二十卷總目一卷　（清）賀長齡輯　清道光七年（1827）刻本

框高19.5厘米，寬13.8厘米。半葉11行，行24字，白口，左右雙邊。

存一百二十卷（一至五十二、五十四至一百二十，總目一卷）

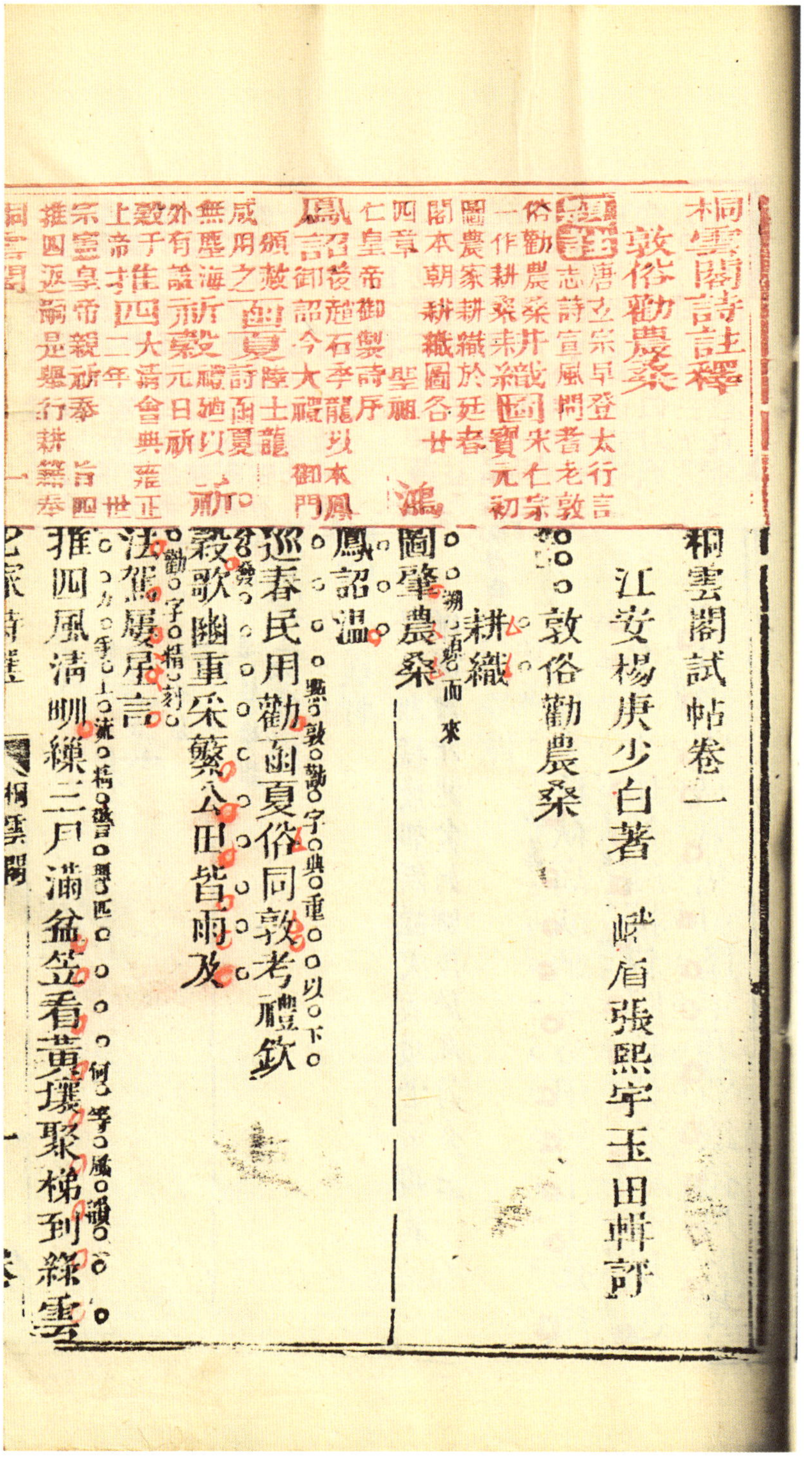

172　硃套八家詩注八卷　（清）張熙宇注評　清道光十二年（1832）朱墨套印本

框高20.3厘米，寬13.2厘米。兩欄，半葉10行，行17字，小字雙行18字，白口，四周雙邊。

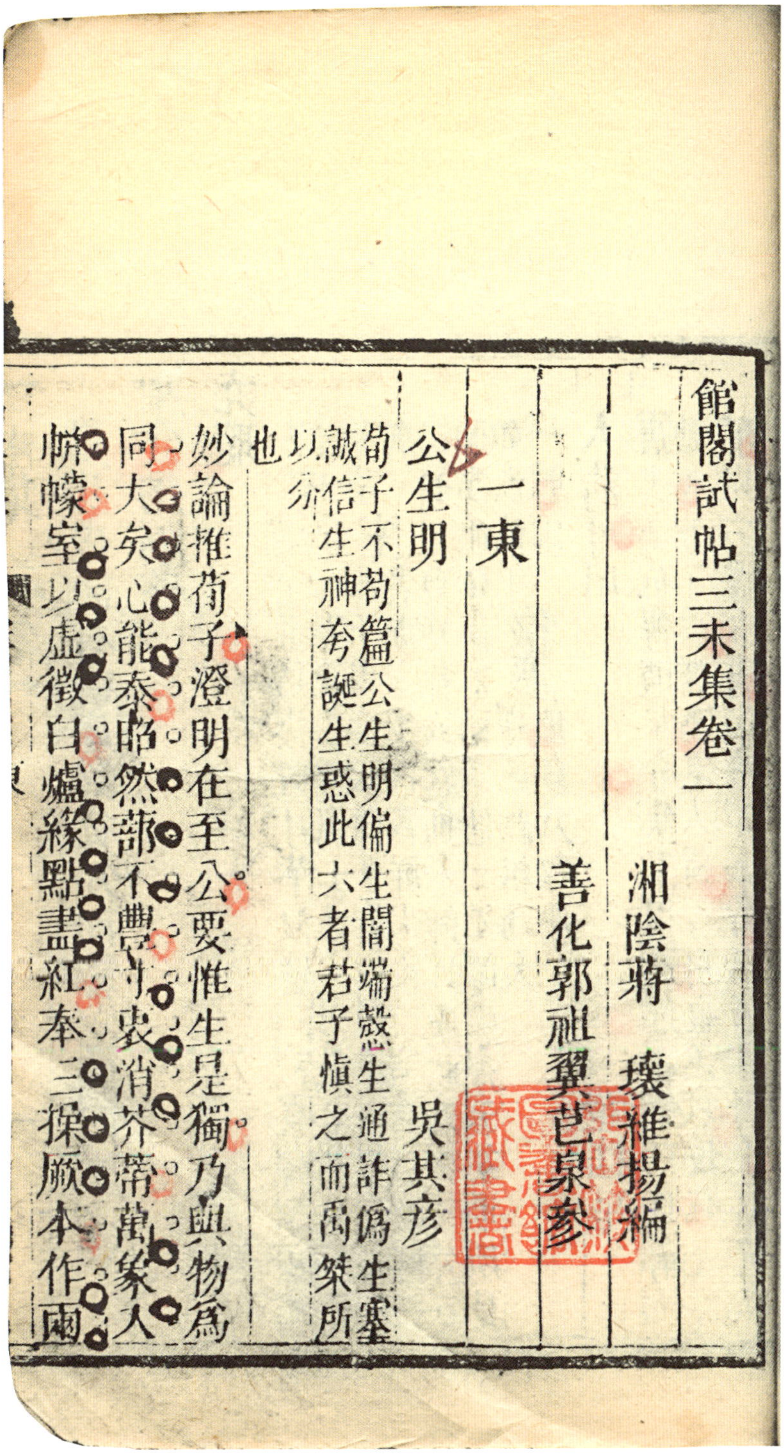

館閣試帖三未集卷一

湘陰蔣　環維揚編

善化郭祖翼芑泉參

一東

公生明　吳其彥

荀子不苟篇公生明偏生闇端慤生通詐僞生塞誠信生神夸誕生惑此六者君子愼之而禹桀所以分也

妙論推荀子澄明在至公要惟生是獨乃與物爲同大矣心能泰昭然蔀不豐寸衷消芥蔕萬象入帡幪室以虛徵白爐緣點盡紅奉三操厰本作兩

173　館閣試帖三未集十二卷　（清）蔣環編　清道光十六年（1836）敦化堂刻本

框高13.1厘米，寬9.8厘米。半葉10行，行19字，小字雙行同，白口，四周雙邊。

存八卷（一至六、十一至十二）

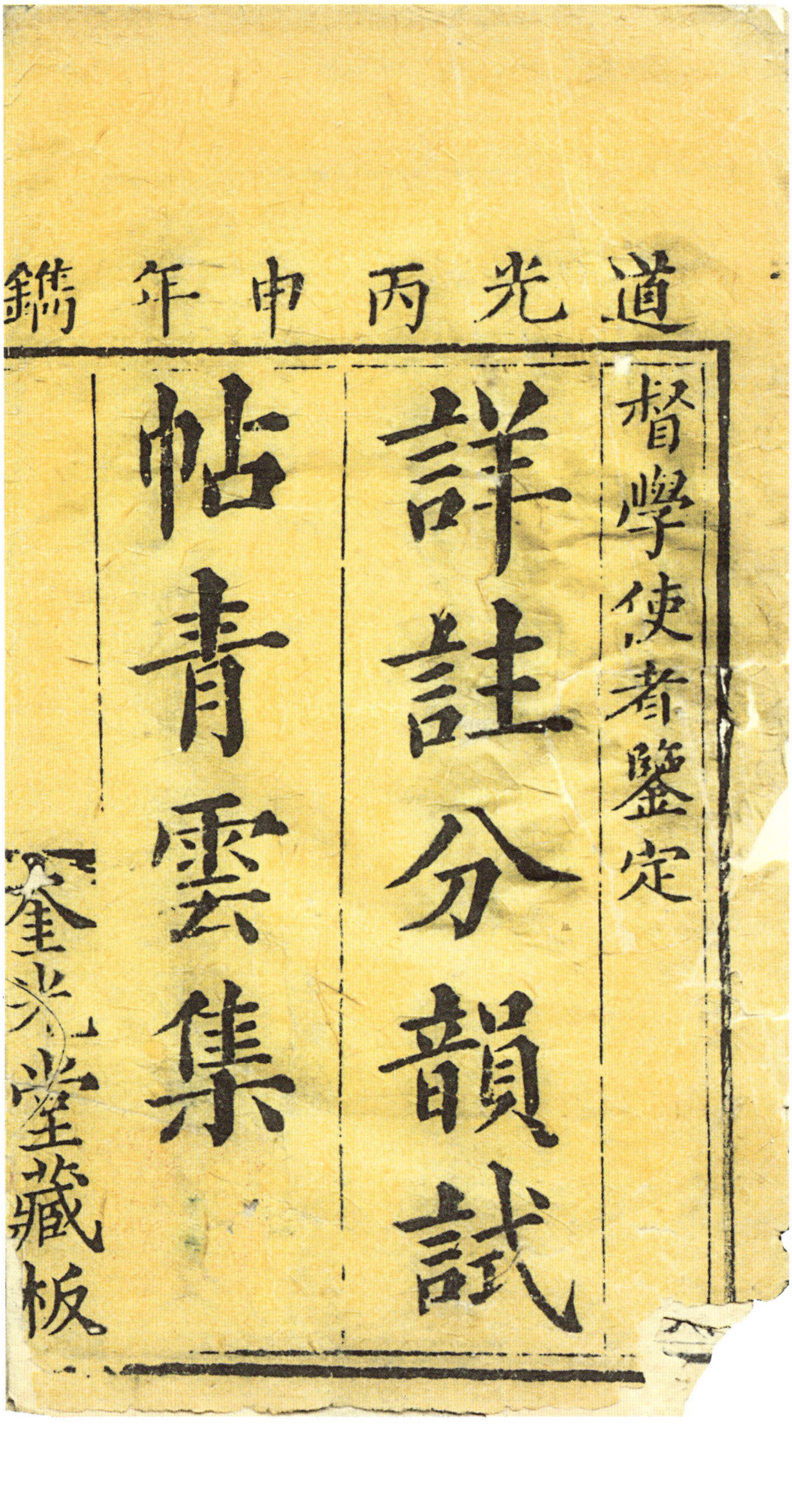

174　詳註分韻試帖青雲集四卷　（清）楊逢春、蕭應櫆輯　清道光十六年（1836）刻本
框高16.5厘米，寬11.5厘米。半葉10行，行19字，小字雙行同，白口，四周雙邊。

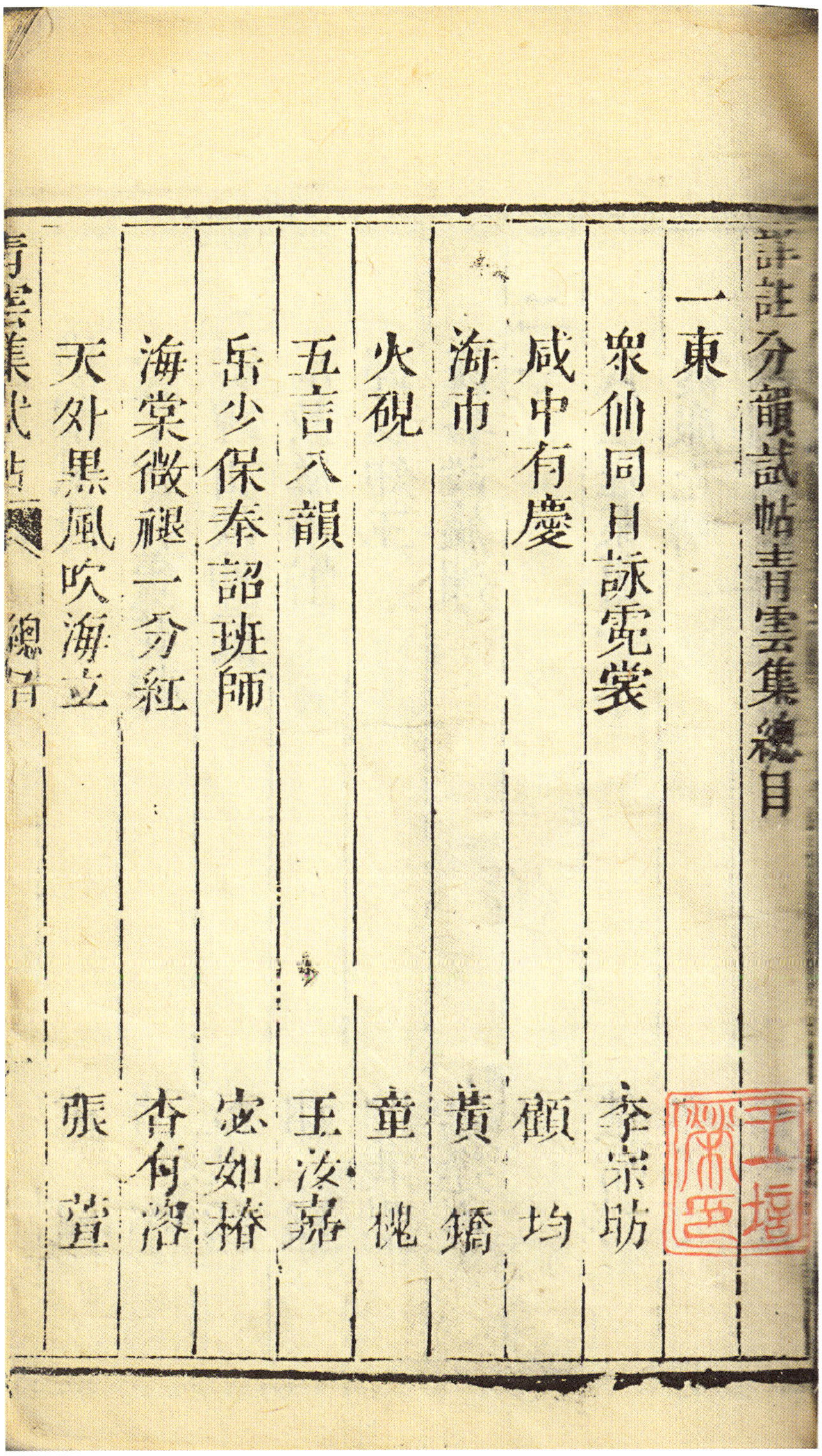

詳註分韻試帖青雲集總目

一東

衆仙同日詠霓裳　李宗昉

咸中有慶　顧　均

海市　黄　鐈

火硯　童　槐

五言八韻　王汝嘉

岳少保奉詔班師　宓如椿

海棠微褪一分紅　查有濬

天外黑風吹海立　張　萱

青雲集試帖　總目

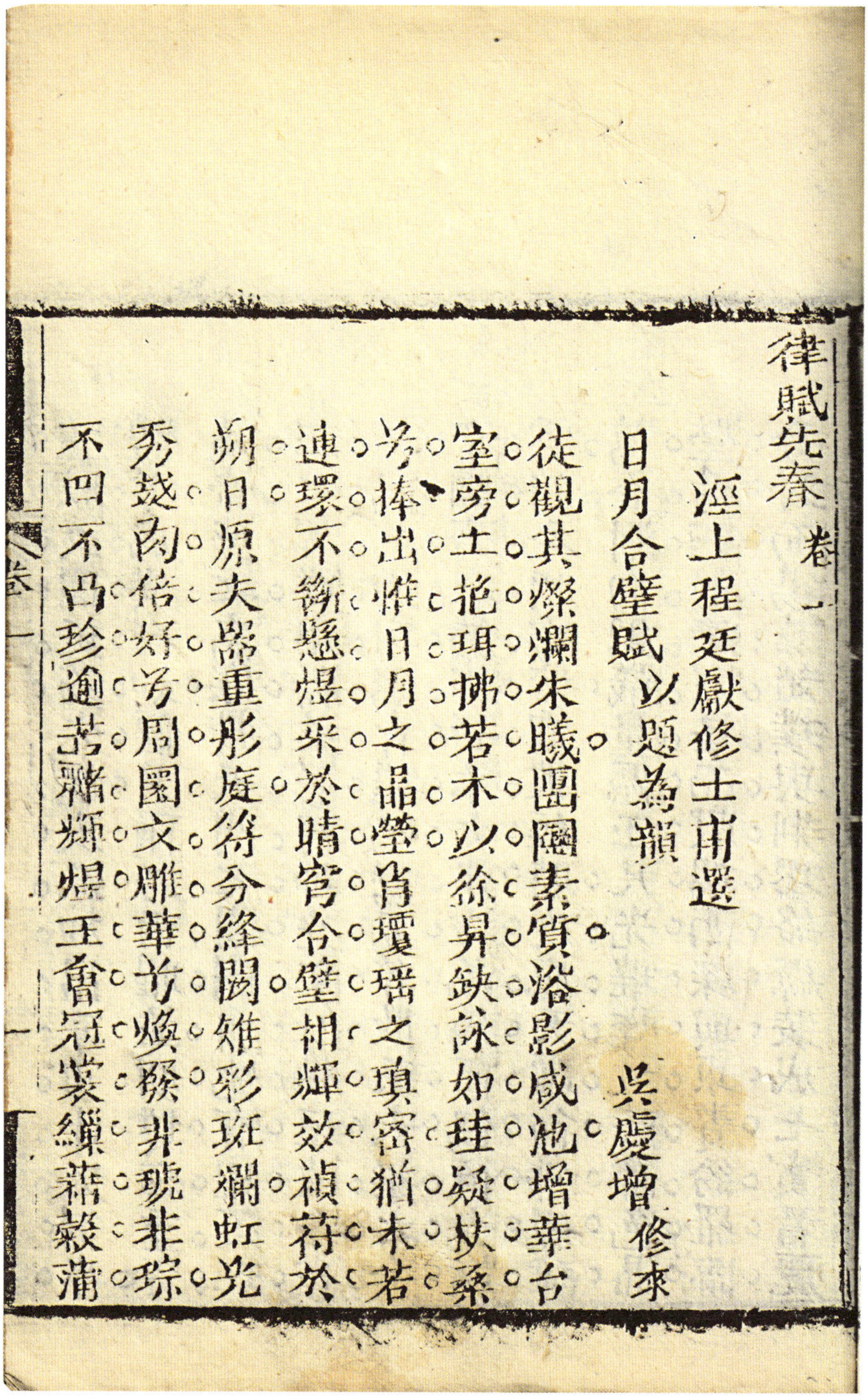
律賦先春　卷一
涇上程廷獻修士甫選
日月合璧賦以題為韻　吳慶增修來
徒觀其燦爛朱曦圓圞素質浴影咸池增華台
室旁土艳珥拂若木以徐昇鈌詠如珪疑扶桑
兮捧出皭日月之晶瑩肖瓊瑶之瑱賓猶未若
連環不斷懸熠采於晴穹合璧相輝效禎符於
朔日原夫器重彤庭符分絳闕雄彩斑斕虹光
秀越陶倍好兮周圜文雕華兮煥發非琥非琮
不四不凸珍逾苕瓃輝焜王會冠裳纚藉縠蒲

175　律賦先春四卷　（清）程廷獻選　清道光十六年（1836）刻本

框高11.6厘米，寬9.7厘米。半葉10行，行20字，小字雙行同，上下黑口，左右雙邊。

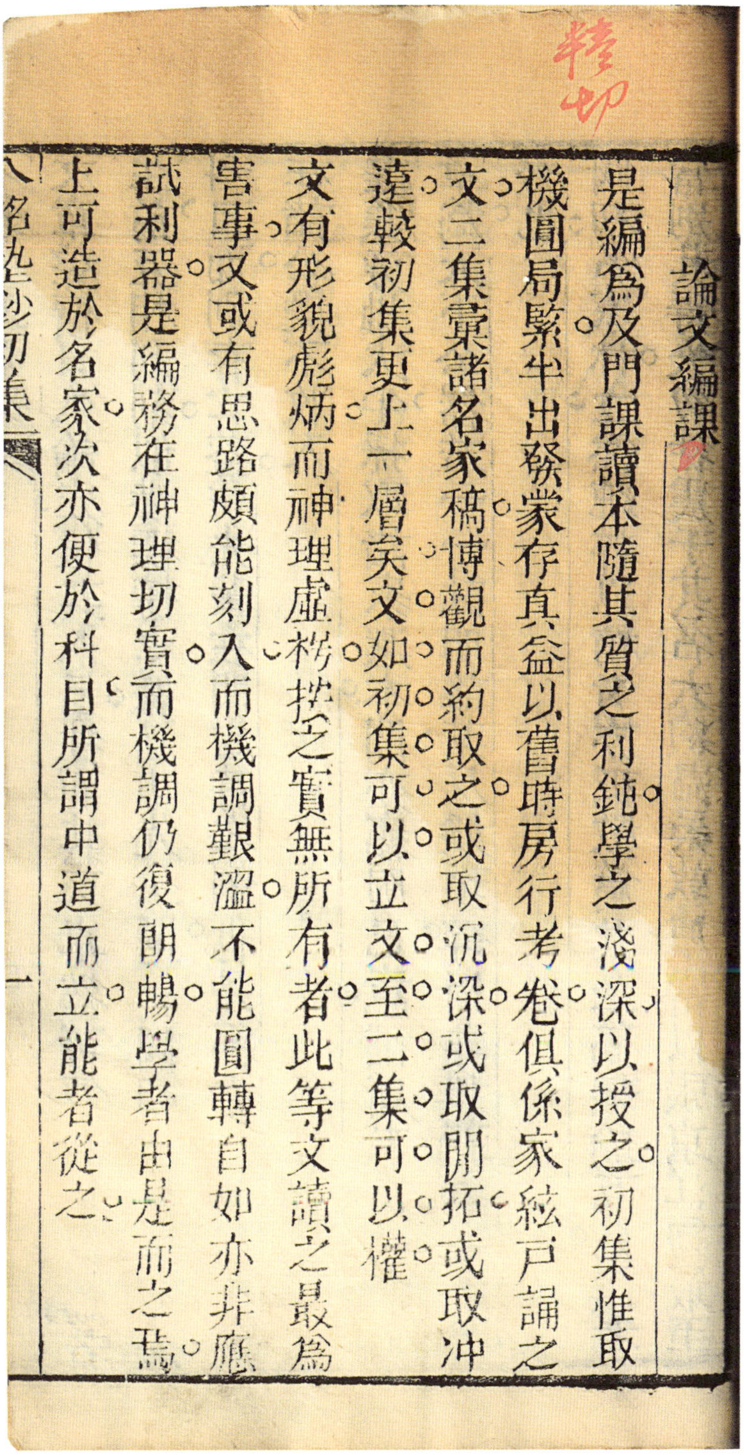

論文編課

是編爲及門課讀本隨其質之利鈍學之淺深以授之初集惟取機圓局緊平出發蒙存真益以舊時房行考卷俱係家絃戶誦之文二集彙諸名家稿博觀而約取之或取沉深或取開拓或取冲遠較初集更上一層矣文如初集可以立文至二集可以權

文有形貌彪炳而神理虛枵按之實無所有者此等文讀之最爲害事又或有思路頗能刻入而機調艱澀不能圓轉自如亦非應試利器是編務在神理切實而機調仍復朗暢學者由是而之焉上可造於名家次亦便於科目所謂中道而立能者從之

八銘塾鈔初集　一

176　八銘塾鈔初集不分卷二集不分卷　（清）吴懋政編次　清道光二十年（1840）刻本

框高19.5厘米，寬11.7厘米。半葉9行，行25字，小字雙行不等，白口，四周單邊。

存（初集大學、中庸、上下論、上下孟，二集上下論、上下孟）

館藏索書號：集/19/1447

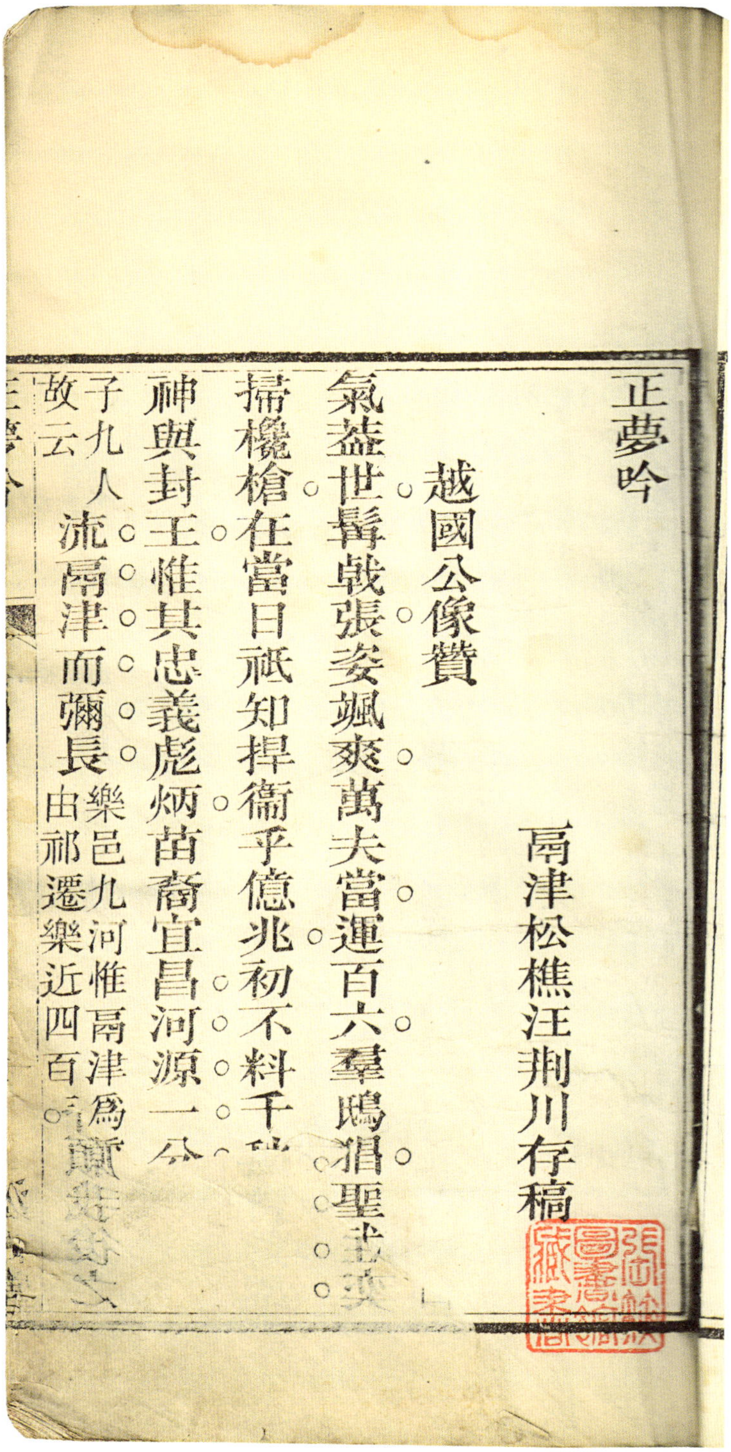
汪夢吟

鬲津松樵汪荆川存稿

越國公像贊

氣蓋世髯戟張姿颯爽萬夫當運百六羣鴟猖聖武

掃欃槍在當日祗知捍衞乎億兆初不料千

神與封王惟其忠義彪炳苗裔宜昌河源一分

子九人流鬲津而彌長 樂邑九河惟鬲津爲

故云 由祁遷樂近四百

177　詩文合鈔不分卷　（清）汪荆川撰　清道光二十四年（1844）刻本

框高17.0厘米，寬12.3厘米。半葉7行，行21字，白口，四周雙邊。

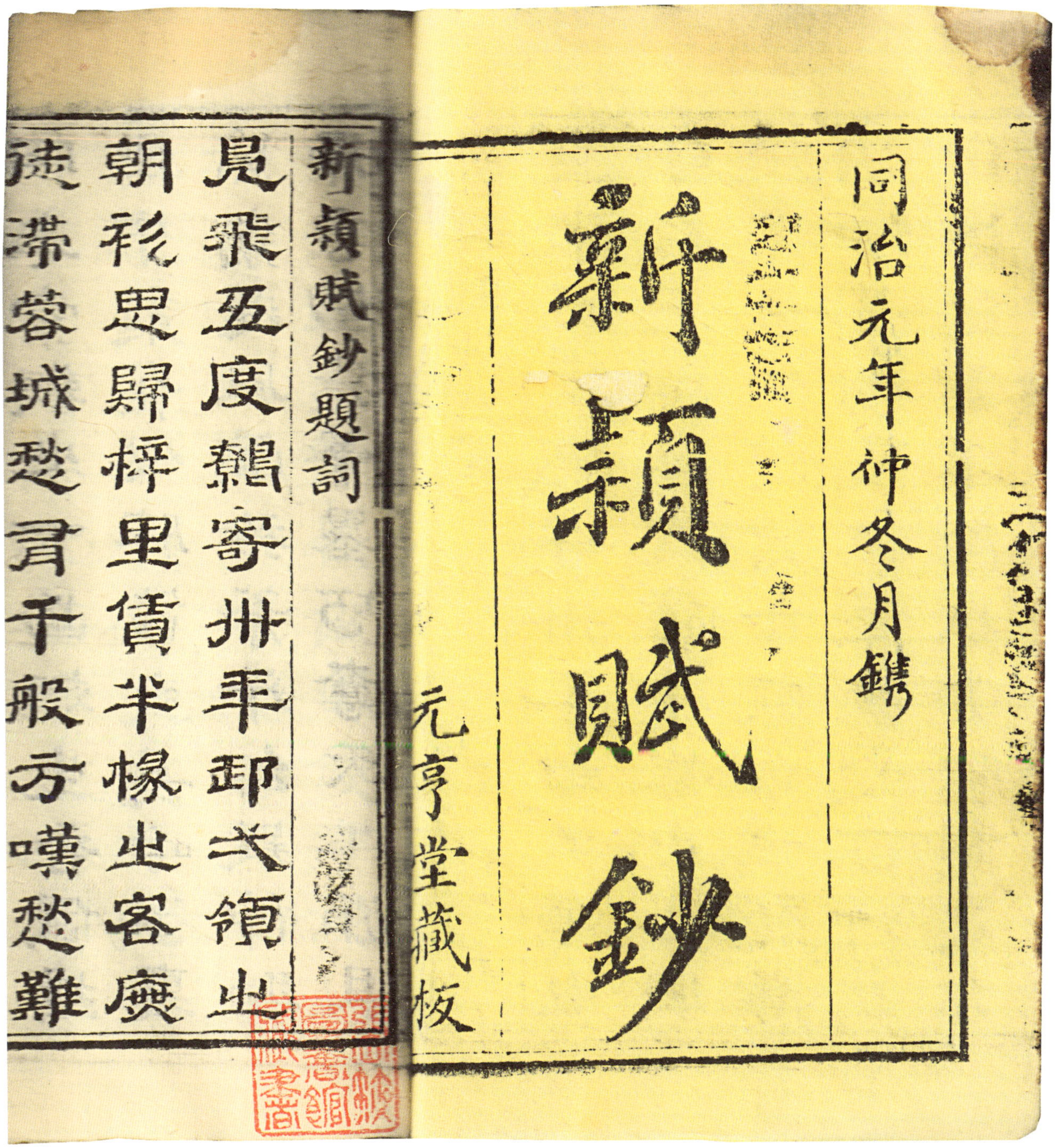

178　新穎賦鈔四卷首一卷　（清）戴守曾輯　清同治元年（1862）刻本
框高15.5厘米，寬9.3厘米。半葉9行，行23字，白口，四周單邊。
館藏索書號：集/17/1457

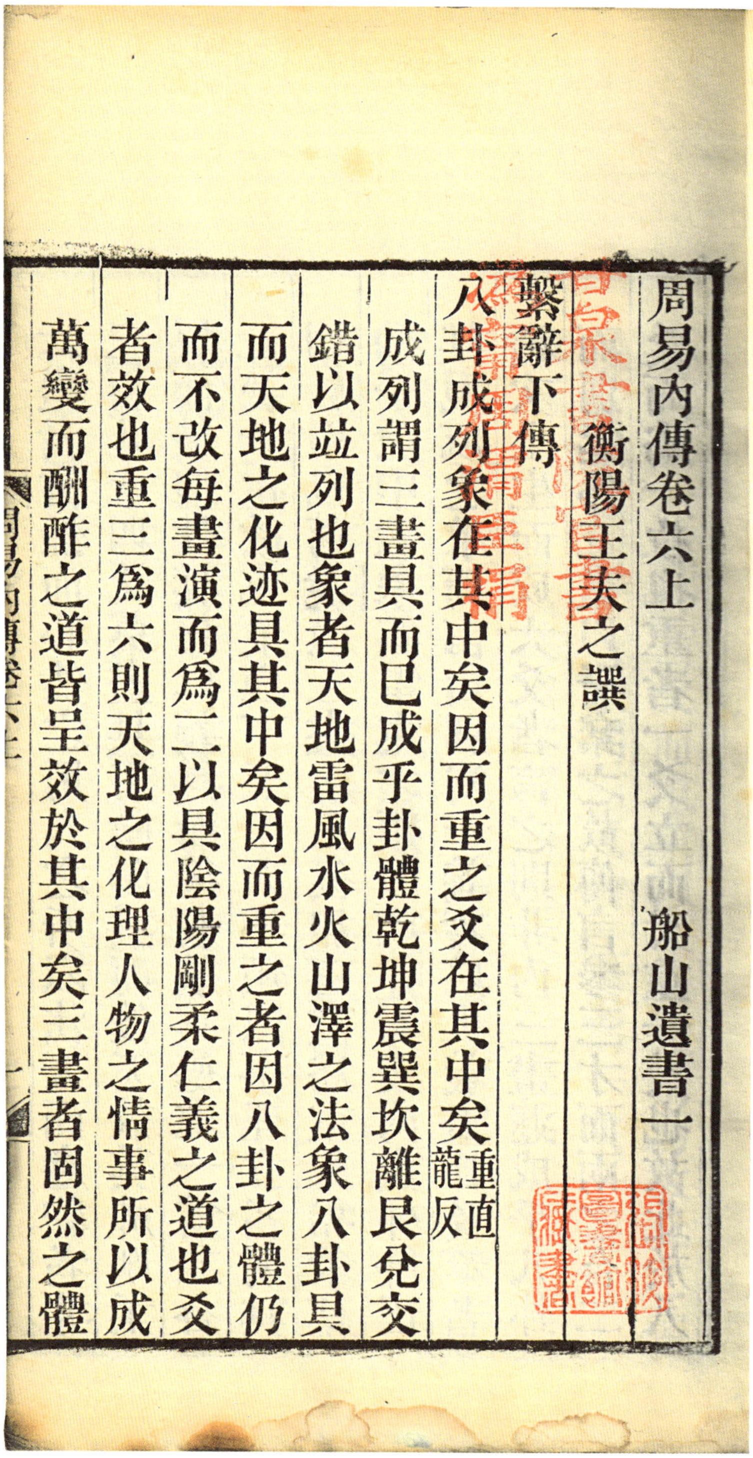

179　船山遺書五十五種二百九十一卷附校勘記二卷　（清）王夫之譔　清同治四年（1865）金陵節署曾氏刻同治五年（1866）校刻本

框高19.1厘米，寬12.8厘米。半葉10行，行22字，上下細黑口，左右雙邊。

缺五卷（周易內傳一至五）

館藏索書號：集/29/3550

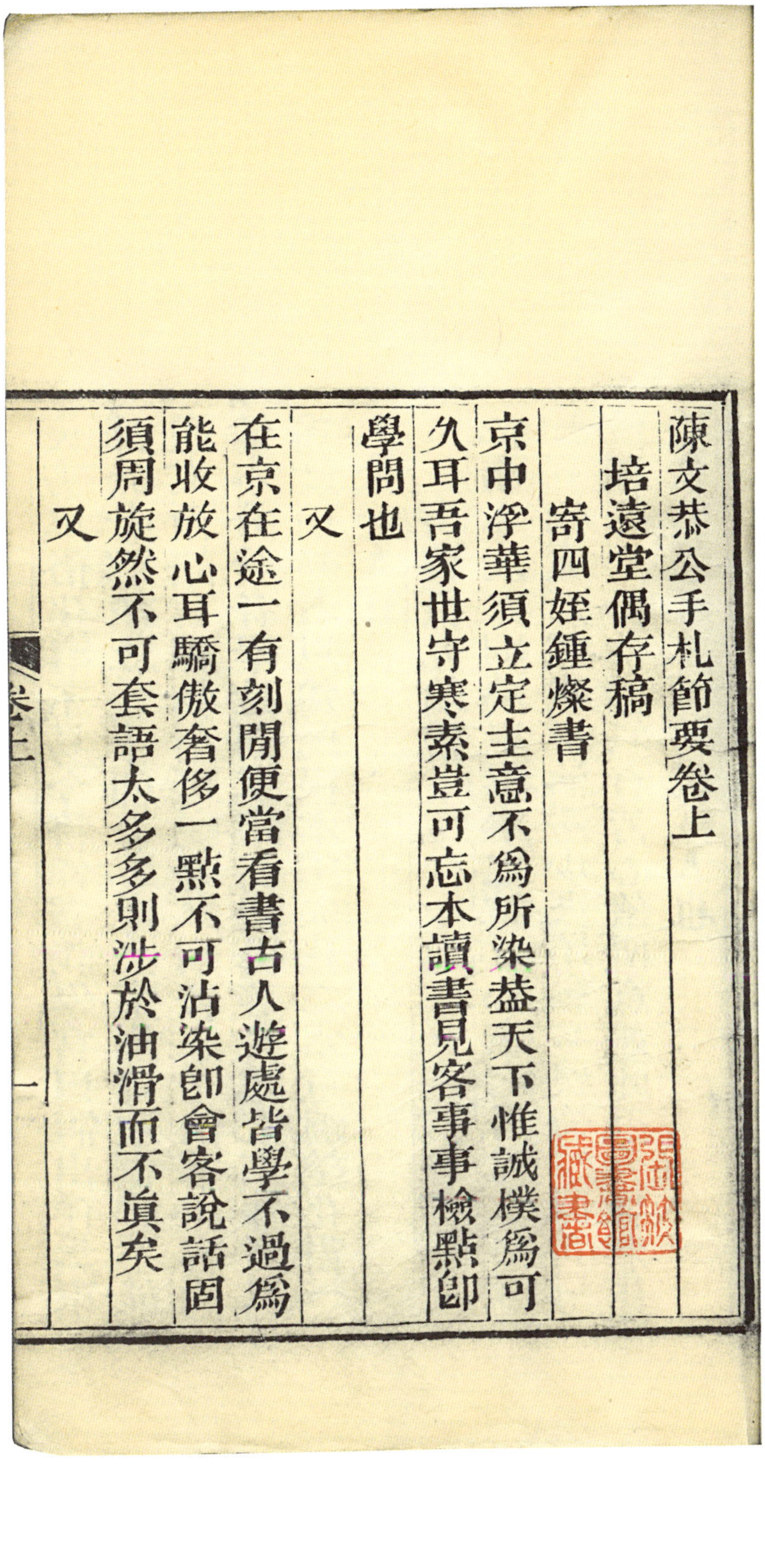

陳文恭公手札節要卷上
培遠堂偶存稿
寄四姪鍾燦書
京中浮華須立定主意不爲所染益天下惟誠樸爲可久耳吾家世守寒素豈可忘本讀書見客事事檢點卽學問也
又
在京在途一有刻閒便當看書古人遊處皆學不過爲能收放心耳驕傲奢侈一點不可沾染卽會客說話固須周旋然不可套語太多多則涉於油滑而不眞矣
又

卷上　一

180　陳文恭公手札節要三卷　（清）陳宏謀撰　清同治七年（1868）湖北崇文書局刻本
框高17.1厘米，寬13.5厘米。半葉11行，行21字，白口，四周雙邊。
館藏索書號：集/28/1970

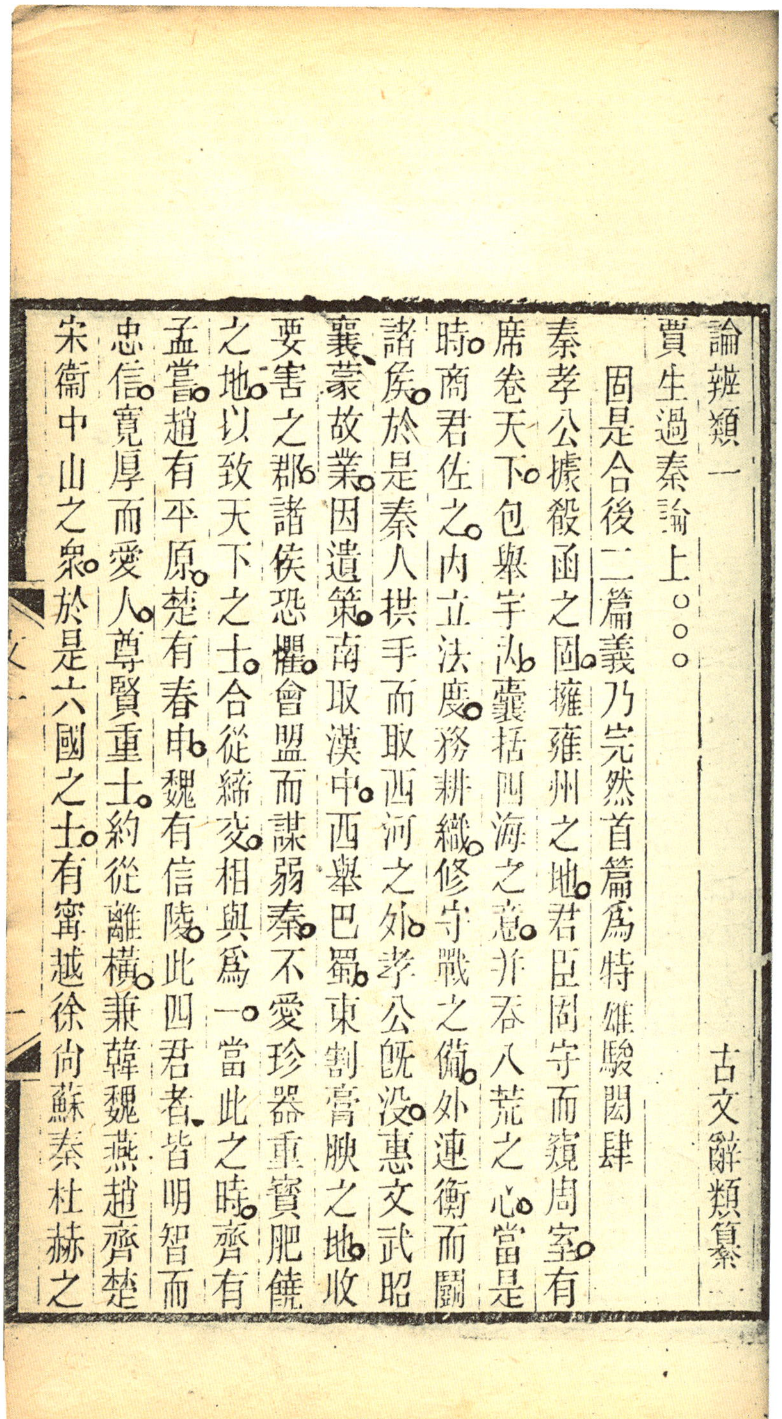

論辨類一　古文辭類纂

賈生過秦論上

固是合後二篇義乃完然首篇爲特雄駿閎肆

秦孝公據殽函之固擁雍州之地君臣固守而窺周室有席卷天下包舉宇內囊括四海之意并吞八荒之心當是時商君佐之內立法度務耕織修守戰之備外連衡而鬬諸侯於是秦人拱手而取西河之外孝公既沒惠文武昭襄蒙故業因遺策南取漢中西舉巴蜀東割膏腴之地收要害之郡諸侯恐懼會盟而謀弱秦不愛珍器重寶肥饒之地以致天下之士合從締交相與爲一當此之時齊有孟嘗趙有平原楚有春申魏有信陵此四君者皆明智而忠信寬厚而愛人尊賢重士約從離橫兼韓魏燕趙齊楚宋衛中山之衆於是六國之士有甯越徐尚蘇秦杜赫之

181　古文辭類纂七十四卷　（清）姚鼐編輯　清同治八年（1869）江蘇書局刻本

框高17.6厘米，寬13.8厘米。半葉13行，行22字，上下黑口，左右雙邊。

館藏索書號：集/14/3197

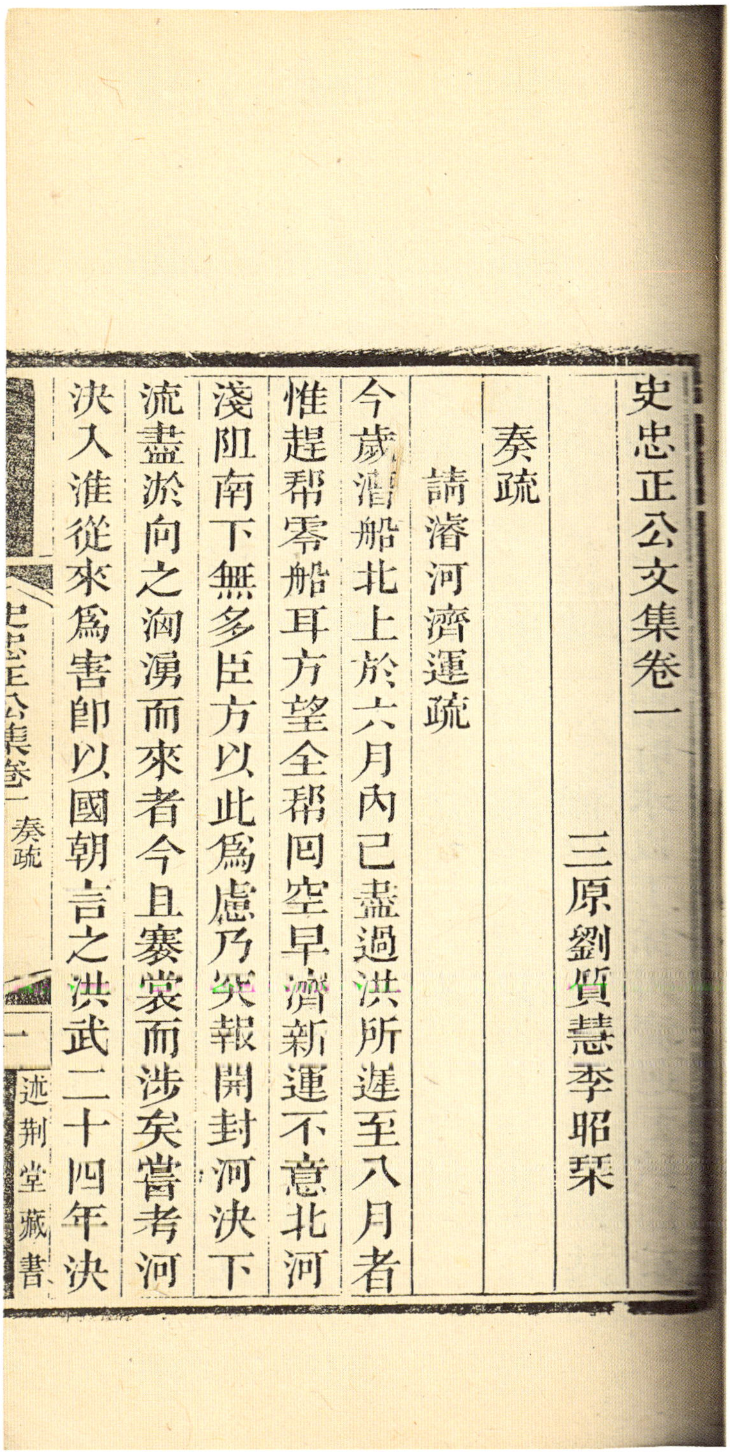

史忠正公文集卷一

三原劉質慧李昭琹

奏疏

請濬河濟運疏

今歲漕船北上於六月内已盡過洪所運至八月者惟趕帮零船耳方望全帮回空早濟新運不意北河淺阻南下無多臣方以此爲慮乃又報開封河決下流盡淤向之洶湧而來者今且褰裳而涉矣嘗考河決入淮從來爲害卽以國朝言之洪武二十四年決

史忠正公集卷一　奏疏　一　述荆堂藏書

182　史忠正公文集四卷首一卷　（明）史可法撰　（清）劉質慧輯　清同治十二年（1873）刻本

框高16.0厘米，寬11.7厘米。半葉9行，行20字，上下黑口，四周雙邊。

存三卷（一至二、首一卷）

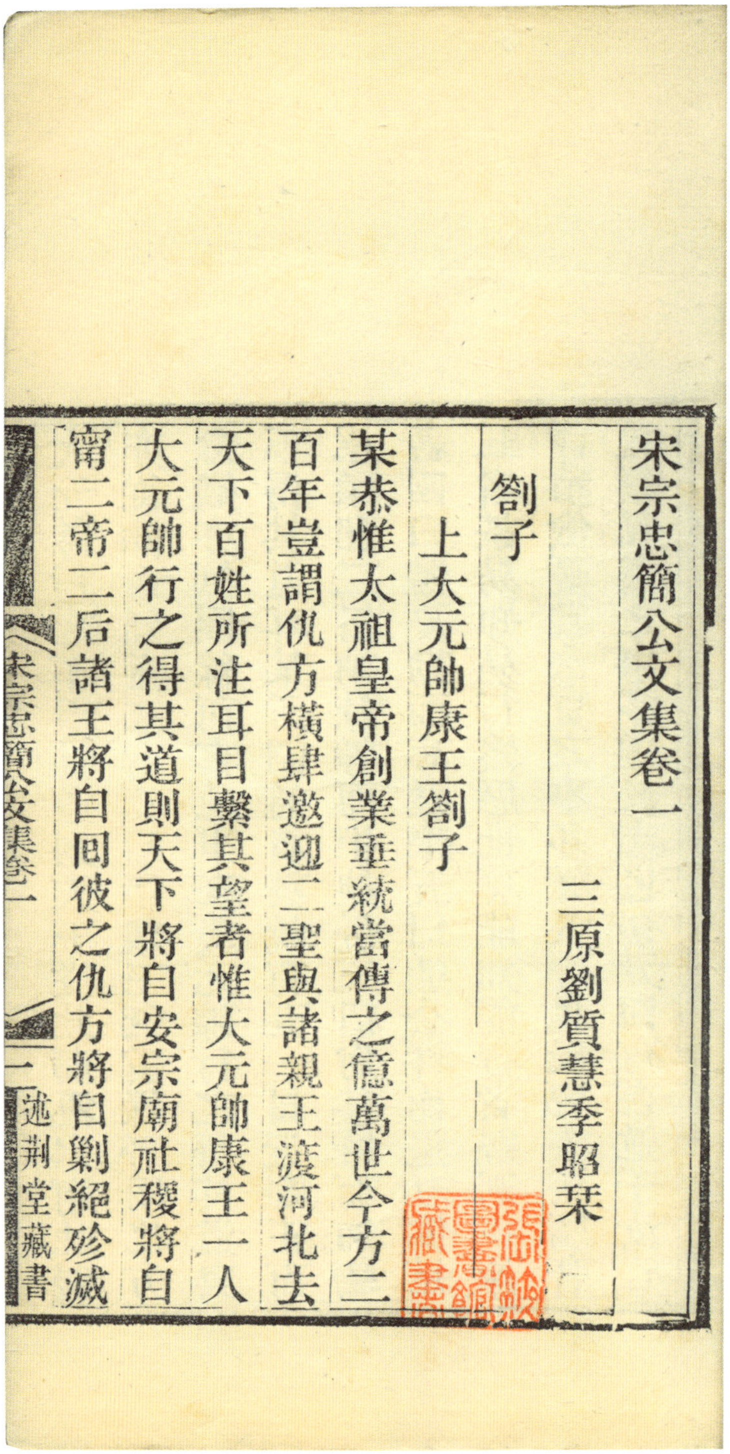

183　宋宗忠簡公文集四卷首一卷補遺一卷遺事二卷　（宋）宗澤撰　（清）劉質慧輯　清同治十二年（1873）述荆堂刻本

框高15.3厘米，寬11.8厘米。半葉9行，行20字，上下黑口，四周雙邊。

館藏索書號：集/31/1961

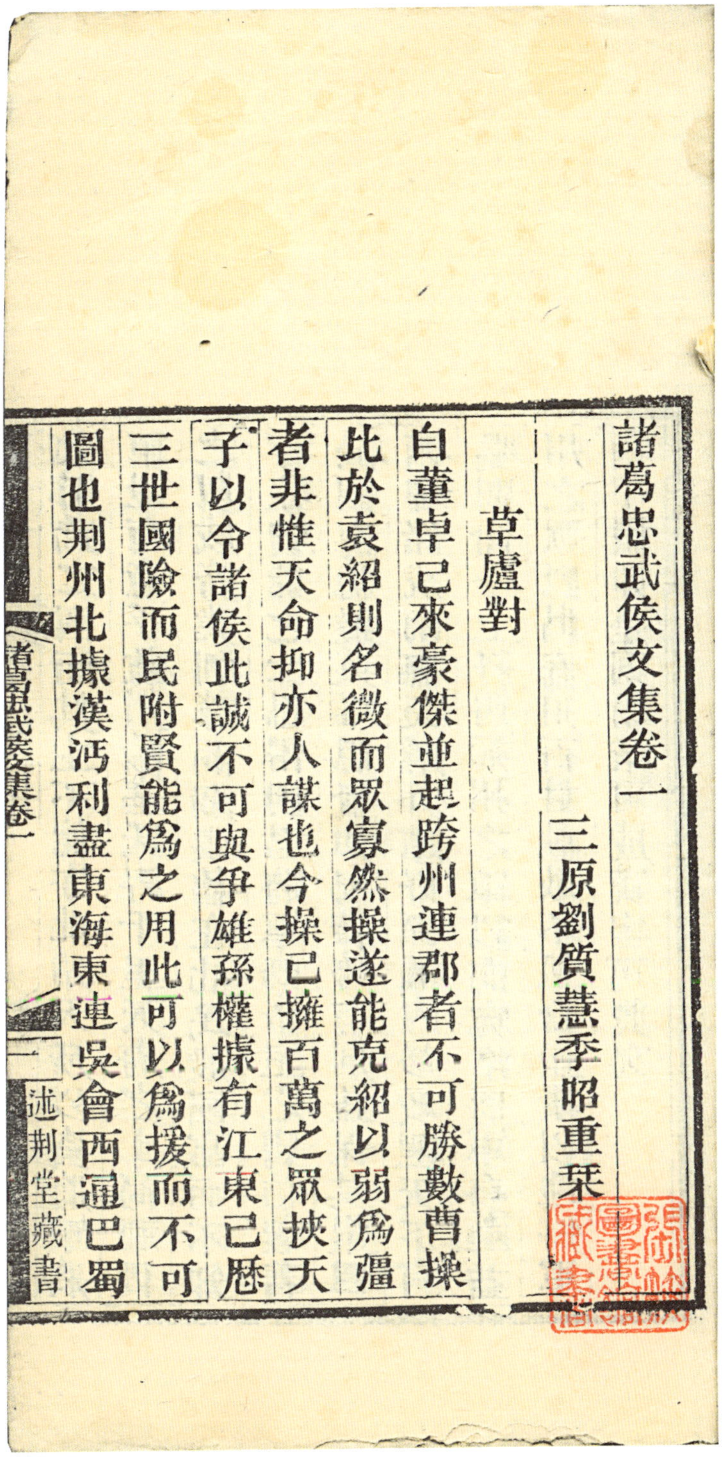

諸葛忠武侯文集卷一

三原劉質慧季昭重栞

草廬對

自董卓已來豪傑並起跨州連郡者不可勝數曹操比於袁紹則名微而衆寡然操遂能克紹以弱爲彊者非惟天命抑亦人謀也今操已擁百萬之衆挾天子以令諸侯此誠不可與爭雄孫權據有江東已歷三世國險而民附賢能爲之用此可以爲援而不可圖也荆州北據漢沔利盡東海東連吳會西通巴蜀

諸葛忠武侯文集卷一　述荆堂藏書

184　諸葛忠武侯文集六卷首一卷　（三國蜀）諸葛亮撰　（清）劉質慧輯　清同治十二年（1873）劉氏述荆堂刻本

框高15.5厘米，寬11.7厘米。半葉9行，行20字，上下黑口，四周雙邊。

存五卷（一至四、首一卷）

185　宋四名家詩鈔六卷　（清）柴升、周之鱗選　清光緒元年（1875）湘西章氏刻本

框高17.5厘米，寬11.6厘米。半葉10行，行21字，白口，四周雙邊。

存二種三卷（東坡先生詩選一至二、山谷先生詩選一）

館藏索書號：集/10/2800

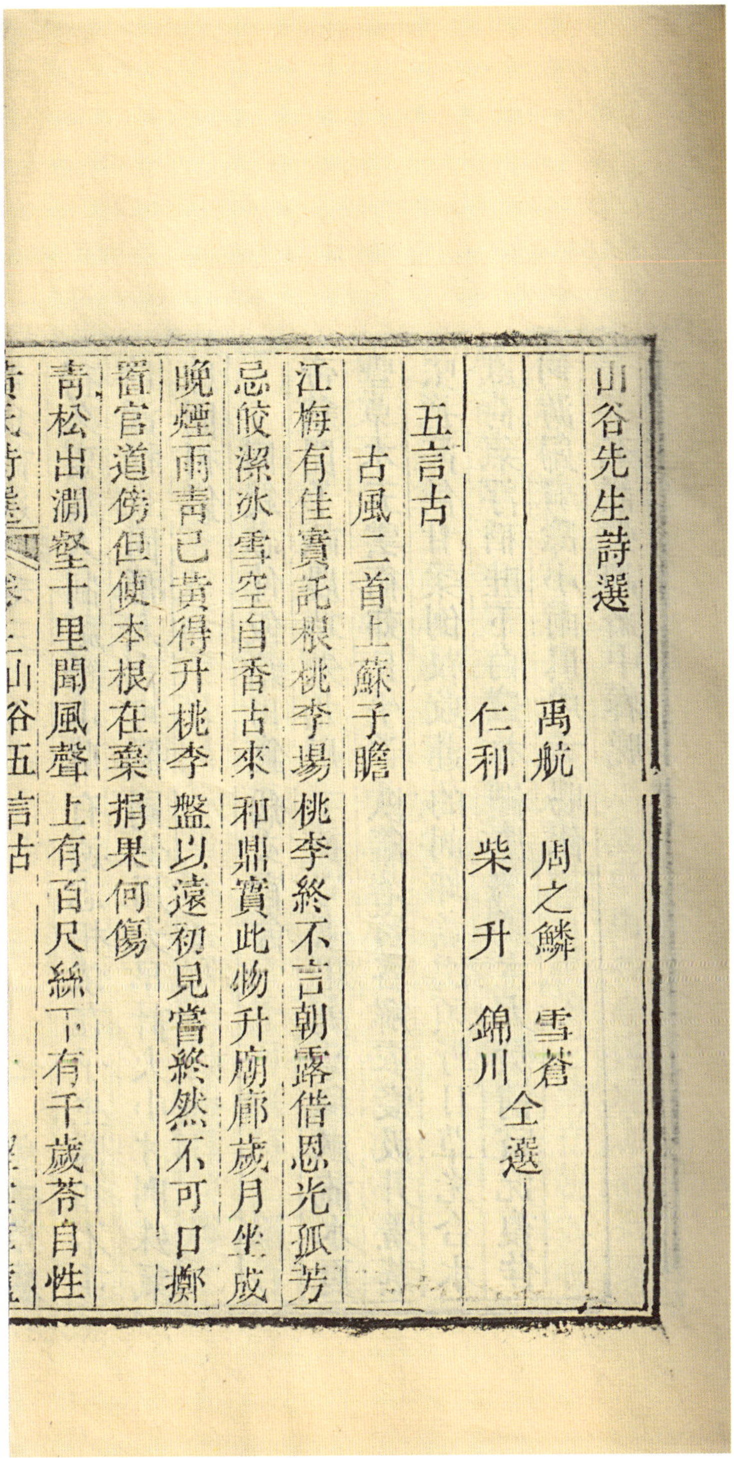
山谷先生詩選

禹航　周之鱗　雪蒼
仁和　柴　升　錦川　仝選

五言古

古風二首上蘇子瞻

江梅有佳實託根桃李場桃李終不言朝露借恩光孤芳忌皎潔冰雪空自香古來和鼎實此物升廟廊歲月坐成晚煙雨青已黃得升桃李盤以遠初見嘗終然不可口擲置官道傍但使本根在棄捐果何傷

青松出澗壑十里聞風聲上有百尺絲下有千歲苓自性

黃氏詩選　卷二　山谷五言古

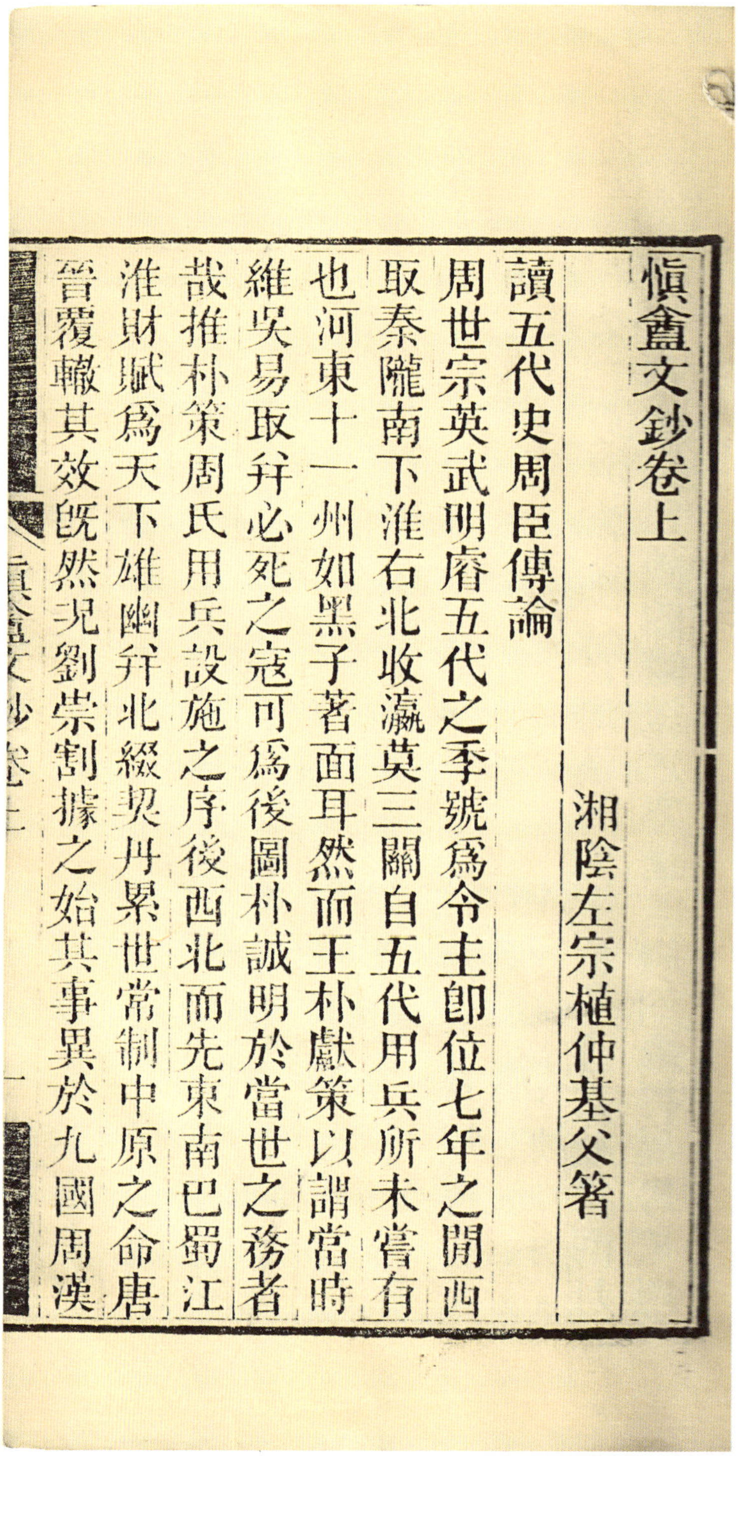

愼盦文鈔卷上

湘陰左宗植仲基父箸

讀五代史周臣傳論

周世宗英武明睿五代之季號爲令主卽位七年之閒西取秦隴南下淮右北收瀛莫三關自五代用兵所未嘗有也河東十一州如黑子著面耳然而王朴獻策以謂當時維吳易取幷必死之寇可爲後圖朴誠明於當世之務者哉推朴策周氏用兵設施之序後西北而先東南巴蜀江淮財賦爲天下雄幽幷北綴契丹累世常制中原之命唐晉覆轍其效既然況劉崇割據之始其事異於九國周漢

愼盦文鈔卷上　一

186　愼盦文鈔二卷　（清）左宗植著　清光緒元年（1875）刻本

框高20.3厘米，寬13.0厘米。半葉10行，行22字，上下黑口，四周雙邊。

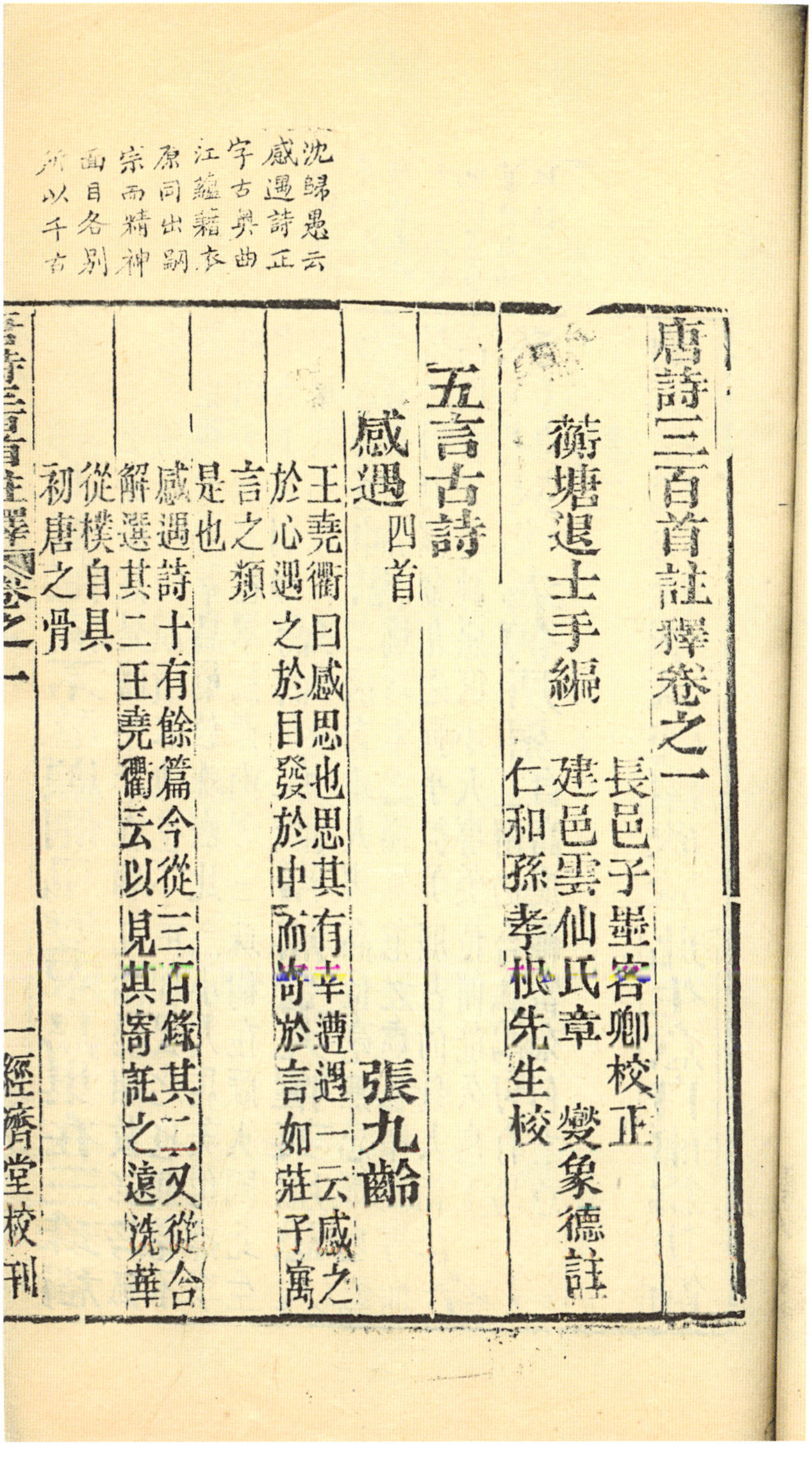

沈歸愚云感遇詩正字古奥曲江縕藉衣原同出嗣宗而精神面目各别所以千古

唐詩三百首註釋卷之一

蘅塘退士手編　長邑子壁容卿校正

建邑雲仙氏章燮象德註

仁和孫孝根先生校

五言古詩

感遇　四首　張九齡

王堯衢曰感思也思其有幸遭遇一云感之於心遇之於目發於中而寄於言如莊子寓言之類是也

感遇詩十有餘篇今從三百餘其二又從合解選其二王堯衢云以見其寄託之遠洗華從樸自具初唐之骨

唐詩三百首註釋卷之一　一　經濟堂校刊

187　唐詩三百首註釋六卷　（清）蘅塘退士（孫洙）編　清光緒十年（1884）湖南經濟書局刻本

框高18.3厘米，寬12.8厘米。半葉9行，行20至21字，小字雙行20字，白口，左右雙邊。

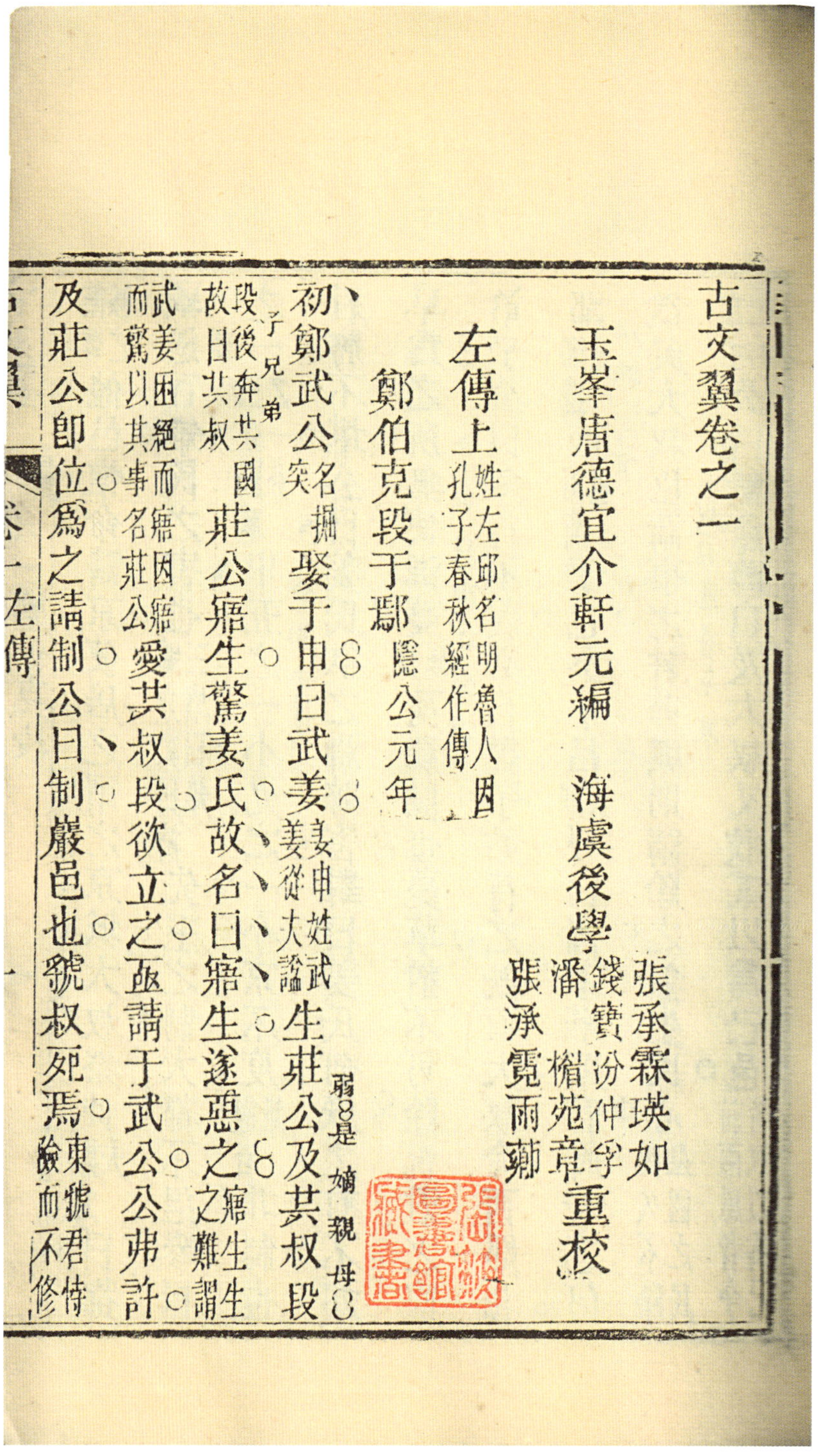
古文翼卷之一
玉峯唐德宜介軒元編　海虞後學 張承霖瑛如 錢寶汾仲孚 潘楣苑章 張承霓雨薌 重校
左傳上 姓左邱名明魯人因孔子春秋經作傳
鄭伯克段于鄢 隱公元年
初鄭武公 名掘突 娶于申曰武姜 申姜姓武從夫謚 生莊公及共叔段 是嫡親母弟子兄弟
段後奔共國故曰共叔 莊公寤生驚姜氏故名曰寤生遂惡之 寤生之難謂生
武姜因難而寤因寤而驚以其事名莊公 愛共叔段欲立之亟請于武公公弗許
及莊公卽位爲之請制公曰制巖邑也虢叔死焉 東虢君恃險而不修
古文翼　卷一 左傳　一

188　古文翼八卷　（清）唐德宜編　清光緒十二年（1886）漢口李氏森寶齋刻本
框高19.2厘米，寬13.1厘米。半葉9行，行23字，小字雙行同，白口，四周雙邊。

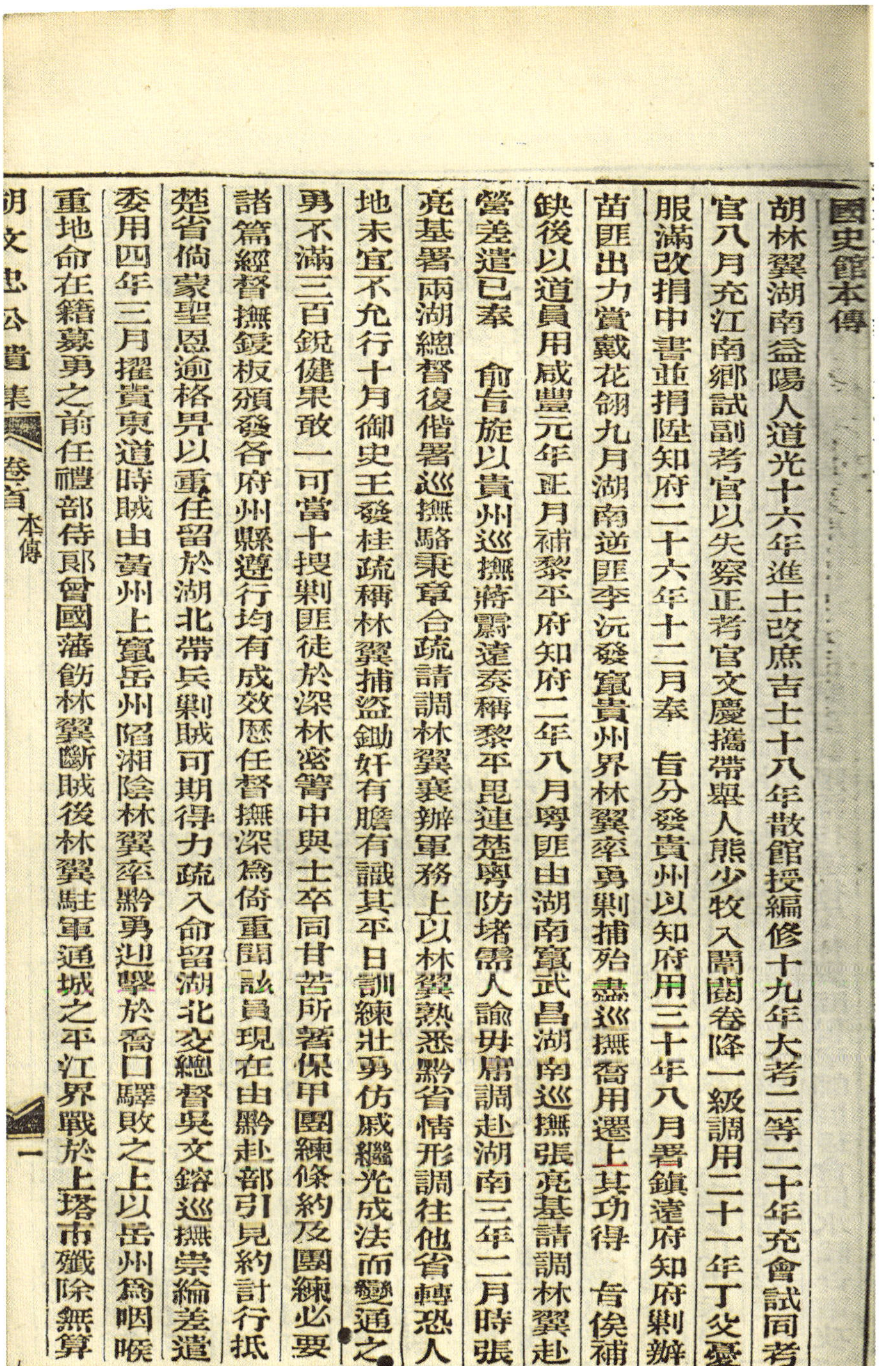

國史館本傳

胡林翼湖南益陽人道光十六年進士改庶吉士十八年散館授編修十九年大考二等二十年充會試同考官八月充江南鄉試副考官以失察正考官文慶攜帶舉人熊少牧入闈闈卷降一級調用二十一年丁父憂服滿改捐中書並捐陞知府二十六年十二月奉 旨分發貴州以知府用三十年八月署鎮遠府知府剿辦苗匪出力賞戴花翎九月湖南逆匪李沅發竄貴州界林翼率勇剿捕殆盡巡撫喬用遷上其功得 旨俟補缺後以道員用咸豐元年正月補黎平府知府二年八月粵匪由湖南竄武昌湖南巡撫張亮基請調林翼赴營差遣已奉 俞旨旋以貴州巡撫蔣霨遠奏稱黎平毗連楚粵防堵需人諭毋庸調赴湖南三年二月時張亮基署兩湖總督復偕署巡撫駱秉章合疏請調林翼襄辦軍務上以林翼熟悉黔省情形調往他省轉恐人地未宜不允行十月御史王發桂疏稱林翼捕盜鋤奸有膽有識其平日訓練壯勇仿戚繼光成法而變通之勇不滿三百銳健果敢一可當十搜剿匪徒於深林密箐中與士卒同甘苦所著保甲團練條約及團練必要諸篇經督撫鋟板頒發各府州縣遵行均有成效歷任督撫深爲倚重聞該員現在由黔赴部引見約計行抵楚省倘蒙聖恩逾格畀以重任留於湖北帶兵剿賊可期得力疏入命留湖北交總督吳文鎔巡撫崇綸差遣委用四年三月擢貴東道時賊由黃州上竄岳州陷湘陰林翼率黔勇迎擊於喬口驛敗之上以岳州爲咽喉重地命在籍募勇之前任禮部侍郎曾國藩飭林翼斷賊後林翼駐軍通城之平江界戰於上塔市殲除無算

胡文忠公遺集 卷首 本傳 一

189　胡文忠公遺集八十六卷首一卷　（清）胡林翼撰　（清）曾國荃輯　（清）胡鳳丹重編

清光緒二十七年（1901）鉛印本

框高16.4厘米，寬11.6厘米。半葉14行，行42字，白口，四周單邊。

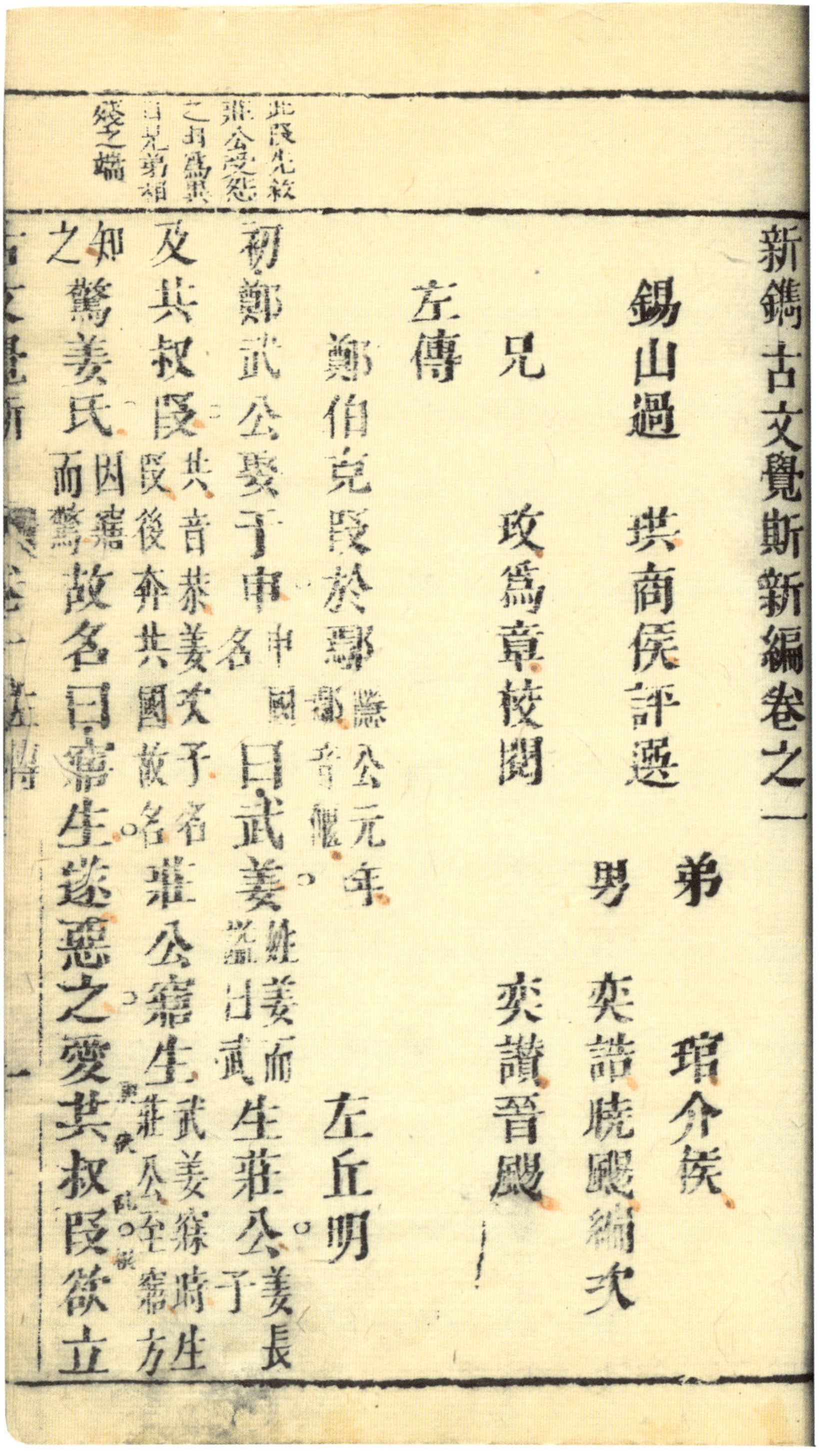

190　新鐫古文覺斯新編八卷　（清）過珙評選　清中期刻本

框高20.0厘米，寬13.2厘米。半葉9行，行20字，小字雙行同，白口，四周單邊。

存六卷（一至三、五至七）

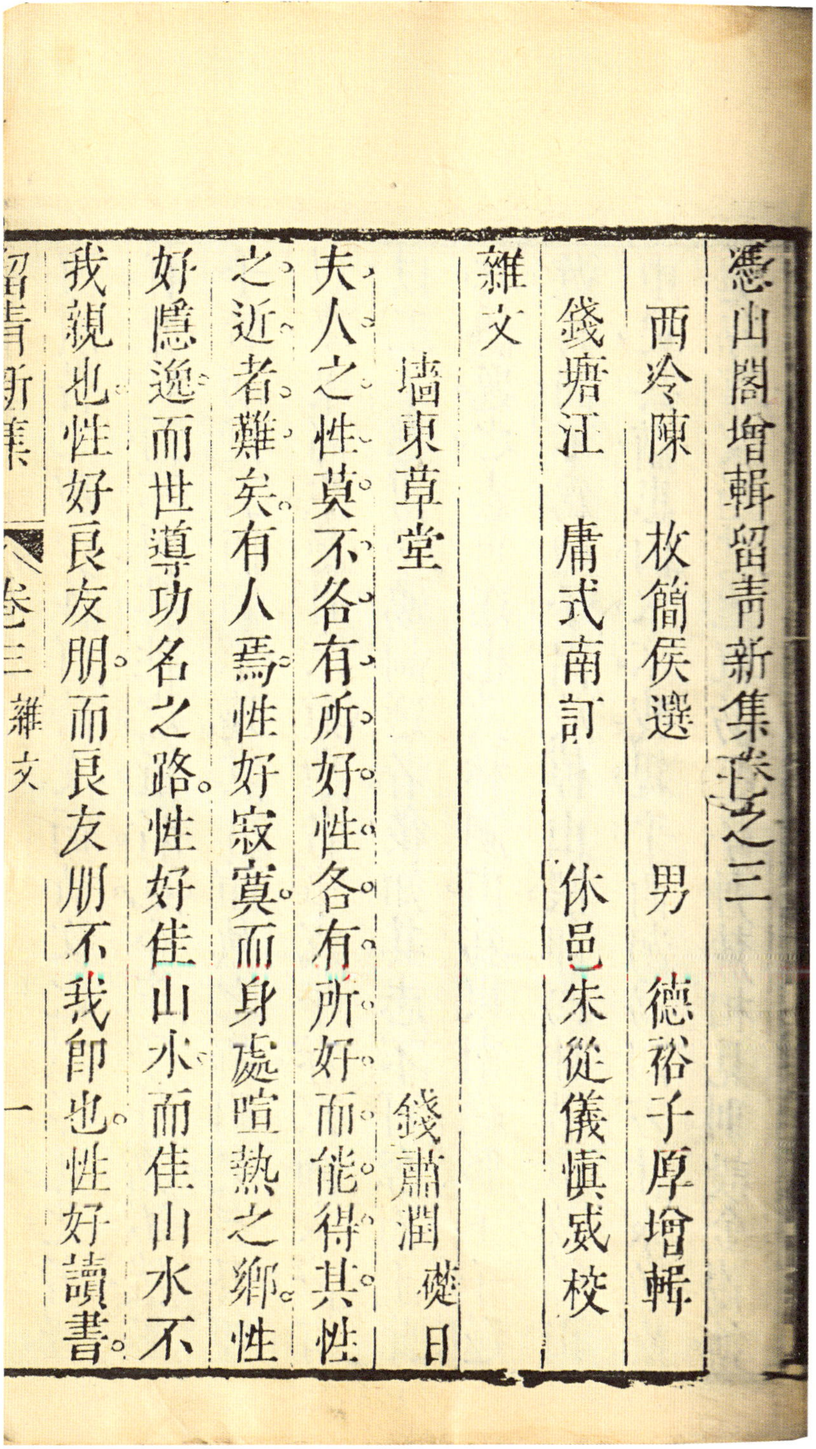

憑山閣增輯留青新集卷之三

西泠陳　枚簡侯選　男　德裕子厚增輯

錢塘汪　庸式南訂　休邑朱從儀慎威校

雜文

墻東草堂　錢肅潤礎日

夫人之性莫不各有所好性各有所好而能得其性之近者難矣有人焉性好寂寞而身處喧熱之鄉性好隱遯而世導功名之路性好佳山水而佳山水不我親也性好良友朋而良友朋不我即也性好讀書

留青新集　卷三　雜文　一

191　憑山閣增輯留青新集三十卷　（清）陳枚選　（清）陳子厚增輯　清中晚期刻本

框高21.1厘米，寬14.1厘米。半葉9行，行20字，白口，左右雙邊。

存五卷（三、二十三至二十四、二十六、二十九）

館藏索書號：集/35/1889

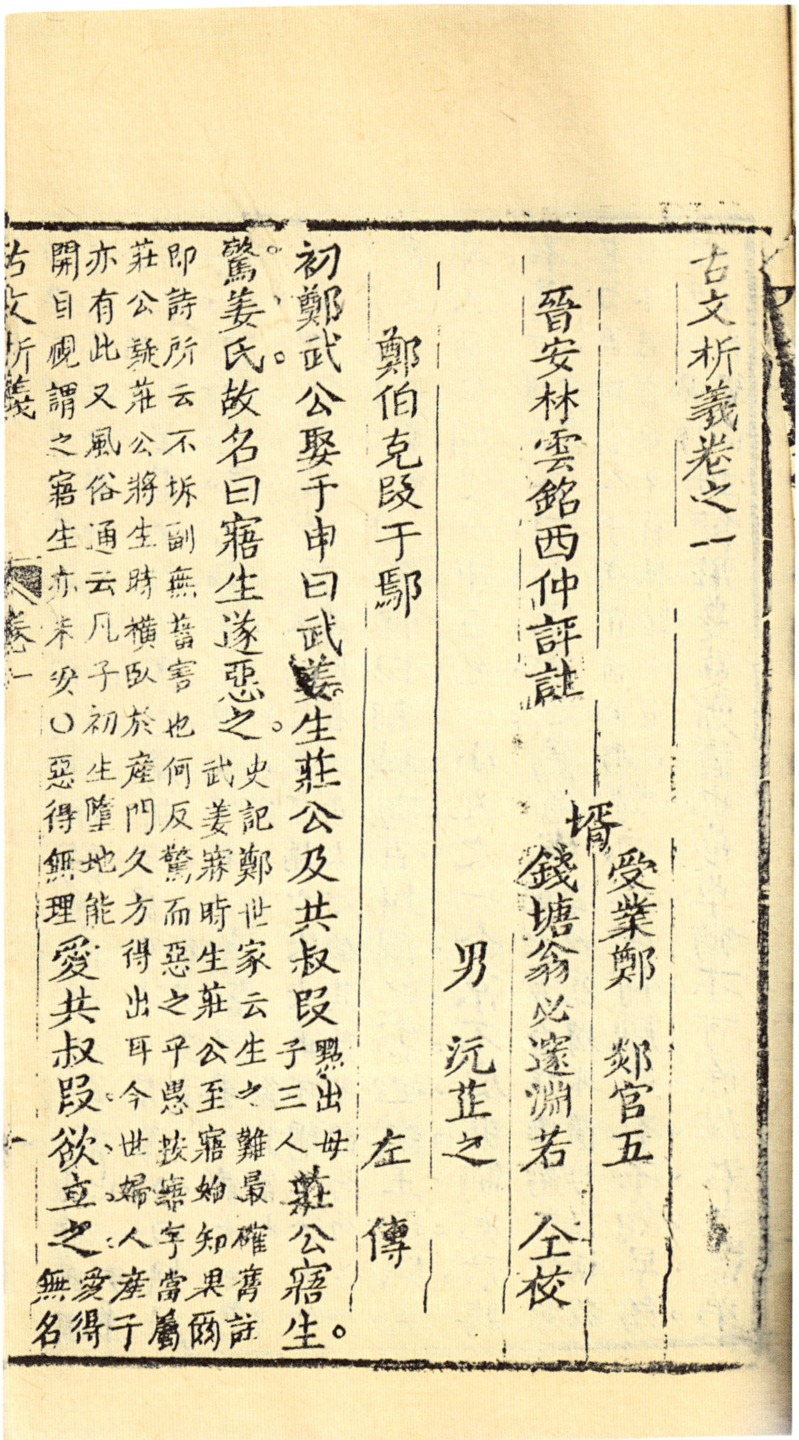

192　古文析義六卷二編八卷　（清）林雲銘評註　（清）鄭郊等校　清晚期經綸堂刻本

框高19.0厘米，寬12.2厘米。半葉9行，行24字，小字雙行同，白口，四周單邊。

存十三卷（古文析義六卷，二編一、三至八）

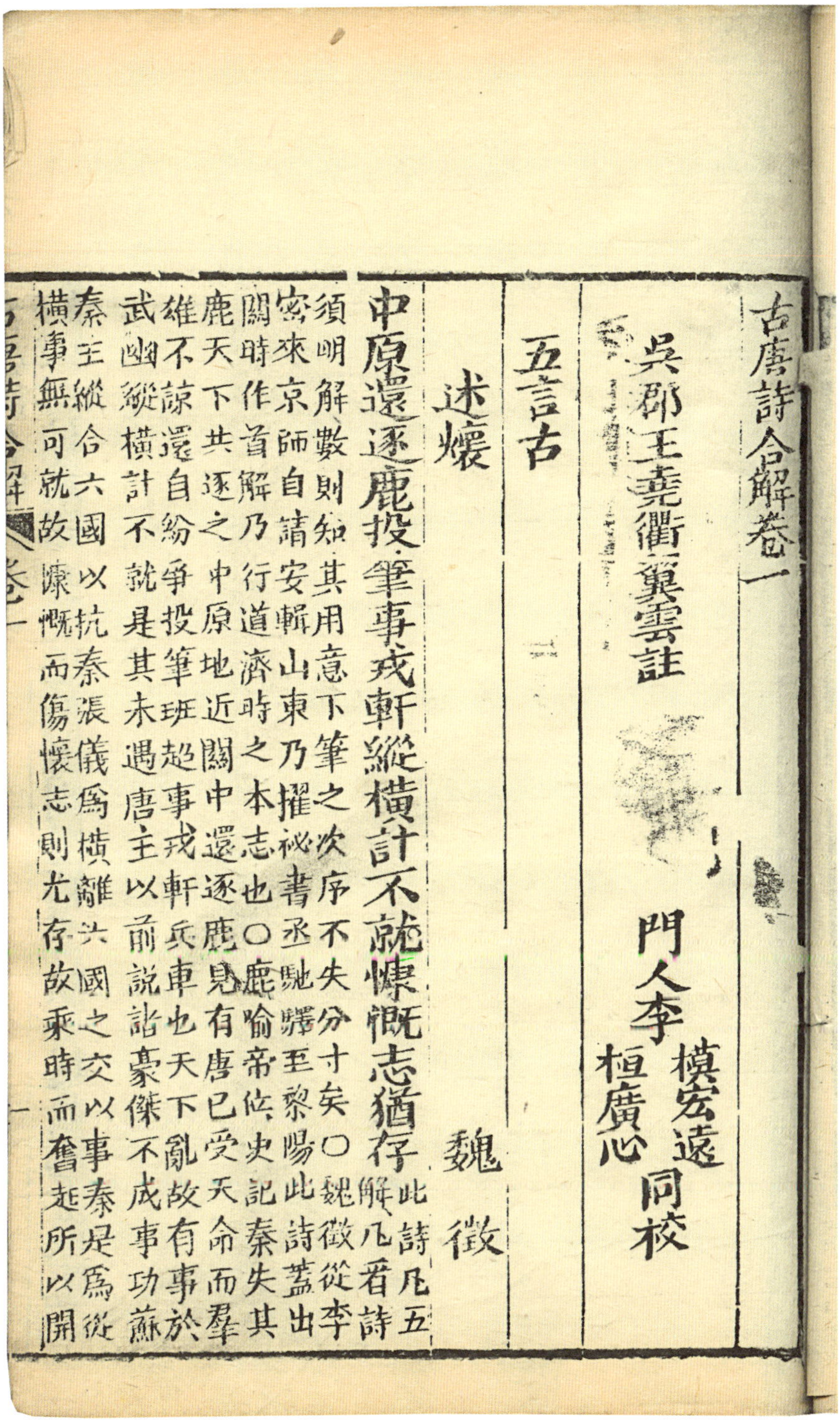
古唐詩合解卷一
吳郡王堯衢翼雲註
門人李模宏遠
　　　桓廣心　同校
五言古
述懷　魏徵
中原還逐鹿投筆事戎軒縱橫計不就慷慨志猶存此詩凡五解凡看詩須明解數則知其用意下筆之次序不失分寸矣○魏徵從李密來京師自請安輯山東乃擢祕書丞馳驛至黎陽此詩蓋出關時作首解乃行道濟時之本志也○鹿喻帝位史記秦失其鹿天下共逐之中原地近關中還逐鹿見有唐已受天命而羣雄不諒還自紛爭投筆班超事戎軒兵車也天下亂故有事於武幽縱橫計不就是其未遇唐主以前說諸豪傑不成事功蘇秦主縱合六國以抗秦張儀爲橫離六國之交以事秦是爲從横事無可就故慷慨而傷懷志則尤存故乘時而奮起所以開
古唐詩合解　卷一　一

193　古唐詩合解十二卷　（清）王堯衢註　清晚期刻本
框高19.1厘米，寬14.2厘米。半葉10行，行24字，小字雙行同，白口，四周單邊。

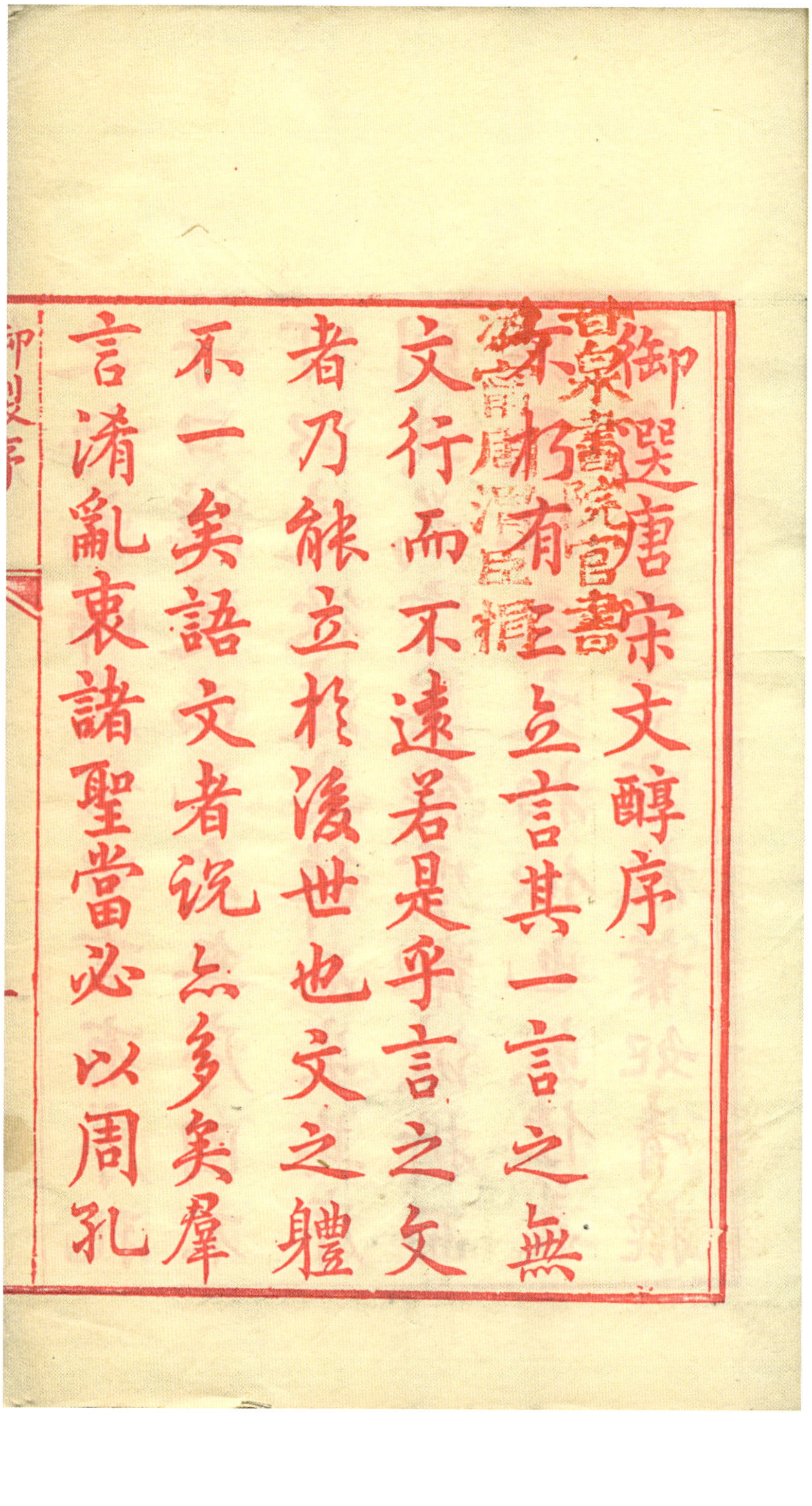
御選唐宋文醇序
不朽有三立言其一言之無
文行而不遠若是乎言之文
者乃能立於後世也文之體
不一矣語文者說亦多矣羣
言淆亂衷諸聖當必以周孔

194　御選唐宋文醇五十八卷　（清）高宗弘曆選　（清）允祿等輯　清晚期四色套印本
框高17.8厘米，寬13.6厘米。半葉9行，行22字，白口，左右雙邊。
館藏索書號：集/13/6451

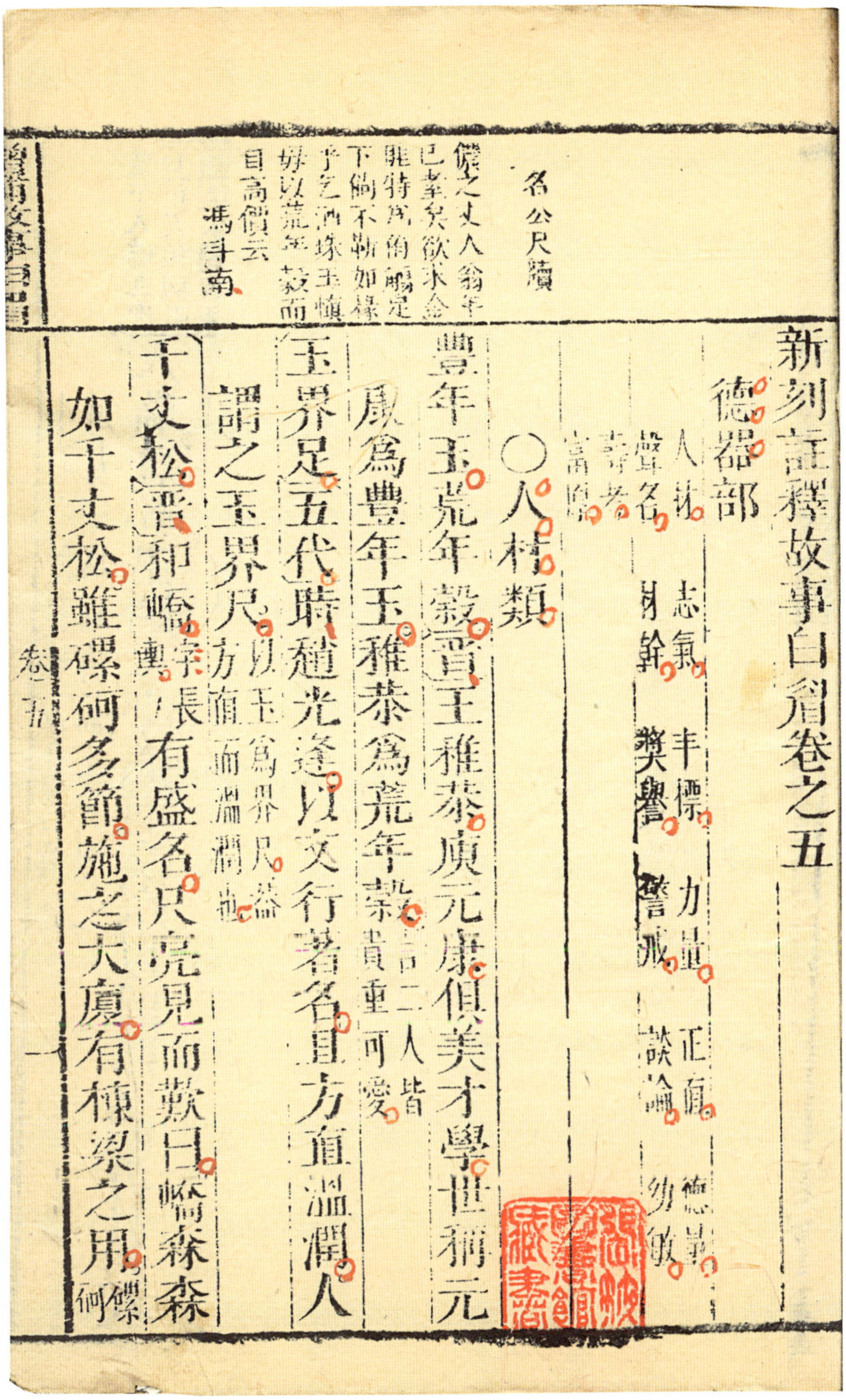

195　新刻註釋故事白眉十卷　（明）許以忠撰　（明）鄧志謨彙編　清晚期刻本

框高20.3厘米，寬14.0厘米。兩欄，半葉11行，行20字，小字雙行同，白口，四周單邊。

存五卷（五至六、八至十）

館藏索書號：集/37/2918

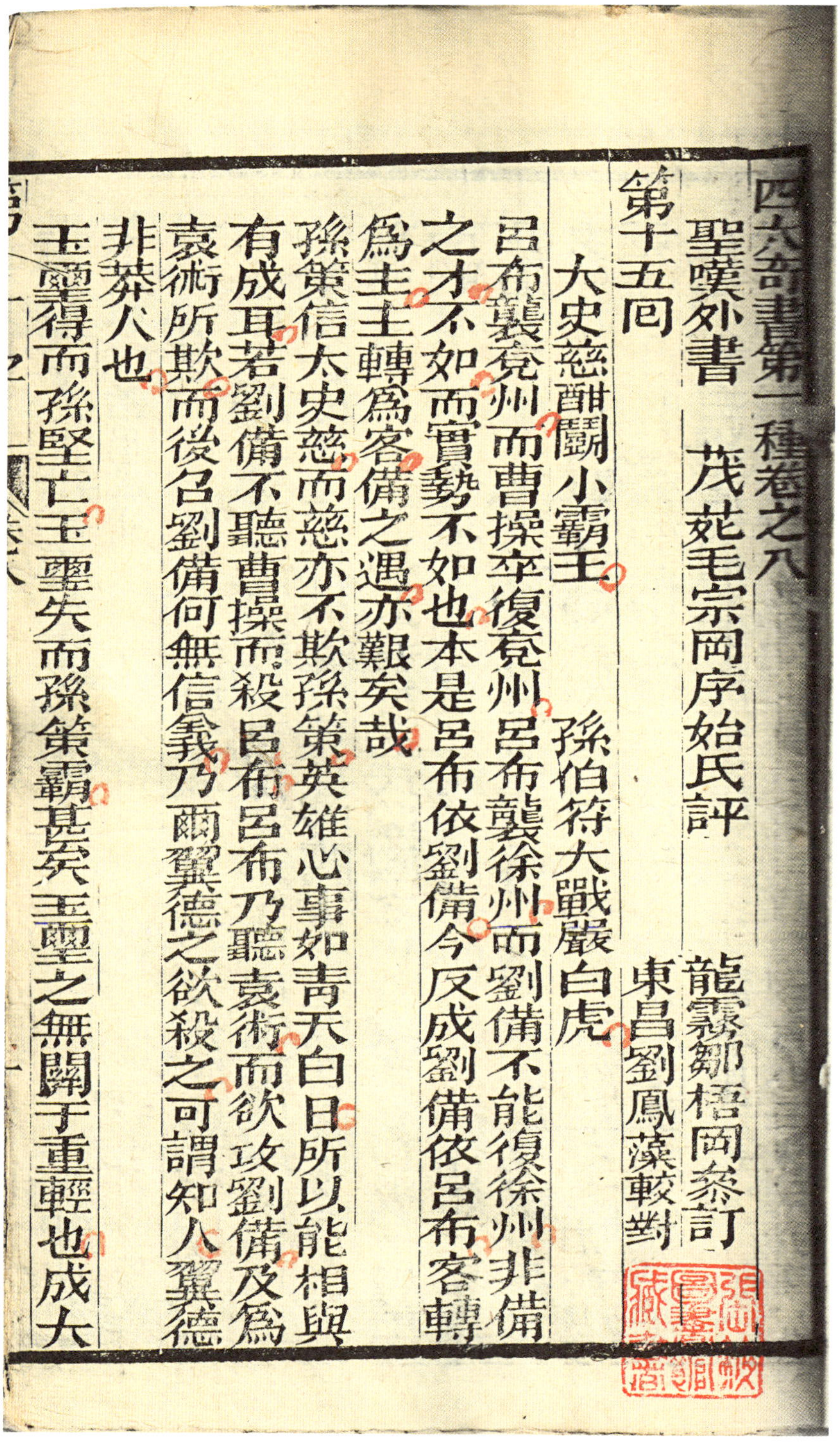

四大奇書第一種卷之八

聖歎外書　茂苑毛宗岡序始氏評　龍霧鄒梧岡參訂
東昌劉鳳藻較對

第十五回

大史慈酣鬭小霸王　孫伯符大戰嚴白虎

呂布襲兗州而曹操卒復兗州呂布襲徐州而劉備不能復徐州非備之才不如而實勢不如也本是呂布依劉備今反成劉備依呂布客轉爲主主轉爲客備之遇亦艱矣哉

孫策信太史慈而慈亦不欺孫策英雄心事如青天白日所以能相與有成耳若劉備不聽曹操而殺呂布呂布乃聽袁術而欲攻劉備及爲袁術所欺而後召劉備何無信義乃爾翼德之欲殺之可謂知人翼德非莽人也

玉璽得而孫堅亡玉璽失而孫策霸甚矣玉璽之無關于重輕也成大

196　四大奇書第一種五十一卷一百二十回　（明）羅貫中撰　（清）毛宗岡評　（清）鄒梧岡參訂　清晚期刻本

框高20.7厘米，寬14.0厘米。半葉12行，行28字，白口，四周單邊。

存四十四卷（八至五十一）

館藏索書號：集/39/2698

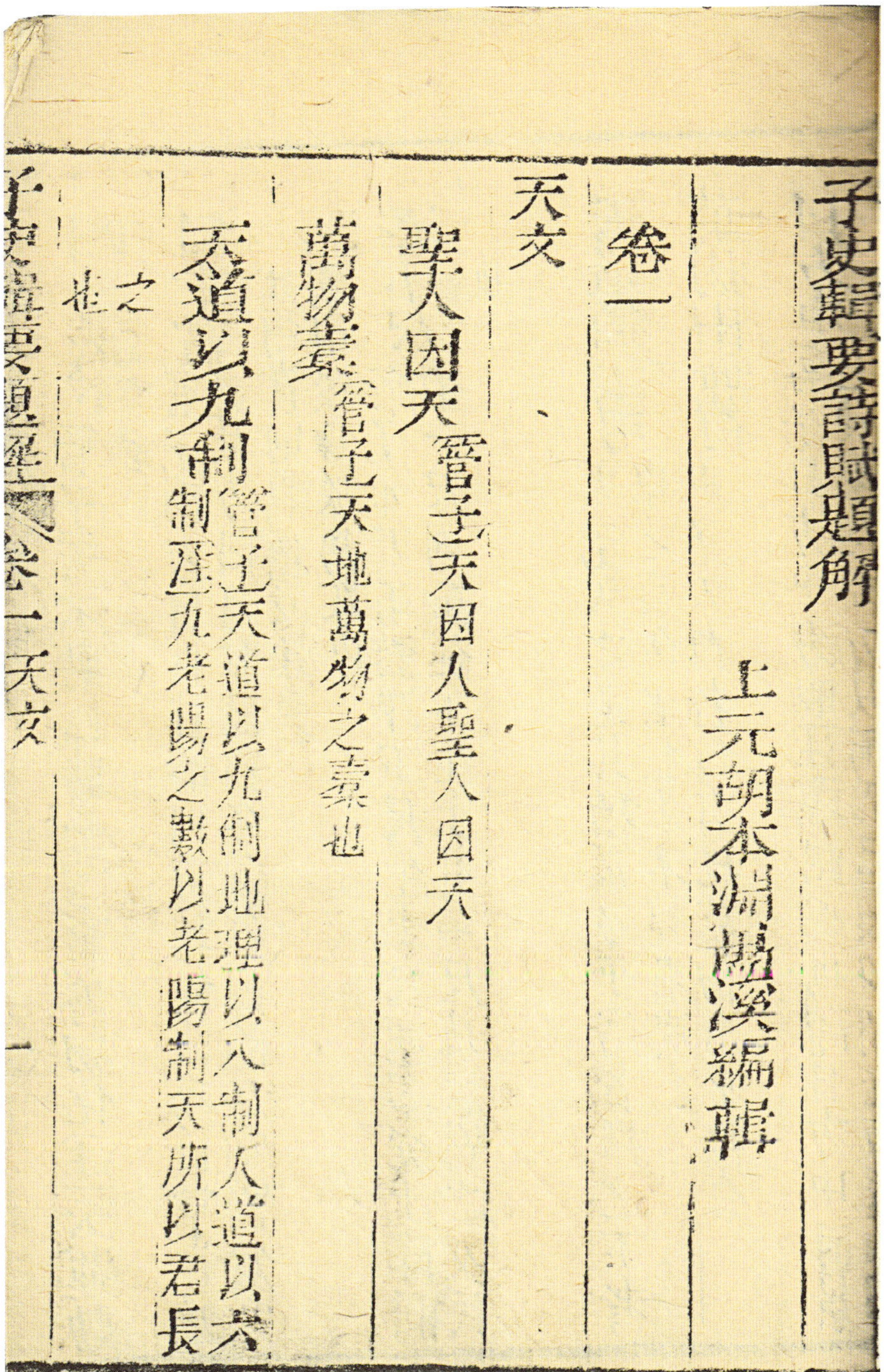

子史輯要詩賦題解 上元胡本淵嵩溪編輯

卷一

天文

聖人因天（管子）天因人聖人因天

萬物橐（管子）天地萬物之橐也

天道以九制（管子）天道以九制地理以八制人道以六制至九老陽之數以老陽制天所以君長之世

子史輯要題解 卷一 天文 一

197　子史輯要詩賦題解四卷續編四卷　（清）胡本淵編輯　清晚期刻本

框高13.9厘米，寬10.2厘米。半葉8行，行21字，小字雙行同，白口，四周單邊。

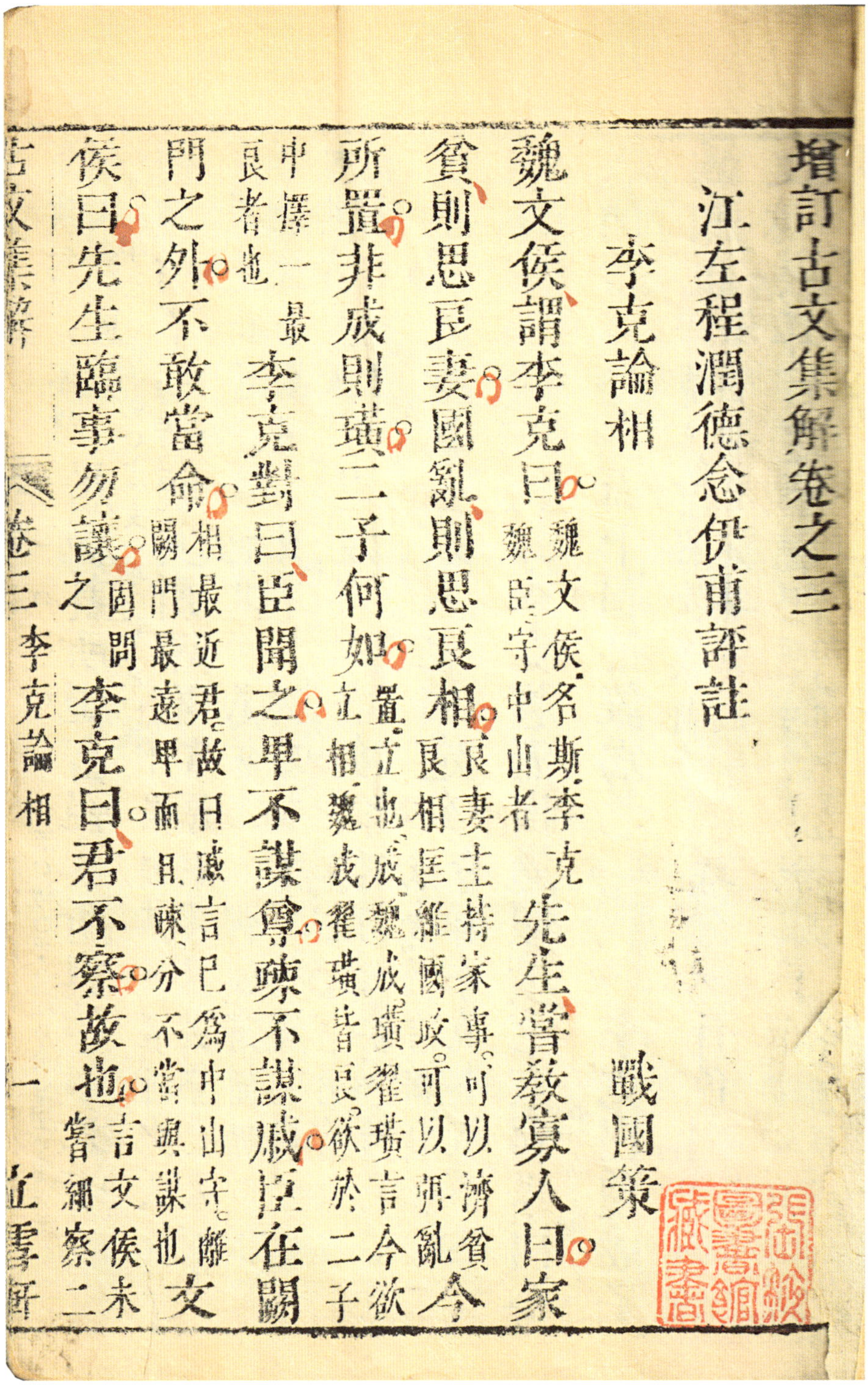

增訂古文集解卷之三

江左程潤德念伊甫評註

李克論相　戰國策

魏文侯謂李克曰。魏文侯名斯李克魏臣守中山者先生嘗教寡人曰。家貧則思良妻國亂則思良相。良妻主持家事可以濟貧良相匡維國政可以靖亂今所置非成則璜二子何如。置立也成魏成璜翟璜言今欲立相魏成翟璜皆良欲於二子中擇一最良者也 李克對曰臣聞之卑不謀尊疏不謀戚臣在闕門之外不敢當命。相最近君故曰戚言已爲中山守離闕門最遠卑而且疏分不當與謀也文侯曰先生臨事勿讓。國問之 李克曰君不察故也。言文侯未嘗細察二

古文集解　卷三　李克論相　一　立雪軒

198　增訂古文集解八卷　（清）程潤德評註　清立雪軒刻本

框高19.0厘米，寬13.7厘米。半葉9行，行22字，白口，左右雙邊。

存二卷（三至四）

館藏索書號：集/12/2916

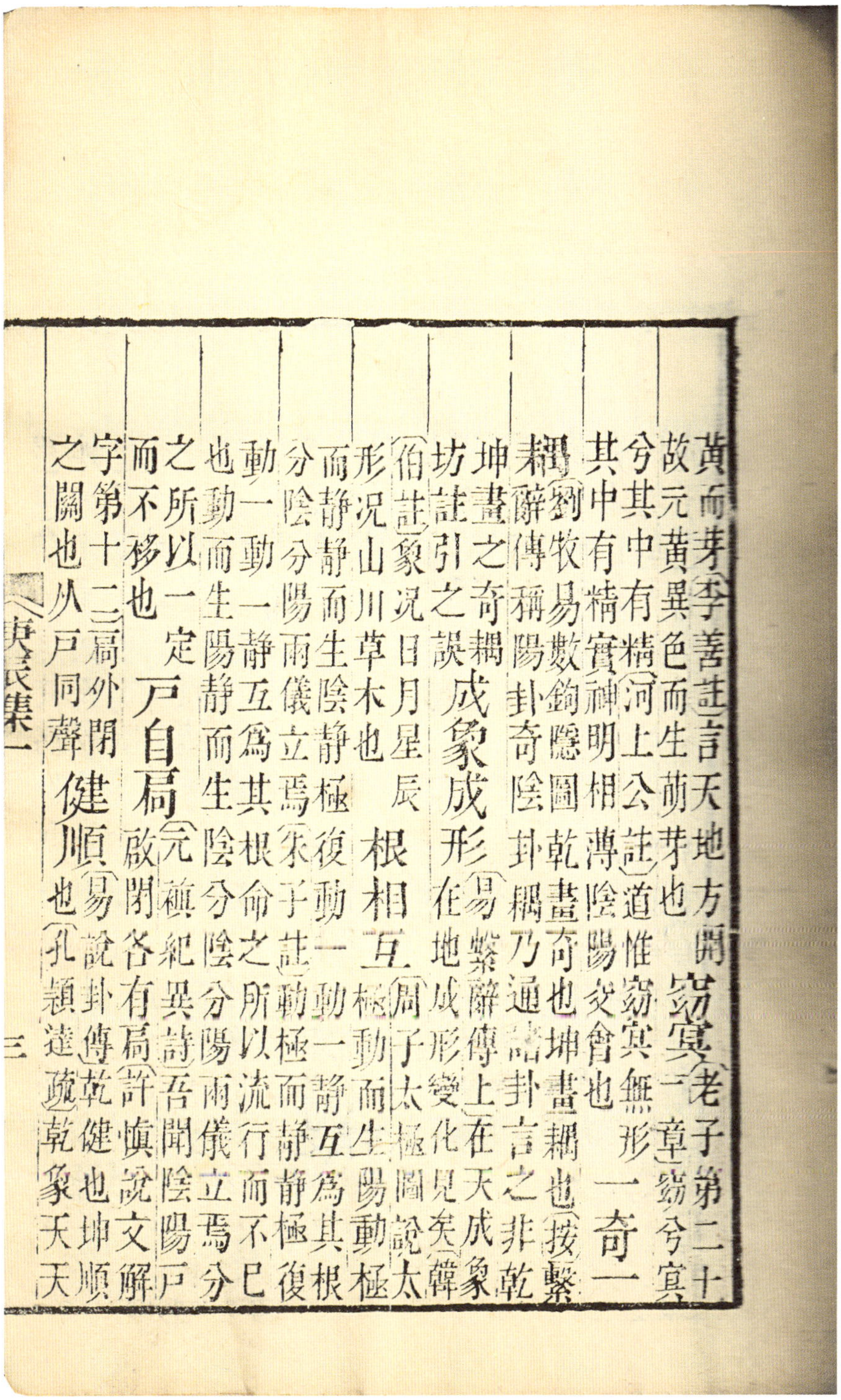

199　庚辰集五卷　（清）紀昀編　清刻本

框高17.8厘米，寬13.1厘米。半葉9行，行18字，小字雙行同，白口，四周單邊。

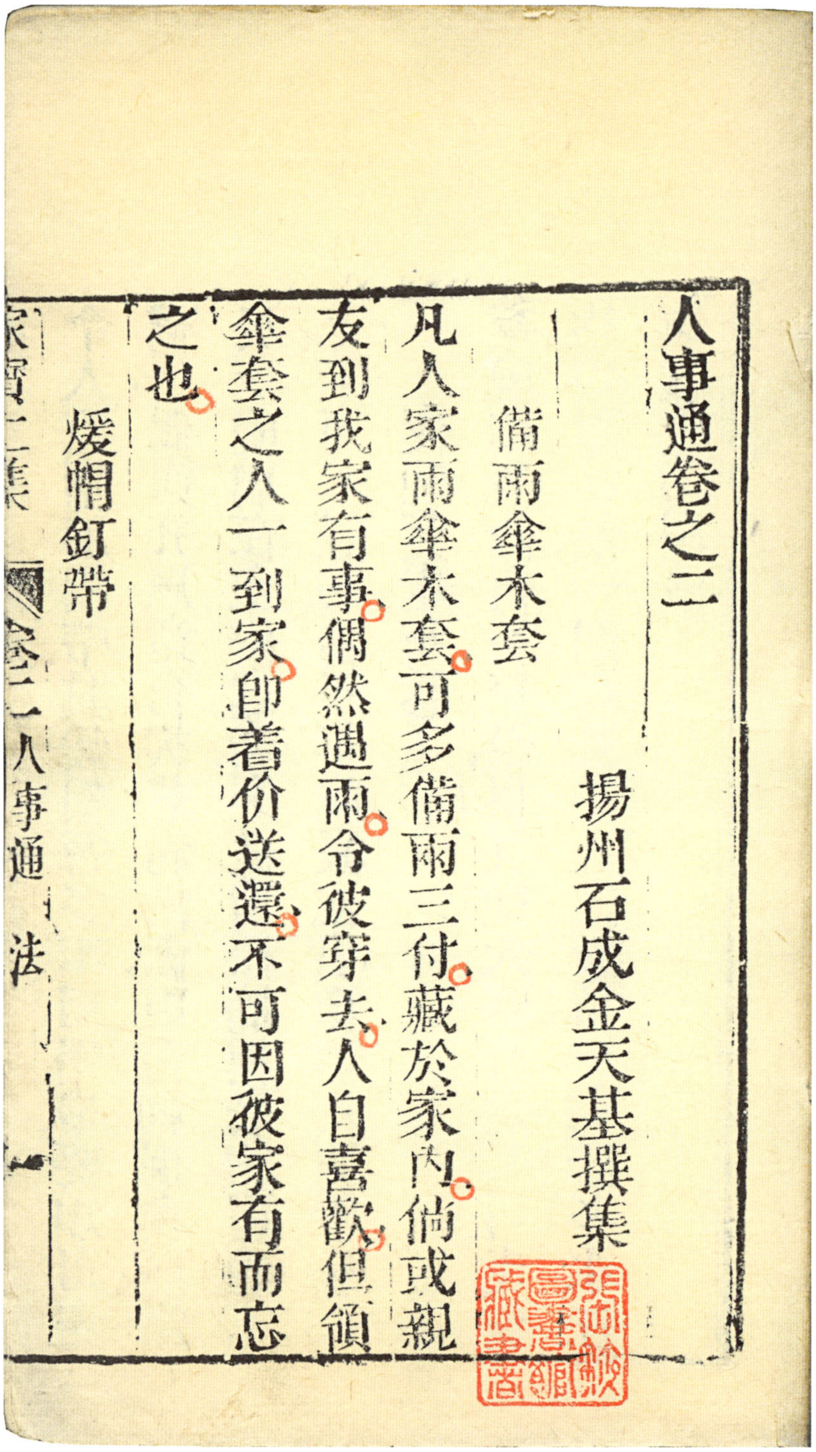

人事通卷之二

揚州石成金天基撰集

備雨傘木套

凡人家雨傘木套可多備雨三付藏於家內倘或親友到我家有事偶然遇雨令彼穿去人自喜歡但領傘套之人一到家即着价送還不可因彼家有而忘之也

煖帽釘帶

家寶二集　卷二　人事通　法

200　家寶初集八卷二集八卷三集八卷四集八卷　（清）石成金撰　清刻本

框高17.6厘米，寬12.0厘米。半葉8行，行20字，白口，左右雙邊。

存十五卷（初集五至六，二集二、四至八，三集三，四集一、三至四、六至八）

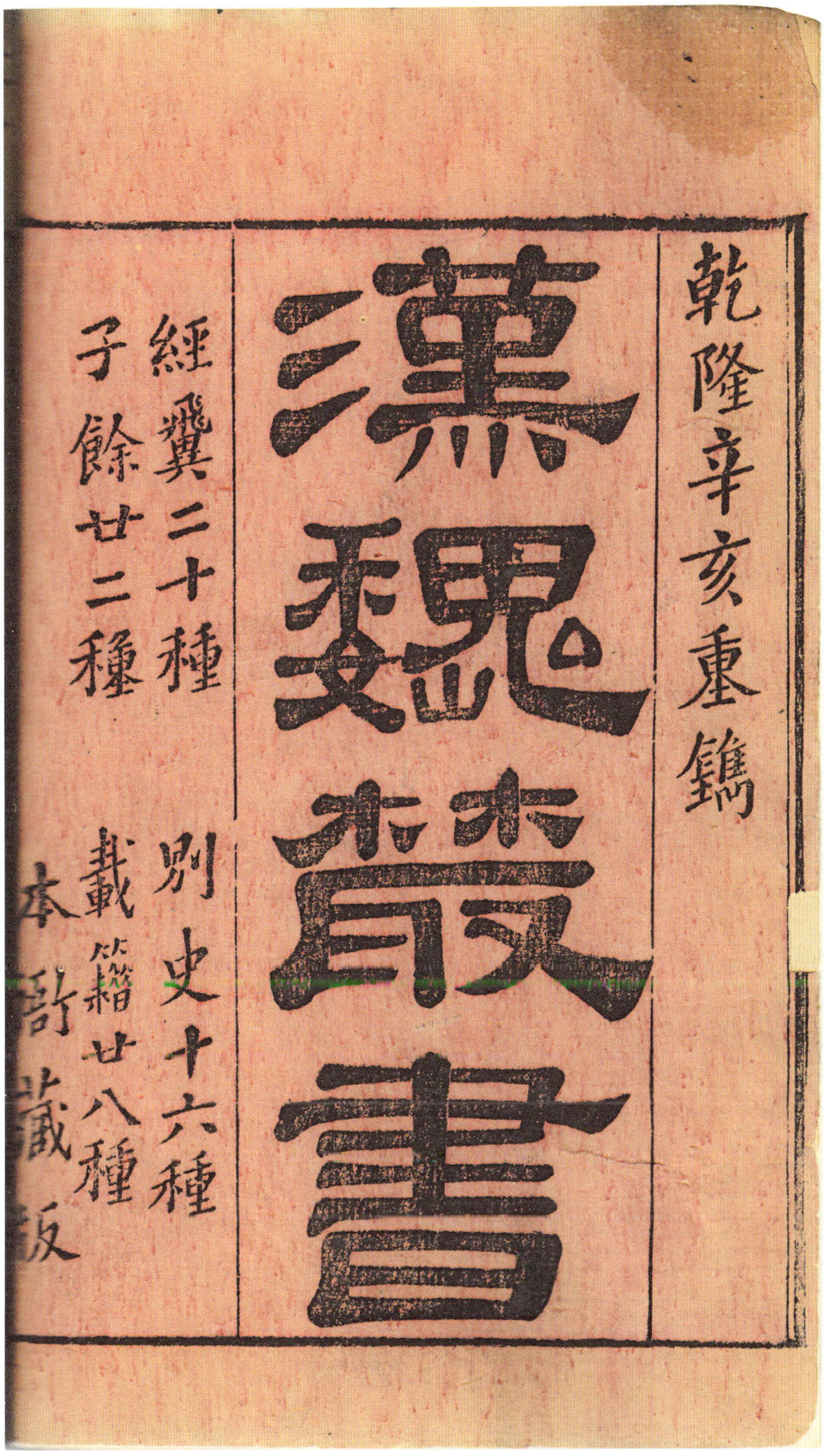

201　增訂漢魏叢書八十六種四百五十三卷　（清）王謨輯　清乾隆五十六年（1791）刻本
框高19.4厘米，寬14.3厘米。半葉9行，行20字，小字雙行同，白口，左右雙邊。
缺二十卷（元經一至四、潛夫論一至十、華陽國志十至十五）
館藏索書號：叢/1/2153

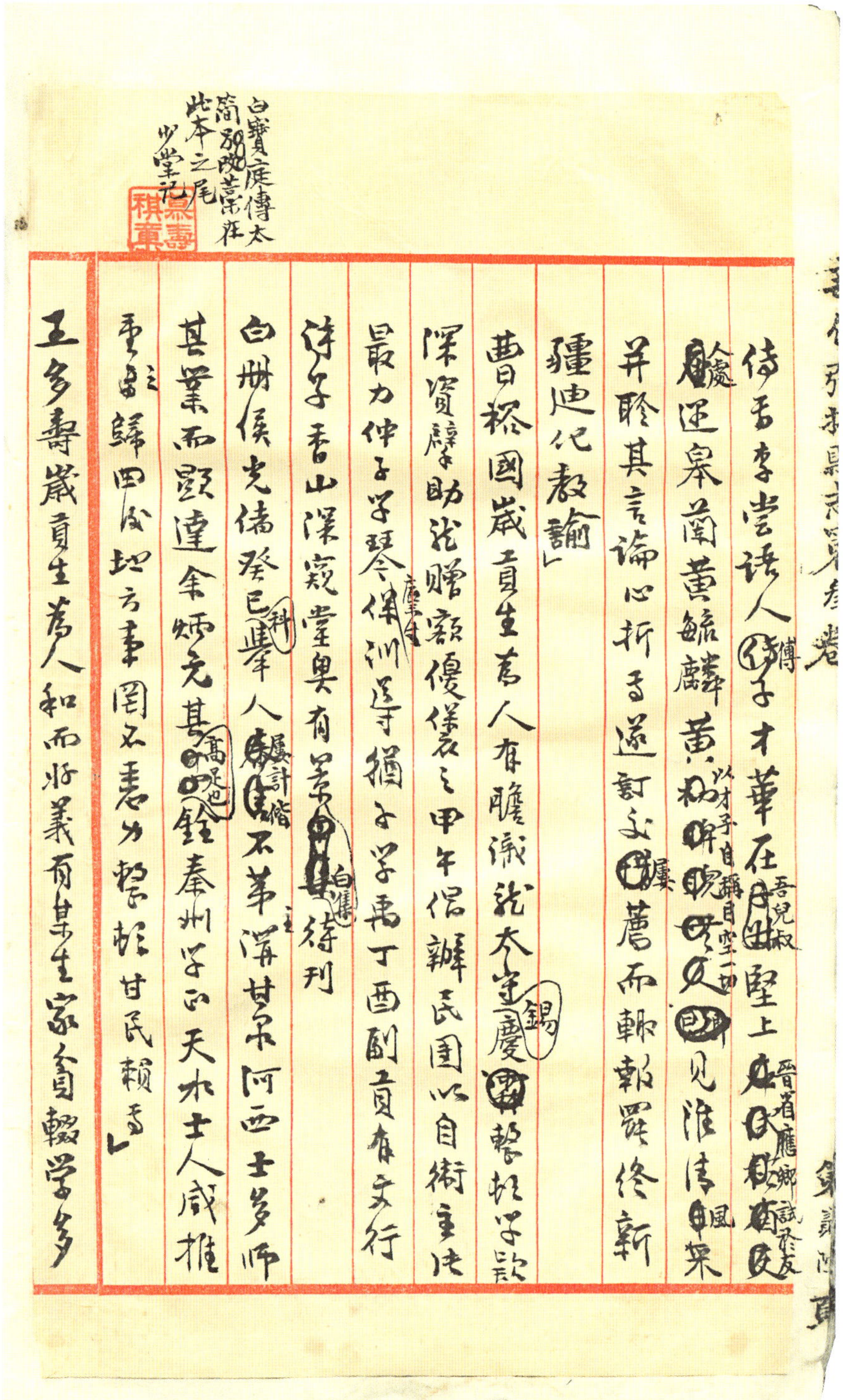

202　新修張掖縣志十二卷　（民國）白册侯原纂　余炳元續纂　慕壽祺（少堂）輯　民國時期稿本

框高23.5厘米，寬17.0厘米。半葉12行，行字不等，小字雙行同，四周單邊。

書名音序索引

B

C

Q

R

S

Y

Z

後記

《甘州區圖書館館藏古籍圖録》的編纂趕上了好時候。之前《國家珍貴古籍名録圖録》等書的出版，古籍保護成爲全社會的共同使命，於是有了政府保護專案的落地。在甘州區政府的支持下，圖書館展開了前所未有的古籍保護行動。先是製作函套，接着是樟木櫃存放，《圖録》的出版自然成爲同仁們接下來的工作。寒來暑往，書稿終於編竣付梓了。

“弱水文明張國臂掖，甘州典籍映古輝今。”這是我在圖書館新館落成、圖書搬遷完成後擬寫的一副對聯。在中華文化發展的歷程中，張掖做出了自己應有的貢獻。《甘州區圖書館館藏古籍圖録》從另一個角度，呈現了這一份貢獻。

要感謝甘州區人民政府區長張玉林先生，張掖古籍的保護在各個方面都得到了他的支持。没有政府的力量，古籍的存放都是問題，遑論《圖録》的纂輯與出版。在《圖録》的編輯過程中，玉林先生不時垂詢，精心指導，書成，又欣然作序，細論文華，爲佳册增色不少。

要感謝中國古籍保護協會副會長、甘肅省圖書館館長郭向東先生，他的關心和支援，是我們工作的動力之一。郭先生很看重我們的工作，他十分關心張掖典籍，他深情顧問的《甘州區圖書館館藏古籍圖録》，將銘刻在張掖圖書館人的記憶深處。

國家圖書館出版社副社長殷夢霞先生，也是各種古籍類圖書出版國家大獎的得主。在尋求《圖録》出版的過程中，我們和殷先生結緣了，之後就得到悉心的指導、周到的安排。王燕來老師來到張掖的時候，是雪花飄飄的時節，春暖花開時節，他開始爲我們印製《甘州書聲》，夏木轉蔭的日子裏，《圖録》就要出版了。真的很感謝殷先生和王老師，與他們的合作，是一次愉悦的旅程。

張元濟在《印行四部叢刊啓》中說："睹喬木而思故家，考文獻而愛舊邦。"古籍蘊含着我們民族特有的精神價值、思維方式和想像力，對促進文化傳承、弘揚民族精神、加强民族團結、推動文化大發展大繁榮等具有十分重要的意義，基層圖書館做好這方面工作意義非同尋常。《甘州區圖書館館藏古籍圖録》的編纂過程，客觀上也是對圖書館員業務工作再好不過的一次高水準培訓。就甘州區圖書館而言，除了列入編輯人員名單的之外，徐丹輝、管文玲、羅艷婷、朱婧、曹毅、李杉、陳學增、劉建玲、王霞、王統等同志，也爲館藏古籍的保護整理做了大量的工作。

《甘州區圖書館館藏古籍圖録》即將面世。古甘州是歷史文化名城，自然也是文獻之邦。面對印好的新書，我們欣然、激動。

黄岳年

2016年1月18日